GUARDIANS OF THE GALAXY

KRIEGER DES ALLS

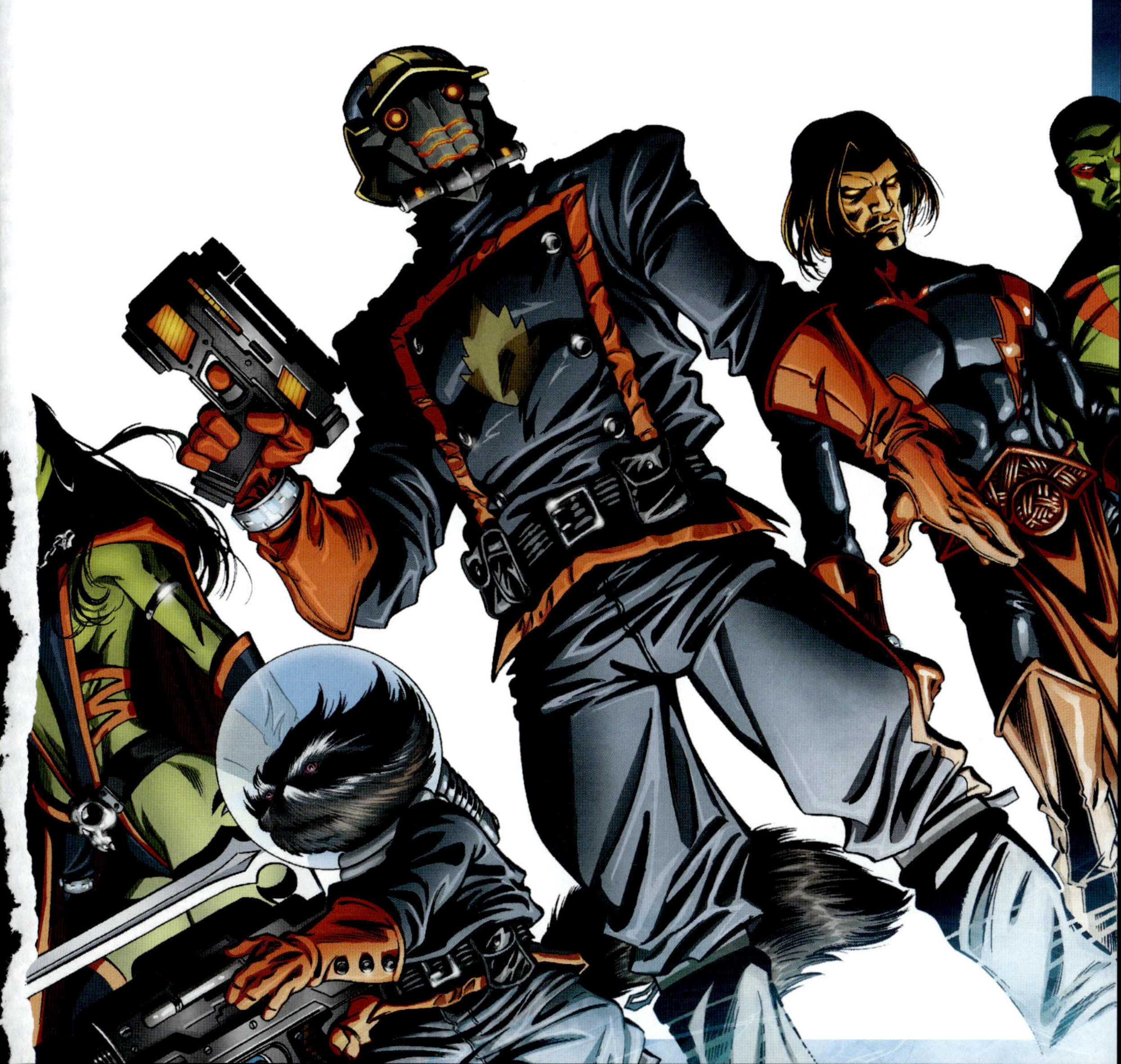

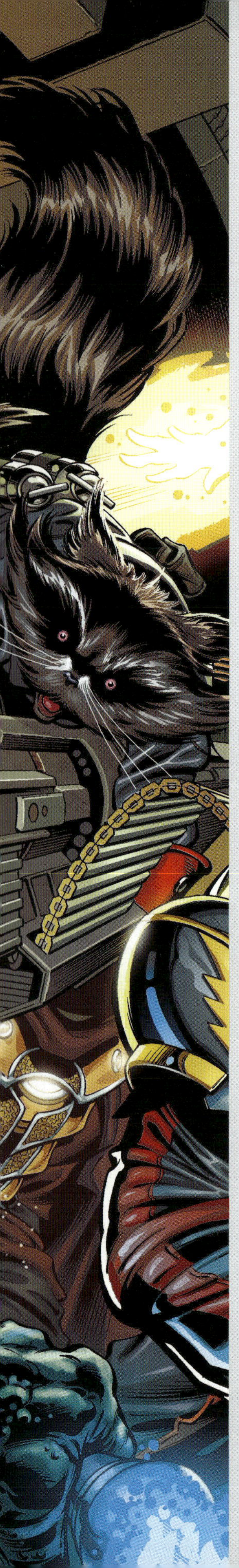

INHALT

MARVEL

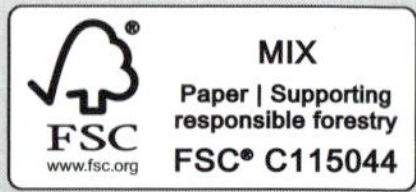
MIX
Paper | Supporting responsible forestry
FSC
www.fsc.org
FSC® C115044

GUARDIANS OF THE GALAXY
KRIEGER DES ALLS

DAN ABNETT
ANDY LANNING
STORY

PAUL PELLETIER
ZEICHNUNGEN

RICK MAGYAR
TUSCHE

NATHAN FAIRBAIRN (1-3)
GURU-eFX (4-6)
FARBEN

ANDREA RENZONI
WALPROJECT
LETTERING

MICHAEL STRITTMATTER
ÜBERSETZUNG

LAUREN HENRY
MICHAEL HORWITZ
BILL ROSEMANN
LAUREN SANKOVITCH
REDAKTION USA

C. B. CEBULSKI
CHEFREDAKTEUR USA

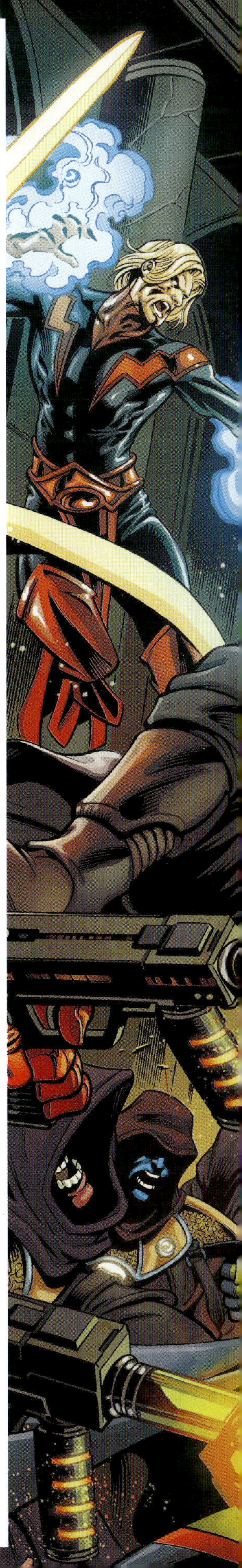

MARVEL MUST-HAVE: GUARDIANS OF THE GALAXY – KRIEGER DES ALLS erscheint bei **PANINI COMICS**, Schloßstraße 76, D-70176 Stuttgart. Druck: Lito Terrazzi Industria Grafica. Pressevertrieb: Stella Distribution GmbH, D-22297 Hamburg. Direkt-Abos auf **www.paninicomics.de.** Anzeigenverkauf: BLAUFEUER VERLAGSVERTRETUNGEN GmbH, info@blaufeuer.com. Es gelten die Anzeigenpreise gemäß der Mediadaten 2023. Geschäftsführer **Hermann Paul**, Publishing Director Europe **Marco M. Lupoi**, Finanzen/Logistik **Felix Bauer**, Marketing Director **Holger Wiest**, Marketing **Fabio Cunetto**, Vertrieb **Alexander Bubenheimer**, PR/Presse **Steffen Volkmer**, Publishing Manager **Lisa Pancaldi**, Redaktion **Monty Arnold**, **Harald Gantzberg**, **Matthias Korn**, **Anja Seiffert**, **Kristina Starschinski**, **Ilaria Tavoni**, **Daniela Uhlmann**, Übersetzung **Bernd Kronsbein**, **Michael Strittmatter**, Proofreading **Enza Ceraudo**, Lettering **Andrea Renzoni**, **Walproject**, grafische Gestaltung **Marco Paroli** (coordinator), **Cinzia Morando**, **Barbara Sarti**, Art Director **Alessandro Gucciardo**, Redaktion Panini Comics **Annalisa Califano**, **Beatrice Doti**, Prepress **Cristina Bedini**, **Daniela Guidetti**, **Andrea Lusoli**, Repro/Packager **Alessandro Nalli** (coordinator), **Anna Boselli**, **Mario Da Rin Zanco**, **Valentina Esposito**, **Luca Ficarelli**, **Linda Leporati**. Deutsche Edition bei Panini Verlags-GmbH unter Lizenz von Marvel Characters B.V. Cover von **Clint Langley**, *Guardians of the Galaxy* (2008) 1.

Bibliografische Information der Deutschen Nationalbibliothek
Die Deutsche Nationalbibliothek verzeichnet diese Publikation in der Deutschen Nationalbibliografie; detaillierte bibliografische Daten sind im Internet über dnb.d-nb.de abrufbar.

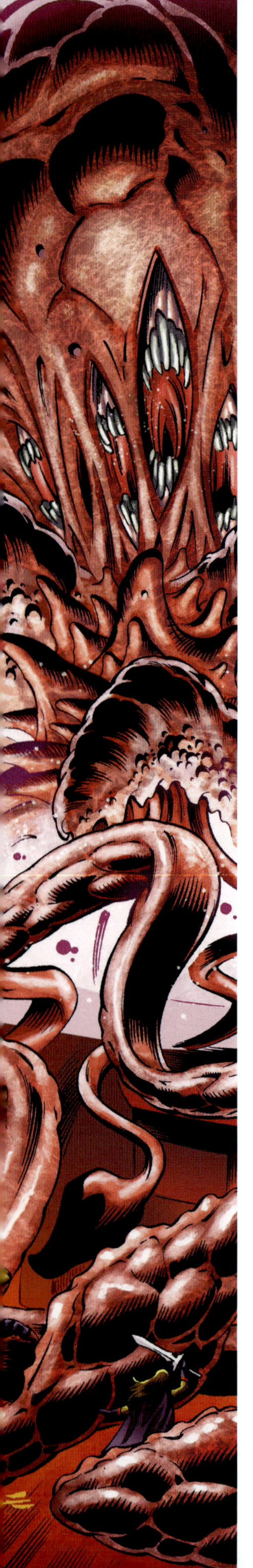

UNGEWÖHNLICHE HELDEN

Ein Artikel nannte die **Guardians of the Galaxy** eine „intergalaktische Polizeitruppe". Das ist die allzu brave Umschreibung einer Handvoll von Kopfgeldjägern und Buntmetalldieben, die einander ins Herz schlossen, während sie noch gegeneinander kämpften. Dass daraus so ein loyales Team entstehen konnte, lag daran, dass die äußeren Feindseligkeiten noch bedrängender waren als die innerhalb der Gruppe. Größerer Druck als Ärger mit dem wahnsinnigen Titanen **Thanos** ist nun mal nicht vorstellbar.

Anders als im Comic begann der Kult um den halb irdischen Piloten und Abenteurer **Peter Quill** für den größten Teil des deutschen Publikums im Kino. Als Quill, der sich dort selbst den Namen **Star-Lord** gegeben hat, ahnungslos das Puzzlestück einer interstellaren Superwaffe stiehlt, beginnt sein Ärger. Hinter den insgesamt sechs Infinity-Steinen ist die Unterwelt des halben Universums her. Einer, den er sich nun damit zum Feind gemacht hat, ist der Bandenchef **Yondu Udonta**, sein ehemaliger Förderer.
Im Eifer des Gefechts muss sich Star-Lord mit den Konkurrenten in nächster Nähe zusammenraufen. Der streitlustige, Sprüche klopfende Waschbär **Rocket Raccoon**, das Ergebnis illegaler Gen- und Kybernetik-Experimente, hat den gemütvollen Baummenschen **Groot** an seiner Seite. Die grünhäutige **Gamora** wurde von ihrem Adoptivvater Thanos zur Kampfmaschine ausgebildet, ehe sie sich von ihm abwandte. Der sensible Hüne **Drax der Zerstörer** sucht nach dem Tod seiner Familie einen Halt, der über reine Rachefantasien hinausgeht. In unserem Comic jedoch gehören noch weitere Helden zum Team, etwa **Adam Warlock** (der Name ist Programm) und **Quasar**, die zeitweilige Captain Marvel **Phyla-Vell**.

Wir beginnen ein paar Jahre zuvor, kurz vor den Ereignissen im Crossover SECRET INVASION, als die **Skrulls** versuchten, die Erde zu erobern. (Ihr lest richtig, Freunde: Das sind die grünhäutigen Gestaltwandler, die einst zu den allerersten Gegnern der **Fantastic Four** gehörten!)

Vierzig Jahre liegen zwischen der Erfindung der Guardians durch **Stan Lees** Kronprinzen **Roy Thomas** und Autor **Arnold Drake** im Jahre 1968 (in gänzlich anderer Besetzung, zu der auch der erwähnte Yondu Udonta gehörte) und den Abenteuern, die wir heute kennen. Dazwischen lagen immer neue mehr oder weniger beständige Heftreihen, an denen Legenden wie **Gene Colan**, **Chris Claremont** und **Dave Cockrum** ihren Anteil hatten. 2007/2008 fand die Formation im Mega-Crossover ANNIHILATION: CONQUEST in ihrer jetzigen Besetzung zusammen. Es wurde ein Überraschungserfolg. Star-Lord, Drax und Rocket durften sich daraufhin auch in eigenen Serien austoben. Der Kinoerfolg von 2014 war eine noch größere Sensation. Die Guardians of the Galaxy wurden von den Besten geschaffen und haben sich gleich in mehreren Welten bewährt: im Marvel-Universum wie beim Publikum, wie im Himmel so auf Erden. Oder wie unser Freund **Thor** es ausdrücken würde: Wahrer Heldenmut wird auf dem Amboss der Sorge geschmiedet. Im Falle der Guardians fliegen dabei allerdings überaus komische Funken.

Monty Arnold

JEMAND MUSS ES JA TUN!

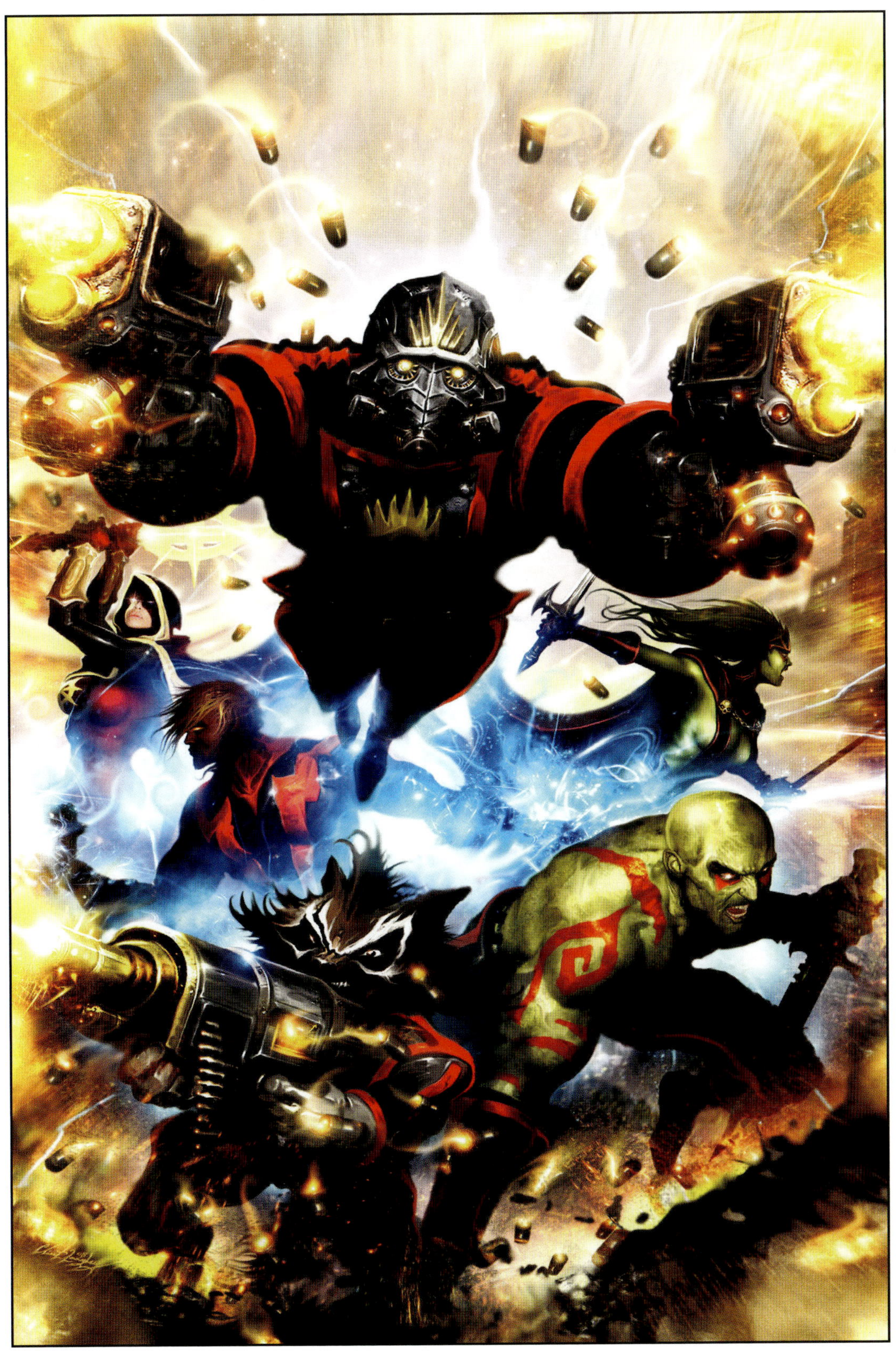

Guardians of the Galaxy (2008) 1
Cover von **CLINT LANGLEY**

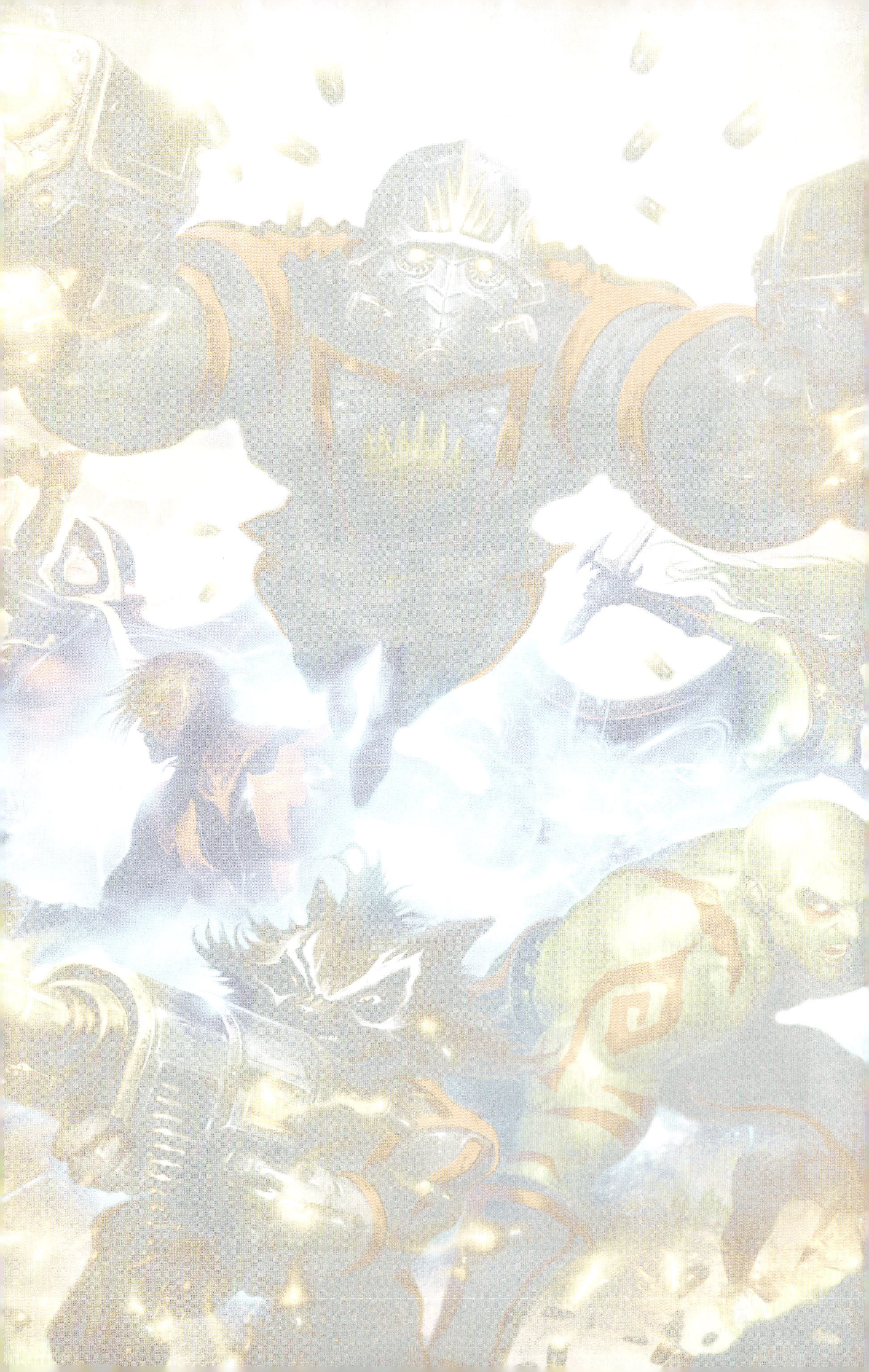

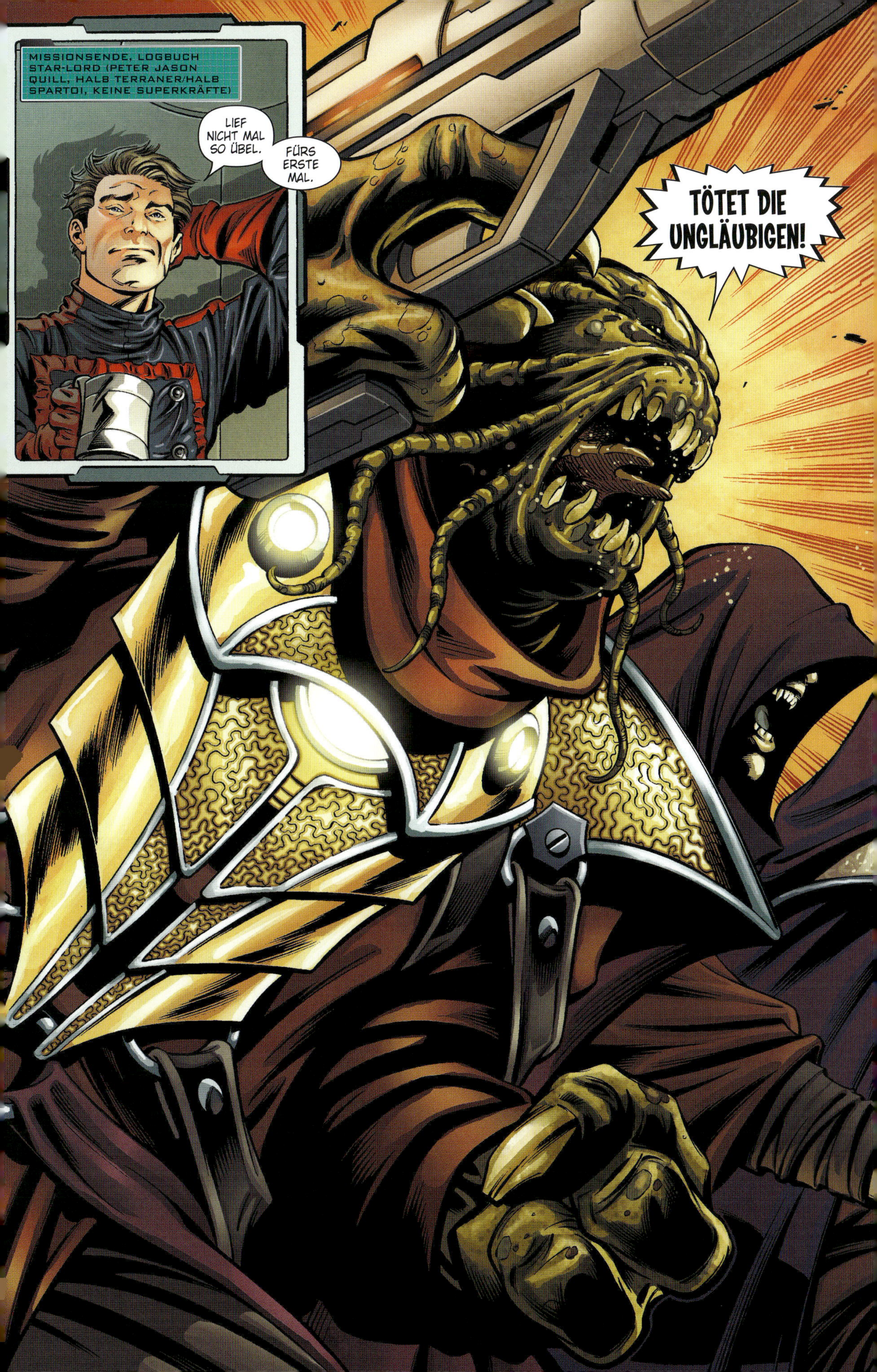
MISSIONSENDE, LOGBUCH STAR-LORD (PETER JASON QUILL, HALB TERRANER/HALB SPARTOI, KEINE SUPERKRÄFTE)
LIEF NICHT MAL SO ÜBEL.
FÜRS ERSTE MAL.
TÖTET DIE UNGLÄUBIGEN!

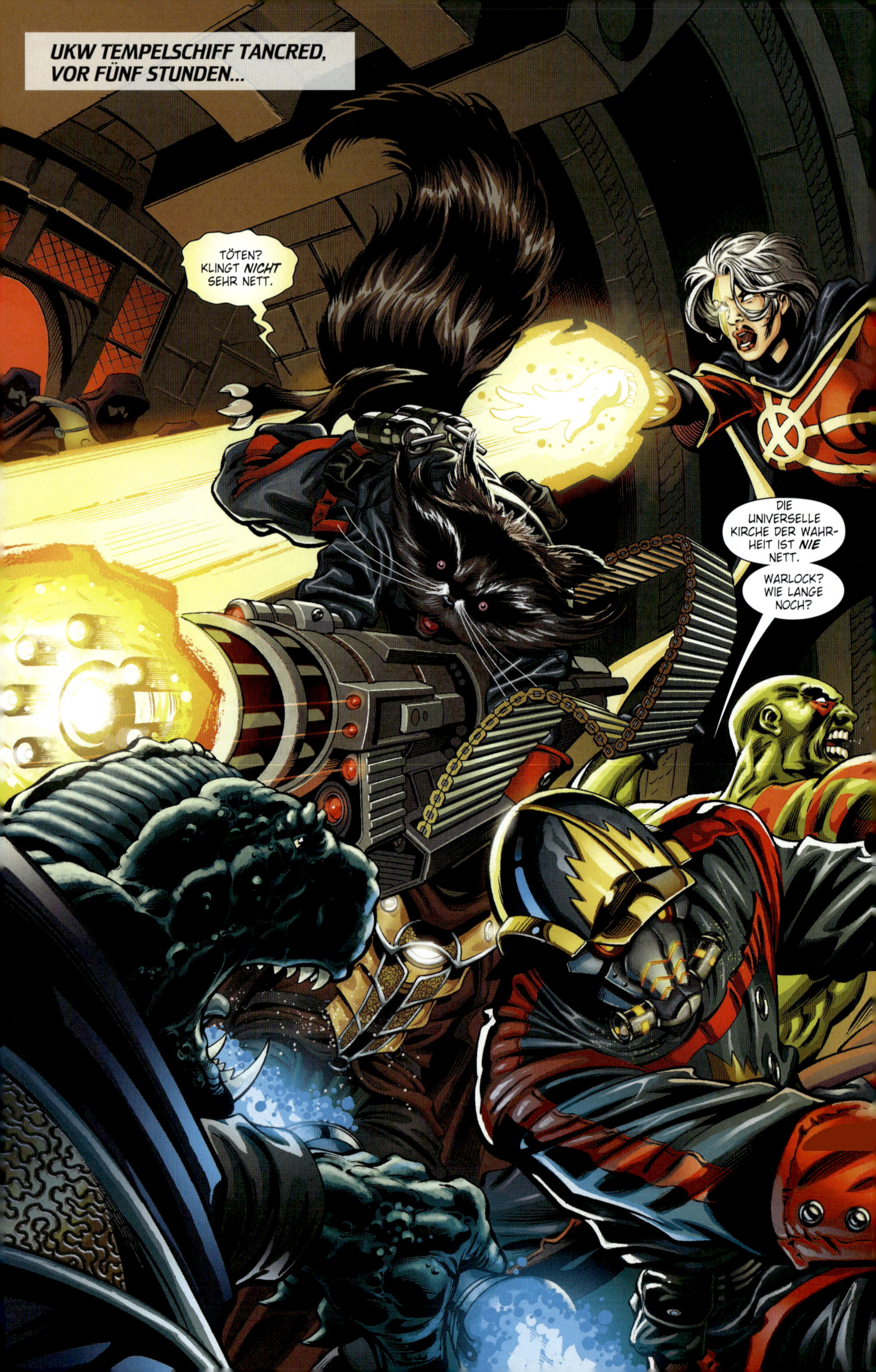
UKW TEMPELSCHIFF TANCRED, VOR FÜNF STUNDEN...
TÖTEN? KLINGT *NICHT* SEHR NETT.
DIE UNIVERSELLE KIRCHE DER WAHRHEIT IST *NIE* NETT.
WARLOCK? WIE LANGE NOCH?

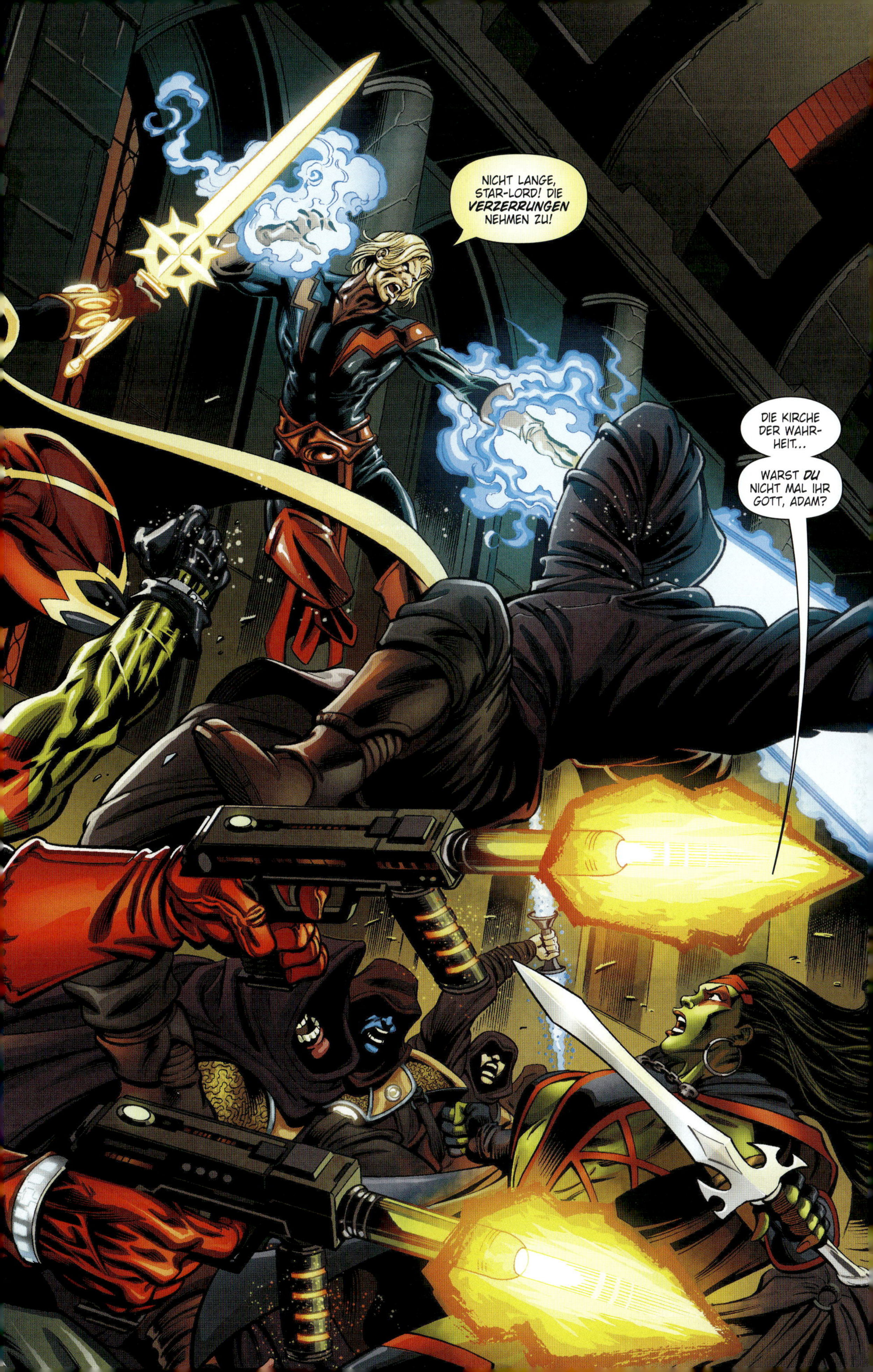
NICHT LANGE, STAR-LORD! DIE **VERZERRUNGEN** NEHMEN ZU!
DIE KIRCHE DER WAHR-HEIT...
WARST ***DU*** NICHT MAL IHR GOTT, ADAM?

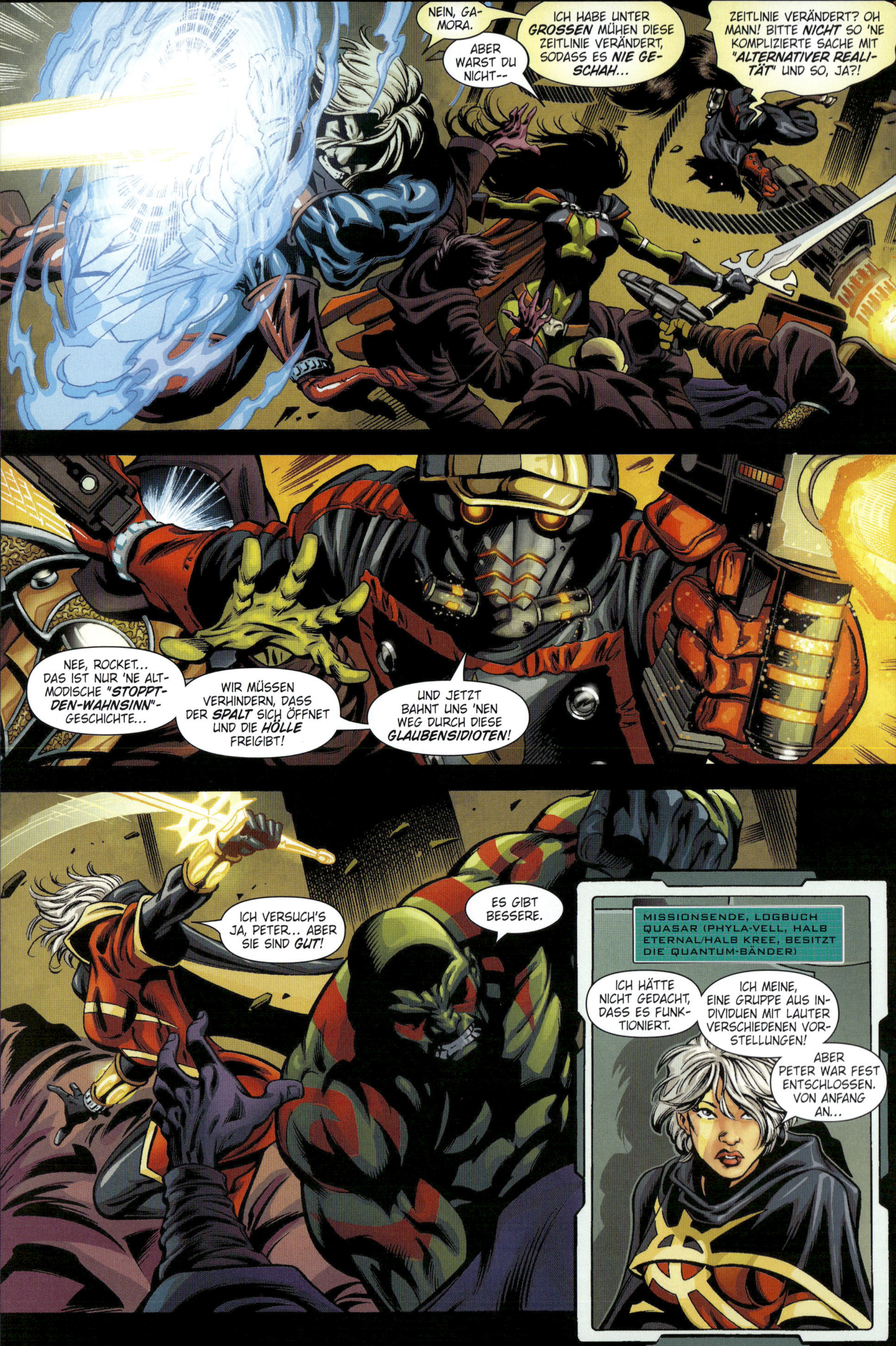
NEIN, GAMORA.
ABER WARST DU NICHT--
ICH HABE UNTER GROSSEN MÜHEN DIESE ZEITLINIE VERÄNDERT, SODASS ES NIE GESCHAH...
ZEITLINIE VERÄNDERT? OH MANN! BITTE NICHT SO 'NE KOMPLIZIERTE SACHE MIT "ALTERNATIVER REALITÄT" UND SO, JA?!
NEE, ROCKET... DAS IST NUR 'NE ALTMODISCHE "STOPPT-DEN-WAHNSINN"-GESCHICHTE...
WIR MÜSSEN VERHINDERN, DASS DER SPALT SICH ÖFFNET UND DIE HÖLLE FREIGIBT!
UND JETZT BAHNT UNS 'NEN WEG DURCH DIESE GLAUBENSIDIOTEN!
ICH VERSUCH'S JA, PETER... ABER SIE SIND GUT!
ES GIBT BESSERE.
MISSIONSENDE, LOGBUCH QUASAR (PHYLA-VELL, HALB ETERNAL/HALB KREE, BESITZT DIE QUANTUM-BÄNDER)
ICH HÄTTE NICHT GEDACHT, DASS ES FUNKTIONIERT.
ICH MEINE, EINE GRUPPE AUS INDIVIDUEN MIT LAUTER VERSCHIEDENEN VORSTELLUNGEN!
ABER PETER WAR FEST ENTSCHLOSSEN. VON ANFANG AN...

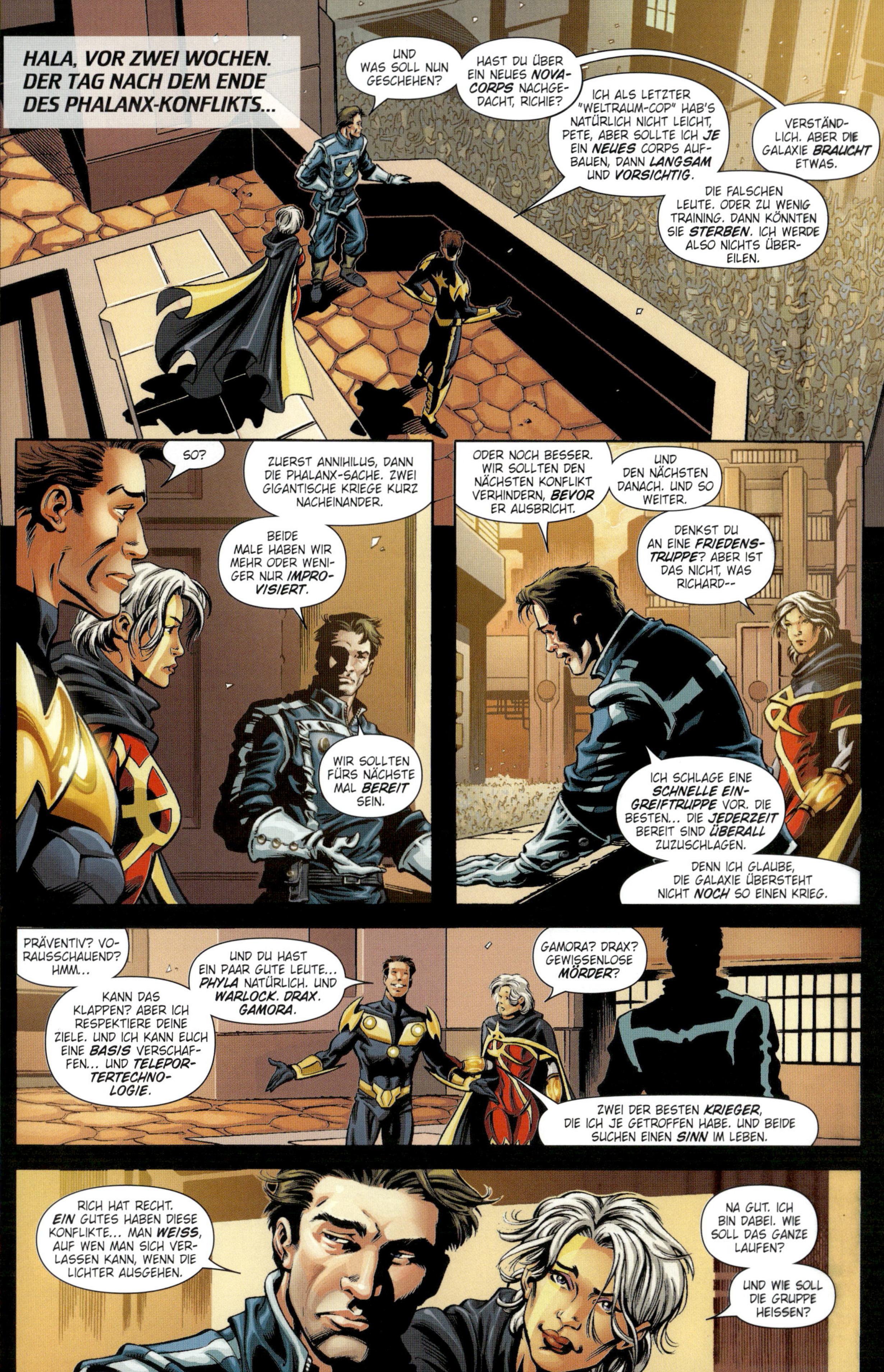
HALA, VOR ZWEI WOCHEN. DER TAG NACH DEM ENDE DES PHALANX-KONFLIKTS...
UND WAS SOLL NUN GESCHEHEN?
HAST DU ÜBER EIN NEUES NOVA-CORPS NACHGEDACHT, RICHIE?
ICH ALS LETZTER "WELTRAUM-COP" HAB'S NATÜRLICH NICHT LEICHT, PETE, ABER SOLLTE ICH JE EIN NEUES CORPS AUFBAUEN, DANN LANGSAM UND VORSICHTIG.
VERSTÄNDLICH. ABER DIE GALAXIE BRAUCHT ETWAS.
DIE FALSCHEN LEUTE. ODER ZU WENIG TRAINING. DANN KÖNNTEN SIE STERBEN. ICH WERDE ALSO NICHTS ÜBEREILEN.
SO?
ZUERST ANNIHILUS, DANN DIE PHALANX-SACHE. ZWEI GIGANTISCHE KRIEGE KURZ NACHEINANDER.
BEIDE MALE HABEN WIR MEHR ODER WENIGER NUR IMPROVISIERT.
WIR SOLLTEN FÜRS NÄCHSTE MAL BEREIT SEIN.
ODER NOCH BESSER. WIR SOLLTEN DEN NÄCHSTEN KONFLIKT VERHINDERN, BEVOR ER AUSBRICHT.
UND DEN NÄCHSTEN DANACH. UND SO WEITER.
DENKST DU AN EINE FRIEDENSTRUPPE? ABER IST DAS NICHT, WAS RICHARD--
ICH SCHLAGE EINE SCHNELLE EINGREIFTRUPPE VOR. DIE BESTEN... DIE JEDERZEIT BEREIT SIND ÜBERALL ZUZUSCHLAGEN.
DENN ICH GLAUBE, DIE GALAXIE ÜBERSTEHT NICHT NOCH SO EINEN KRIEG.
PRÄVENTIV? VORAUSSCHAUEND? HMM...
KANN DAS KLAPPEN? ABER ICH RESPEKTIERE DEINE ZIELE. UND ICH KANN EUCH EINE BASIS VERSCHAFFEN... UND TELEPORTERTECHNOLOGIE.
UND DU HAST EIN PAAR GUTE LEUTE... PHYLA NATÜRLICH. UND WARLOCK. DRAX. GAMORA.
GAMORA? DRAX? GEWISSENLOSE MÖRDER?
ZWEI DER BESTEN KRIEGER, DIE ICH JE GETROFFEN HABE. UND BEIDE SUCHEN EINEN SINN IM LEBEN.
RICH HAT RECHT. EIN GUTES HABEN DIESE KONFLIKTE... MAN WEISS, AUF WEN MAN SICH VERLASSEN KANN, WENN DIE LICHTER AUSGEHEN.
NA GUT. ICH BIN DABEI. WIE SOLL DAS GANZE LAUFEN?
UND WIE SOLL DIE GRUPPE HEISSEN?

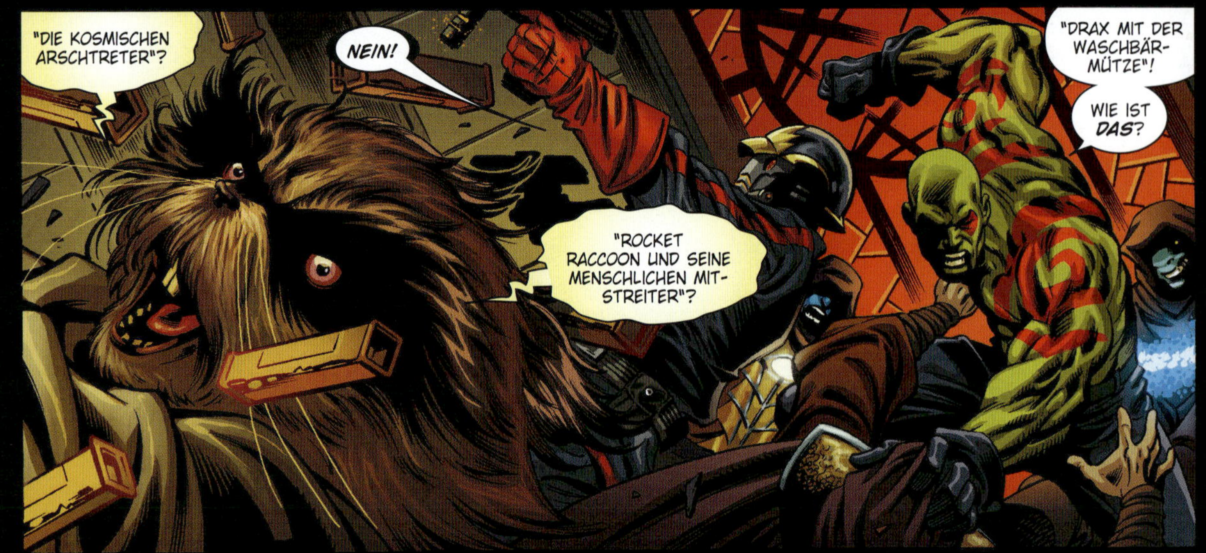
"DIE KOSMISCHEN ARSCHTRETER"?
NEIN!
"DRAX MIT DER WASCHBÄR-MÜTZE"!
WIE IST DAS?
"ROCKET RACCOON UND SEINE MENSCHLICHEN MIT-STREITER"?

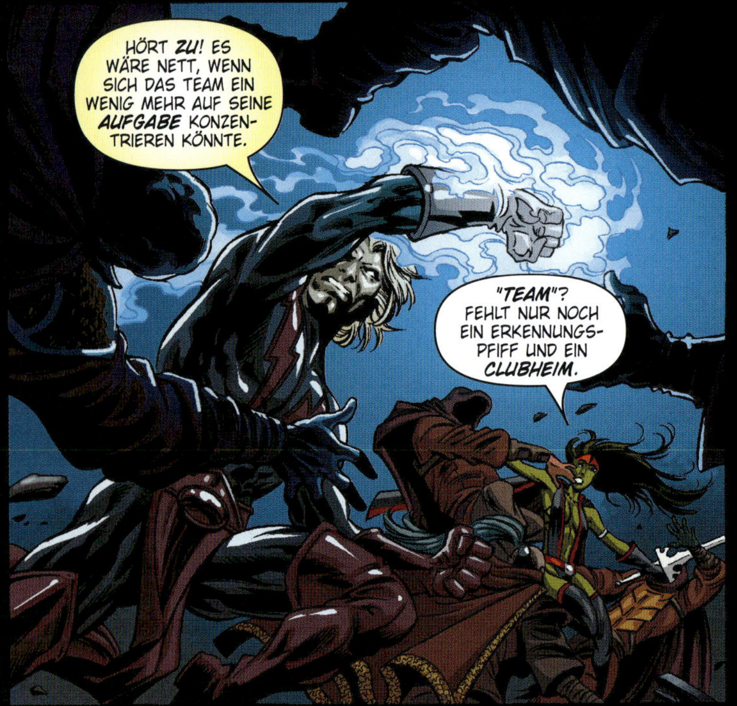
HÖRT ZU! ES WÄRE NETT, WENN SICH DAS TEAM EIN WENIG MEHR AUF SEINE AUFGABE KONZEN-TRIEREN KÖNNTE.
"TEAM"? FEHLT NUR NOCH EIN ERKENNUNGS-PFIFF UND EIN CLUBHEIM.

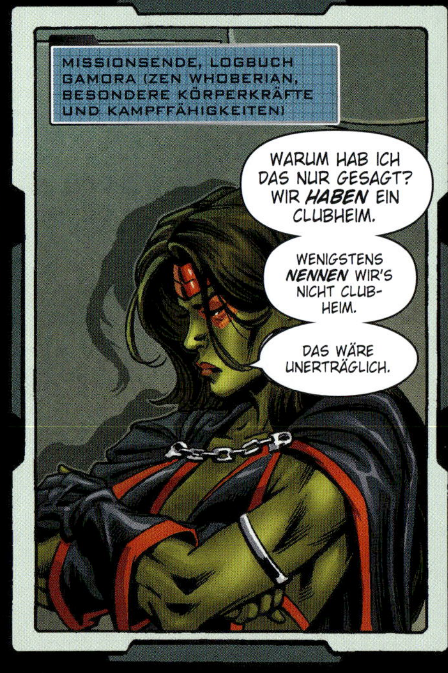
MISSIONSENDE, LOGBUCH GAMORA (ZEN WHOBERIAN, BESONDERE KÖRPERKRÄFTE UND KAMPFFÄHIGKEITEN)
WARUM HAB ICH DAS NUR GESAGT? WIR HABEN EIN CLUBHEIM.
WENIGSTENS NENNEN WIR'S NICHT CLUB-HEIM.
DAS WÄRE UNERTRÄGLICH.

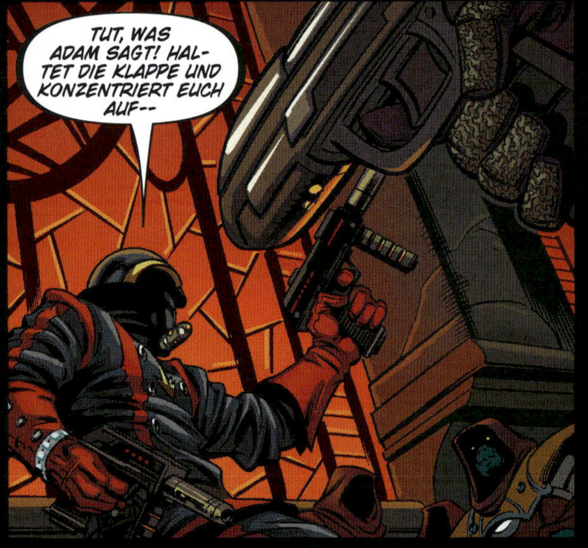
TUT, WAS ADAM SAGT! HAL-TET DIE KLAPPE UND KONZENTRIERT EUCH AUF--

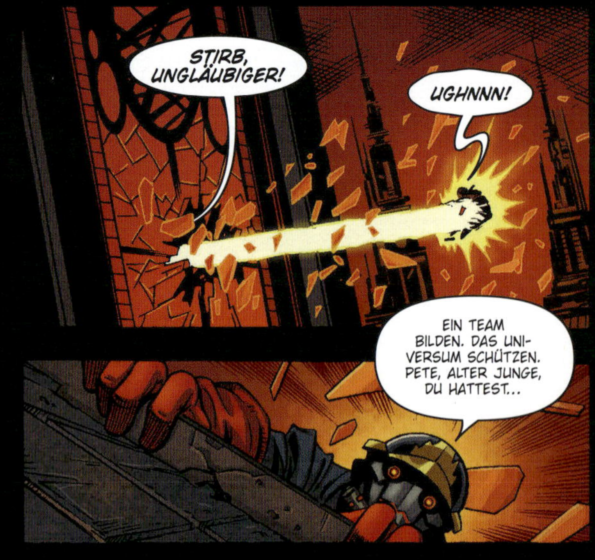
STIRB, UNGLÄUBIGER!
UGHNNN!
EIN TEAM BILDEN. DAS UNI-VERSUM SCHÜTZEN. PETE, ALTER JUNGE, DU HATTEST...

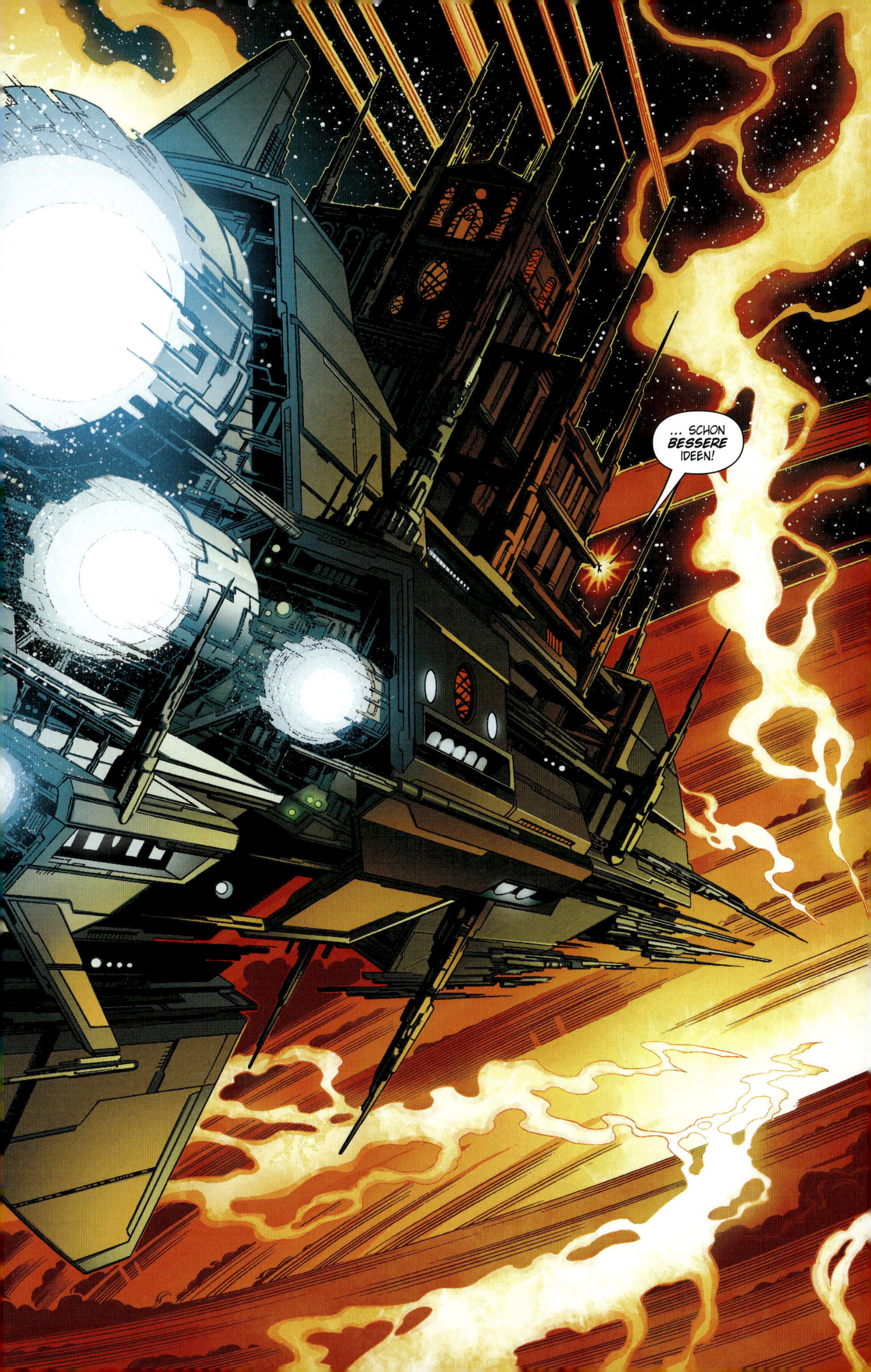
... SCHON BESSERE IDEEN!

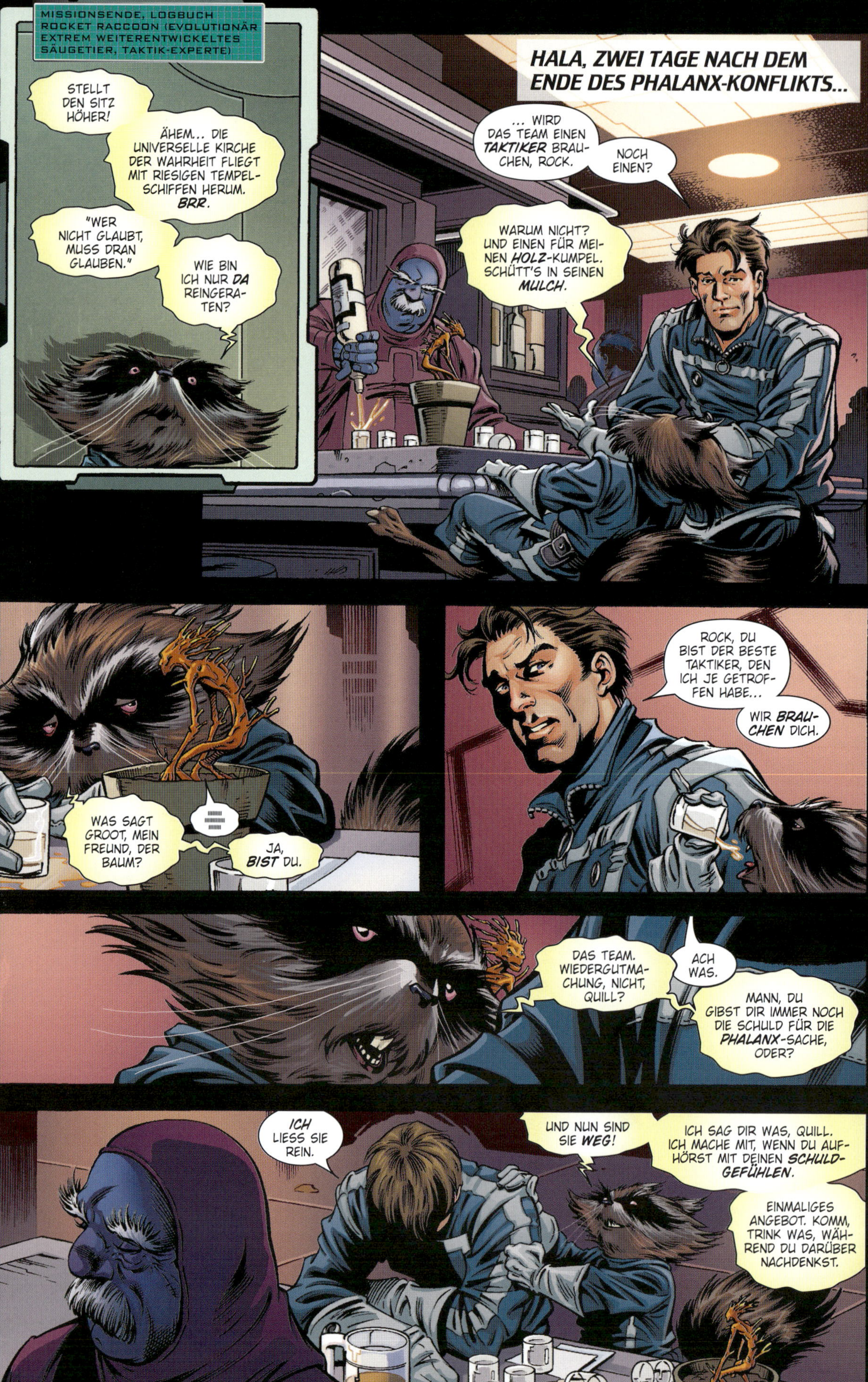
MISSIONSENDE, LOGBUCH ROCKET RACCOON (EVOLUTIONÄR EXTREM WEITERENTWICKELTES SÄUGETIER, TAKTIK-EXPERTE)
STELLT DEN SITZ HÖHER!
ÄHEM... DIE UNIVERSELLE KIRCHE DER WAHRHEIT FLIEGT MIT RIESIGEN TEMPELSCHIFFEN HERUM. BRR.
"WER NICHT GLAUBT, MUSS DRAN GLAUBEN."
WIE BIN ICH NUR DA REINGERATEN?
HALA, ZWEI TAGE NACH DEM ENDE DES PHALANX-KONFLIKTS...
... WIRD DAS TEAM EINEN TAKTIKER BRAUCHEN, ROCK.
NOCH EINEN?
WARUM NICHT? UND EINEN FÜR MEINEN HOLZ-KUMPEL. SCHÜTT'S IN SEINEN MULCH.
WAS SAGT GROOT, MEIN FREUND, DER BAUM?
JA, BIST DU.
ROCK, DU BIST DER BESTE TAKTIKER, DEN ICH JE GETROFFEN HABE...
WIR BRAUCHEN DICH.
DAS TEAM. WIEDERGUTMACHUNG, NICHT, QUILL?
ACH WAS.
MANN, DU GIBST DIR IMMER NOCH DIE SCHULD FÜR DIE PHALANX-SACHE, ODER?
ICH LIESS SIE REIN.
UND NUN SIND SIE WEG!
ICH SAG DIR WAS, QUILL. ICH MACHE MIT, WENN DU AUFHÖRST MIT DEINEN SCHULDGEFÜHLEN.
EINMALIGES ANGEBOT. KOMM, TRINK WAS, WÄHREND DU DARÜBER NACHDENKST.

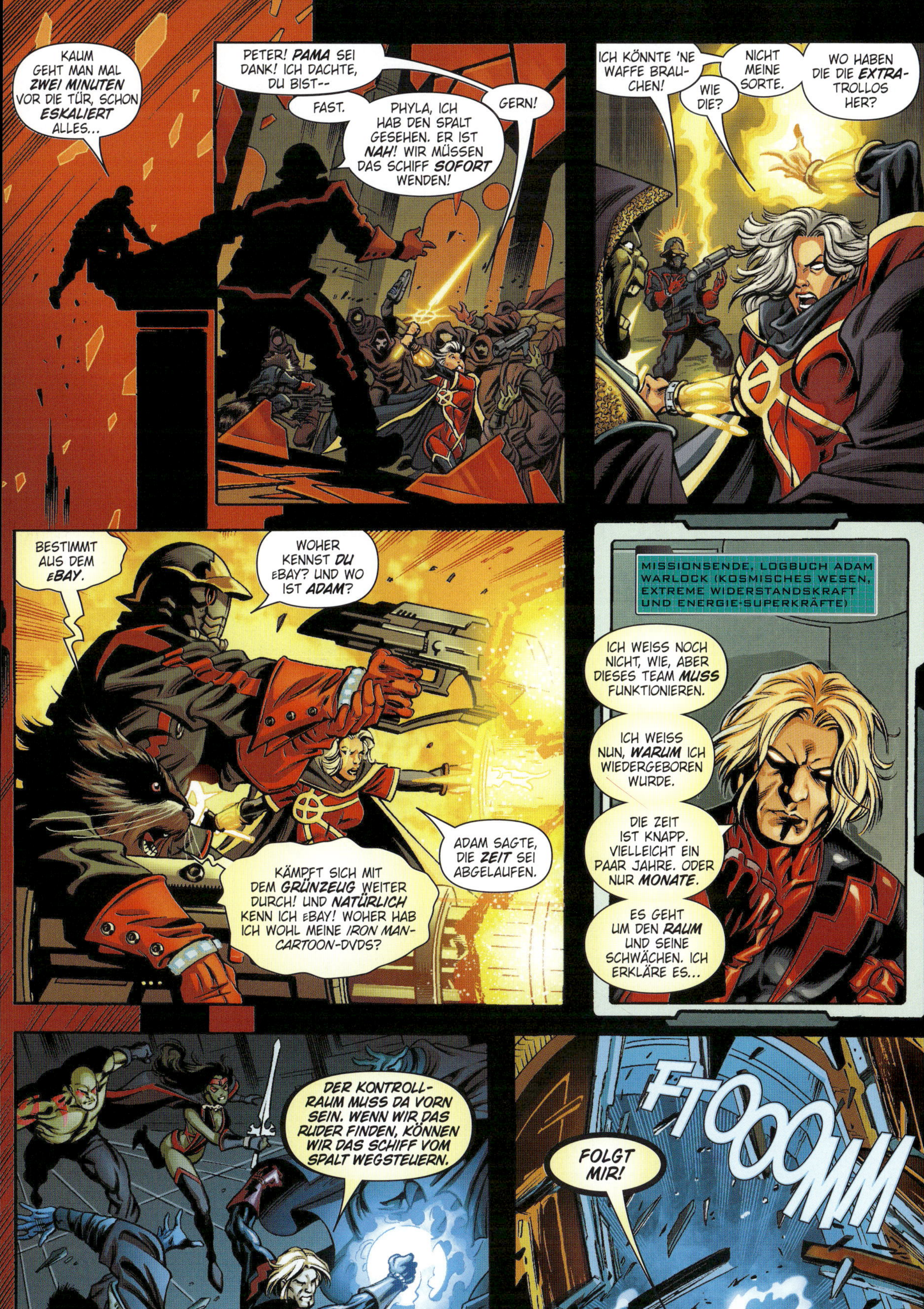
KAUM GEHT MAN MAL ZWEI MINUTEN VOR DIE TÜR, SCHON ESKALIERT ALLES...
PETER! PAMA SEI DANK! ICH DACHTE, DU BIST--
FAST.
PHYLA, ICH HAB DEN SPALT GESEHEN. ER IST NAH! WIR MÜSSEN DAS SCHIFF SOFORT WENDEN!
GERN!
ICH KÖNNTE 'NE WAFFE BRAUCHEN!
WIE DIE?
NICHT MEINE SORTE.
WO HABEN DIE DIE EXTRATROLLOS HER?
BESTIMMT AUS DEM eBAY.
WOHER KENNST DU eBAY? UND WO IST ADAM?
ADAM SAGTE, DIE ZEIT SEI ABGELAUFEN.
KÄMPFT SICH MIT DEM GRÜNZEUG WEITER DURCH! UND NATÜRLICH KENN ICH eBAY! WOHER HAB ICH WOHL MEINE IRON MAN-CARTOON-DVDS?
MISSIONSENDE, LOGBUCH ADAM WARLOCK (KOSMISCHES WESEN, EXTREME WIDERSTANDSKRAFT UND ENERGIE-SUPERKRÄFTE)
ICH WEISS NOCH NICHT, WIE, ABER DIESES TEAM MUSS FUNKTIONIEREN.
ICH WEISS NUN, WARUM ICH WIEDERGEBOREN WURDE.
DIE ZEIT IST KNAPP. VIELLEICHT EIN PAAR JAHRE. ODER NUR MONATE.
ES GEHT UM DEN RAUM UND SEINE SCHWÄCHEN. ICH ERKLÄRE ES...
DER KONTROLLRAUM MUSS DA VORN SEIN. WENN WIR DAS RUDER FINDEN, KÖNNEN WIR DAS SCHIFF VOM SPALT WEGSTEUERN.
FTOOOMM
FOLGT MIR!

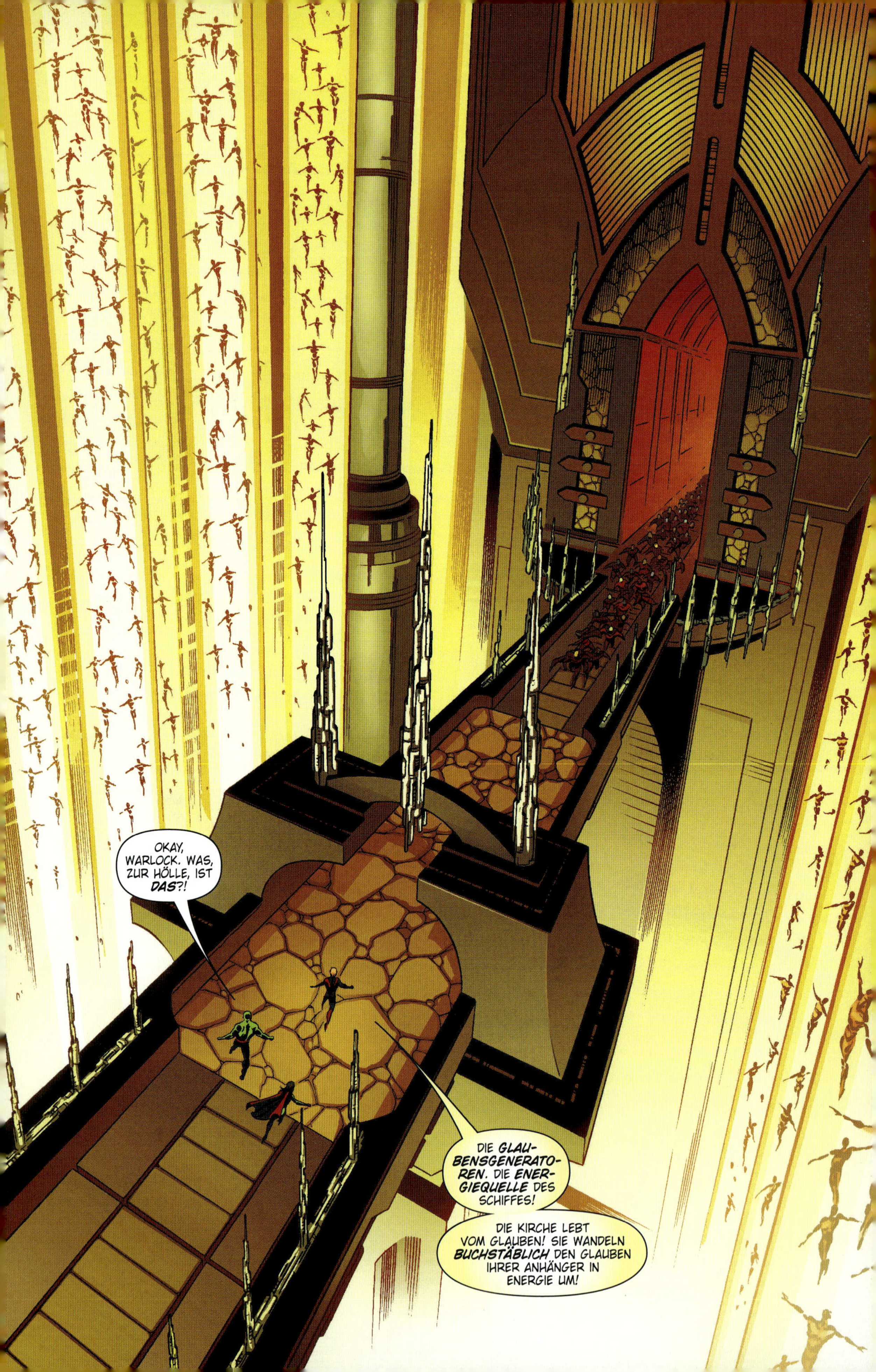
OKAY, WARLOCK. WAS, ZUR HÖLLE, IST DAS?!
DIE GLAUBENSGENERATOREN. DIE ENERGIEQUELLE DES SCHIFFES!
DIE KIRCHE LEBT VOM GLAUBEN! SIE WANDELN BUCHSTÄBLICH DEN GLAUBEN IHRER ANHÄNGER IN ENERGIE UM!

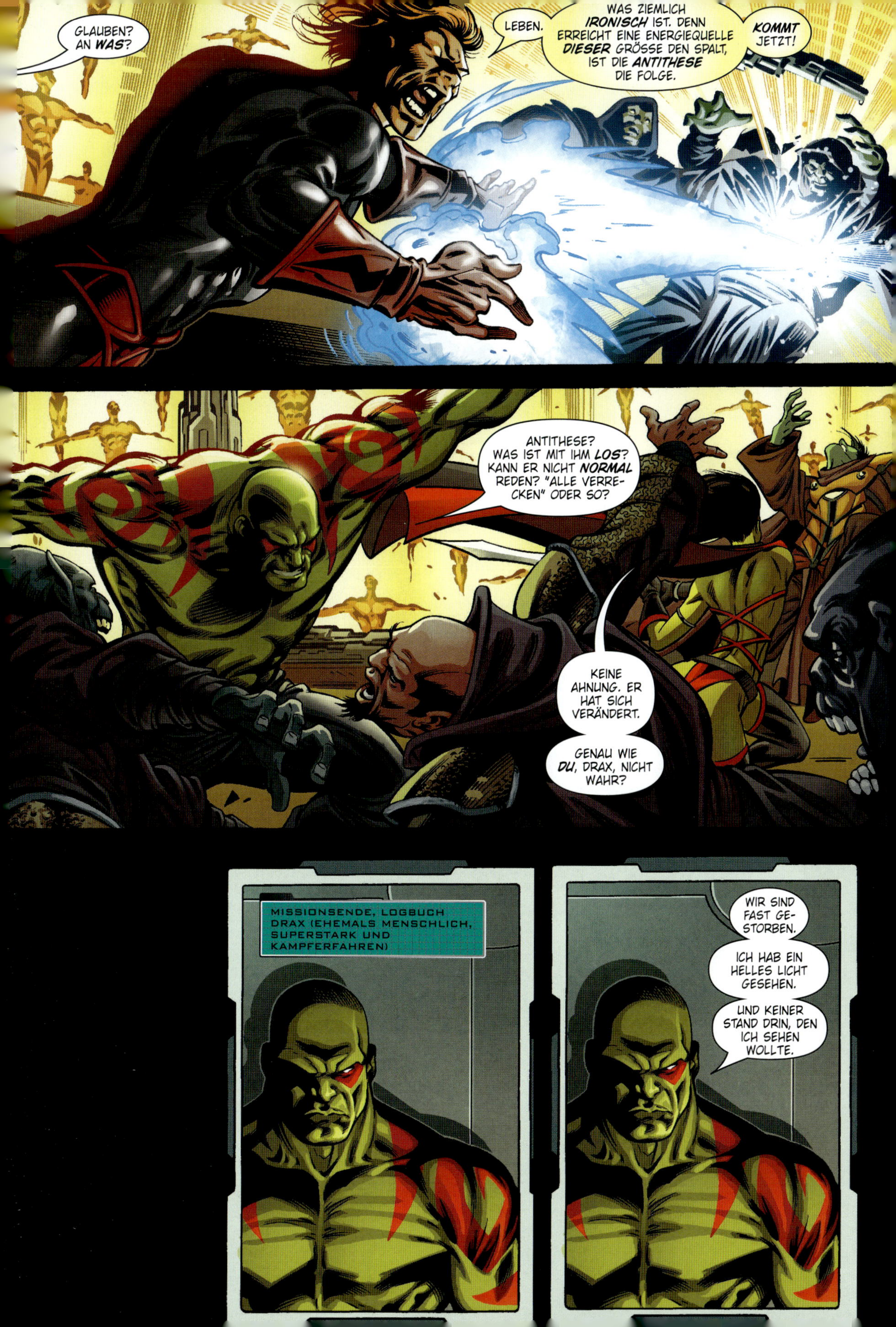

GLAUBEN? AN **WAS**?
LEBEN.
WAS ZIEMLICH **IRONISCH** IST. DENN ERREICHT EINE ENERGIEQUELLE **DIESER** GRÖSSE DEN SPALT, IST DIE **ANTITHESE** DIE FOLGE.
KOMMT JETZT!

ANTITHESE? WAS IST MIT IHM **LOS**? KANN ER NICHT **NORMAL** REDEN? "ALLE VERRE-CKEN" ODER SO?
KEINE AHNUNG. ER HAT SICH VERÄNDERT.
GENAU WIE **DU**, DRAX, NICHT WAHR?

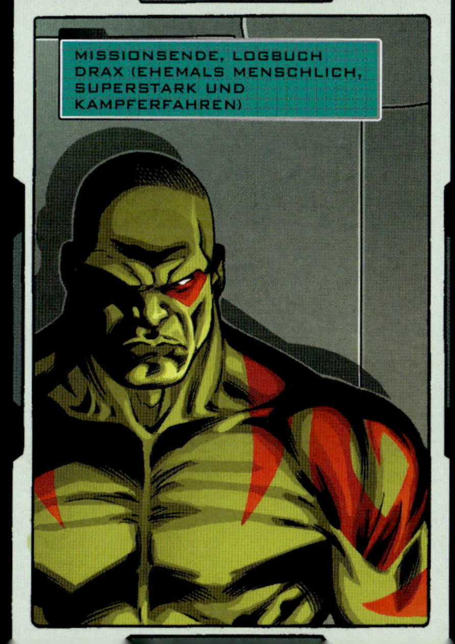

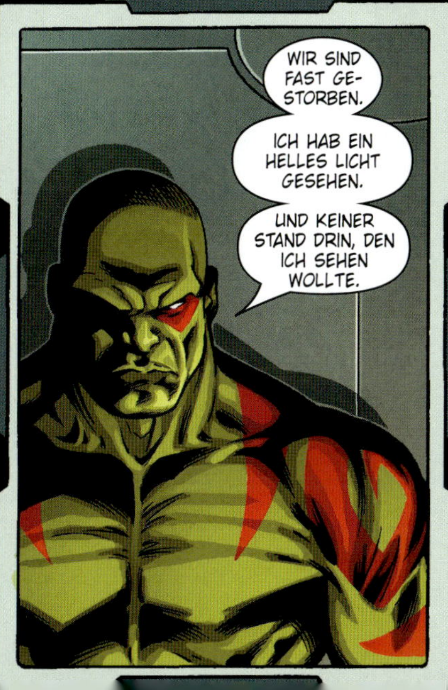

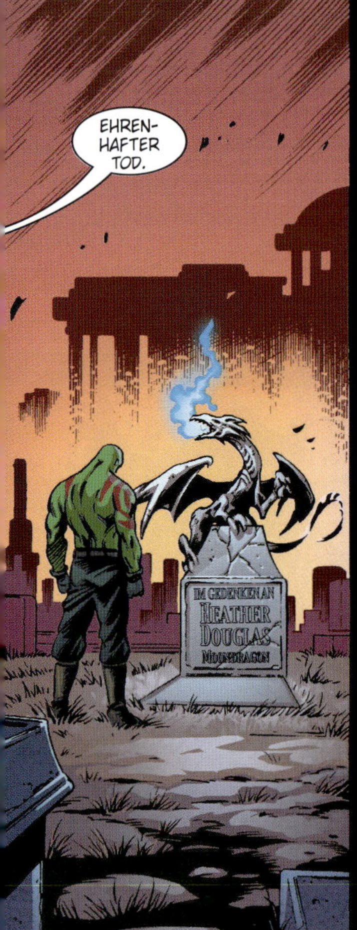
DER EHRENHAIN, HALA, DREI TAGE NACH DEM ENDE DES PHALANX-KONFLIKTS...
EHREN-HAFTER TOD.
IM GEDENKEN AN HEATHER DOUGLAS

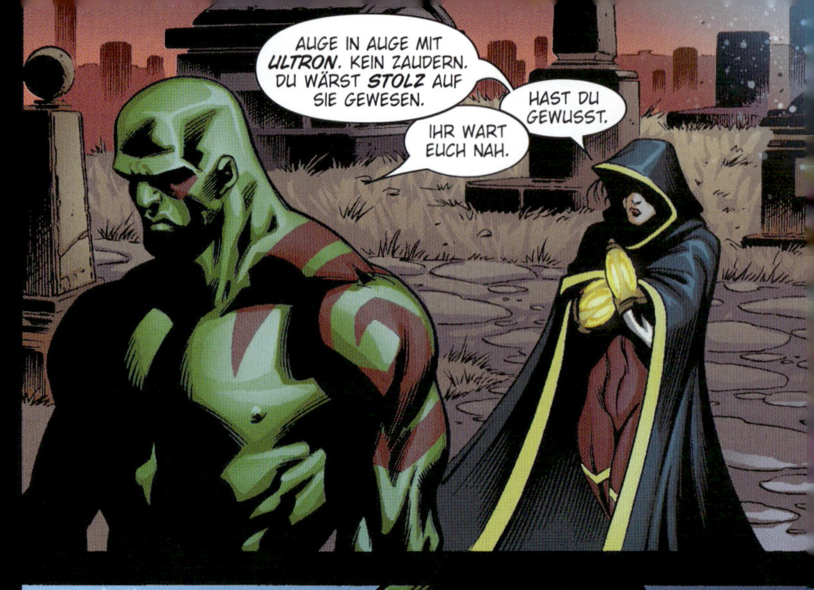
AUGE IN AUGE MIT ULTRON. KEIN ZAUDERN. DU WÄRST STOLZ AUF SIE GEWESEN.
IHR WART EUCH NAH.
HAST DU GEWUSST.

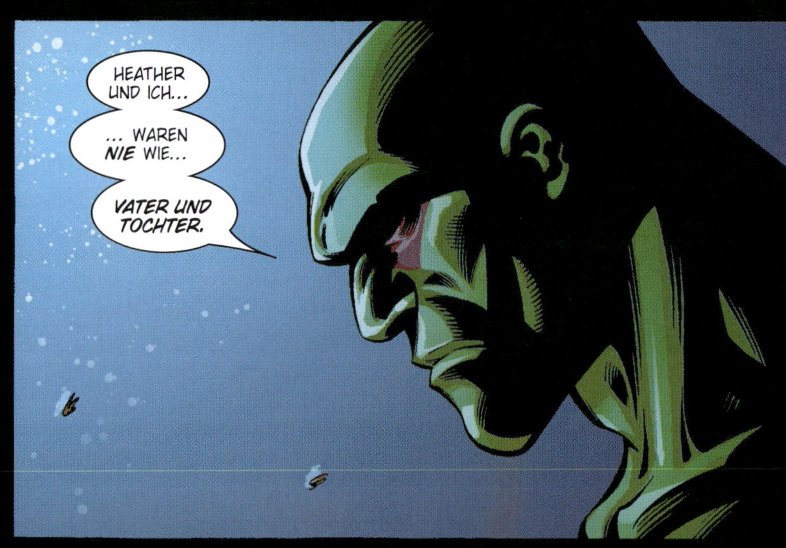
HEATHER UND ICH...
... WAREN NIE WIE...
VATER UND TOCHTER.

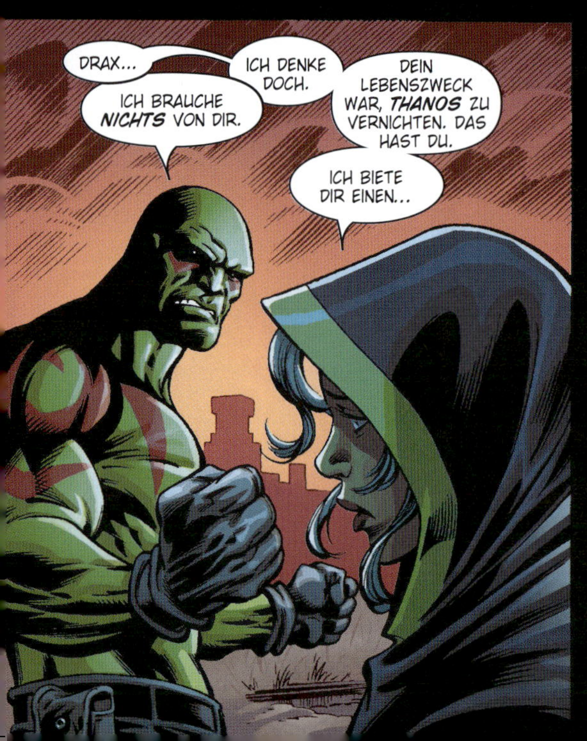
DRAX...
ICH BRAUCHE NICHTS VON DIR.
ICH DENKE DOCH.
DEIN LEBENSZWECK WAR, THANOS ZU VERNICHTEN. DAS HAST DU.
ICH BIETE DIR EINEN...

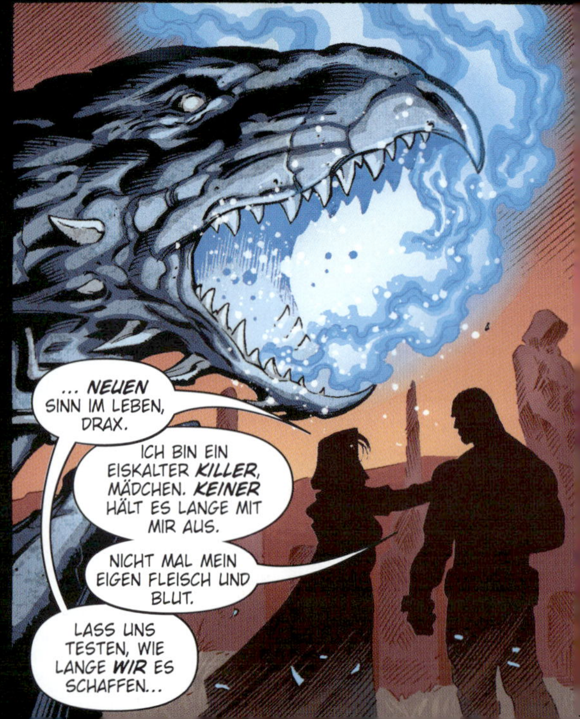
... NEUEN SINN IM LEBEN, DRAX.
ICH BIN EIN EISKALTER KILLER, MÄDCHEN. KEINER HÄLT ES LANGE MIT MIR AUS.
NICHT MAL MEIN EIGEN FLEISCH UND BLUT.
LASS UNS TESTEN, WIE LANGE WIR ES SCHAFFEN...

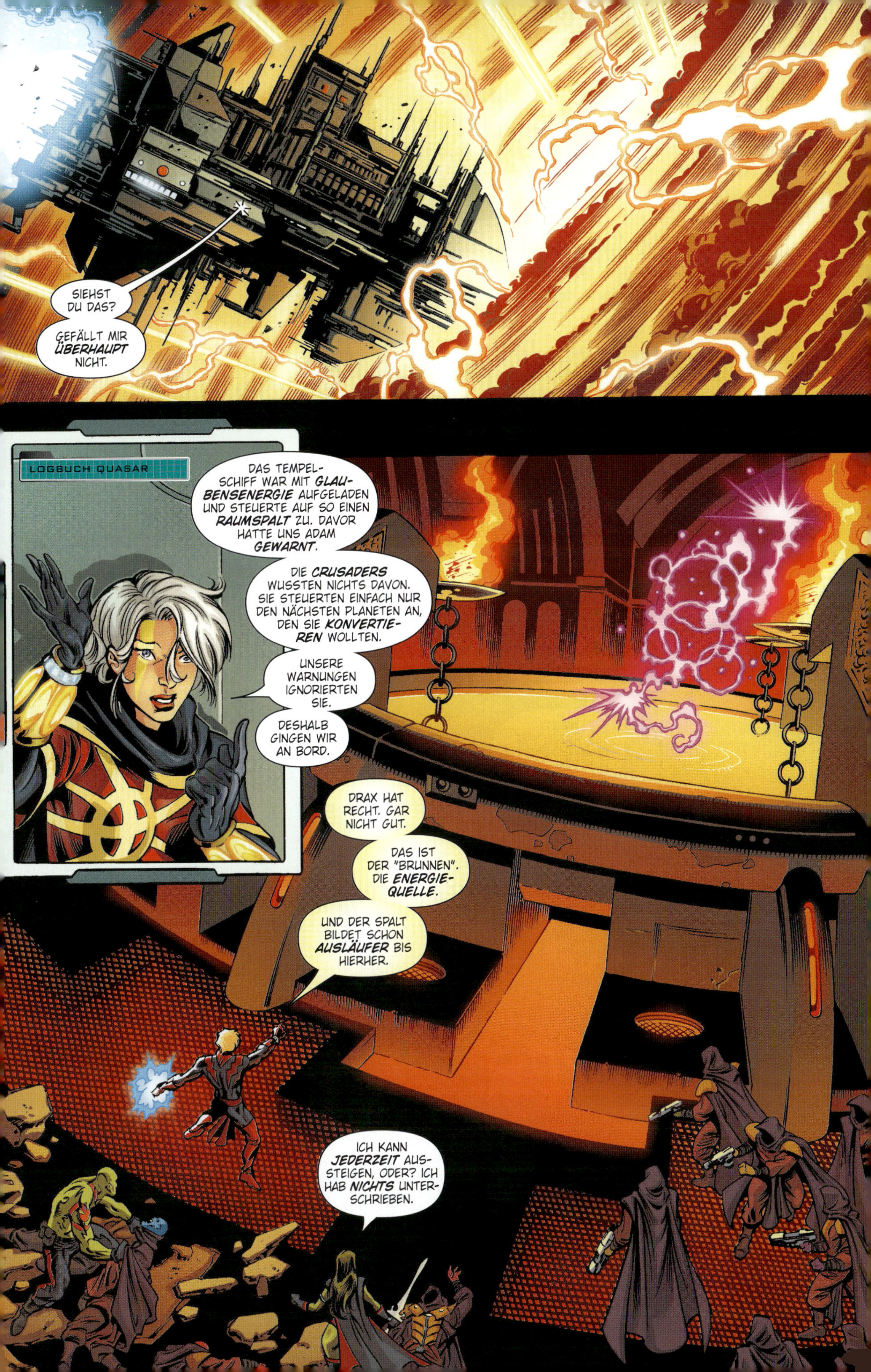
SIEHST DU DAS?
GEFÄLLT MIR ÜBERHAUPT NICHT.
LOGBUCH QUASAR
DAS TEMPELSCHIFF WAR MIT GLAUBENSENERGIE AUFGELADEN UND STEUERTE AUF SO EINEN RAUMSPALT ZU. DAVOR HATTE UNS ADAM GEWARNT.
DIE CRUSADERS WUSSTEN NICHTS DAVON. SIE STEUERTEN EINFACH NUR DEN NÄCHSTEN PLANETEN AN, DEN SIE KONVERTIEREN WOLLTEN.
UNSERE WARNUNGEN IGNORIERTEN SIE.
DESHALB GINGEN WIR AN BORD.
DRAX HAT RECHT. GAR NICHT GUT.
DAS IST DER "BRUNNEN". DIE ENERGIEQUELLE.
UND DER SPALT BILDET SCHON AUSLÄUFER BIS HIERHER.
ICH KANN JEDERZEIT AUSSTEIGEN, ODER? ICH HAB NICHTS UNTERSCHRIEBEN.

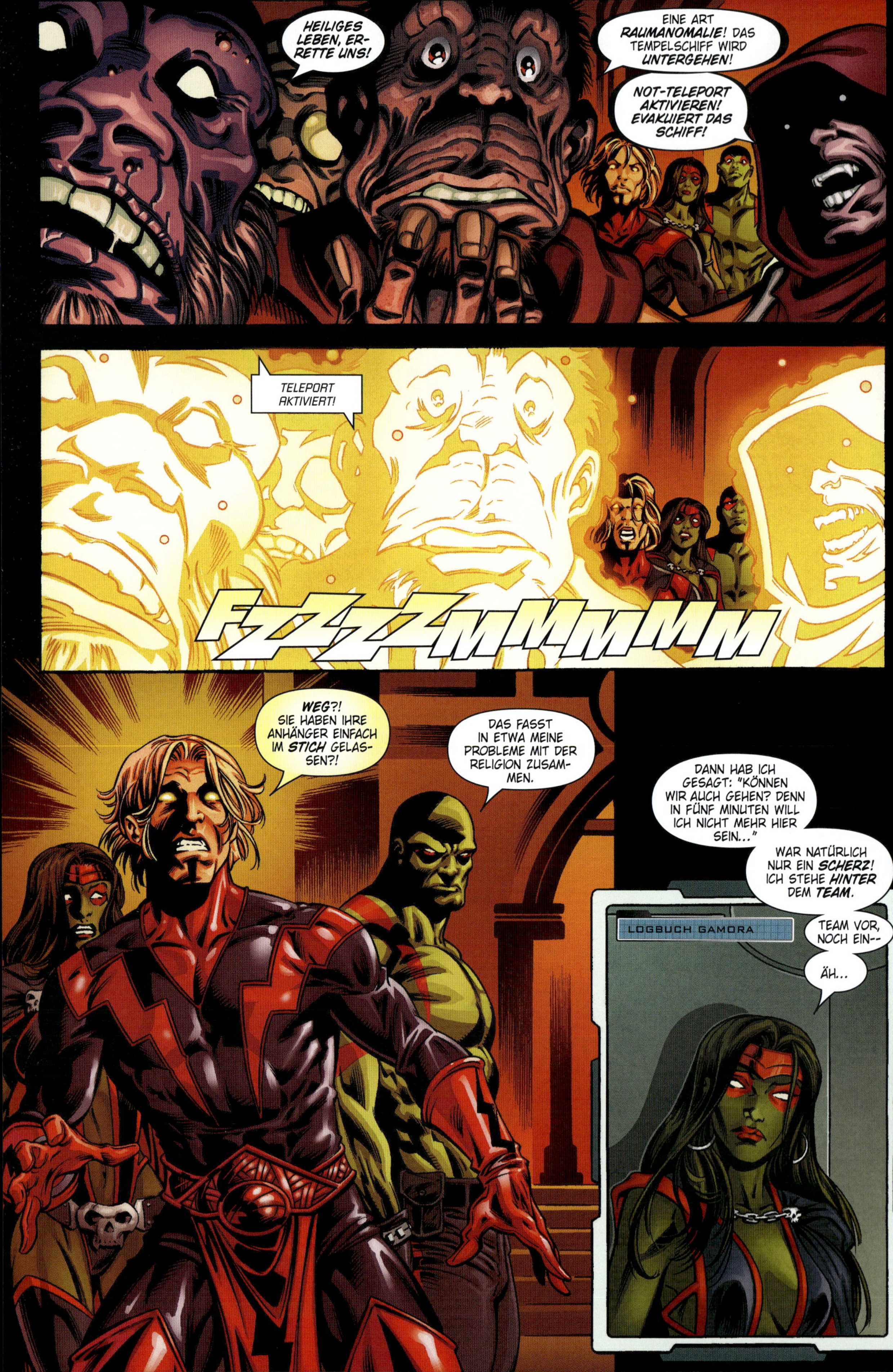
HEILIGES LEBEN, ER-RETTE UNS!
EINE ART RAUMANOMALIE! DAS TEMPELSCHIFF WIRD UNTERGEHEN!
NOT-TELEPORT AKTIVIEREN! EVAKUIERT DAS SCHIFF!
TELEPORT AKTIVIERT!
FZZZZMMMMMM
WEG?! SIE HABEN IHRE ANHÄNGER EINFACH IM STICH GELAS-SEN?!
DAS FASST IN ETWA MEINE PROBLEME MIT DER RELIGION ZUSAM-MEN.
DANN HAB ICH GESAGT: "KÖNNEN WIR AUCH GEHEN? DENN IN FÜNF MINUTEN WILL ICH NICHT MEHR HIER SEIN..."
WAR NATÜRLICH NUR EIN SCHERZ! ICH STEHE HINTER DEM TEAM.
LOGBUCH GAMORA
TEAM VOR, NOCH EIN--
ÄH...

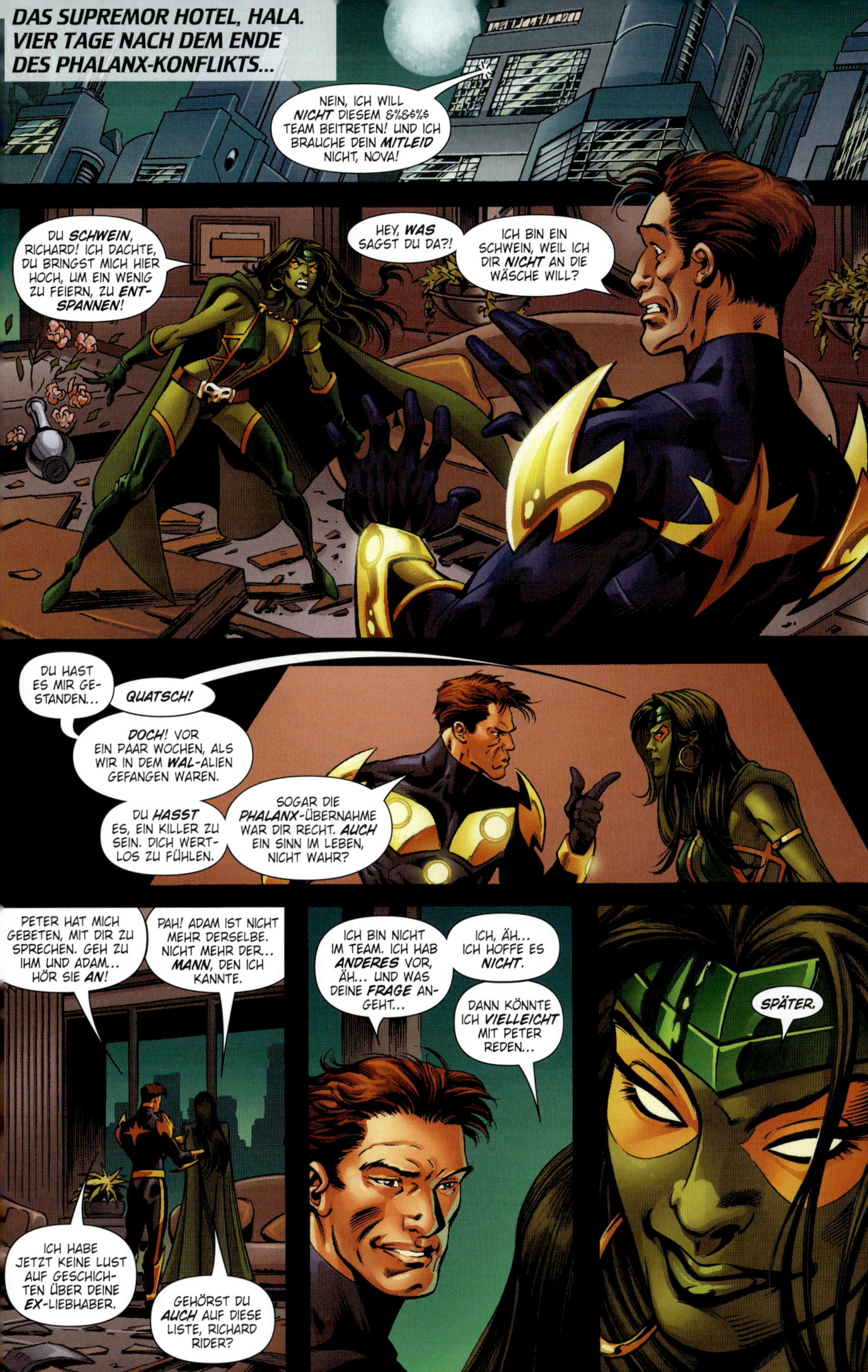

DAS SUPREMOR HOTEL, HALA. VIER TAGE NACH DEM ENDE DES PHALANX-KONFLIKTS...
NEIN, ICH WILL NICHT DIESEM &%&$%$ TEAM BEITRETEN! UND ICH BRAUCHE DEIN MITLEID NICHT, NOVA!
DU SCHWEIN, RICHARD! ICH DACHTE, DU BRINGST MICH HIER HOCH, UM EIN WENIG ZU FEIERN, ZU ENT-SPANNEN!
HEY, WAS SAGST DU DA?!
ICH BIN EIN SCHWEIN, WEIL ICH DIR NICHT AN DIE WÄSCHE WILL?
DU HAST ES MIR GE-STANDEN...
QUATSCH!
DOCH! VOR EIN PAAR WOCHEN, ALS WIR IN DEM WAL-ALIEN GEFANGEN WAREN.
DU HASST ES, EIN KILLER ZU SEIN. DICH WERT-LOS ZU FÜHLEN.
SOGAR DIE PHALANX-ÜBERNAHME WAR DIR RECHT. AUCH EIN SINN IM LEBEN, NICHT WAHR?
PETER HAT MICH GEBETEN, MIT DIR ZU SPRECHEN. GEH ZU IHM UND ADAM... HÖR SIE AN!
PAH! ADAM IST NICHT MEHR DERSELBE. NICHT MEHR DER... MANN, DEN ICH KANNTE.
ICH HABE JETZT KEINE LUST AUF GESCHICH-TEN ÜBER DEINE EX-LIEBHABER.
GEHÖRST DU AUCH AUF DIESE LISTE, RICHARD RIDER?
ICH BIN NICHT IM TEAM. ICH HAB ANDERES VOR, ÄH... UND WAS DEINE FRAGE AN-GEHT...
ICH, ÄH... ICH HOFFE ES NICHT.
DANN KÖNNTE ICH VIELLEICHT MIT PETER REDEN...
SPÄTER.

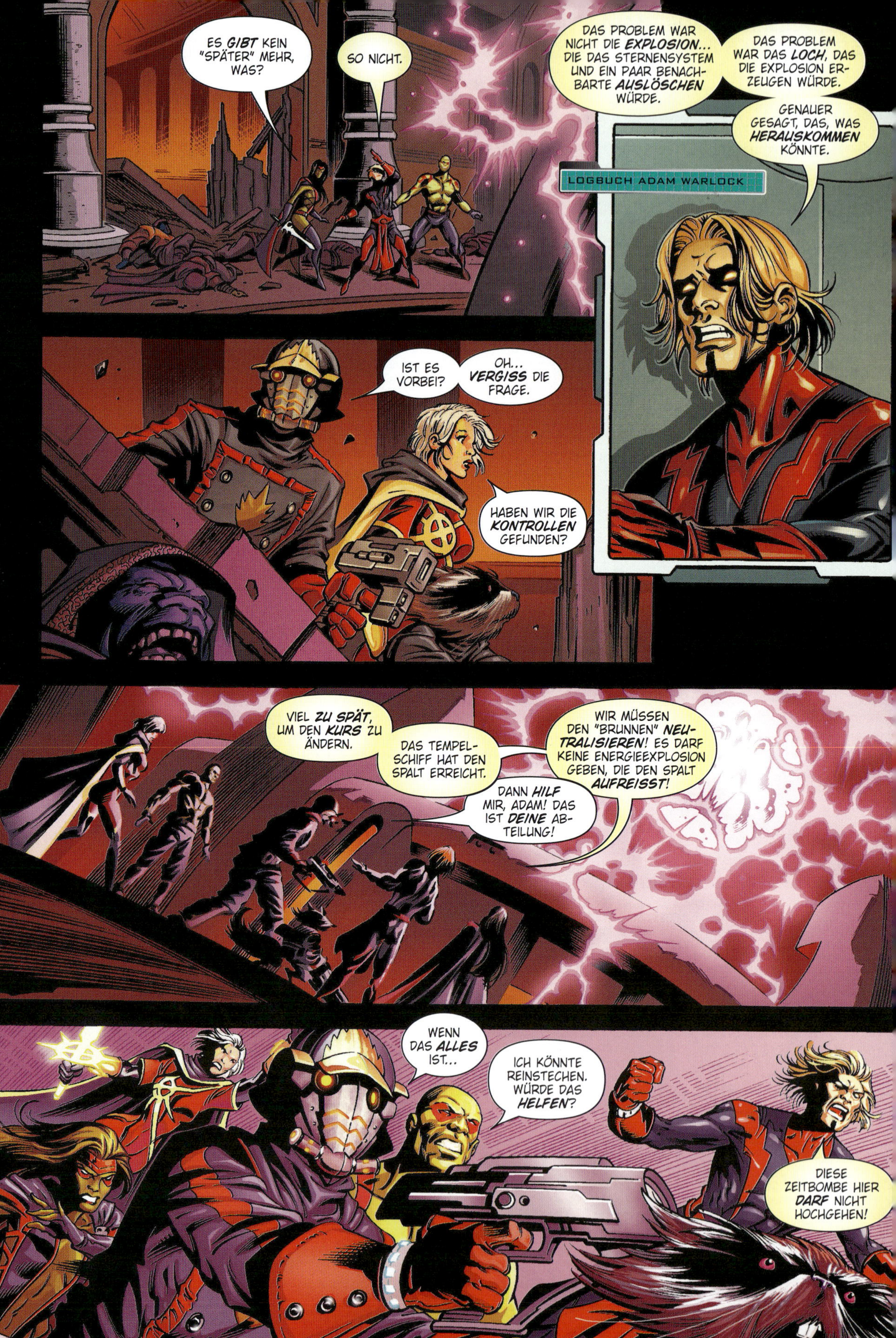
ES GIBT KEIN "SPÄTER" MEHR, WAS?
SO NICHT.
DAS PROBLEM WAR NICHT DIE EXPLOSION... DIE DAS STERNENSYSTEM UND EIN PAAR BENACHBARTE AUSLÖSCHEN WÜRDE.
DAS PROBLEM WAR DAS LOCH, DAS DIE EXPLOSION ERZEUGEN WÜRDE.
GENAUER GESAGT, DAS, WAS HERAUSKOMMEN KÖNNTE.
LOGBUCH ADAM WARLOCK
IST ES VORBEI?
OH... VERGISS DIE FRAGE.
HABEN WIR DIE KONTROLLEN GEFUNDEN?
VIEL ZU SPÄT, UM DEN KURS ZU ÄNDERN.
DAS TEMPELSCHIFF HAT DEN SPALT ERREICHT.
WIR MÜSSEN DEN "BRUNNEN" NEUTRALISIEREN! ES DARF KEINE ENERGIEEXPLOSION GEBEN, DIE DEN SPALT AUFREISST!
DANN HILF MIR, ADAM! DAS IST DEINE ABTEILUNG!
WENN DAS ALLES IST...
ICH KÖNNTE REINSTECHEN. WÜRDE DAS HELFEN?
DIESE ZEITBOMBE HIER DARF NICHT HOCHGEHEN!

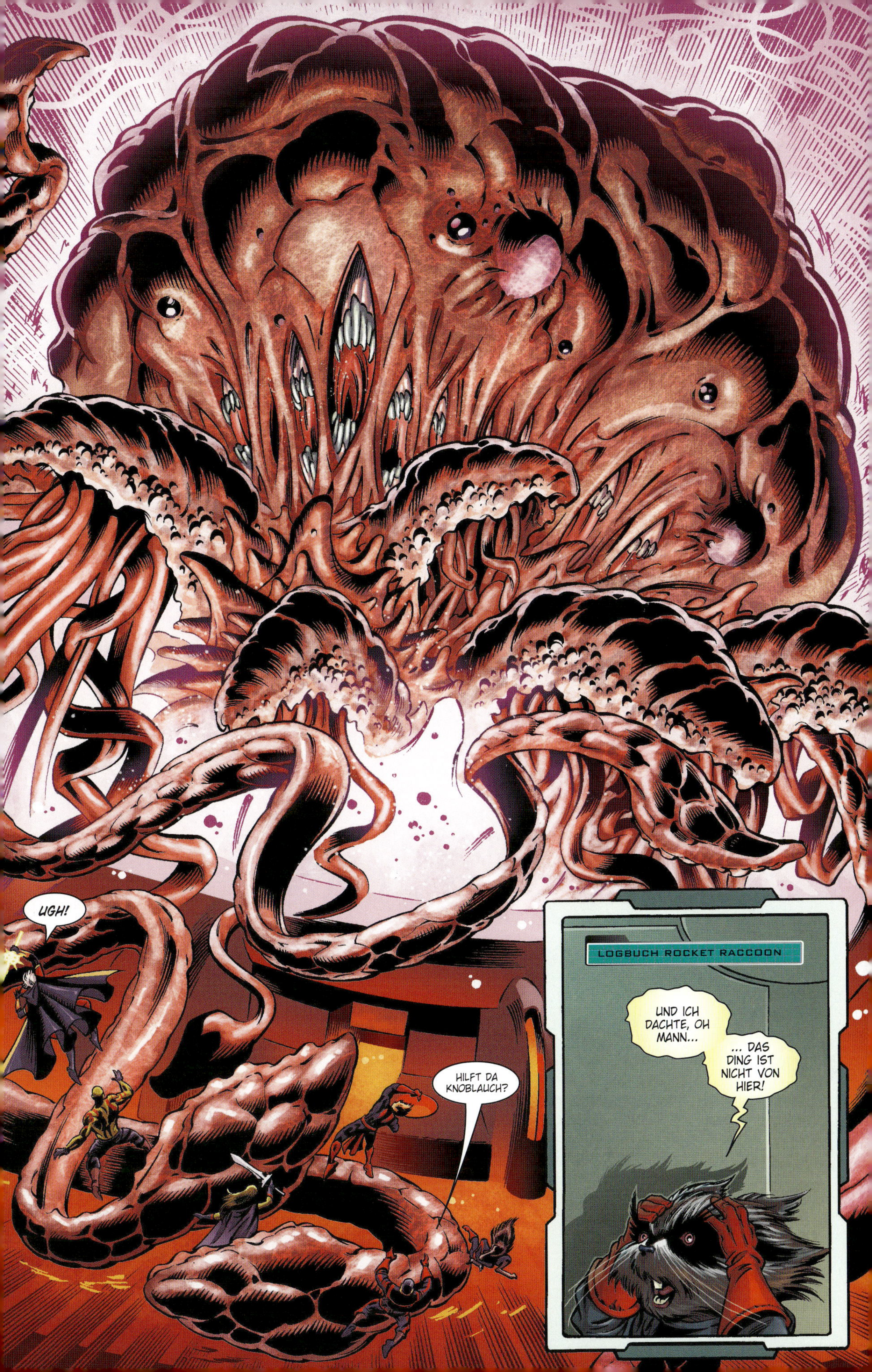
UGH!
HILFT DA KNOBLAUCH?
LOGBUCH ROCKET RACCOON
UND ICH DACHTE, OH MANN...
... DAS DING IST NICHT VON HIER!

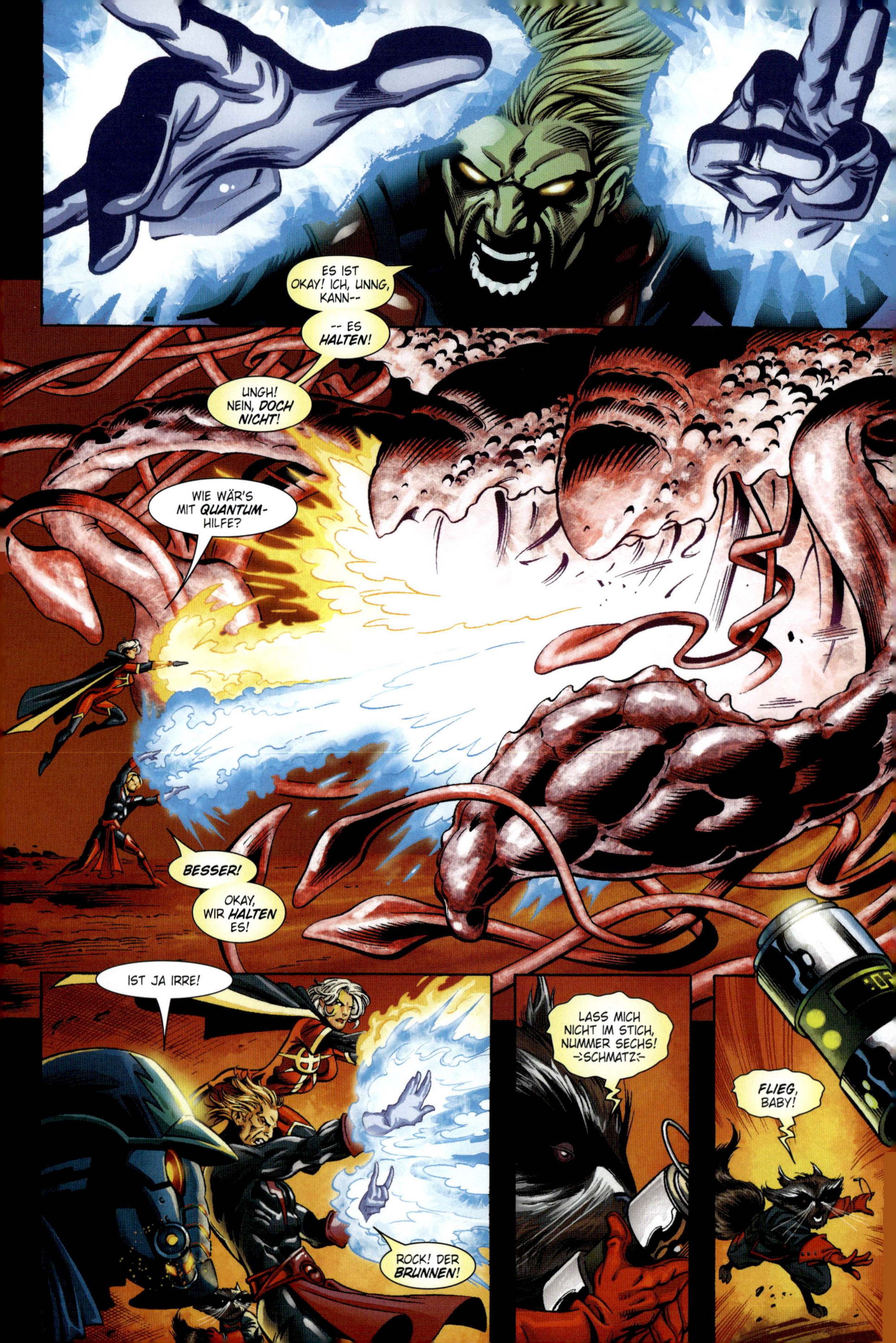
ES IST OKAY! ICH, UNNG, KANN--
-- ES HALTEN!
UNGH! NEIN, DOCH NICHT!
WIE WÄR'S MIT QUANTUM-HILFE?
BESSER!
OKAY, WIR HALTEN ES!
IST JA IRRE!
ROCK! DER BRUNNEN!
LASS MICH NICHT IM STICH, NUMMER SECHS! -SCHMATZ-
FLIEG, BABY!

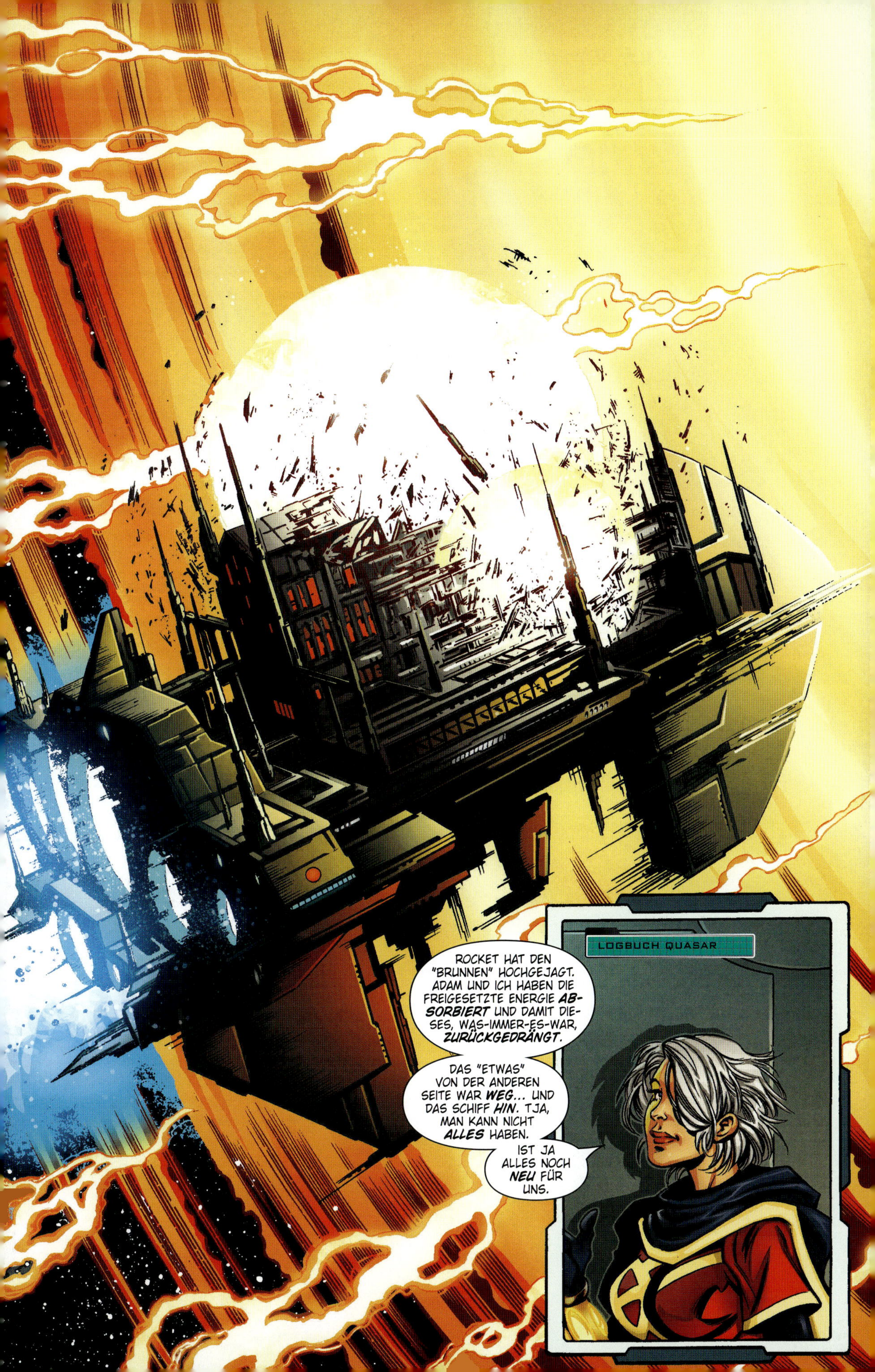
LOGBUCH QUASAR
ROCKET HAT DEN "BRUNNEN" HOCHGEJAGT. ADAM UND ICH HABEN DIE FREIGESETZTE ENERGIE ABSORBIERT UND DAMIT DIESES, WAS-IMMER-ES-WAR, ZURÜCKGEDRÄNGT.
DAS "ETWAS" VON DER ANDEREN SEITE WAR WEG... UND DAS SCHIFF HIN. TJA, MAN KANN NICHT ALLES HABEN.
IST JA ALLES NOCH NEU FÜR UNS.

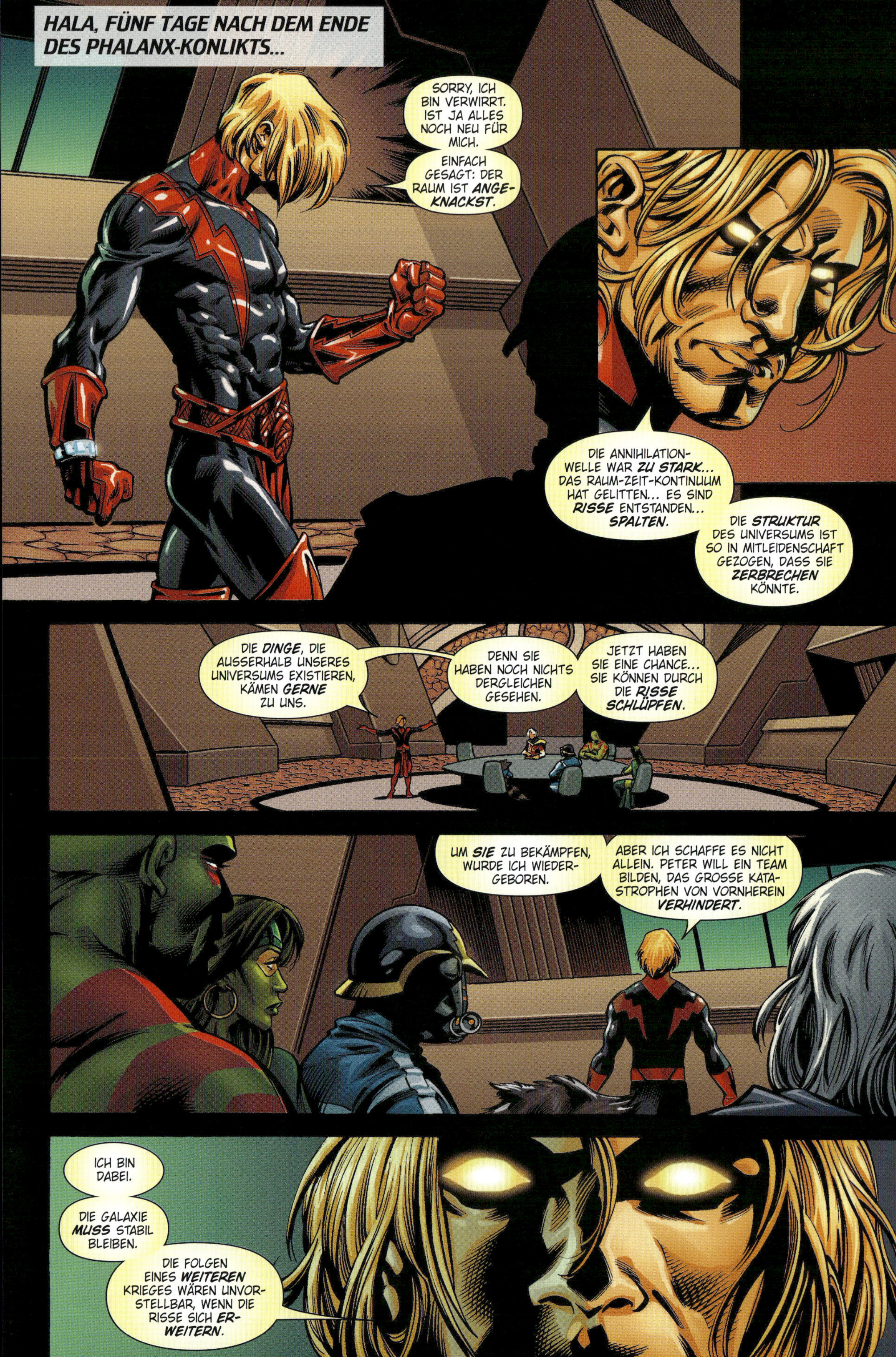
HALA, FÜNF TAGE NACH DEM ENDE DES PHALANX-KONLIKTS...
SORRY, ICH BIN VERWIRRT. IST JA ALLES NOCH NEU FÜR MICH.
EINFACH GESAGT: DER RAUM IST ANGE-KNACKST.
DIE ANNIHILATION-WELLE WAR ZU STARK... DAS RAUM-ZEIT-KONTINUUM HAT GELITTEN... ES SIND RISSE ENTSTANDEN... SPALTEN.
DIE STRUKTUR DES UNIVERSUMS IST SO IN MITLEIDENSCHAFT GEZOGEN, DASS SIE ZERBRECHEN KÖNNTE.
DIE DINGE, DIE AUSSERHALB UNSERES UNIVERSUMS EXISTIEREN, KÄMEN GERNE ZU UNS.
DENN SIE HABEN NOCH NICHTS DERGLEICHEN GESEHEN.
JETZT HABEN SIE EINE CHANCE... SIE KÖNNEN DURCH DIE RISSE SCHLÜPFEN.
UM SIE ZU BEKÄMPFEN, WURDE ICH WIEDER-GEBOREN.
ABER ICH SCHAFFE ES NICHT ALLEIN. PETER WILL EIN TEAM BILDEN, DAS GROSSE KATA-STROPHEN VON VORNHEREIN VERHINDERT.
ICH BIN DABEI.
DIE GALAXIE MUSS STABIL BLEIBEN.
DIE FOLGEN EINES WEITEREN KRIEGES WÄREN UNVOR-STELLBAR, WENN DIE RISSE SICH ER-WEITERN.

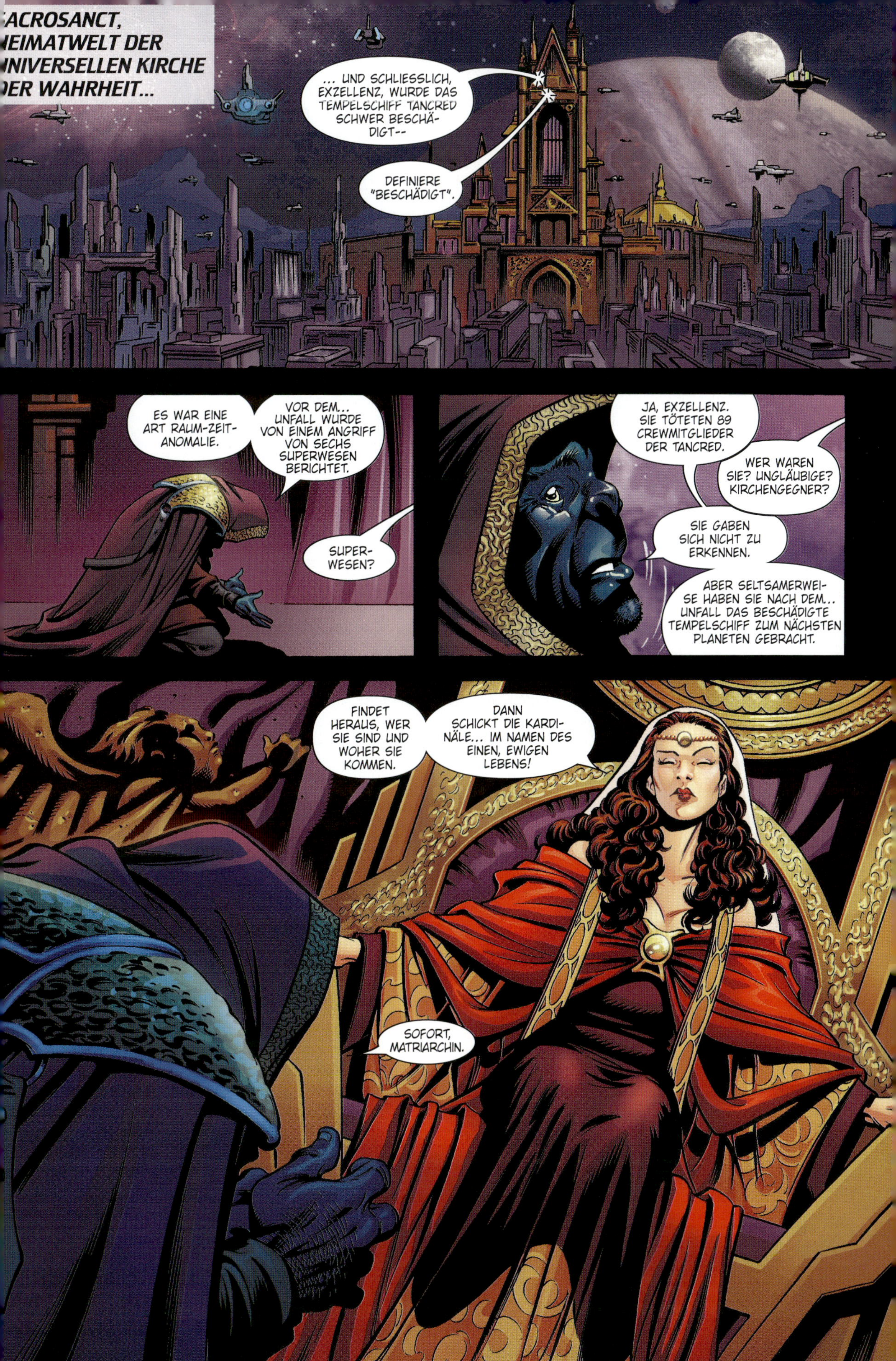
SACROSANCT, HEIMATWELT DER UNIVERSELLEN KIRCHE DER WAHRHEIT...
... UND SCHLIESSLICH, EXZELLENZ, WURDE DAS TEMPELSCHIFF TANCRED SCHWER BESCHÄDIGT--
DEFINIERE "BESCHÄDIGT".
ES WAR EINE ART RAUM-ZEIT-ANOMALIE.
VOR DEM... UNFALL WURDE VON EINEM ANGRIFF VON SECHS SUPERWESEN BERICHTET.
SUPER-WESEN?
JA, EXZELLENZ. SIE TÖTETEN 89 CREWMITGLIEDER DER TANCRED.
WER WAREN SIE? UNGLÄUBIGE? KIRCHENGEGNER?
SIE GABEN SICH NICHT ZU ERKENNEN.
ABER SELTSAMERWEISE HABEN SIE NACH DEM... UNFALL DAS BESCHÄDIGTE TEMPELSCHIFF ZUM NÄCHSTEN PLANETEN GEBRACHT.
FINDET HERAUS, WER SIE SIND UND WOHER SIE KOMMEN.
DANN SCHICKT DIE KARDINÄLE... IM NAMEN DES EINEN, EWIGEN LEBENS!
SOFORT, MATRIARCHIN.

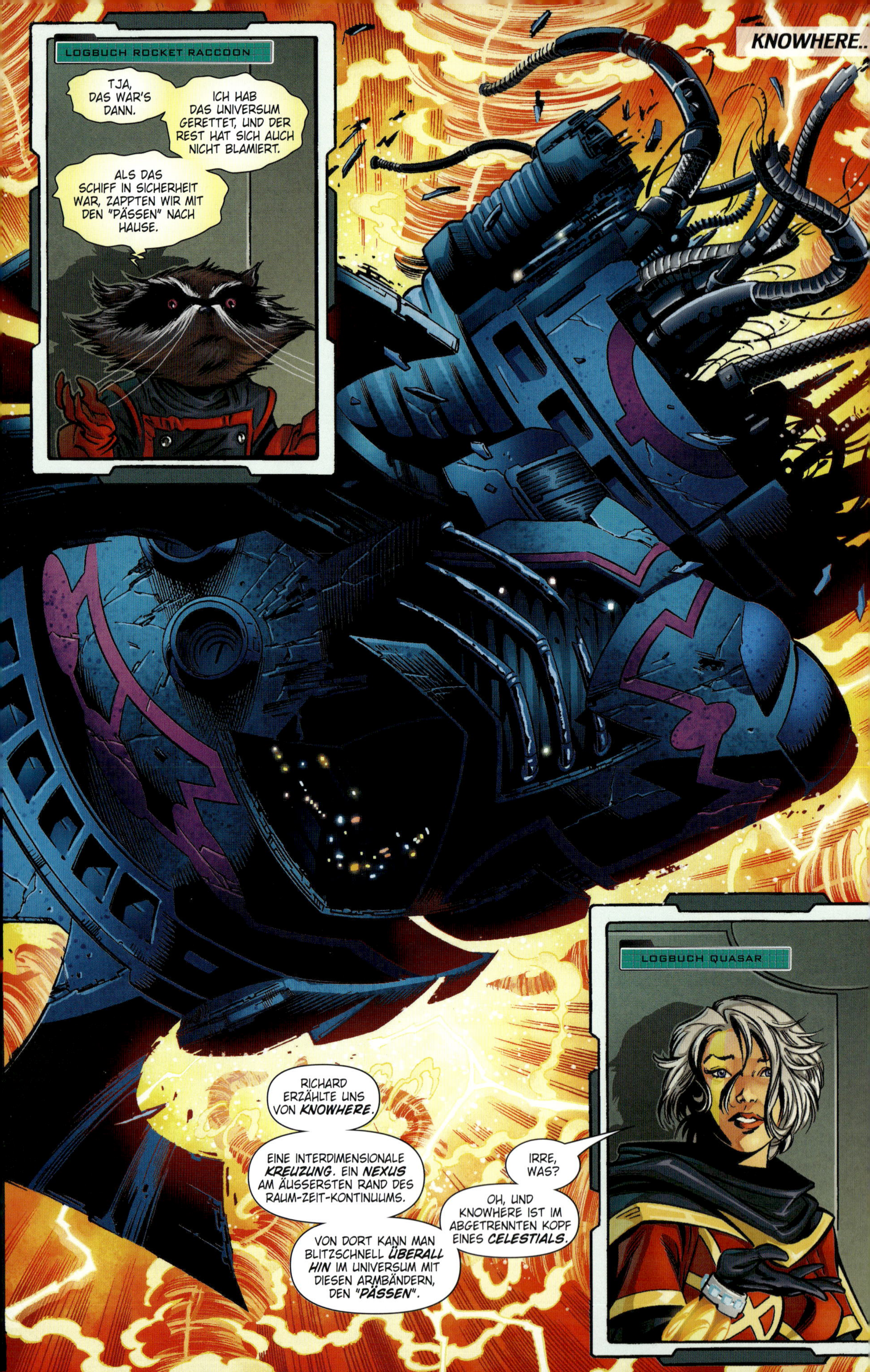
KNOWHERE..
LOGBUCH ROCKET RACCOON
TJA, DAS WAR'S DANN.
ICH HAB DAS UNIVERSUM GERETTET, UND DER REST HAT SICH AUCH NICHT BLAMIERT.
ALS DAS SCHIFF IN SICHERHEIT WAR, ZAPPTEN WIR MIT DEN "PÄSSEN" NACH HAUSE.
LOGBUCH QUASAR
RICHARD ERZÄHLTE UNS VON **KNOWHERE**.
EINE INTERDIMENSIONALE **KREUZUNG**. EIN **NEXUS** AM ÄUSSERSTEN RAND DES RAUM-ZEIT-KONTINUUMS.
VON DORT KANN MAN BLITZSCHNELL **ÜBERALL HIN** IM UNIVERSUM MIT DIESEN ARMBÄNDERN, DEN "**PÄSSEN**".
IRRE, WAS?
OH, UND KNOWHERE IST IM ABGETRENNTEN KOPF EINES **CELESTIALS**.

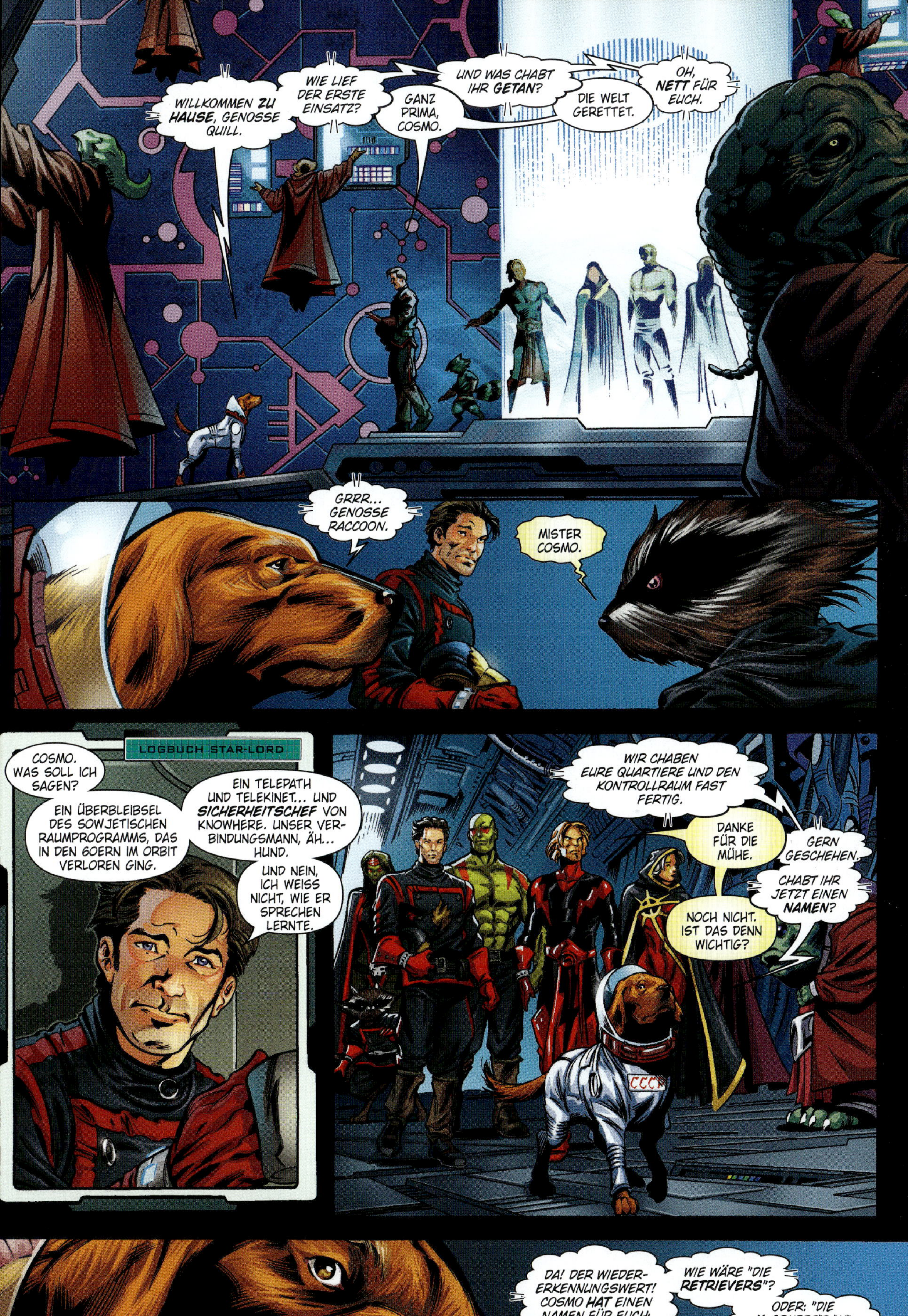
WILLKOMMEN **ZU HAUSE**, GENOSSE QUILL.
WIE LIEF DER ERSTE EINSATZ?
GANZ PRIMA, COSMO.
UND WAS CHABT IHR **GETAN**?
DIE WELT GERETTET.
OH, **NETT** FÜR EUCH.
GRRR... GENOSSE RACCOON.
MISTER COSMO.
LOGBUCH STAR-LORD
COSMO. WAS SOLL ICH SAGEN?
EIN ÜBERBLEIBSEL DES SOWJETISCHEN RAUMPROGRAMMS, DAS IN DEN 60ERN IM ORBIT VERLOREN GING.
EIN TELEPATH UND TELEKINET... UND **SICHERHEITSCHEF** VON KNOWHERE. UNSER VERBINDUNGSMANN, ÄH... HUND.
UND NEIN, ICH WEISS NICHT, WIE ER SPRECHEN LERNTE.
WIR CHABEN EURE QUARTIERE UND DEN KONTROLLRAUM FAST FERTIG.
DANKE FÜR DIE MÜHE.
GERN GESCHEHEN.
CHABT IHR JETZT EINEN **NAMEN**?
NOCH NICHT. IST DAS DENN WICHTIG?
CCCP
DA! DER WIEDERERKENNUNGSWERT! COSMO **HAT** EINEN NAMEN FÜR EUCH:
WIE WÄRE "DIE **RETRIEVERS**"?
ODER: "DIE **K-GRUPPE**"? "K" STEHT FÜR **KNOWHERE**... CLEVER, DA? COSMO SOLLTE IN DIE WERBUNG GEHEN.

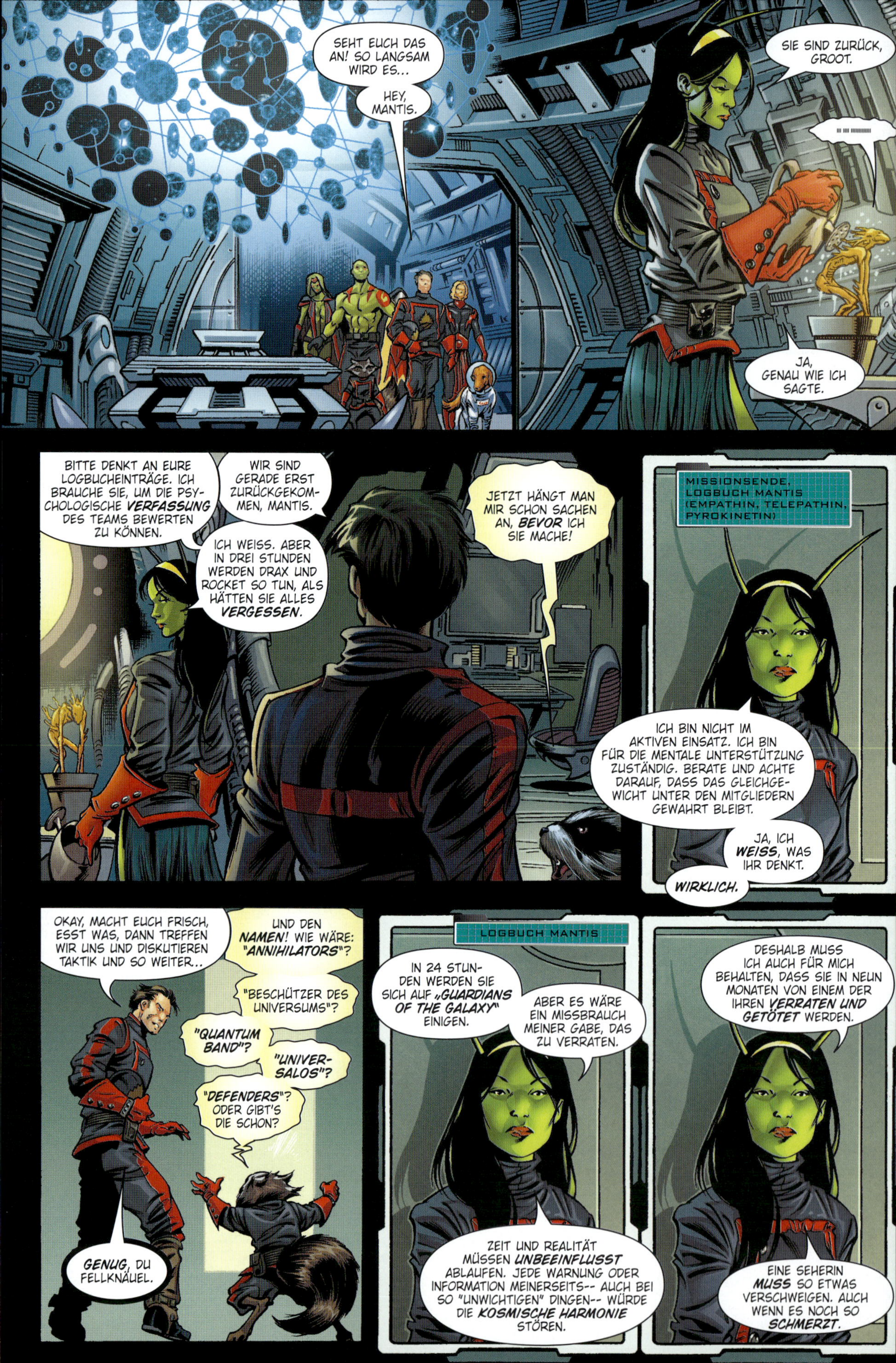

SEHT EUCH DAS AN! SO LANGSAM WIRD ES...
HEY, MANTIS.
SIE SIND ZURÜCK, GROOT.
JA, GENAU WIE ICH SAGTE.

BITTE DENKT AN EURE LOGBUCHEINTRÄGE. ICH BRAUCHE SIE, UM DIE PSYCHOLOGISCHE **VERFASSUNG** DES TEAMS BEWERTEN ZU KÖNNEN.
WIR SIND GERADE ERST ZURÜCKGEKOMMEN, MANTIS.
ICH WEISS. ABER IN DREI STUNDEN WERDEN DRAX UND ROCKET SO TUN, ALS HÄTTEN SIE ALLES **VERGESSEN**.
JETZT HÄNGT MAN MIR SCHON SACHEN AN, **BEVOR** ICH SIE MACHE!
MISSIONSENDE, LOGBUCH MANTIS (EMPATHIN, TELEPATHIN, PYROKINETIN)
ICH BIN NICHT IM AKTIVEN EINSATZ. ICH BIN FÜR DIE MENTALE UNTERSTÜTZUNG ZUSTÄNDIG. BERATE UND ACHTE DARAUF, DASS DAS GLEICHGEWICHT UNTER DEN MITGLIEDERN GEWAHRT BLEIBT.
JA, ICH **WEISS**, WAS IHR DENKT.
WIRKLICH.

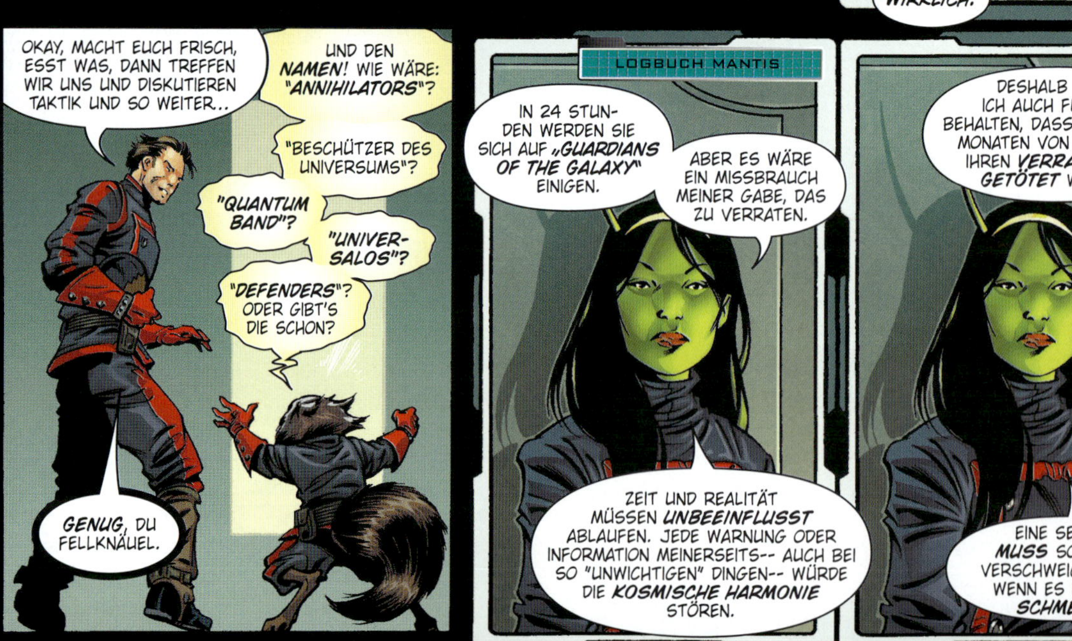

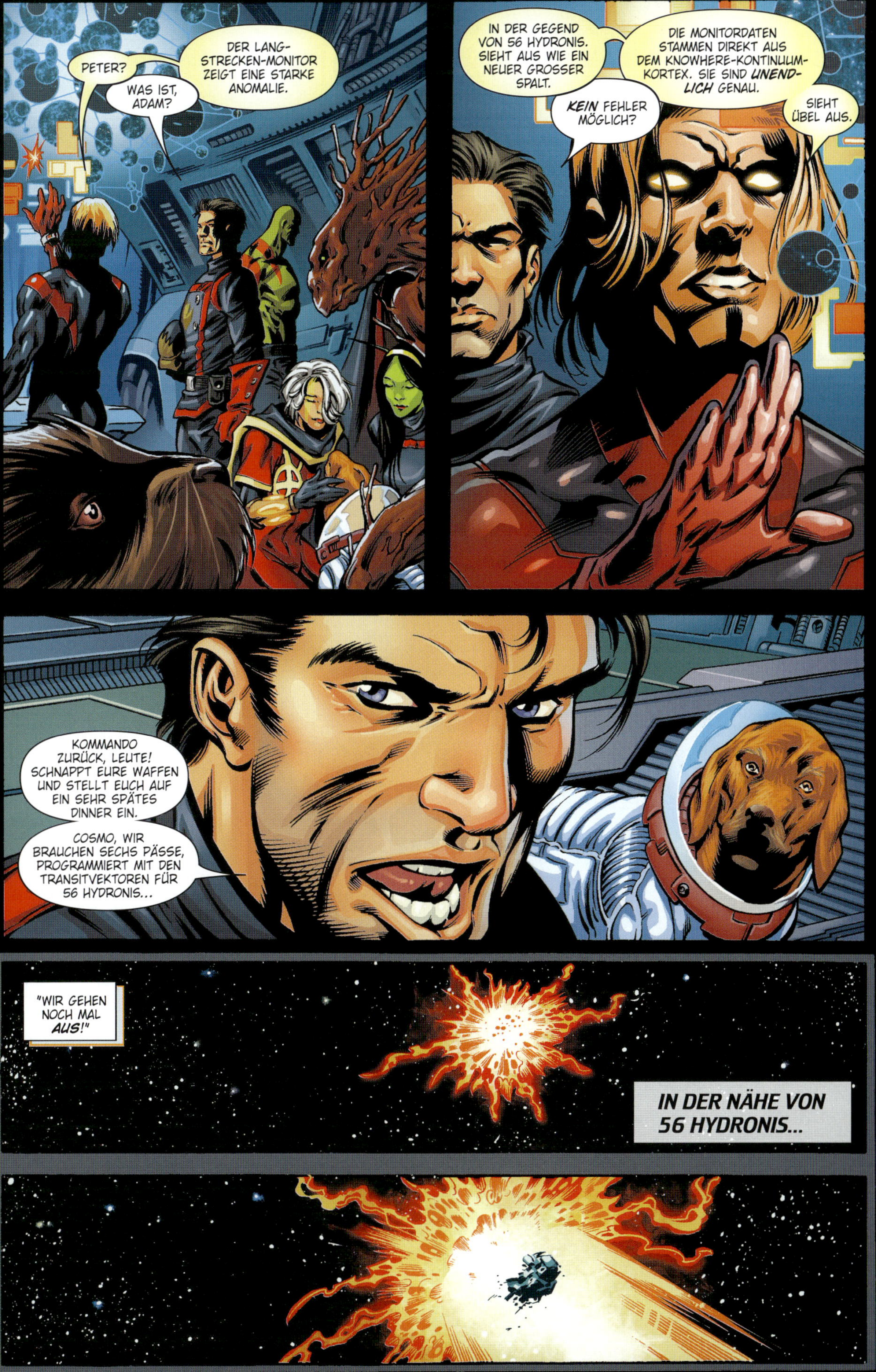

PETER?

WAS IST, ADAM?

DER LANG-STRECKEN-MONITOR ZEIGT EINE STARKE ANOMALIE.

IN DER GEGEND VON 56 HYDRONIS. SIEHT AUS WIE EIN NEUER GROSSER SPALT.

KEIN FEHLER MÖGLICH?

DIE MONITORDATEN STAMMEN DIREKT AUS DEM KNOWHERE-KONTINUUM-KORTEX. SIE SIND ***UNENDLICH*** GENAU.

SIEHT ÜBEL AUS.

KOMMANDO ZURÜCK, LEUTE! SCHNAPPT EURE WAFFEN UND STELLT EUCH AUF EIN SEHR SPÄTES DINNER EIN.

COSMO, WIR BRAUCHEN SECHS PÄSSE, PROGRAMMIERT MIT DEN TRANSITVEKTOREN FÜR 56 HYDRONIS...

"WIR GEHEN NOCH MAL ***AUS!***"

IN DER NÄHE VON 56 HYDRONIS...

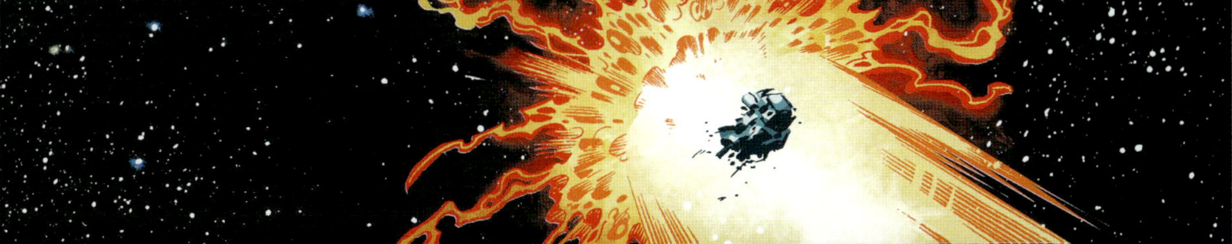

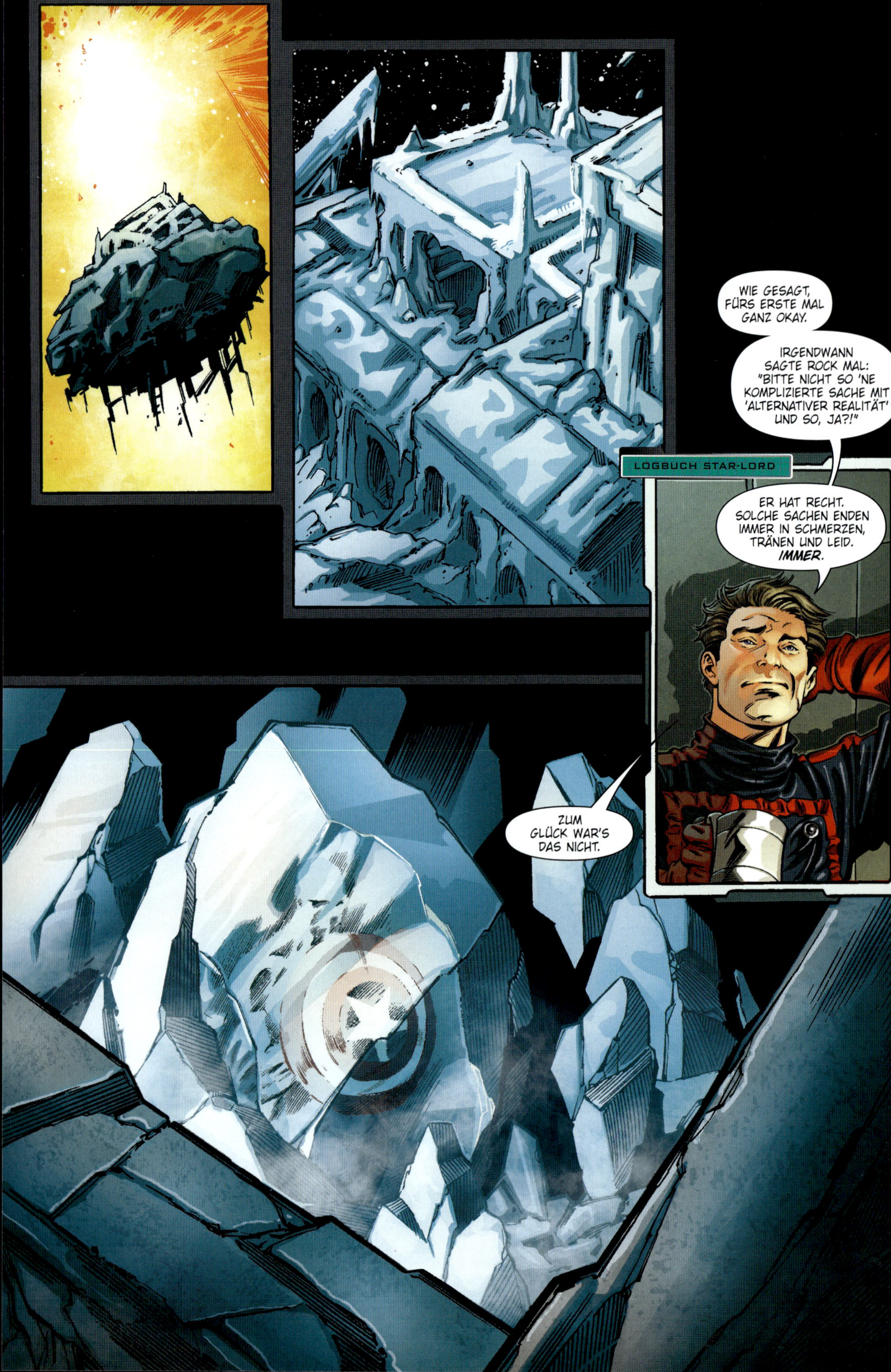
WIE GESAGT, FÜRS ERSTE MAL GANZ OKAY.
IRGENDWANN SAGTE ROCK MAL: "BITTE NICHT SO 'NE KOMPLIZIERTE SACHE MIT 'ALTERNATIVER REALITÄT' UND SO, JA?!"
LOGBUCH STAR-LORD
ER HAT RECHT. SOLCHE SACHEN ENDEN IMMER IN SCHMERZEN, TRÄNEN UND LEID. *IMMER*.
ZUM GLÜCK WAR'S DAS NICHT.

VERMÄCHTNIS

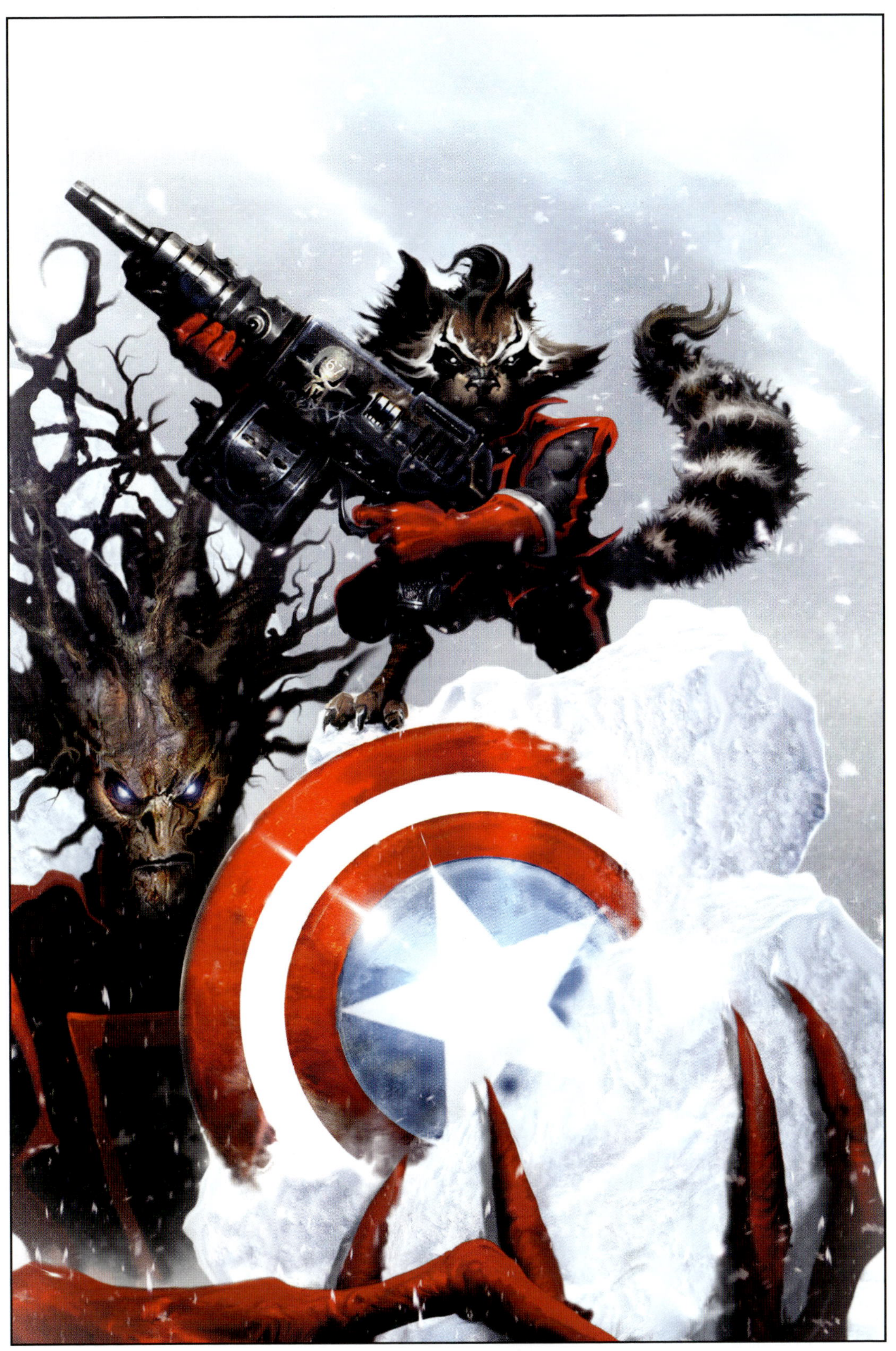

Guardians of the Galaxy (2008) 2
Cover von **CLINT LANGLEY**

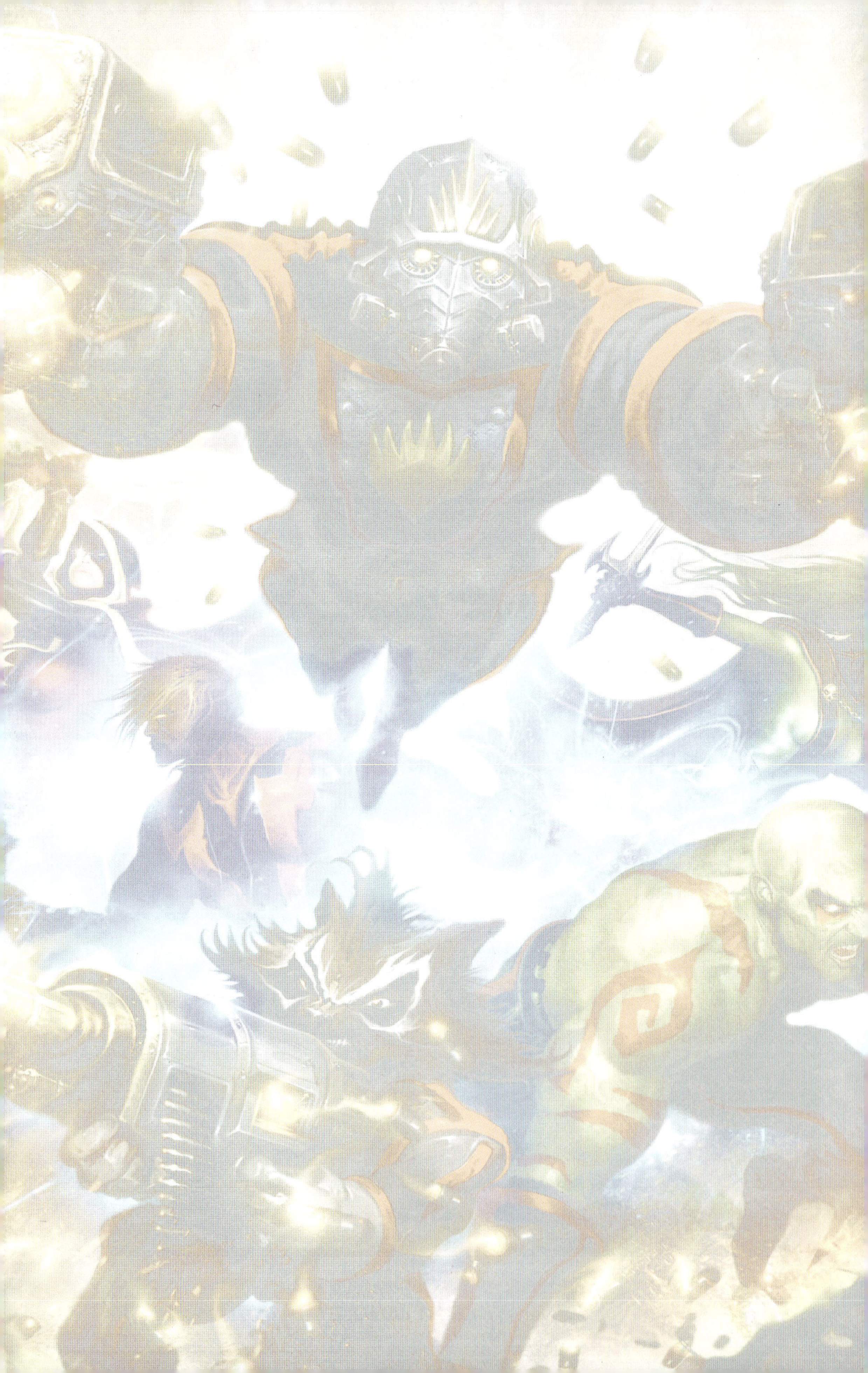

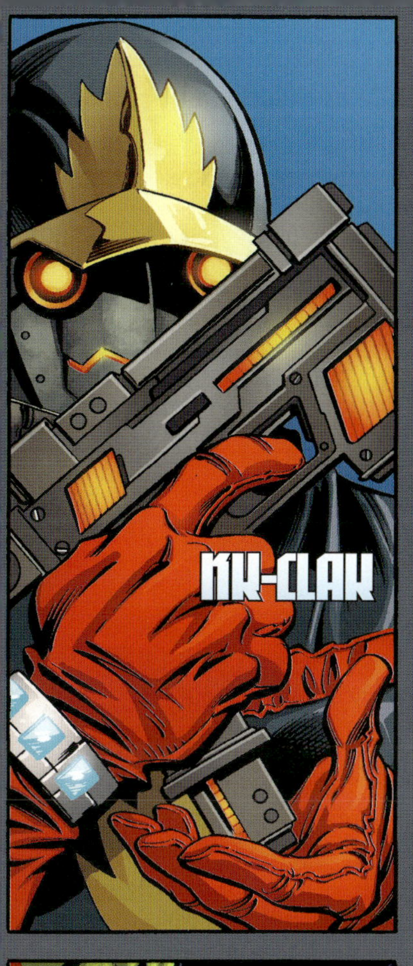
KK-CLAK
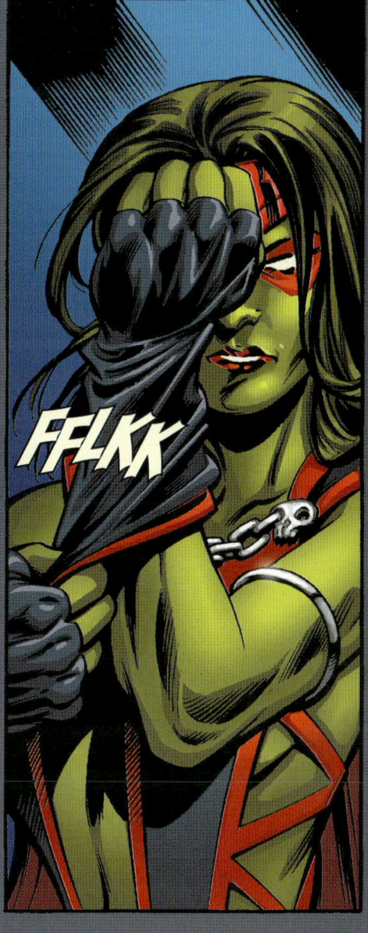
FFLKK
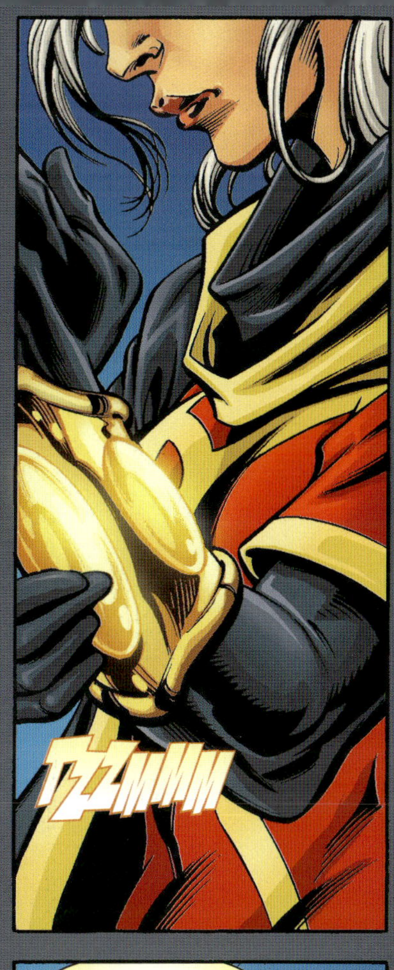
TZZMMM
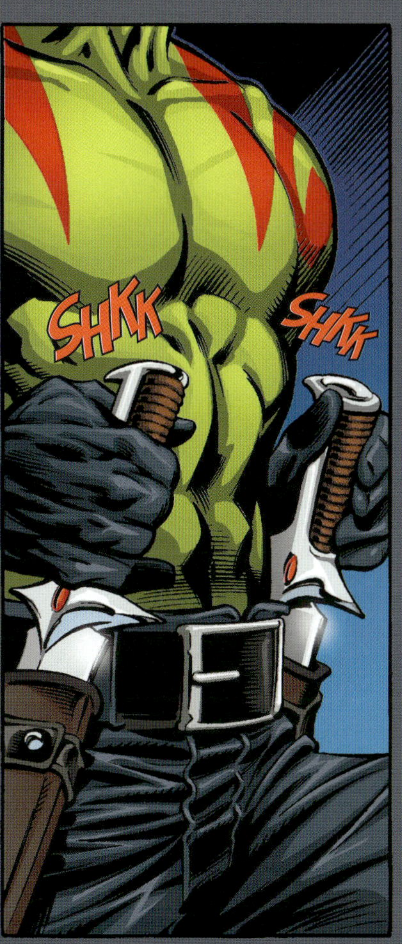
SHKK
SHKK
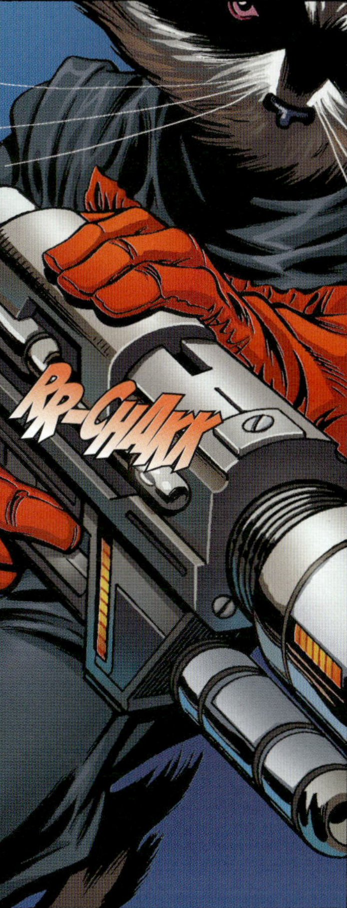
RR-CHAKK
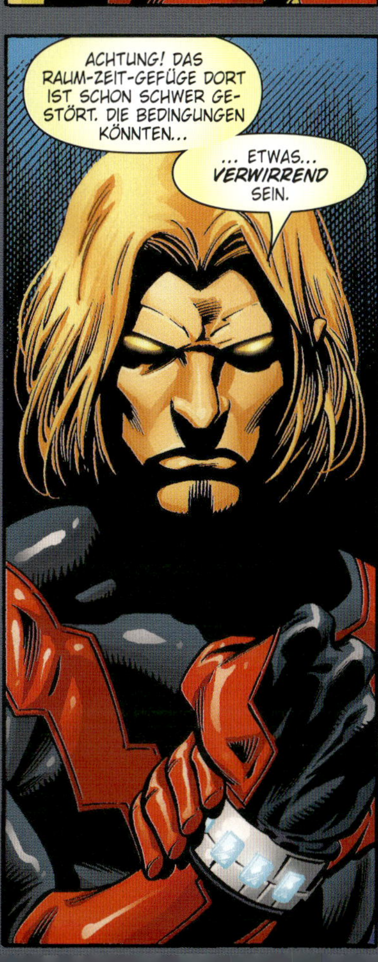
ACHTUNG! DAS RAUM-ZEIT-GEFÜGE DORT IST SCHON SCHWER GE-STÖRT. DIE BEDINGUNGEN KÖNNTEN...
... ETWAS... **VERWIRREND** SEIN.

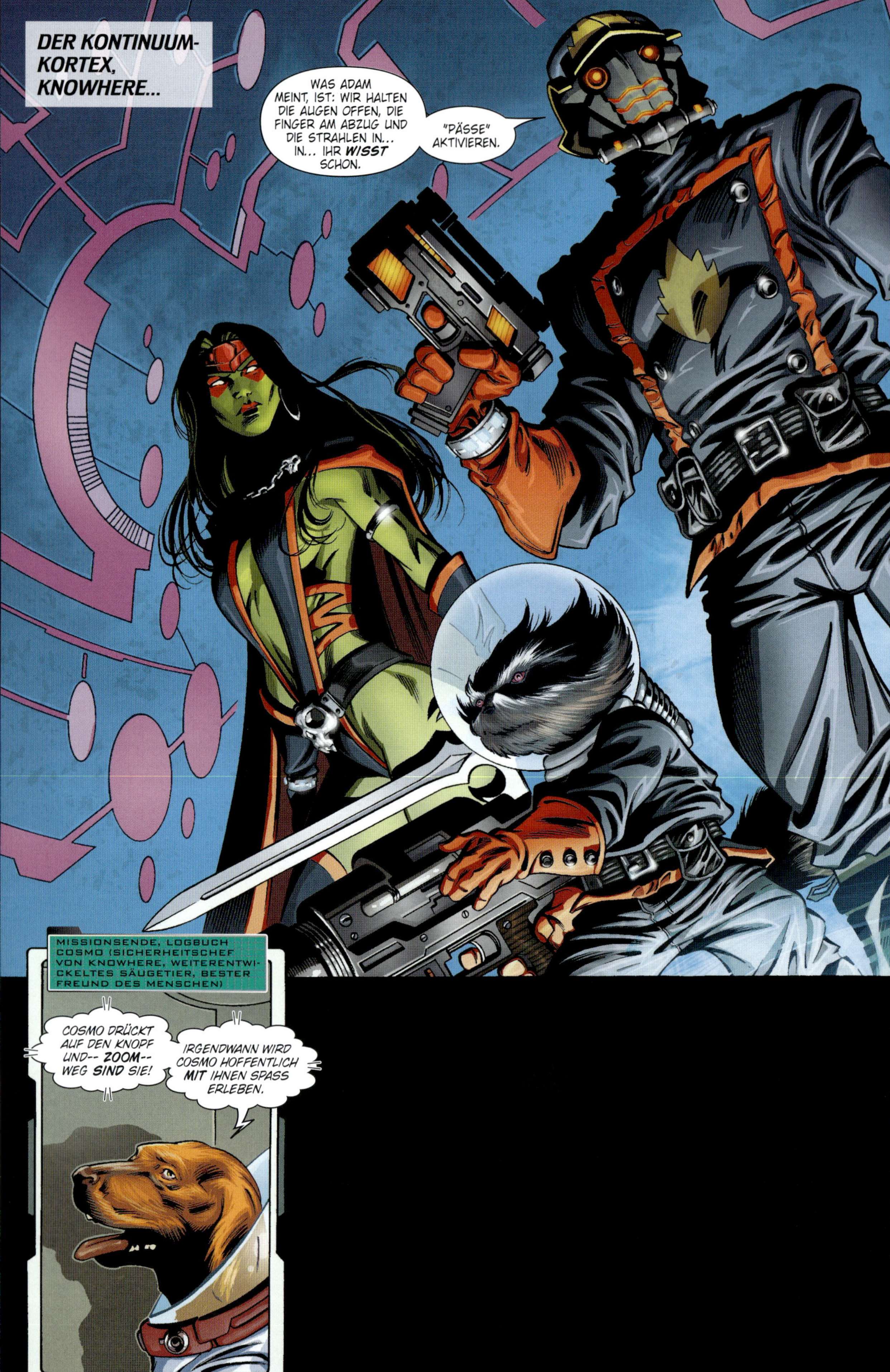
DER KONTINUUM-KORTEX, KNOWHERE...
WAS ADAM MEINT, IST: WIR HALTEN DIE AUGEN OFFEN, DIE FINGER AM ABZUG UND DIE STRAHLEN IN... IN... IHR WISST SCHON.
"PÄSSE" AKTIVIEREN.
MISSIONSENDE, LOGBUCH COSMO (SICHERHEITSCHEF VON KNOWHERE, WEITERENTWICKELTES SÄUGETIER, BESTER FREUND DES MENSCHEN)
COSMO DRÜCKT AUF DEN KNOPF UND-- ZOOM-- WEG SIND SIE!
IRGENDWANN WIRD COSMO HOFFENTLICH MIT IHNEN SPASS ERLEBEN.

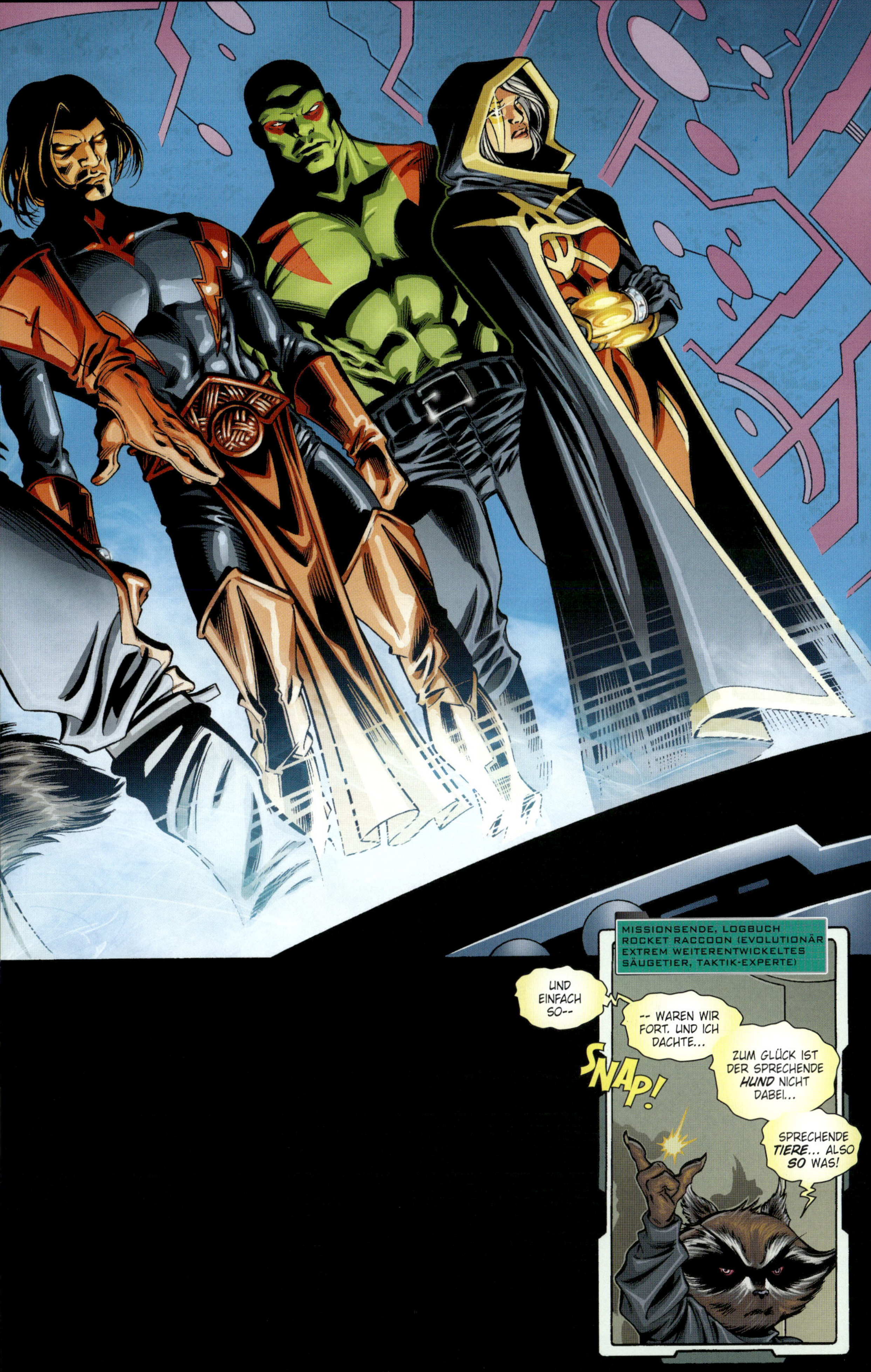
MISSIONSENDE, LOGBUCH ROCKET RACCOON (EVOLUTIONÄR EXTREM WEITERENTWICKELTES SÄUGETIER, TAKTIK-EXPERTE)
UND EINFACH SO--
-- WAREN WIR FORT. UND ICH DACHTE...
SNAP!
ZUM GLÜCK IST DER SPRECHENDE HUND NICHT DABEI...
SPRECHENDE TIERE... ALSO SO WAS!

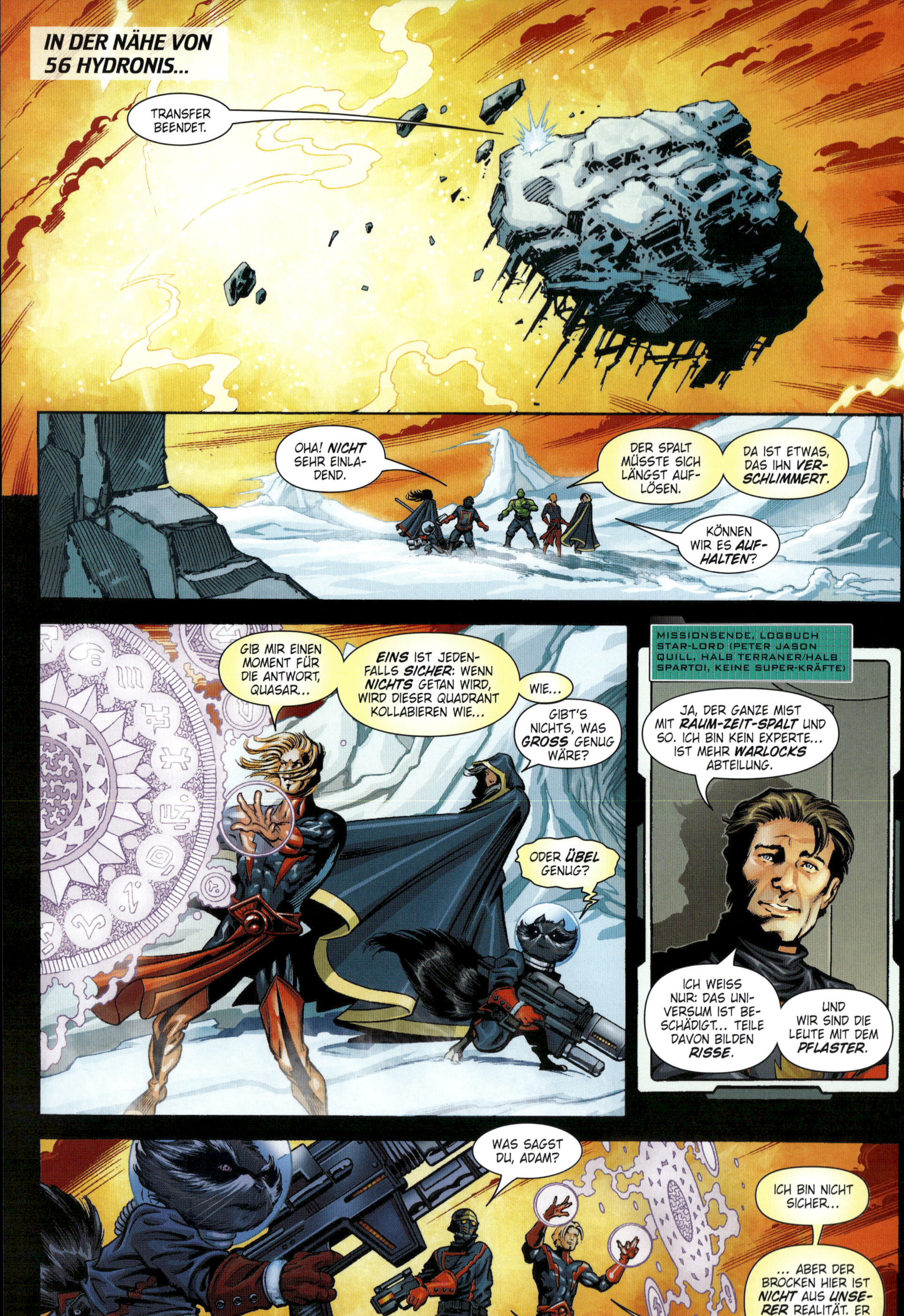
IN DER NÄHE VON 56 HYDRONIS...
TRANSFER BEENDET.
OHA! NICHT SEHR EINLADEND.
DER SPALT MÜSSTE SICH LÄNGST AUFLÖSEN.
DA IST ETWAS, DAS IHN VERSCHLIMMERT.
KÖNNEN WIR ES AUFHALTEN?
GIB MIR EINEN MOMENT FÜR DIE ANTWORT, QUASAR...
EINS IST JEDENFALLS SICHER: WENN NICHTS GETAN WIRD, WIRD DIESER QUADRANT KOLLABIEREN WIE...
WIE...
GIBT'S NICHTS, WAS GROSS GENUG WÄRE?
ODER ÜBEL GENUG?
MISSIONSENDE, LOGBUCH STAR-LORD (PETER JASON QUILL, HALB TERRANER/HALB SPARTOI, KEINE SUPER-KRÄFTE)
JA, DER GANZE MIST MIT RAUM-ZEIT-SPALT UND SO. ICH BIN KEIN EXPERTE... IST MEHR WARLOCKS ABTEILUNG.
ICH WEISS NUR: DAS UNIVERSUM IST BESCHÄDIGT... TEILE DAVON BILDEN RISSE.
UND WIR SIND DIE LEUTE MIT DEM PFLASTER.
WAS SAGST DU, ADAM?
ICH BIN NICHT SICHER...
... ABER DER BROCKEN HIER IST NICHT AUS UNSERER REALITÄT. ER KAM DURCH DEN SPALT.
BROCKEN?

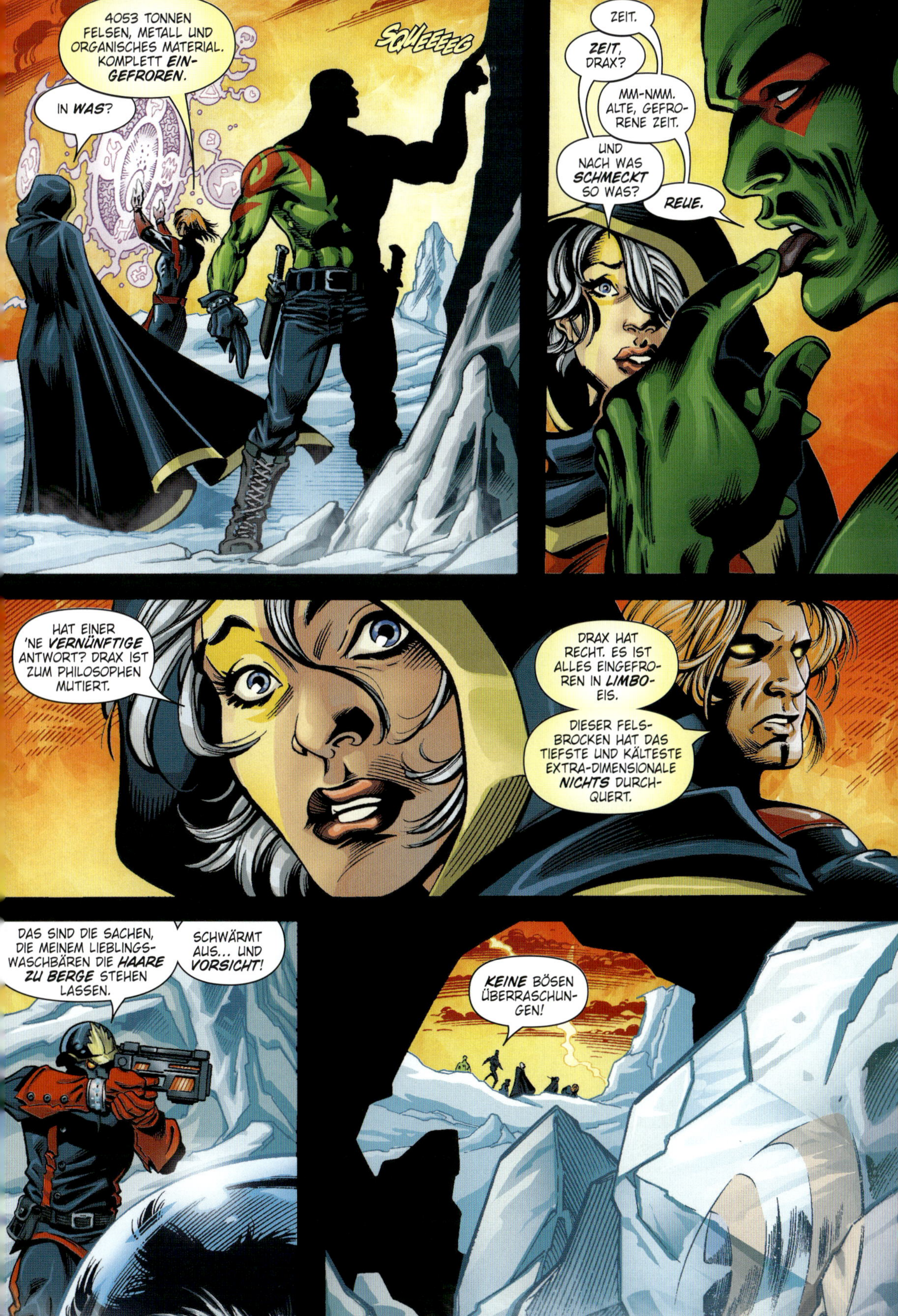
4053 TONNEN FELSEN, METALL UND ORGANISCHES MATERIAL. KOMPLETT EIN-GEFROREN.
IN WAS?
SQUEEEEG
ZEIT.
ZEIT, DRAX?
MM-NMM. ALTE, GEFRORENE ZEIT.
UND NACH WAS SCHMECKT SO WAS?
REUE.
HAT EINER 'NE VERNÜNFTIGE ANTWORT? DRAX IST ZUM PHILOSOPHEN MUTIERT.
DRAX HAT RECHT. ES IST ALLES EINGEFROREN IN LIMBO-EIS.
DIESER FELSBROCKEN HAT DAS TIEFSTE UND KÄLTESTE EXTRA-DIMENSIONALE NICHTS DURCHQUERT.
DAS SIND DIE SACHEN, DIE MEINEM LIEBLINGS-WASCHBÄREN DIE HAARE ZU BERGE STEHEN LASSEN.
SCHWÄRMT AUS... UND VORSICHT!
KEINE BÖSEN ÜBERRASCHUNGEN!

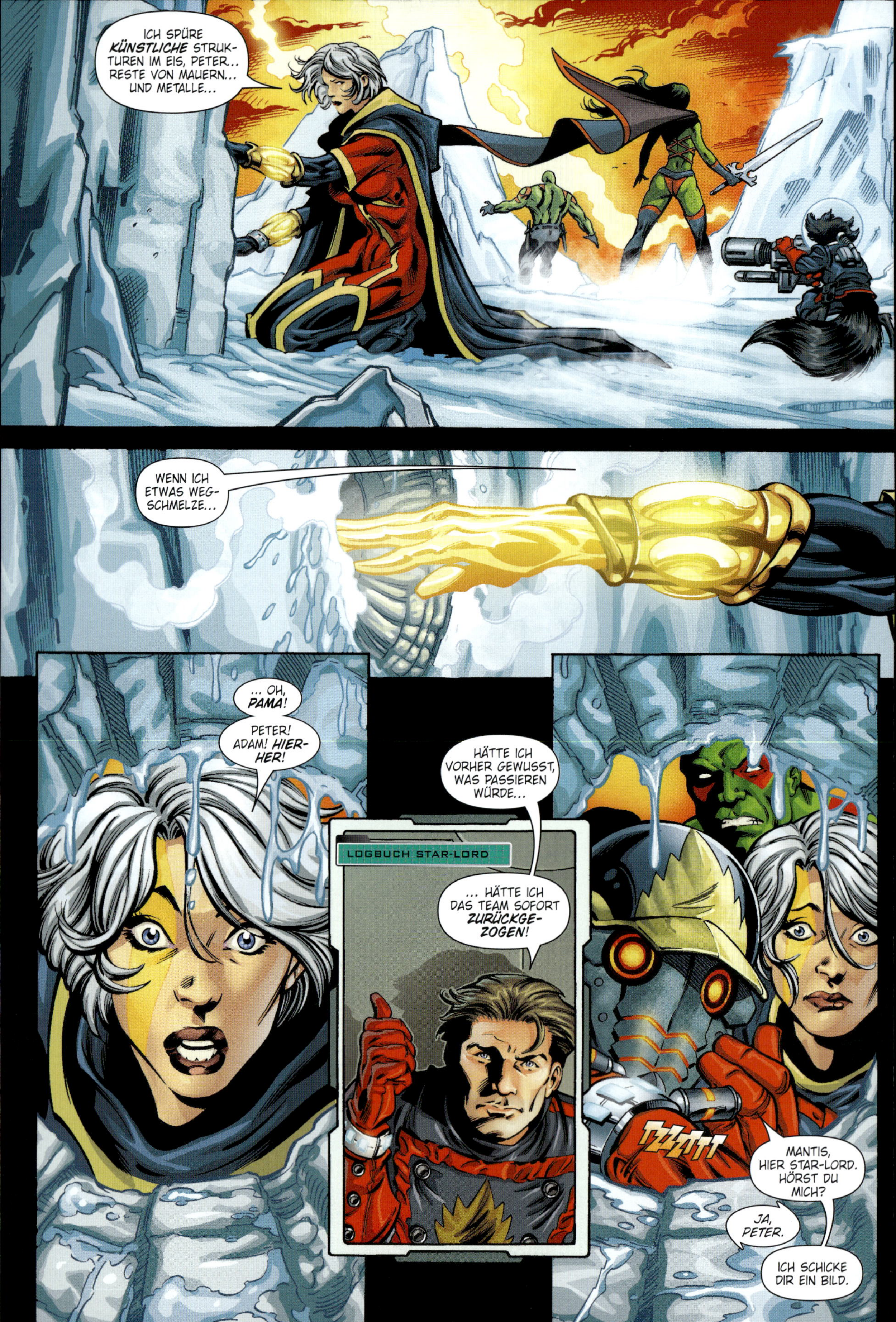
ICH SPÜRE KÜNSTLICHE STRUKTUREN IM EIS, PETER... RESTE VON MAUERN... UND METALLE...
WENN ICH ETWAS WEGSCHMELZE...
... OH, PAMA!
PETER! ADAM! HIERHER!
HÄTTE ICH VORHER GEWUSST, WAS PASSIEREN WÜRDE...
LOGBUCH STAR-LORD
... HÄTTE ICH DAS TEAM SOFORT ZURÜCKGEZOGEN!
TZZZTTT
MANTIS, HIER STAR-LORD. HÖRST DU MICH?
JA, PETER.
ICH SCHICKE DIR EIN BILD.

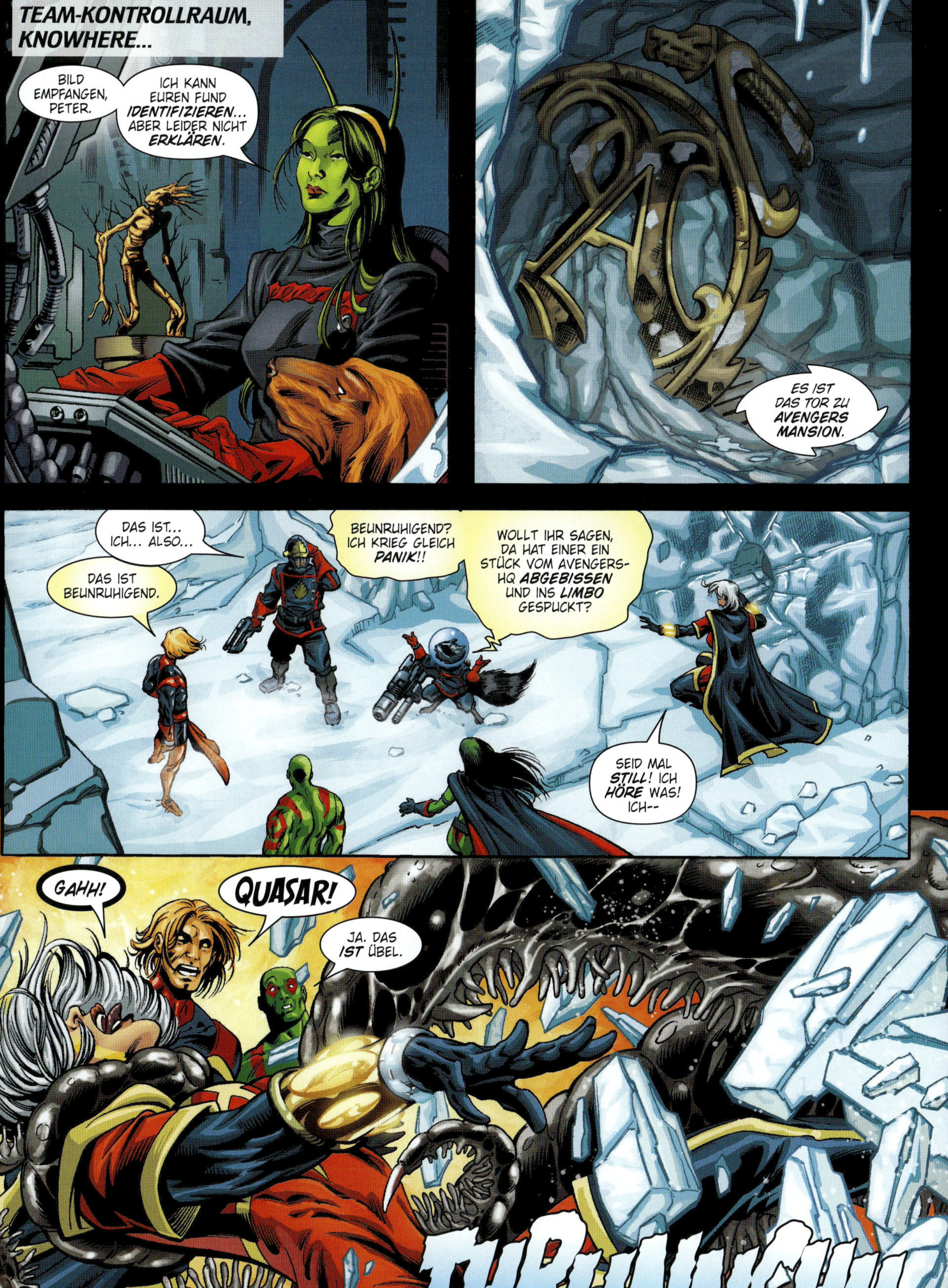

TEAM-KONTROLLRAUM, KNOWHERE...
BILD EMPFANGEN, PETER.
ICH KANN EUREN FUND *IDENTIFIZIEREN*... ABER LEIDER NICHT **ERKLÄREN**.
ES IST DAS TOR ZU **AVENGERS MANSION**.
DAS IST... ICH... ALSO...
DAS IST BEUNRUHIGEND.
BEUNRUHIGEND? ICH KRIEG GLEICH **PANIK**!!
WOLLT IHR SAGEN, DA HAT EINER EIN STÜCK VOM AVENGERS-HQ **ABGEBISSEN** UND INS **LIMBO** GESPUCKT?
SEID MAL **STILL**! ICH **HÖRE** WAS! ICH--
GAHH!
QUASAR!
JA. DAS *IST* ÜBEL.
THRUNNCHH

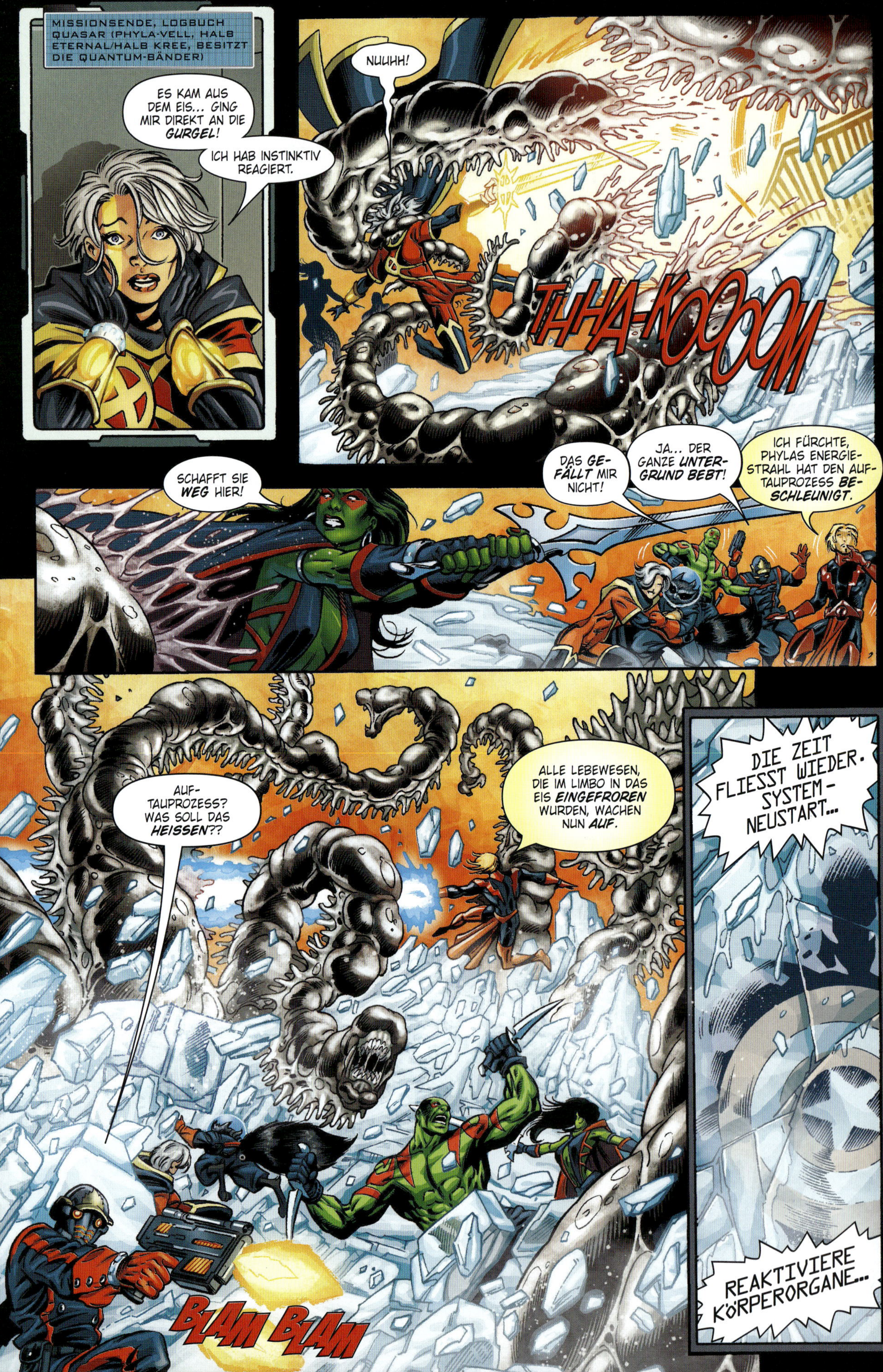
MISSIONSENDE, LOGBUCH QUASAR (PHYLA-VELL, HALB ETERNAL/HALB KREE, BESITZT DIE QUANTUM-BÄNDER)
ES KAM AUS DEM EIS... GING MIR DIREKT AN DIE GURGEL!
ICH HAB INSTINKTIV REAGIERT.
NUUHH!
THHA-KOOOOM
SCHAFFT SIE WEG HIER!
DAS GEFÄLLT MIR NICHT!
JA... DER GANZE UNTERGRUND BEBT!
ICH FÜRCHTE, PHYLAS ENERGIESTRAHL HAT DEN AUFTAUPROZESS BESCHLEUNIGT.
AUFTAUPROZESS? WAS SOLL DAS HEISSEN??
ALLE LEBEWESEN, DIE IM LIMBO IN DAS EIS EINGEFROREN WURDEN, WACHEN NUN AUF.
DIE ZEIT FLIESST WIEDER. SYSTEM-NEUSTART...
REAKTIVIERE KÖRPERORGANE...
BLAM BLAM

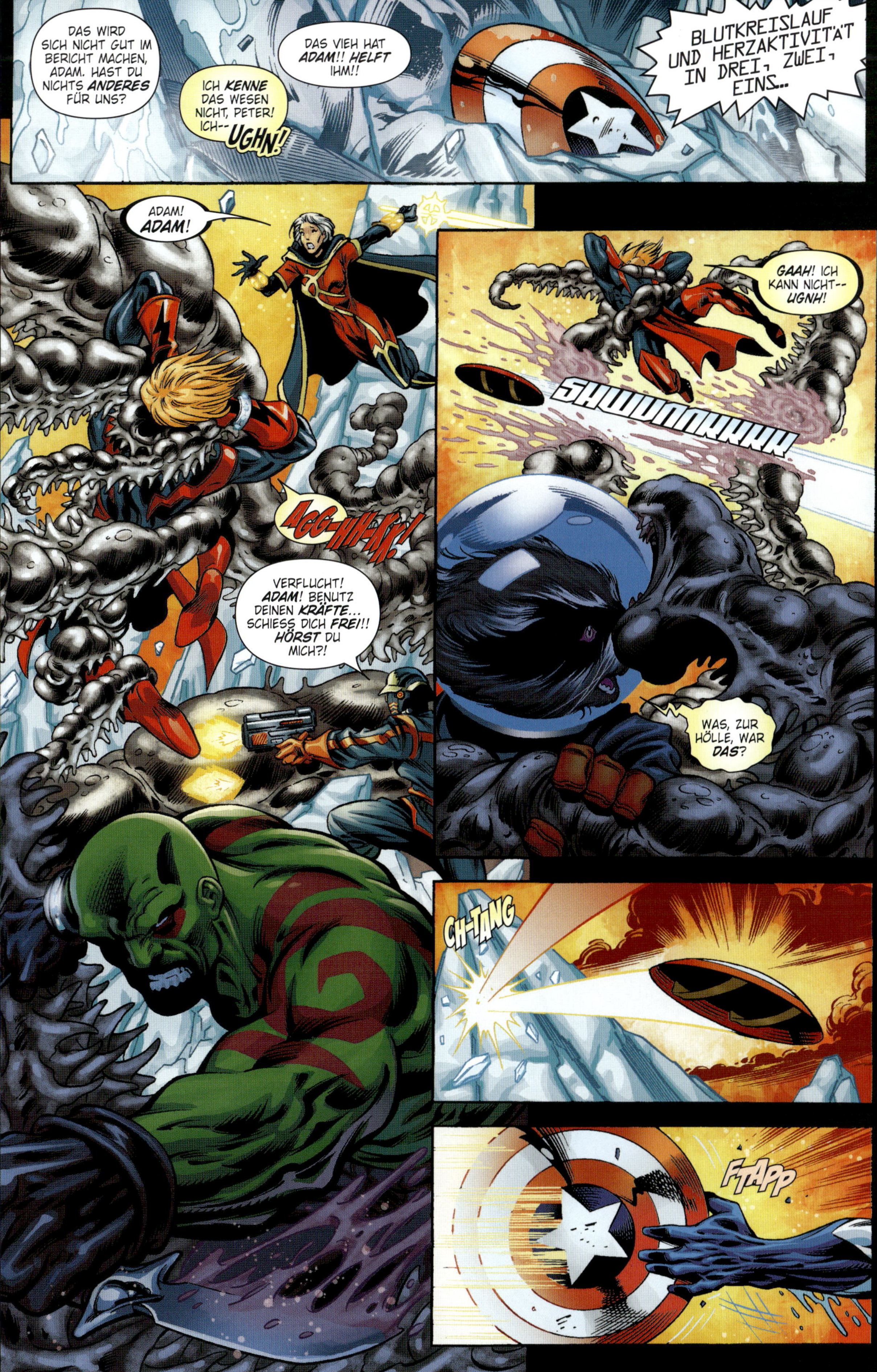
DAS WIRD SICH NICHT GUT IM BERICHT MACHEN, ADAM. HAST DU NICHTS ANDERES FÜR UNS?
ICH KENNE DAS WESEN NICHT, PETER! ICH-- UGHN!
DAS VIEH HAT ADAM!! HELFT IHM!!
BLUTKREISLAUF UND HERZAKTIVITÄT IN DREI, ZWEI, EINS...
ADAM! ADAM!
AGG-HH-KK!
VERFLUCHT! ADAM! BENUTZ DEINEN KRÄFTE... SCHIESS DICH FREI!! HÖRST DU MICH?!
GAAH! ICH KANN NICHT-- UGNH!
SHWUUUKKKK
WAS, ZUR HÖLLE, WAR DAS?
CH-TANG
FTAPP

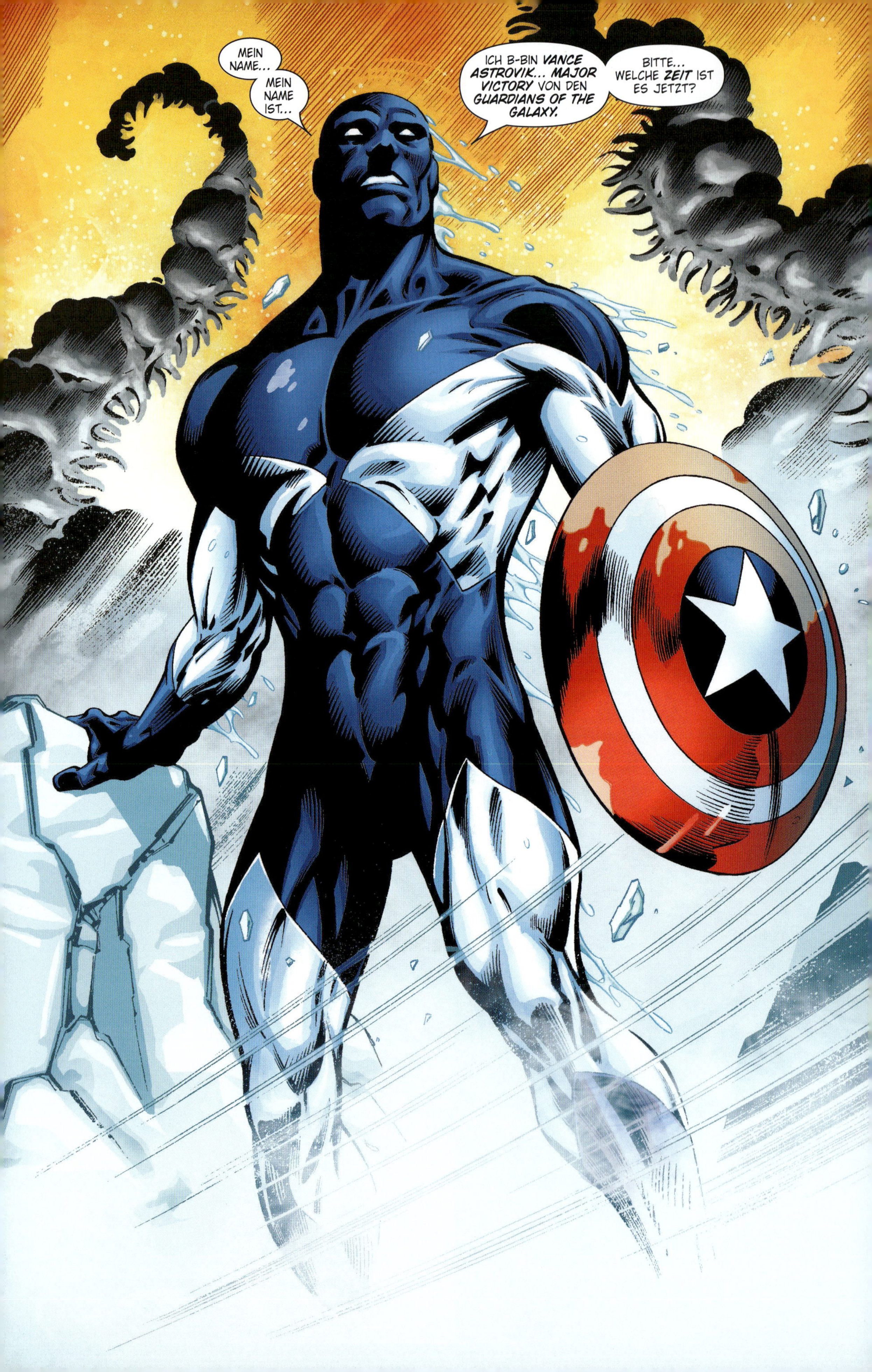
MEIN NAME...
MEIN NAME IST...
ICH B-BIN VANCE ASTROVIK... MAJOR VICTORY VON DEN GUARDIANS OF THE GALAXY.
BITTE... WELCHE ZEIT IST ES JETZT?

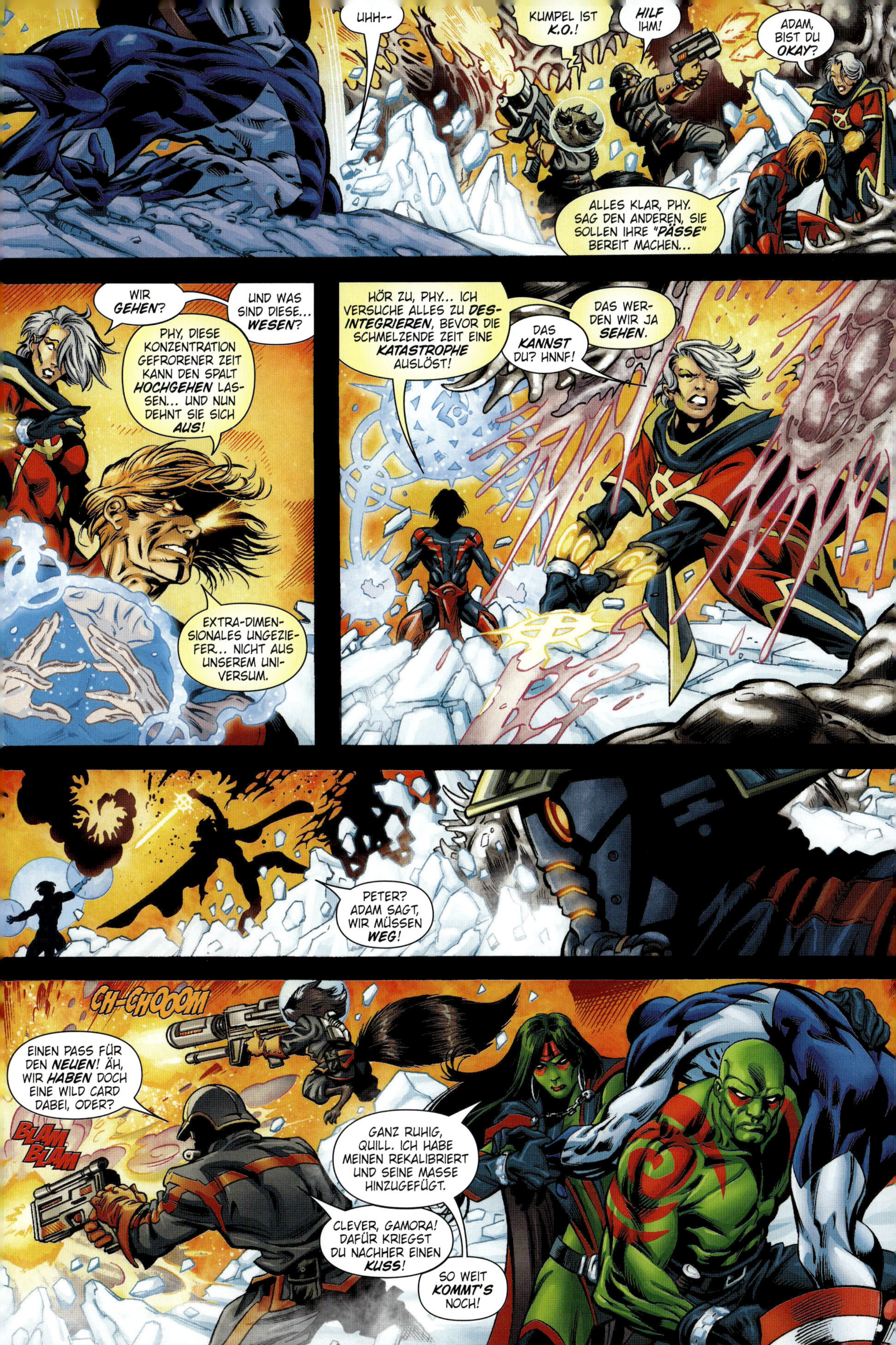
UHH--
KUMPEL IST K.O.!
HILF IHM!
ADAM, BIST DU OKAY?
ALLES KLAR, PHY. SAG DEN ANDEREN, SIE SOLLEN IHRE "PÄSSE" BEREIT MACHEN...
WIR GEHEN?
UND WAS SIND DIESE... WESEN?
PHY, DIESE KONZENTRATION GEFRORENER ZEIT KANN DEN SPALT HOCHGEHEN LASSEN... UND NUN DEHNT SIE SICH AUS!
EXTRA-DIMENSIONALES UNGEZIEFER... NICHT AUS UNSEREM UNIVERSUM.
HÖR ZU, PHY... ICH VERSUCHE ALLES ZU DESINTEGRIEREN, BEVOR DIE SCHMELZENDE ZEIT EINE KATASTROPHE AUSLÖST!
DAS KANNST DU? HNNF!
DAS WERDEN WIR JA SEHEN.
PETER? ADAM SAGT, WIR MÜSSEN WEG!
CH-CHOOOM
EINEN PASS FÜR DEN NEUEN! ÄH, WIR HABEN DOCH EINE WILD CARD DABEI, ODER?
BLAM BLAM
GANZ RUHIG, QUILL. ICH HABE MEINEN REKALIBRIERT UND SEINE MASSE HINZUGEFÜGT.
CLEVER, GAMORA! DAFÜR KRIEGST DU NACHHER EINEN KUSS!
SO WEIT KOMMT'S NOCH!

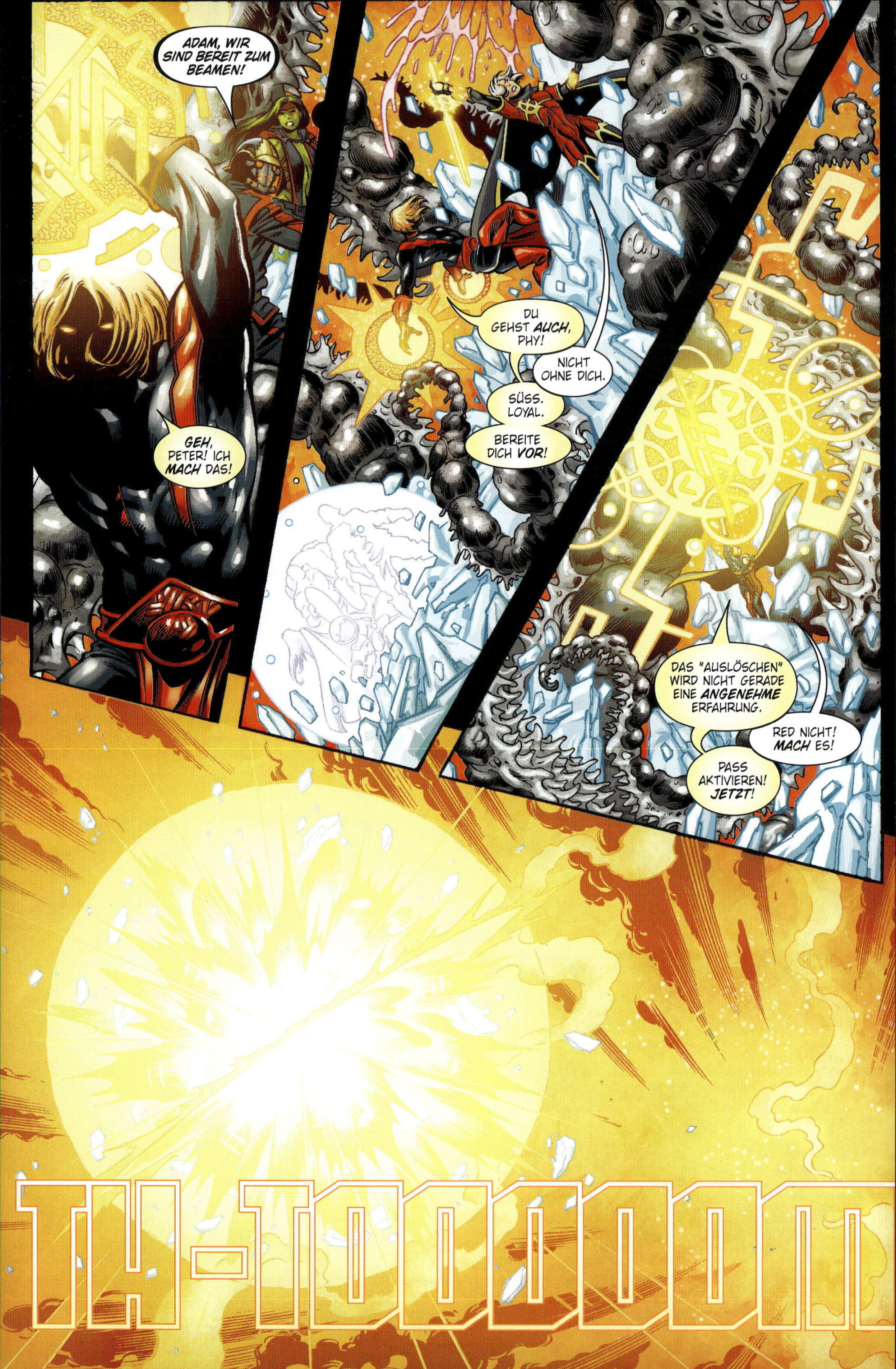
ADAM, WIR SIND BEREIT ZUM BEAMEN!
GEH, PETER! ICH MACH DAS!
DU GEHST AUCH, PHY!
NICHT OHNE DICH.
SÜSS. LOYAL.
BEREITE DICH VOR!
DAS "AUSLÖSCHEN" WIRD NICHT GERADE EINE ANGENEHME ERFAHRUNG.
RED NICHT! MACH ES!
PASS AKTIVIEREN! JETZT!
TH-TOOOOOM

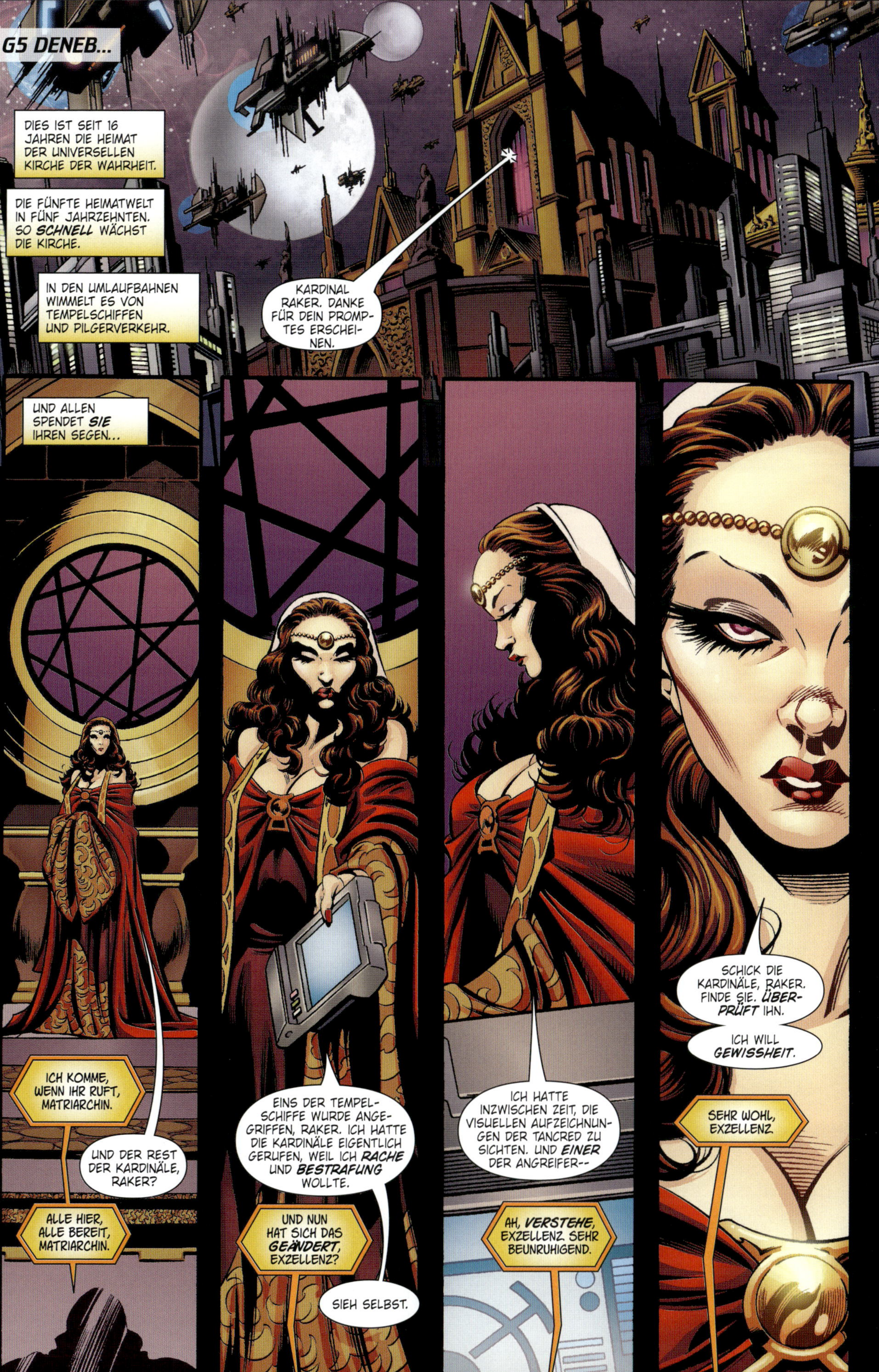
G5 DENEB...
DIES IST SEIT 16 JAHREN DIE HEIMAT DER UNIVERSELLEN KIRCHE DER WAHRHEIT.
DIE FÜNFTE HEIMATWELT IN FÜNF JAHRZEHNTEN. SO SCHNELL WÄCHST DIE KIRCHE.
IN DEN UMLAUFBAHNEN WIMMELT ES VON TEMPELSCHIFFEN UND PILGERVERKEHR.
KARDINAL RAKER. DANKE FÜR DEIN PROMPTES ERSCHEINEN.
UND ALLEN SPENDET SIE IHREN SEGEN...
ICH KOMME, WENN IHR RUFT, MATRIARCHIN.
UND DER REST DER KARDINÄLE, RAKER?
ALLE HIER, ALLE BEREIT, MATRIARCHIN.
EINS DER TEMPELSCHIFFE WURDE ANGEGRIFFEN, RAKER. ICH HATTE DIE KARDINÄLE EIGENTLICH GERUFEN, WEIL ICH RACHE UND BESTRAFUNG WOLLTE.
UND NUN HAT SICH DAS GEÄNDERT, EXZELLENZ?
SIEH SELBST.
ICH HATTE INZWISCHEN ZEIT, DIE VISUELLEN AUFZEICHNUNGEN DER TANCRED ZU SICHTEN. UND EINER DER ANGREIFER--
AH, VERSTEHE, EXZELLENZ. SEHR BEUNRUHIGEND.
SCHICK DIE KARDINÄLE, RAKER. FINDE SIE. ÜBERPRÜFT IHN.
ICH WILL GEWISSHEIT.
SEHR WOHL, EXZELLENZ.

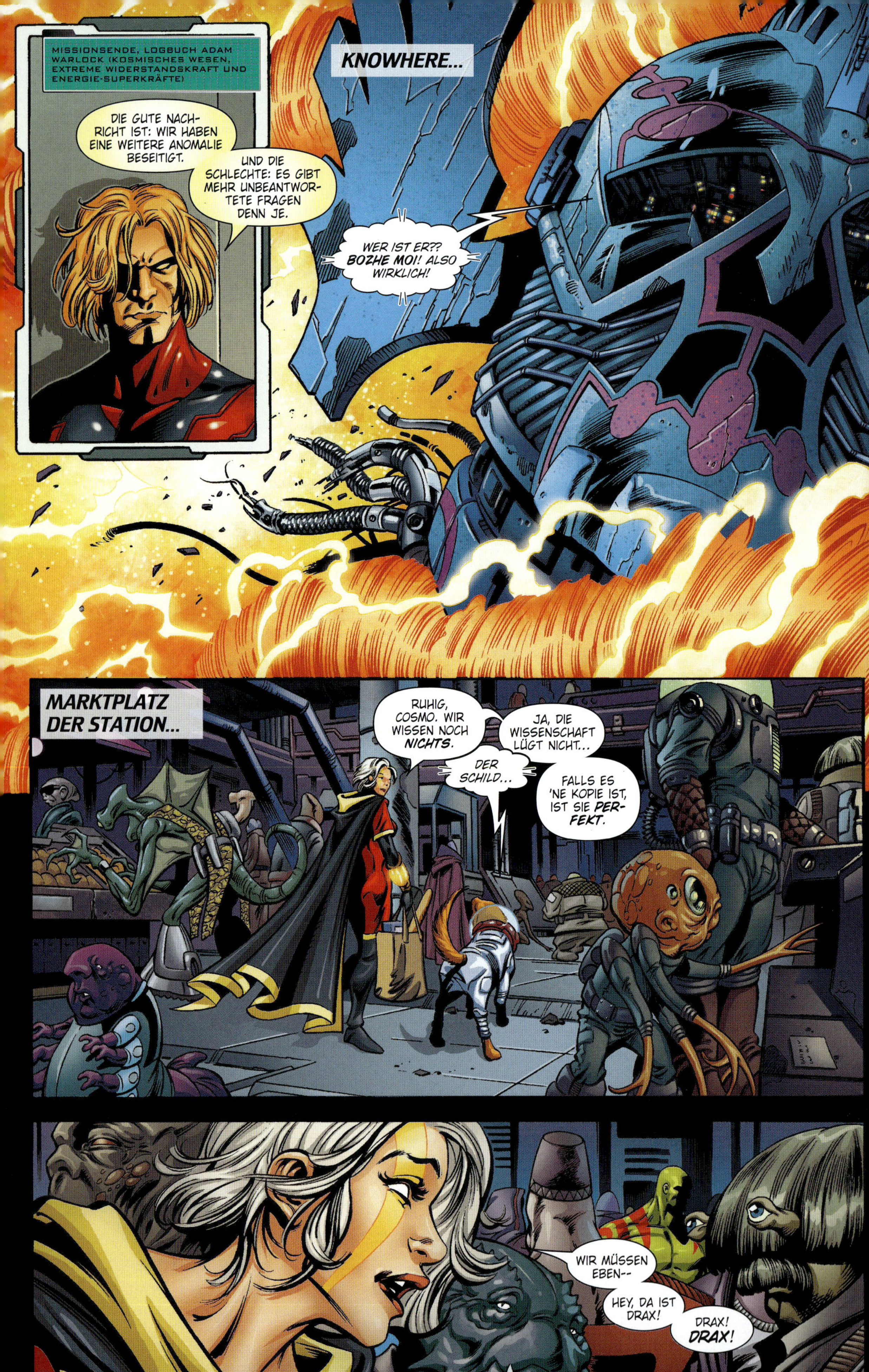
MISSIONSENDE, LOGBUCH ADAM WARLOCK (KOSMISCHES WESEN, EXTREME WIDERSTANDSKRAFT UND ENERGIE-SUPERKRÄFTE)
DIE GUTE NACHRICHT IST: WIR HABEN EINE WEITERE ANOMALIE BESEITIGT.
UND DIE SCHLECHTE: ES GIBT MEHR UNBEANTWORTETE FRAGEN DENN JE.
KNOWHERE...
WER IST ER?? BOZHE MOI! ALSO WIRKLICH!
MARKTPLATZ DER STATION...
RUHIG, COSMO. WIR WISSEN NOCH NICHTS.
JA, DIE WISSENSCHAFT LÜGT NICHT...
DER SCHILD...
FALLS ES 'NE KOPIE IST, IST SIE PERFEKT.
WIR MÜSSEN EBEN--
HEY, DA IST DRAX!
DRAX! DRAX!

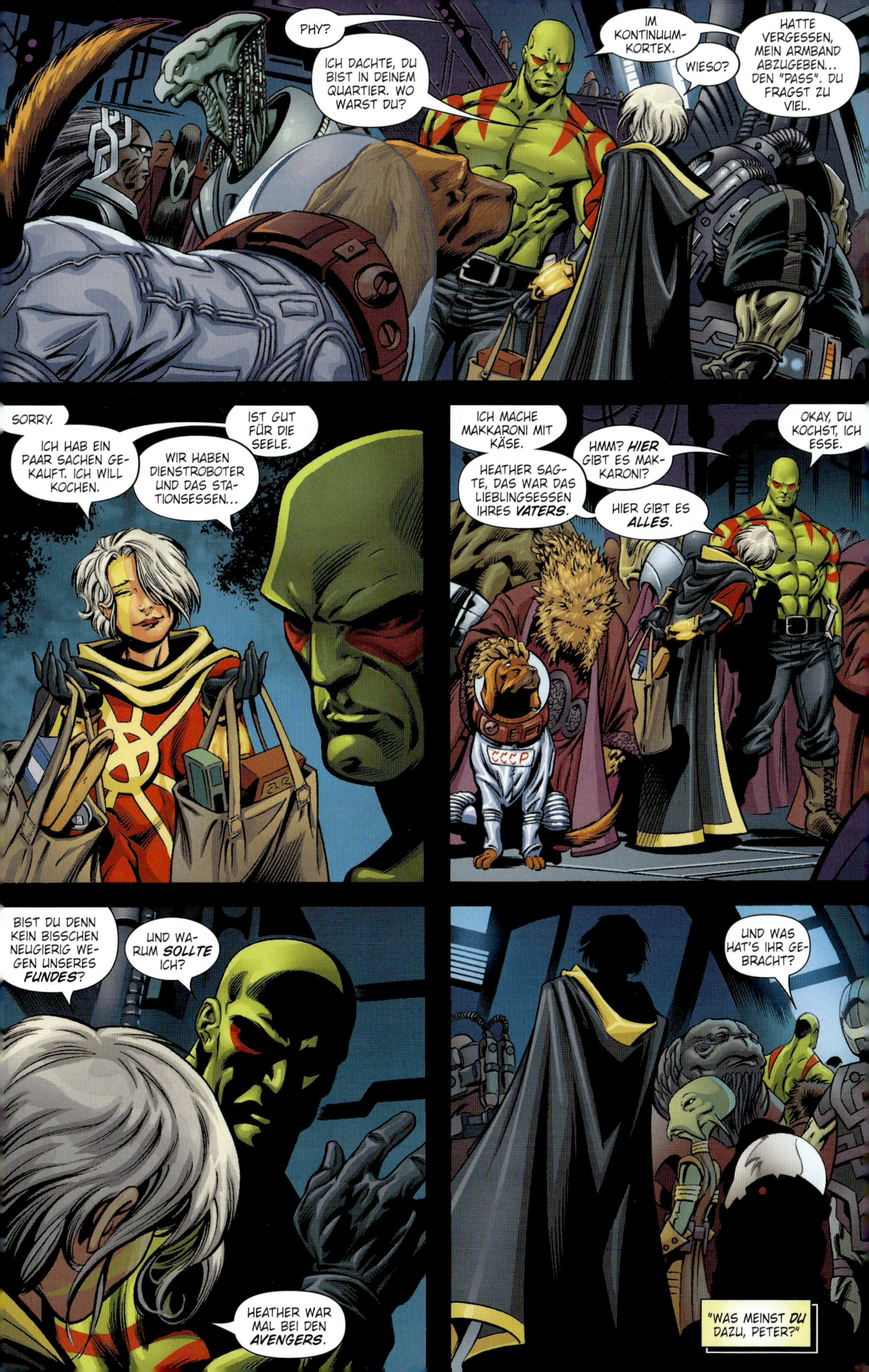

PHY?
ICH DACHTE, DU BIST IN DEINEM QUARTIER. WO WARST DU?
IM KONTINUUM-KORTEX.
WIESO?
HATTE VERGESSEN, MEIN ARMBAND ABZUGEBEN... DEN "PASS". DU FRAGST ZU VIEL.

SORRY.
ICH HAB EIN PAAR SACHEN GEKAUFT. ICH WILL KOCHEN.
WIR HABEN DIENSTROBOTER UND DAS STATIONSESSEN...
IST GUT FÜR DIE SEELE.

ICH MACHE MAKKARONI MIT KÄSE.
HMM? ***HIER*** GIBT ES MAKKARONI?
HEATHER SAGTE, DAS WAR DAS LIEBLINGSESSEN IHRES ***VATERS***.
HIER GIBT ES ***ALLES***.
OKAY, DU KOCHST, ICH ESSE.

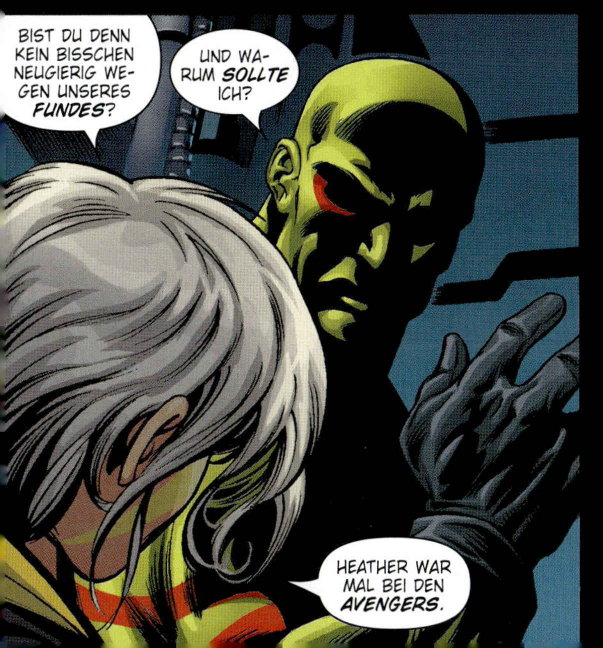

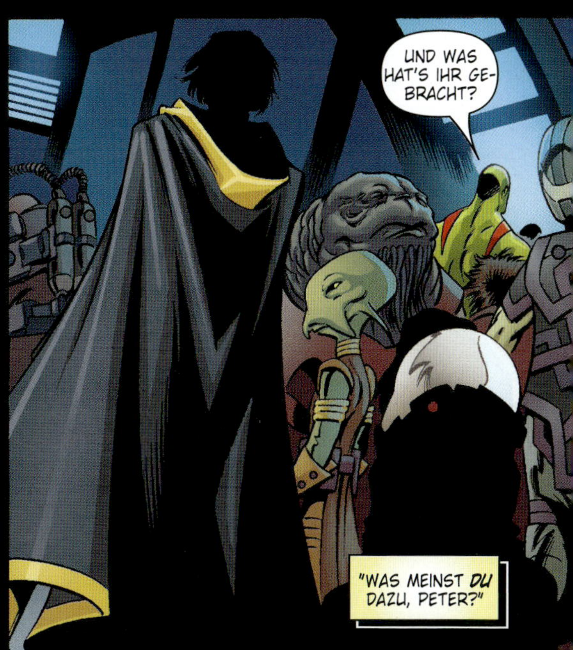

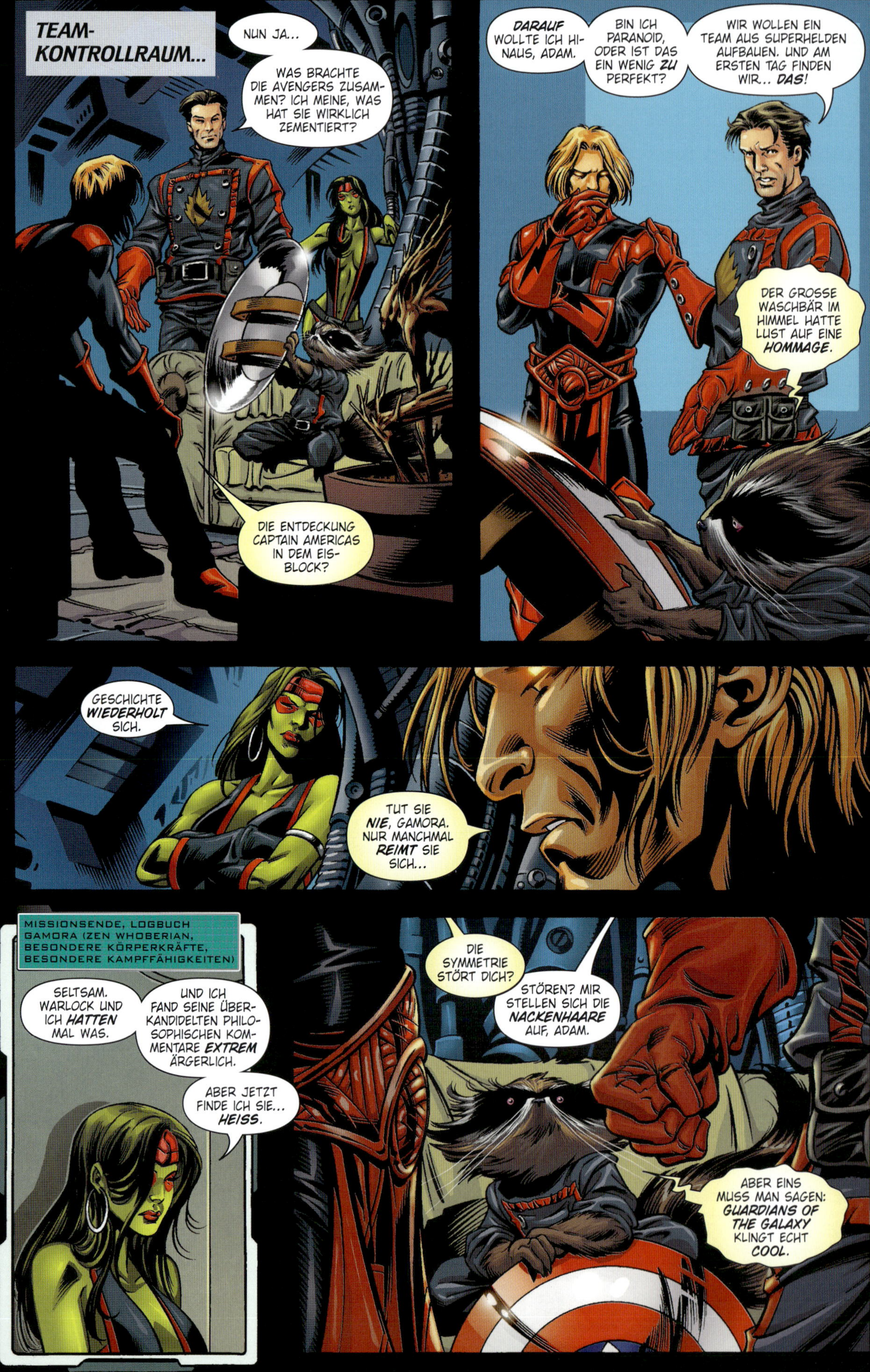

TEAM-KONTROLLRAUM...

NUN JA...

WAS BRACHTE DIE AVENGERS ZUSAMMEN? ICH MEINE, WAS HAT SIE WIRKLICH ZEMENTIERT?

DIE ENTDECKUNG CAPTAIN AMERICAS IN DEM EISBLOCK?

DARAUF WOLLTE ICH HINAUS, ADAM.

BIN ICH PARANOID, ODER IST DAS EIN WENIG ***ZU*** PERFEKT?

WIR WOLLEN EIN TEAM AUS SUPERHELDEN AUFBAUEN. UND AM ERSTEN TAG FINDEN WIR... ***DAS!***

DER GROSSE WASCHBÄR IM HIMMEL HATTE LUST AUF EINE ***HOMMAGE.***

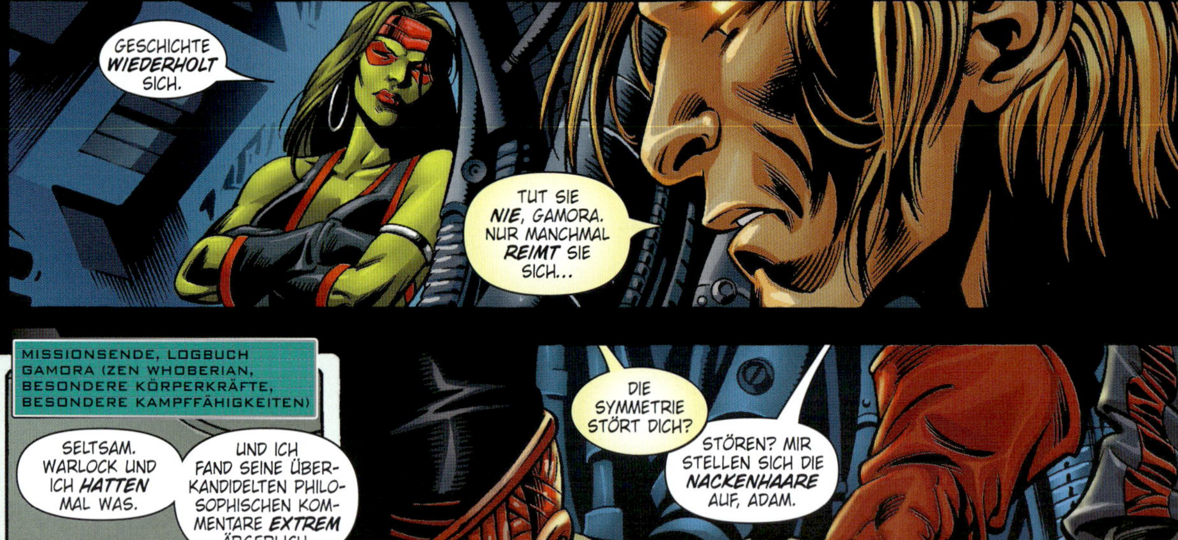

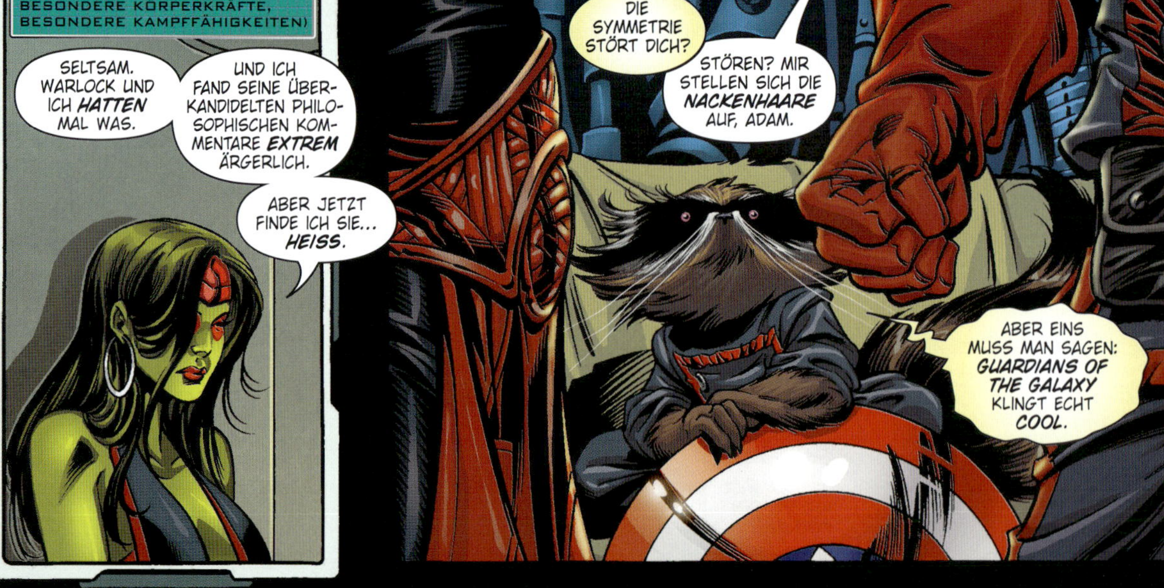

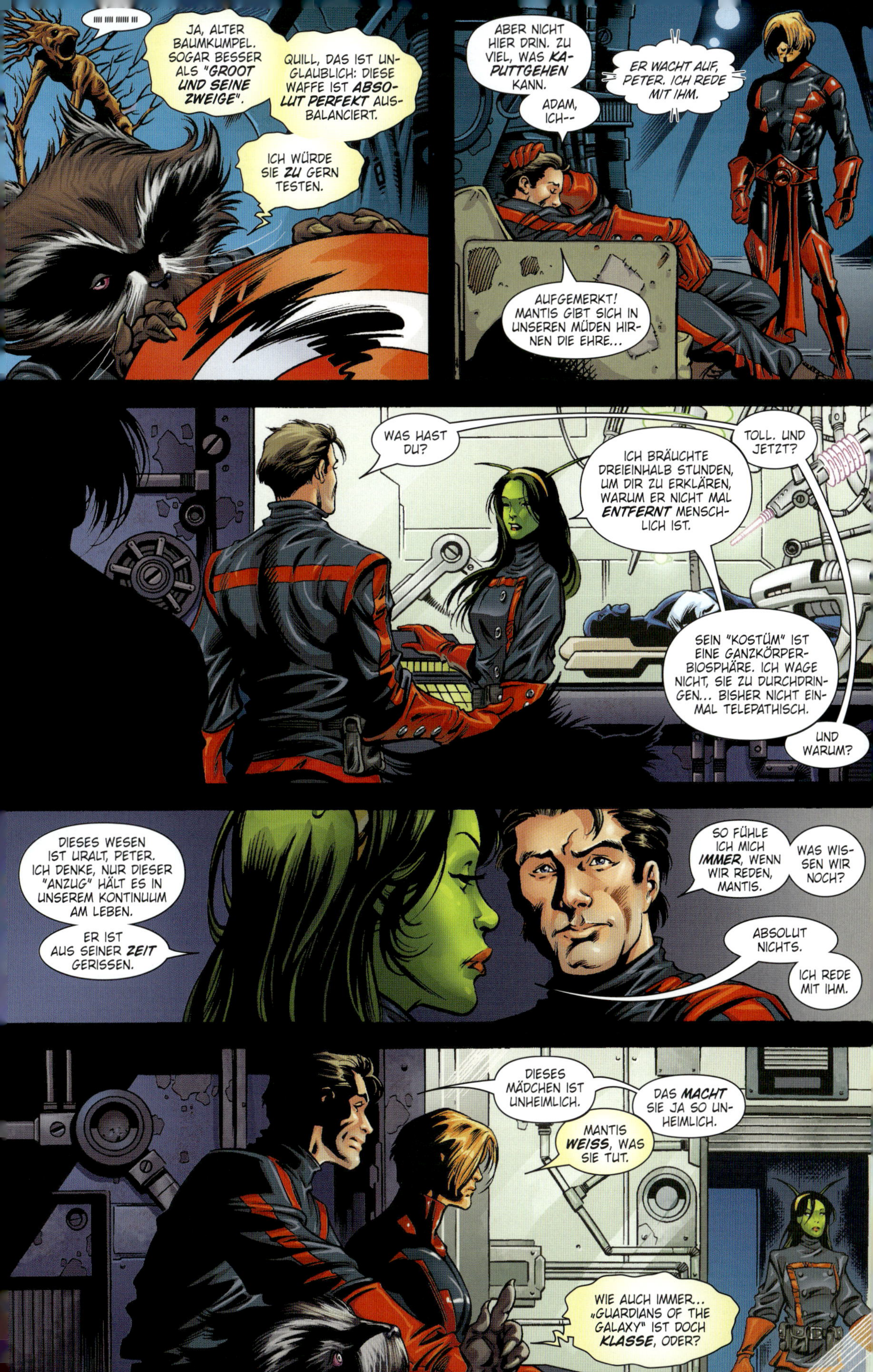

JA, ALTER BAUMKUMPEL. SOGAR BESSER ALS "GROOT UND SEINE ZWEIGE".
QUILL, DAS IST UNGLAUBLICH: DIESE WAFFE IST ABSOLUT PERFEKT AUSBALANCIERT.
ICH WÜRDE SIE ZU GERN TESTEN.
ABER NICHT HIER DRIN. ZU VIEL, WAS KAPUTTGEHEN KANN.
ADAM, ICH--
ER WACHT AUF, PETER. ICH REDE MIT IHM.
AUFGEMERKT! MANTIS GIBT SICH IN UNSEREN MÜDEN HIRNEN DIE EHRE...
WAS HAST DU?
ICH BRÄUCHTE DREIEINHALB STUNDEN, UM DIR ZU ERKLÄREN, WARUM ER NICHT MAL ENTFERNT MENSCHLICH IST.
TOLL. UND JETZT?
SEIN "KOSTÜM" IST EINE GANZKÖRPERBIOSPHÄRE. ICH WAGE NICHT, SIE ZU DURCHDRINGEN... BISHER NICHT EINMAL TELEPATHISCH.
UND WARUM?
DIESES WESEN IST URALT, PETER. ICH DENKE, NUR DIESER "ANZUG" HÄLT ES IN UNSEREM KONTINUUM AM LEBEN.
ER IST AUS SEINER ZEIT GERISSEN.
SO FÜHLE ICH MICH IMMER, WENN WIR REDEN, MANTIS.
WAS WISSEN WIR NOCH?
ABSOLUT NICHTS.
ICH REDE MIT IHM.
DIESES MÄDCHEN IST UNHEIMLICH.
DAS MACHT SIE JA SO UNHEIMLICH.
MANTIS WEISS, WAS SIE TUT.
WIE AUCH IMMER.. „GUARDIANS OF THE GALAXY" IST DOCH KLASSE, ODER?

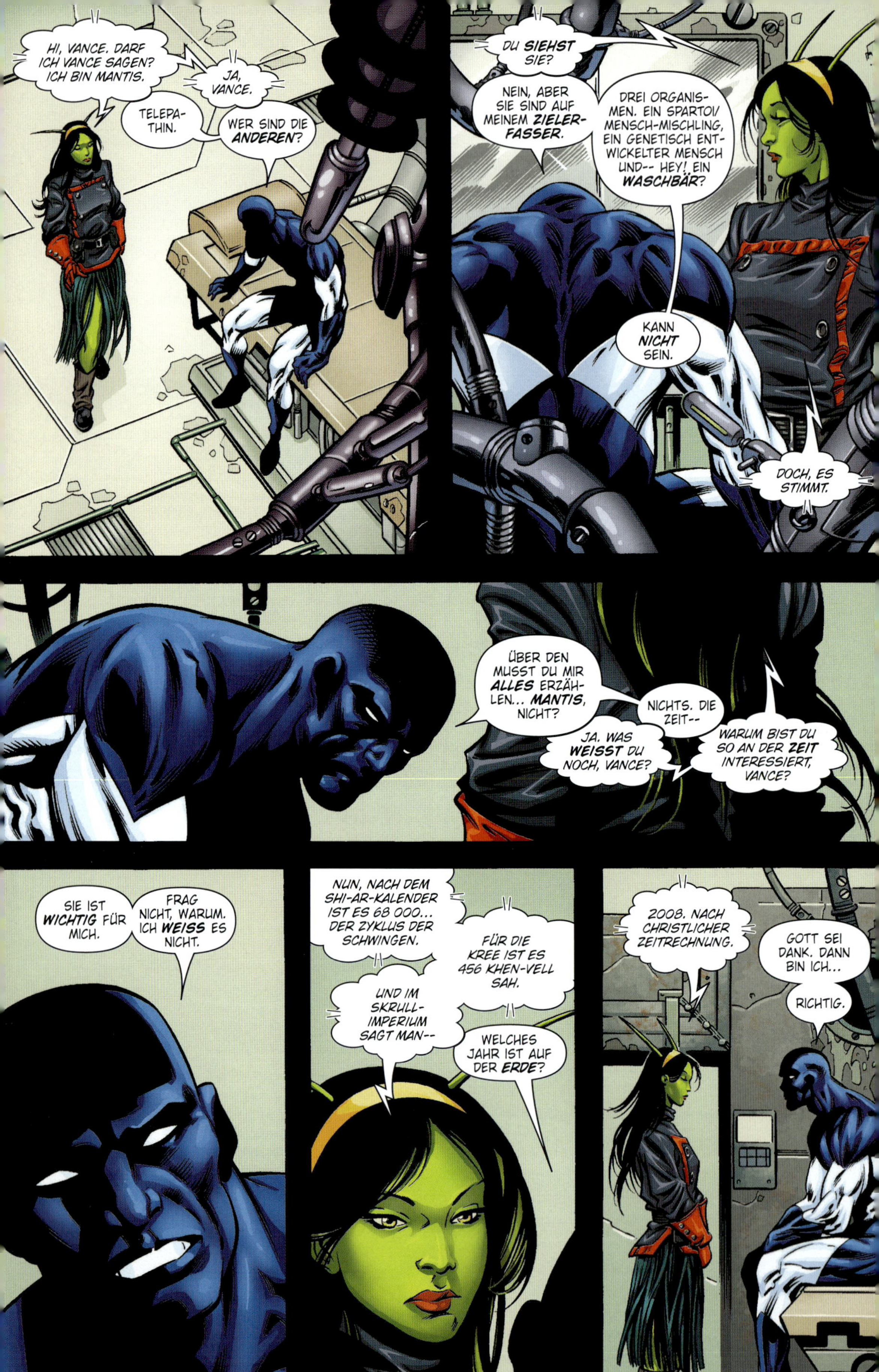

HI, VANCE. DARF ICH VANCE SAGEN? ICH BIN MANTIS.
JA, VANCE.
TELEPATHIN.
WER SIND DIE ANDEREN?
DU SIEHST SIE?
NEIN, ABER SIE SIND AUF MEINEM ZIELERFASSER.
DREI ORGANISMEN. EIN SPARTOI/ MENSCH-MISCHLING, EIN GENETISCH ENTWICKELTER MENSCH UND-- HEY! EIN WASCHBÄR?
KANN NICHT SEIN.
DOCH, ES STIMMT.
ÜBER DEN MUSST DU MIR ALLES ERZÄHLEN... MANTIS, NICHT?
NICHTS. DIE ZEIT--
JA. WAS WEISST DU NOCH, VANCE?
WARUM BIST DU SO AN DER ZEIT INTERESSIERT, VANCE?
SIE IST WICHTIG FÜR MICH.
FRAG NICHT, WARUM. ICH WEISS ES NICHT.
NUN, NACH DEM SHI-AR-KALENDER IST ES 68 000... DER ZYKLUS DER SCHWINGEN.
FÜR DIE KREE IST ES 456 KHEN-VELL SAH.
UND IM SKRULL-IMPERIUM SAGT MAN--
WELCHES JAHR IST AUF DER ERDE?
2008. NACH CHRISTLICHER ZEITRECHNUNG.
GOTT SEI DANK. DANN BIN ICH...
RICHTIG.

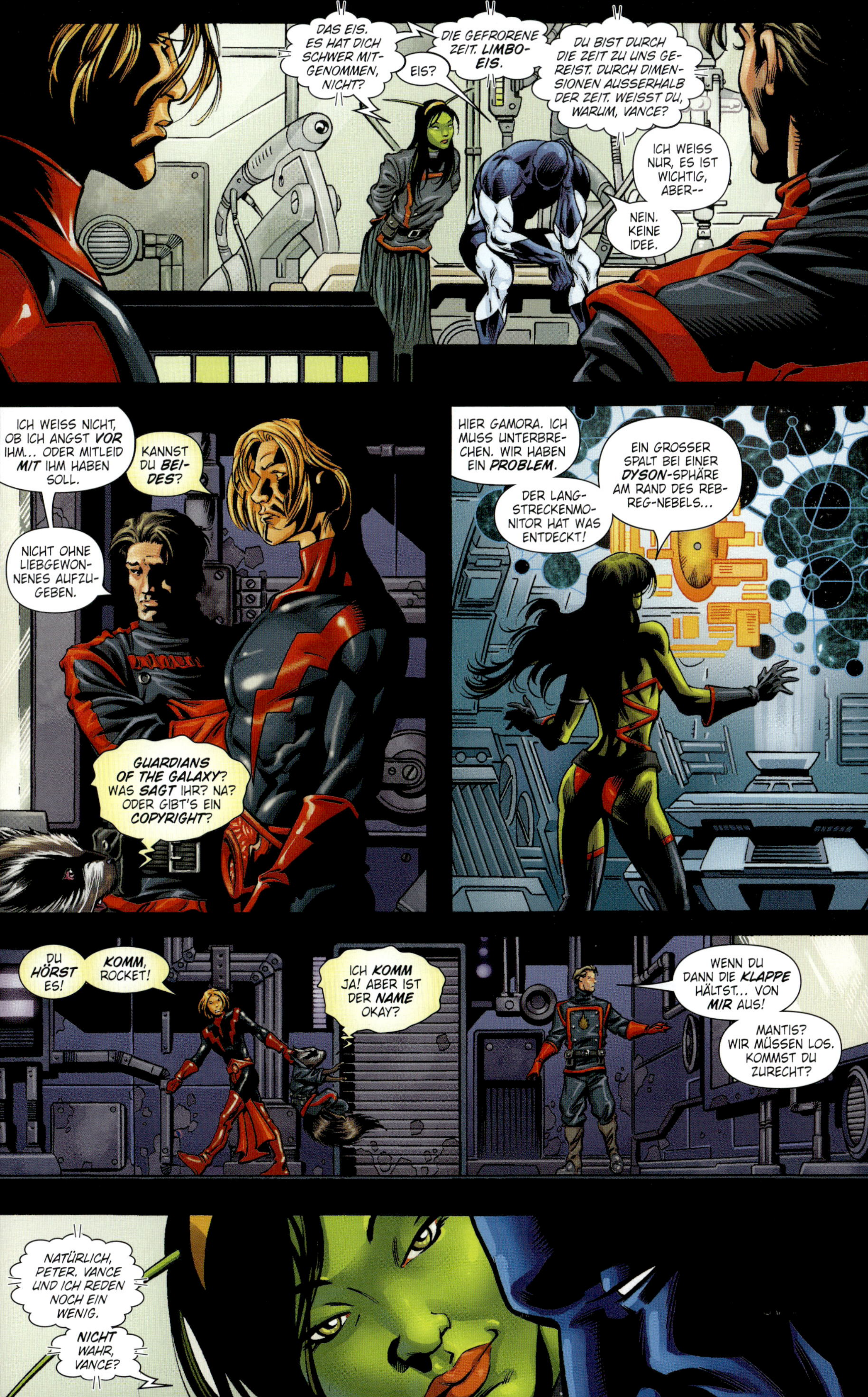
DAS EIS. ES HAT DICH SCHWER MITGENOMMEN, NICHT?
EIS?
DIE GEFRORENE ZEIT. LIMBO-EIS.
DU BIST DURCH DIE ZEIT ZU UNS GEREIST. DURCH DIMENSIONEN AUSSERHALB DER ZEIT. WEISST DU, WARUM, VANCE?
ICH WEISS NUR, ES IST WICHTIG, ABER--
NEIN. KEINE IDEE.
ICH WEISS NICHT, OB ICH ANGST VOR IHM... ODER MITLEID MIT IHM HABEN SOLL.
KANNST DU BEIDES?
NICHT OHNE LIEBGEWONNENES AUFZUGEBEN.
GUARDIANS OF THE GALAXY? WAS SAGT IHR? NA? ODER GIBT'S EIN COPYRIGHT?
HIER GAMORA. ICH MUSS UNTERBRECHEN. WIR HABEN EIN PROBLEM.
DER LANGSTRECKENMONITOR HAT WAS ENTDECKT!
EIN GROSSER SPALT BEI EINER DYSON-SPHÄRE AM RAND DES REBREG-NEBELS...
DU HÖRST ES!
KOMM, ROCKET!
ICH KOMM JA! ABER IST DER NAME OKAY?
WENN DU DANN DIE KLAPPE HÄLTST... VON MIR AUS!
MANTIS? WIR MÜSSEN LOS. KOMMST DU ZURECHT?
NATÜRLICH, PETER. VANCE UND ICH REDEN NOCH EIN WENIG.
NICHT WAHR, VANCE?

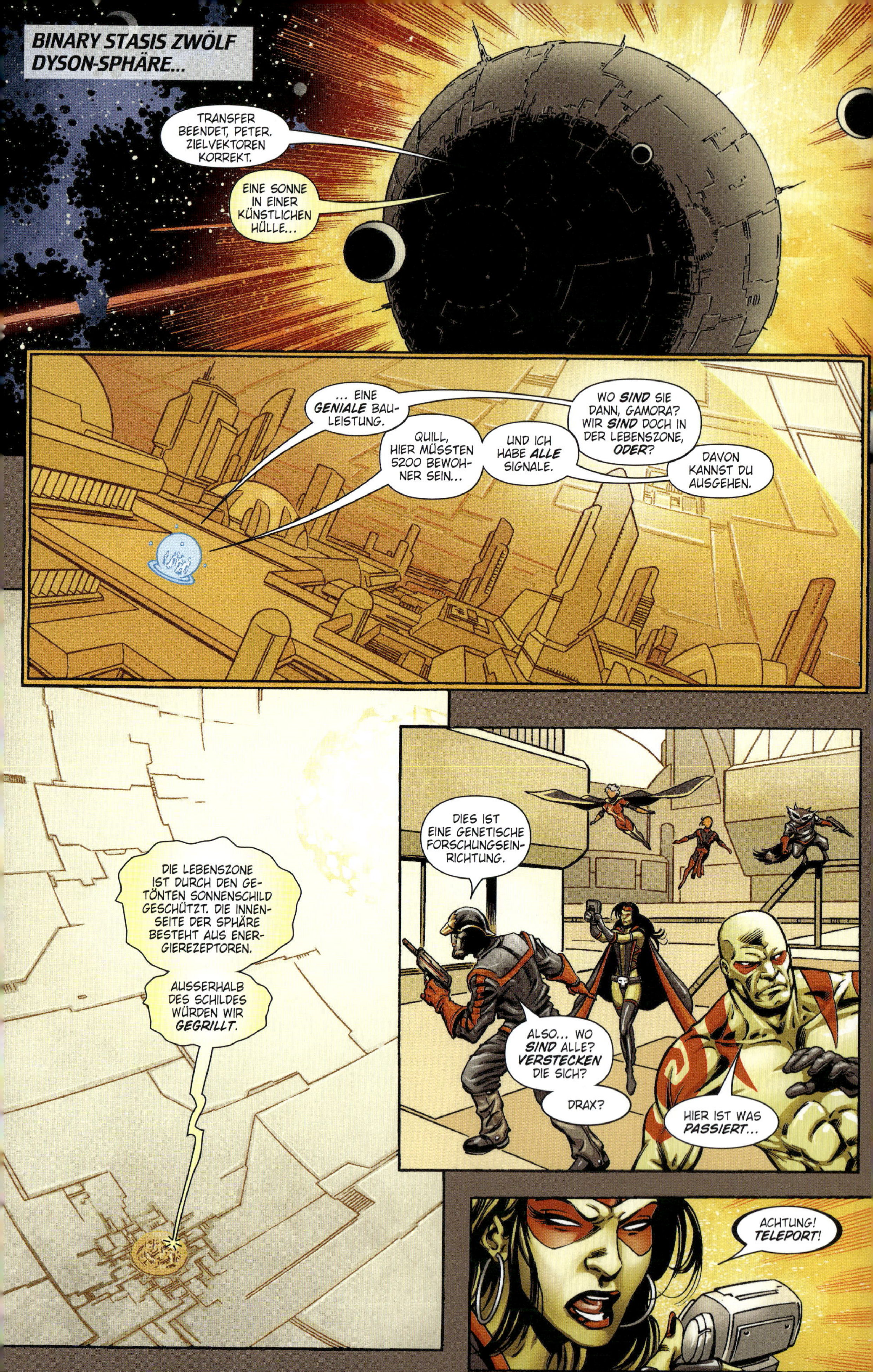
BINARY STASIS ZWÖLF DYSON-SPHÄRE...
TRANSFER BEENDET, PETER. ZIELVEKTOREN KORREKT.
EINE SONNE IN EINER KÜNSTLICHEN HÜLLE...
... EINE GENIALE BAULEISTUNG.
QUILL, HIER MÜSSTEN 5200 BEWOHNER SEIN...
UND ICH HABE ALLE SIGNALE.
WO SIND SIE DANN, GAMORA? WIR SIND DOCH IN DER LEBENSZONE, ODER?
DAVON KANNST DU AUSGEHEN.
DIE LEBENSZONE IST DURCH DEN GETÖNTEN SONNENSCHILD GESCHÜTZT. DIE INNENSEITE DER SPHÄRE BESTEHT AUS ENERGIEREZEPTOREN.
AUSSERHALB DES SCHILDES WÜRDEN WIR GEGRILLT.
DIES IST EINE GENETISCHE FORSCHUNGSEINRICHTUNG.
ALSO... WO SIND ALLE? VERSTECKEN DIE SICH?
DRAX?
HIER IST WAS PASSIERT...
ACHTUNG! TELEPORT!

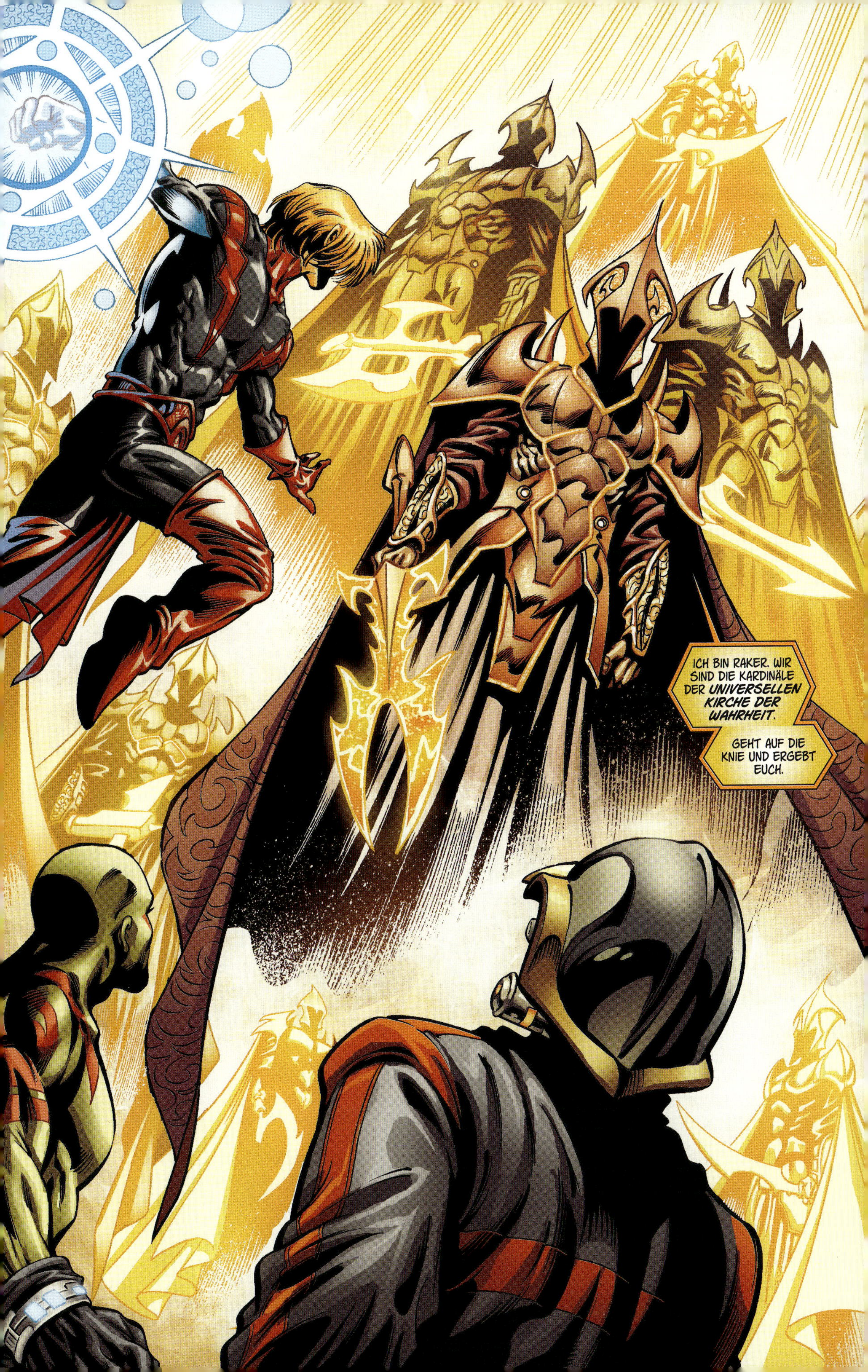

ICH BIN RAKER. WIR SIND DIE KARDINÄLE DER *UNIVERSELLEN KIRCHE DER WAHRHEIT*.
GEHT AUF DIE KNIE UND ERGEBT EUCH.

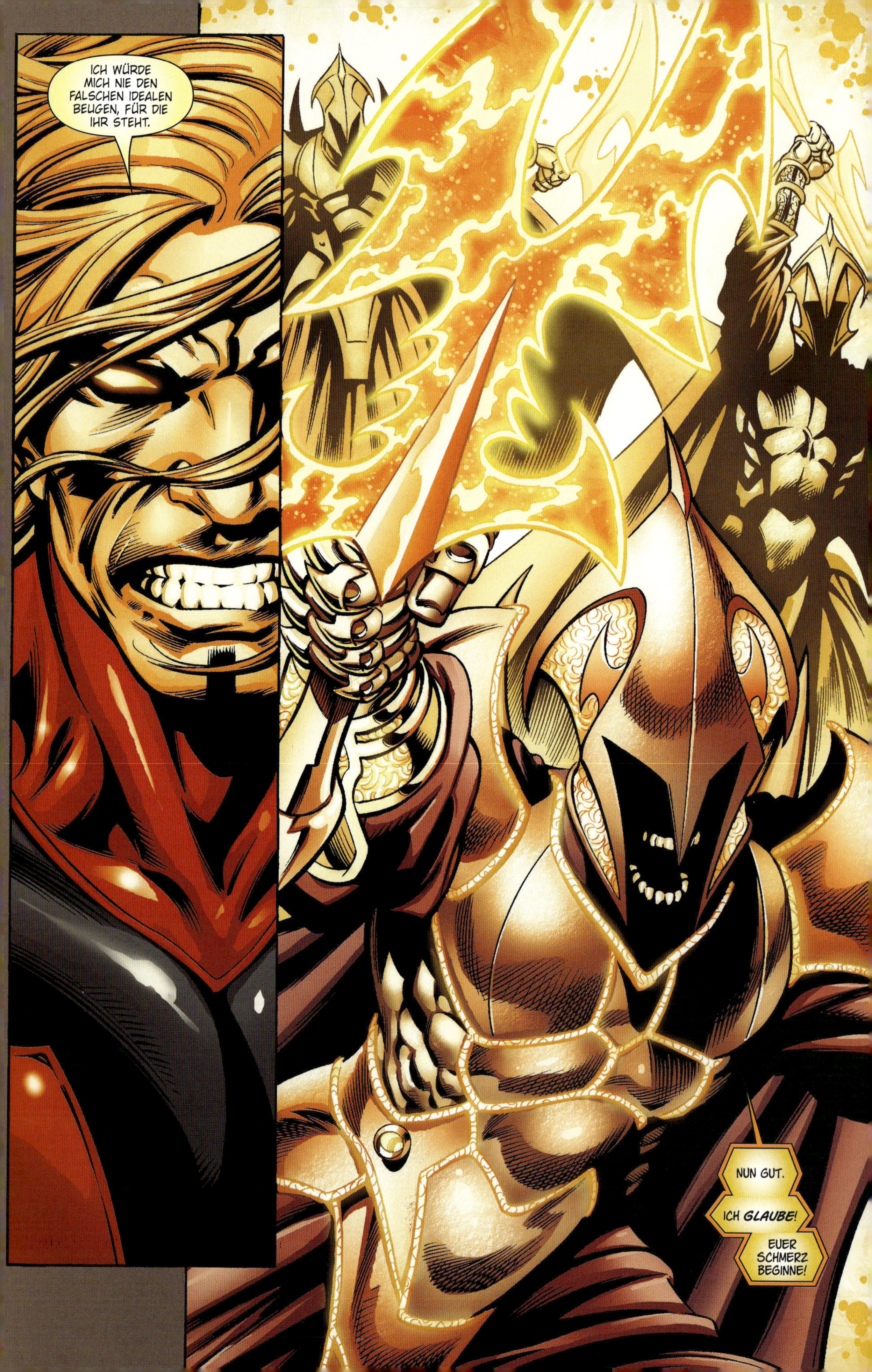
ICH WÜRDE MICH NIE DEN FALSCHEN IDEALEN BEUGEN, FÜR DIE IHR STEHT.
NUN GUT.
ICH GLAUBE!
EUER SCHMERZ BEGINNE!

JENSEITS DES GLAUBENS

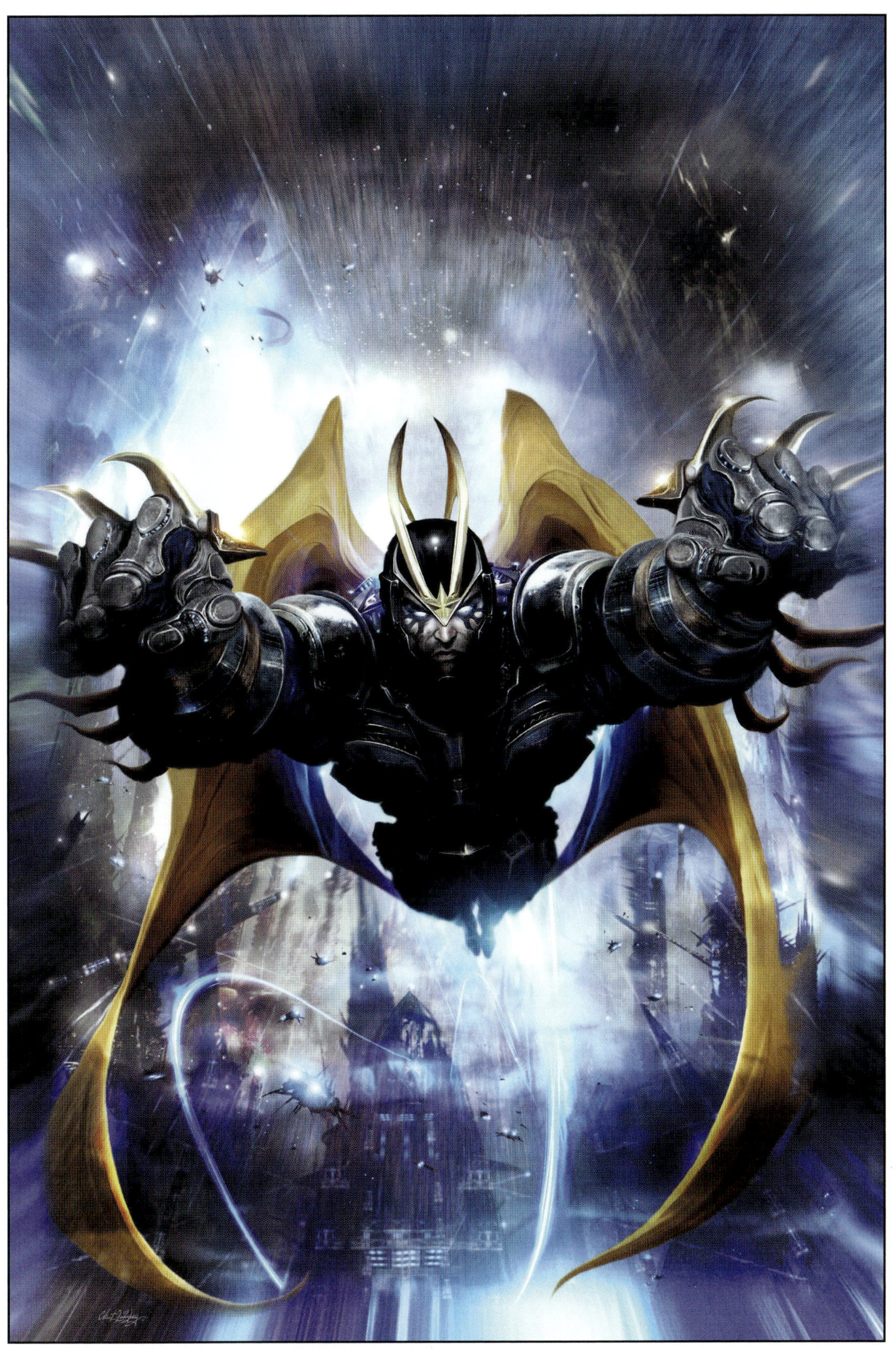

Guardians of the Galaxy (2008) 3
Cover von **CLINT LANGLEY**

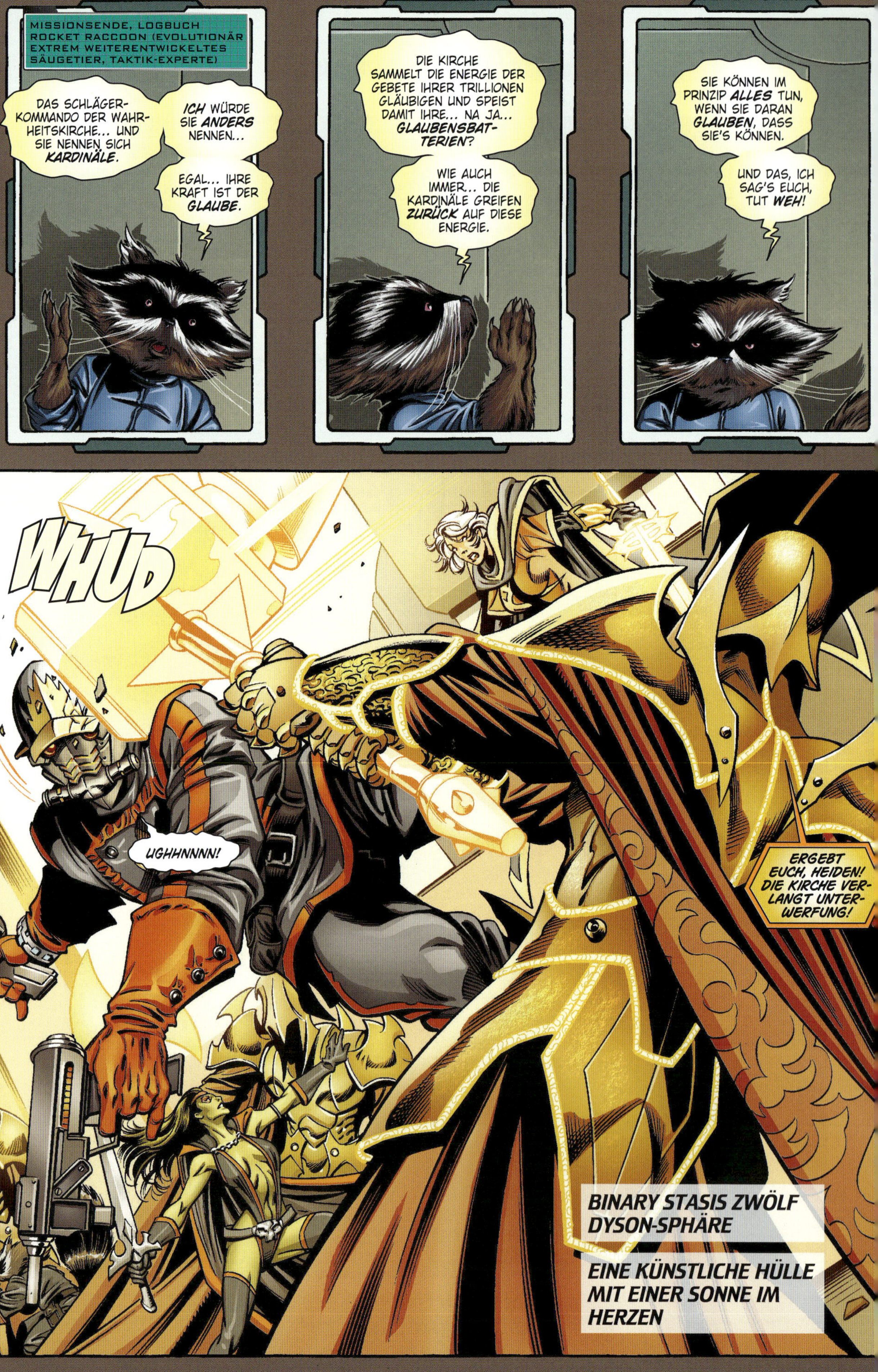

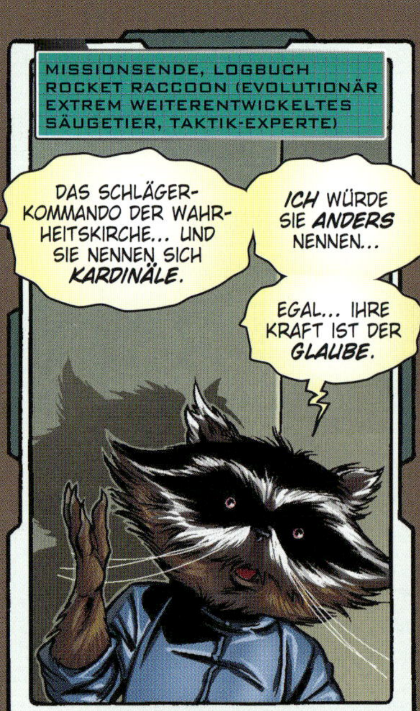

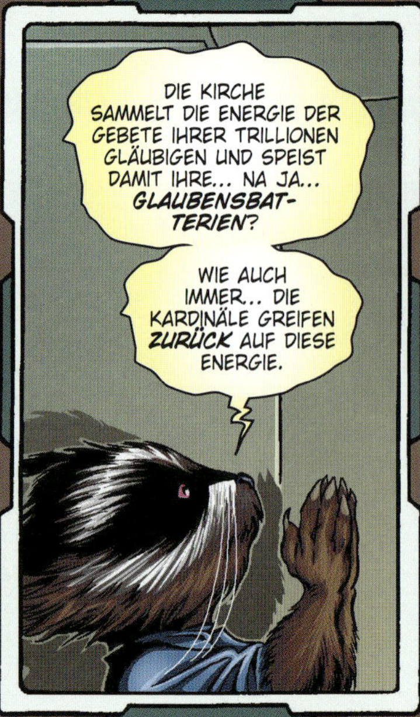

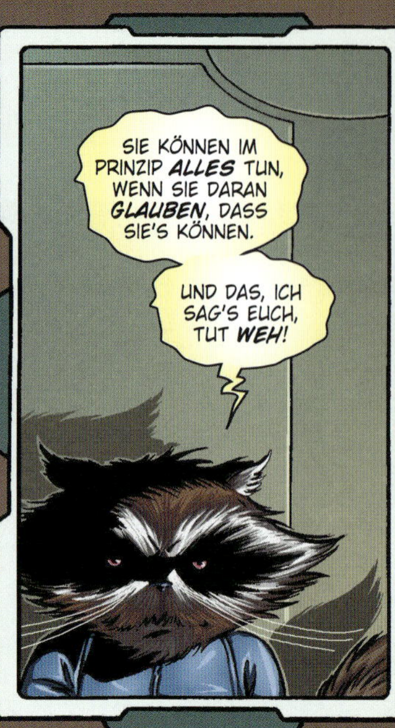

WHUD

UGHHNNNN!

ERGEBT EUCH, HEIDEN! DIE KIRCHE VER-LANGT UNTER-WERFUNG!

BINARY STASIS ZWÖLF DYSON-SPHÄRE

EINE KÜNSTLICHE HÜLLE MIT EINER SONNE IM HERZEN

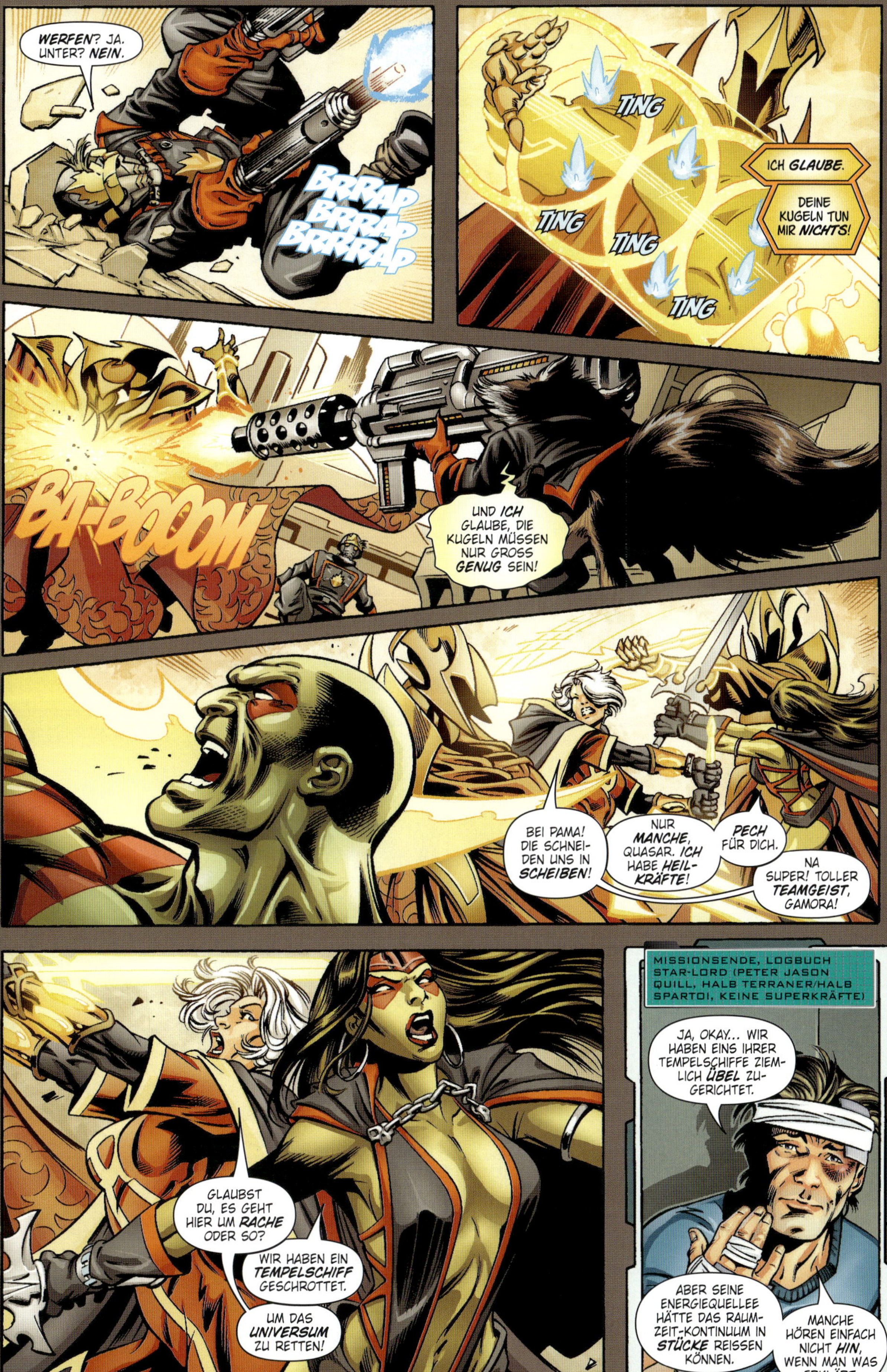

WERFEN? JA. UNTER? NEIN.
BRRRAP BRRRAP BRRRAP
TING
TING
TING
TING
ICH GLAUBE.
DEINE KUGELN TUN MIR NICHTS!
BA-BOOOM
UND ICH GLAUBE, DIE KUGELN MÜSSEN NUR GROSS GENUG SEIN!
BEI PAMA! DIE SCHNEI-DEN UNS IN SCHEIBEN!
NUR MANCHE, QUASAR. ICH HABE HEIL-KRÄFTE!
PECH FÜR DICH.
NA SUPER! TOLLER TEAMGEIST, GAMORA!

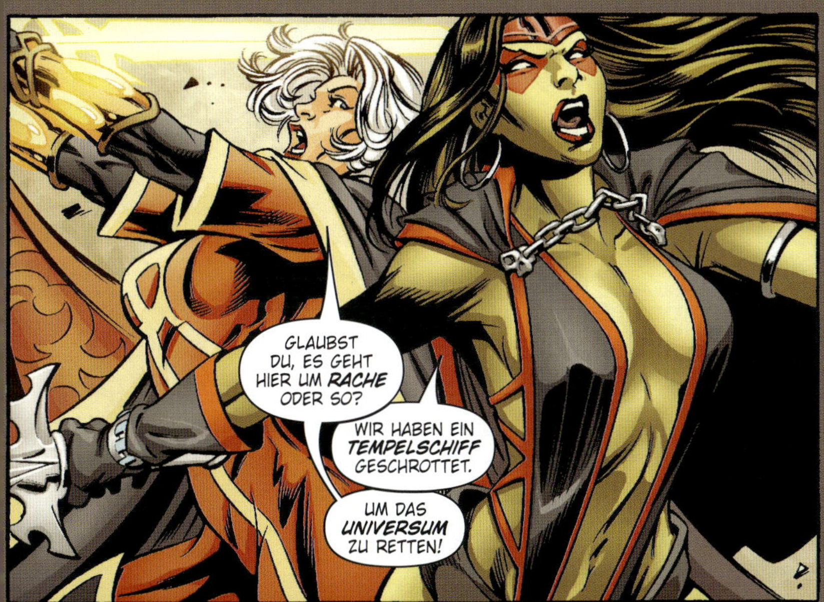

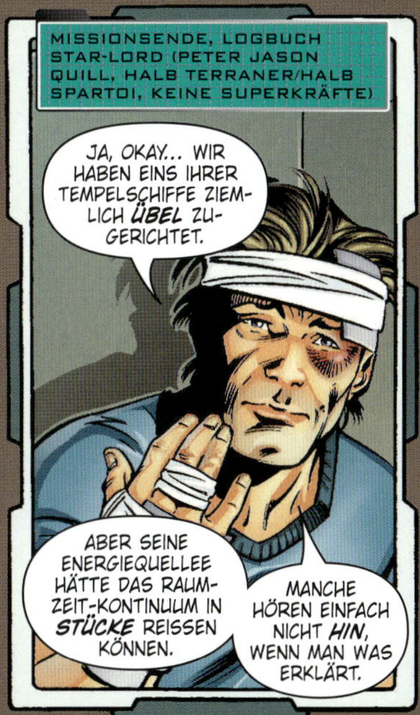

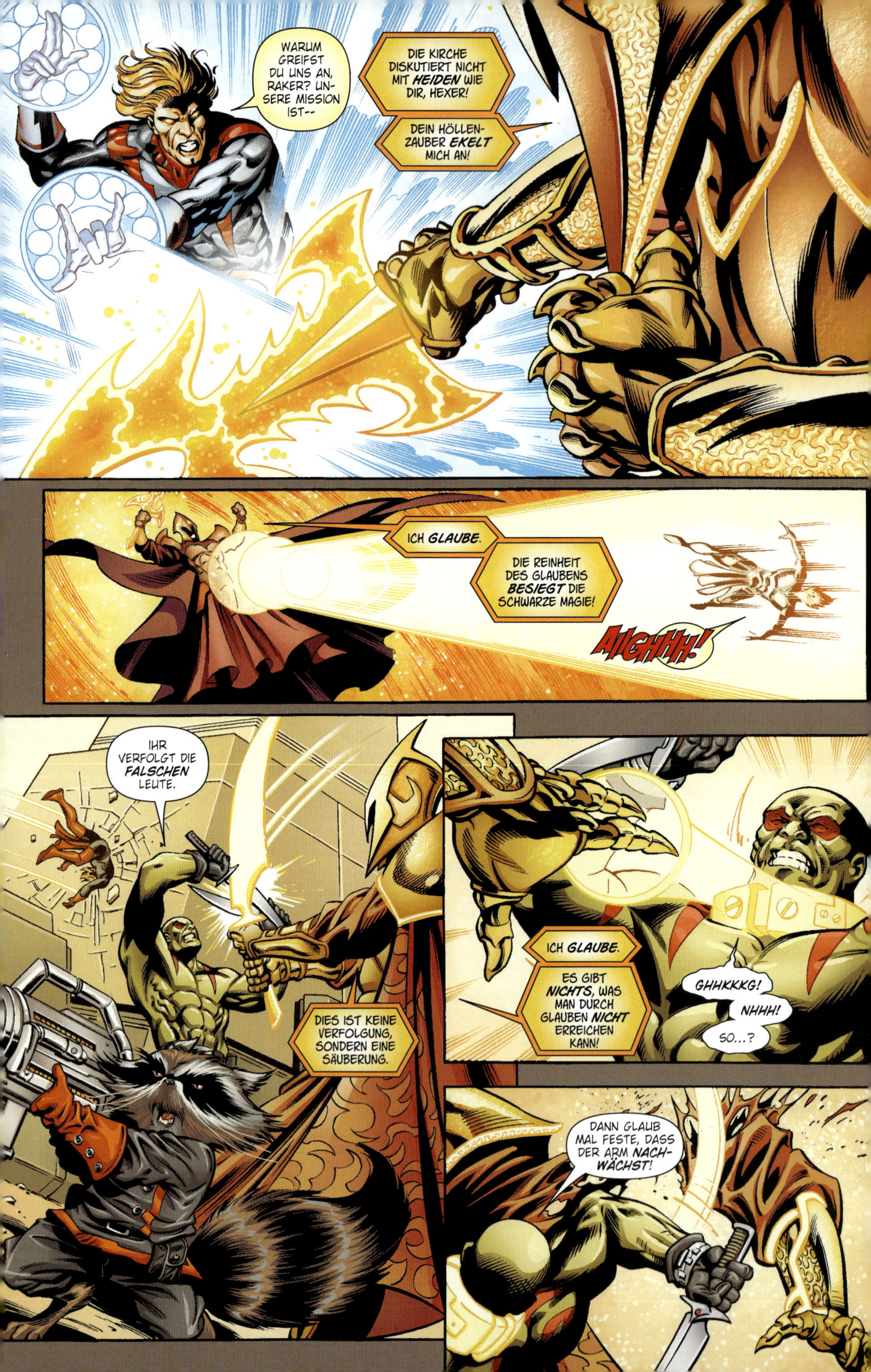

WARUM GREIFST DU UNS AN, RAKER? UNSERE MISSION IST--
DIE KIRCHE DISKUTIERT NICHT MIT HEIDEN WIE DIR, HEXER!
DEIN HÖLLENZAUBER EKELT MICH AN!
ICH GLAUBE.
DIE REINHEIT DES GLAUBENS BESIEGT DIE SCHWARZE MAGIE!
AIIGHHH!
IHR VERFOLGT DIE FALSCHEN LEUTE.
DIES IST KEINE VERFOLGUNG, SONDERN EINE SÄUBERUNG.
ICH GLAUBE.
ES GIBT NICHTS, WAS MAN DURCH GLAUBEN NICHT ERREICHEN KANN!
GHHKKKG!
NHHH!
SO...?
DANN GLAUB MAL FESTE, DASS DER ARM NACHWÄCHST!

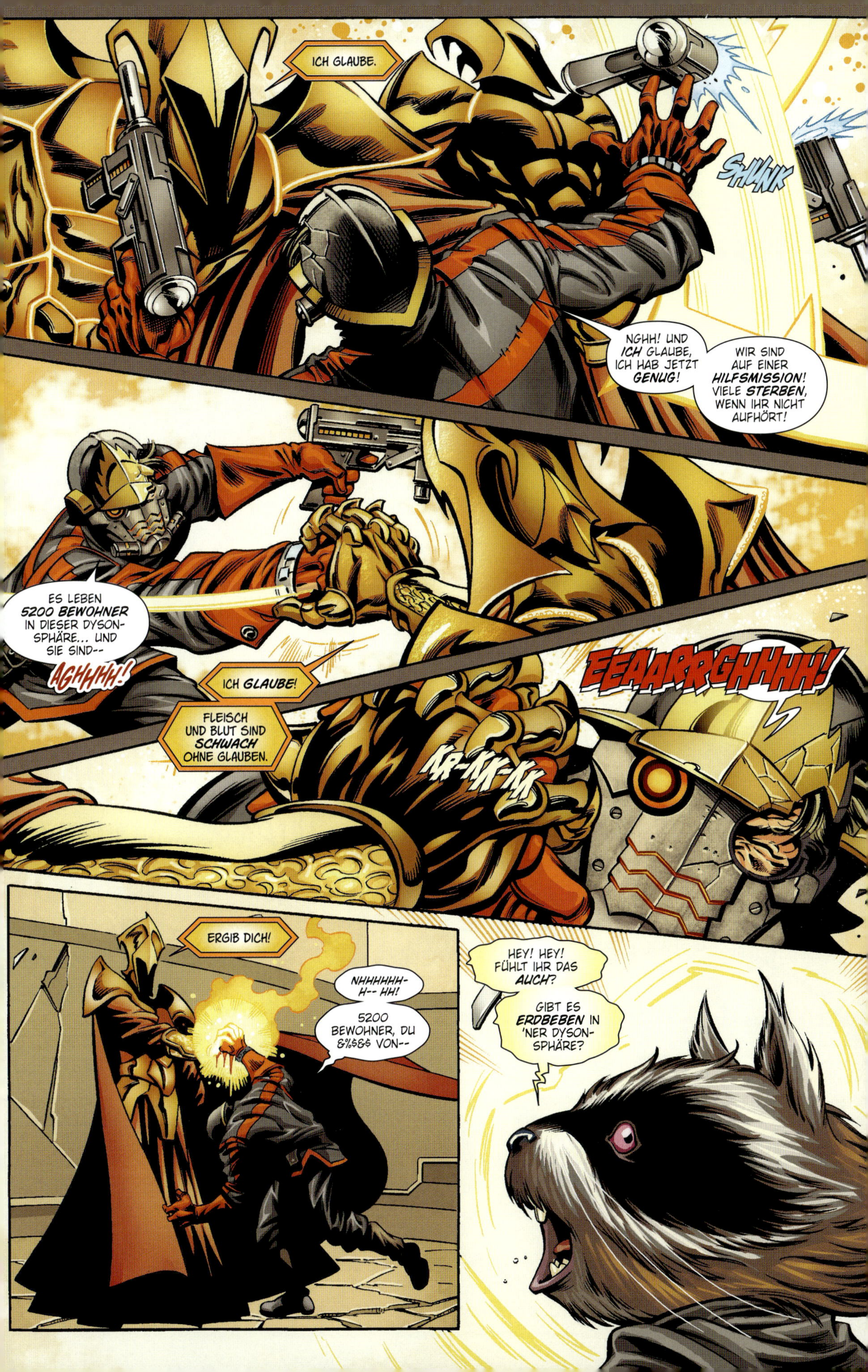
ICH GLAUBE.
SHUNK
NGHH! UND ICH GLAUBE, ICH HAB JETZT GENUG!
WIR SIND AUF EINER HILFSMISSION! VIELE STERBEN, WENN IHR NICHT AUFHÖRT!
ES LEBEN 5200 BEWOHNER IN DIESER DYSON-SPHÄRE... UND SIE SIND--
AGHHHH!
ICH GLAUBE!
FLEISCH UND BLUT SIND SCHWACH OHNE GLAUBEN.
EEAARRGHHHH!
KR-KK-KK
ERGIB DICH!
NHHHHHH-H-- HH!
5200 BEWOHNER, DU &%$&$ VON--
HEY! HEY! FÜHLT IHR DAS AUCH?
GIBT ES ERDBEBEN IN 'NER DYSON-SPHÄRE?

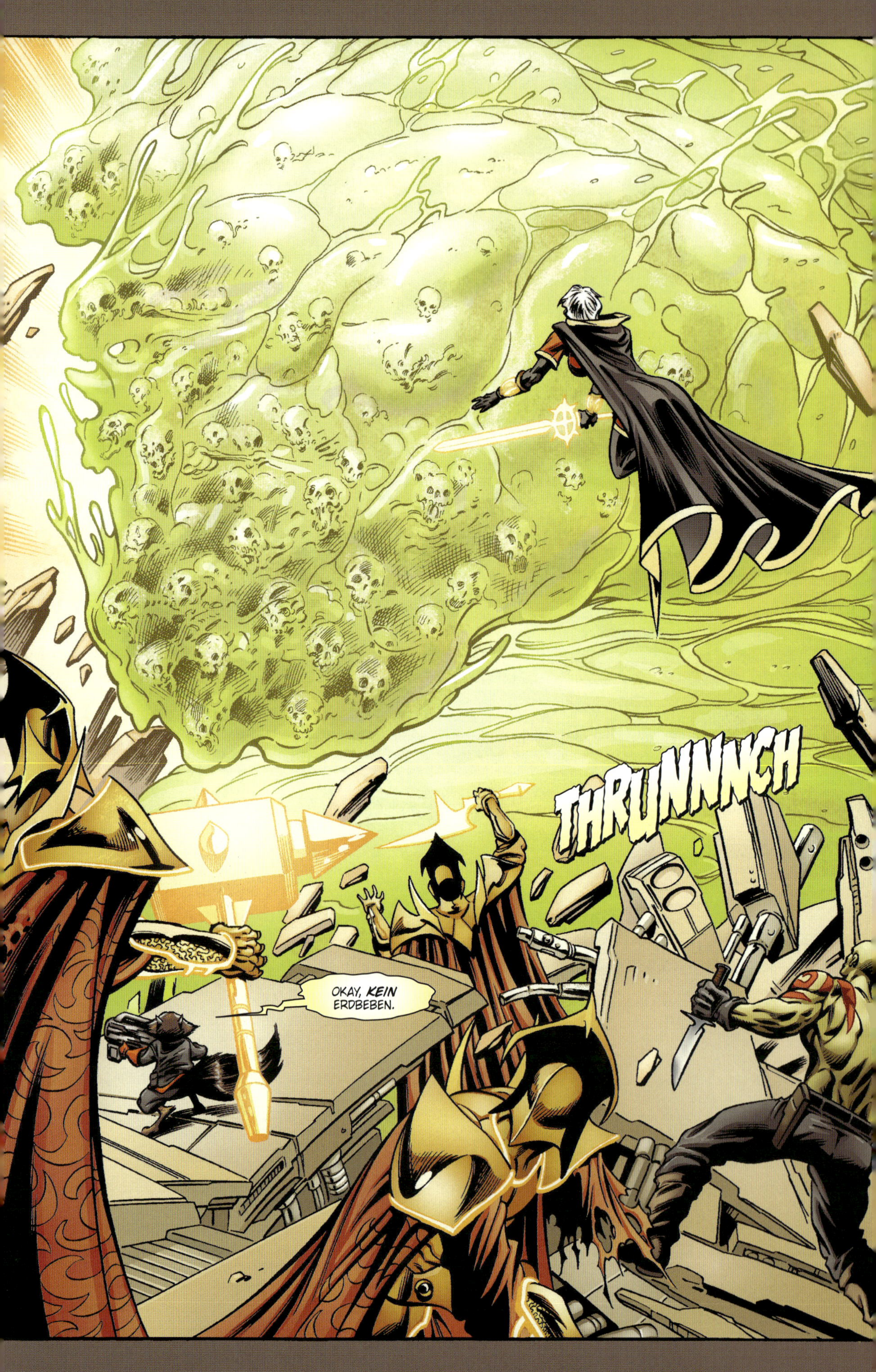
THRUNNNCH
OKAY, KEIN ERDBEBEN.

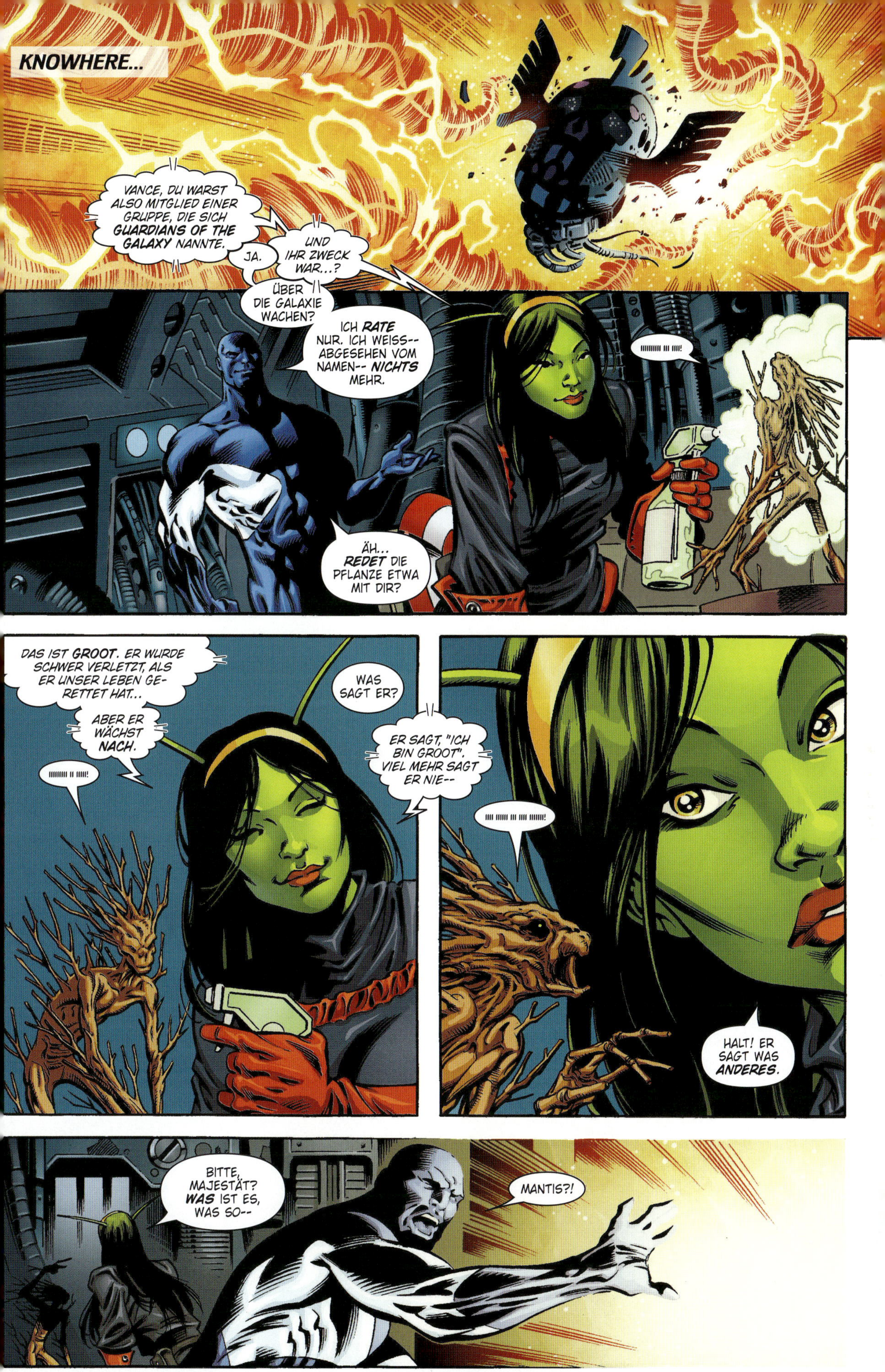

KNOWHERE...

VANCE, DU WARST ALSO MITGLIED EINER GRUPPE, DIE SICH **GUARDIANS OF THE GALAXY** NANNTE.

JA.

UND IHR ZWECK WAR...?

ÜBER DIE GALAXIE WACHEN?

ICH **RATE** NUR. ICH WEISS-- ABGESEHEN VOM NAMEN-- **NICHTS** MEHR.

ÄH... **REDET** DIE PFLANZE ETWA MIT DIR?

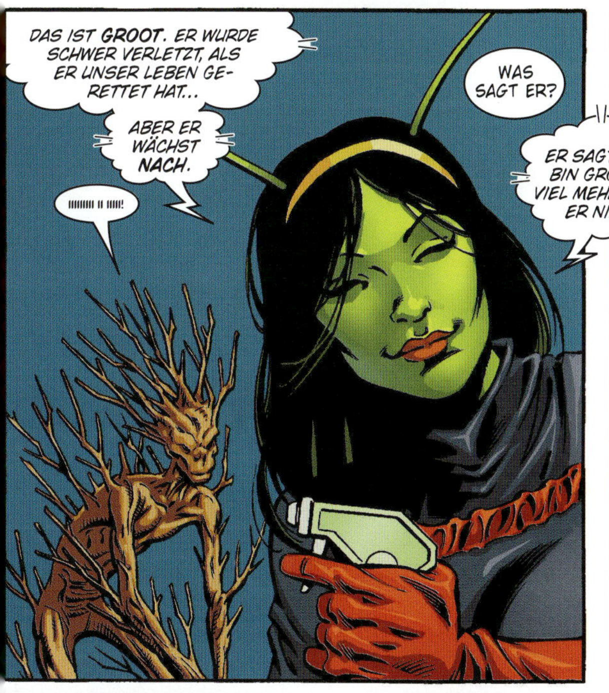

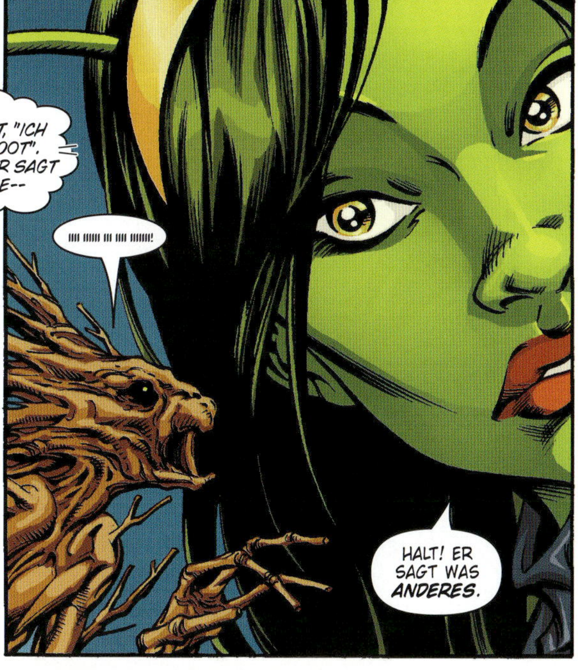

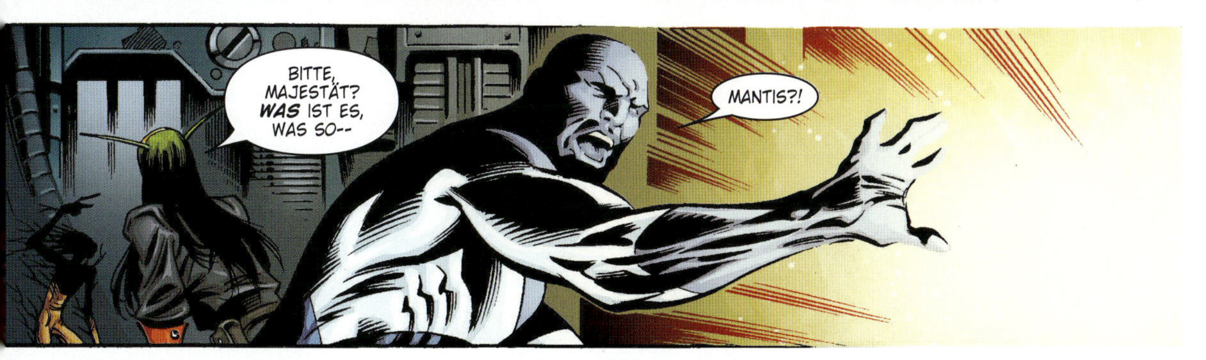

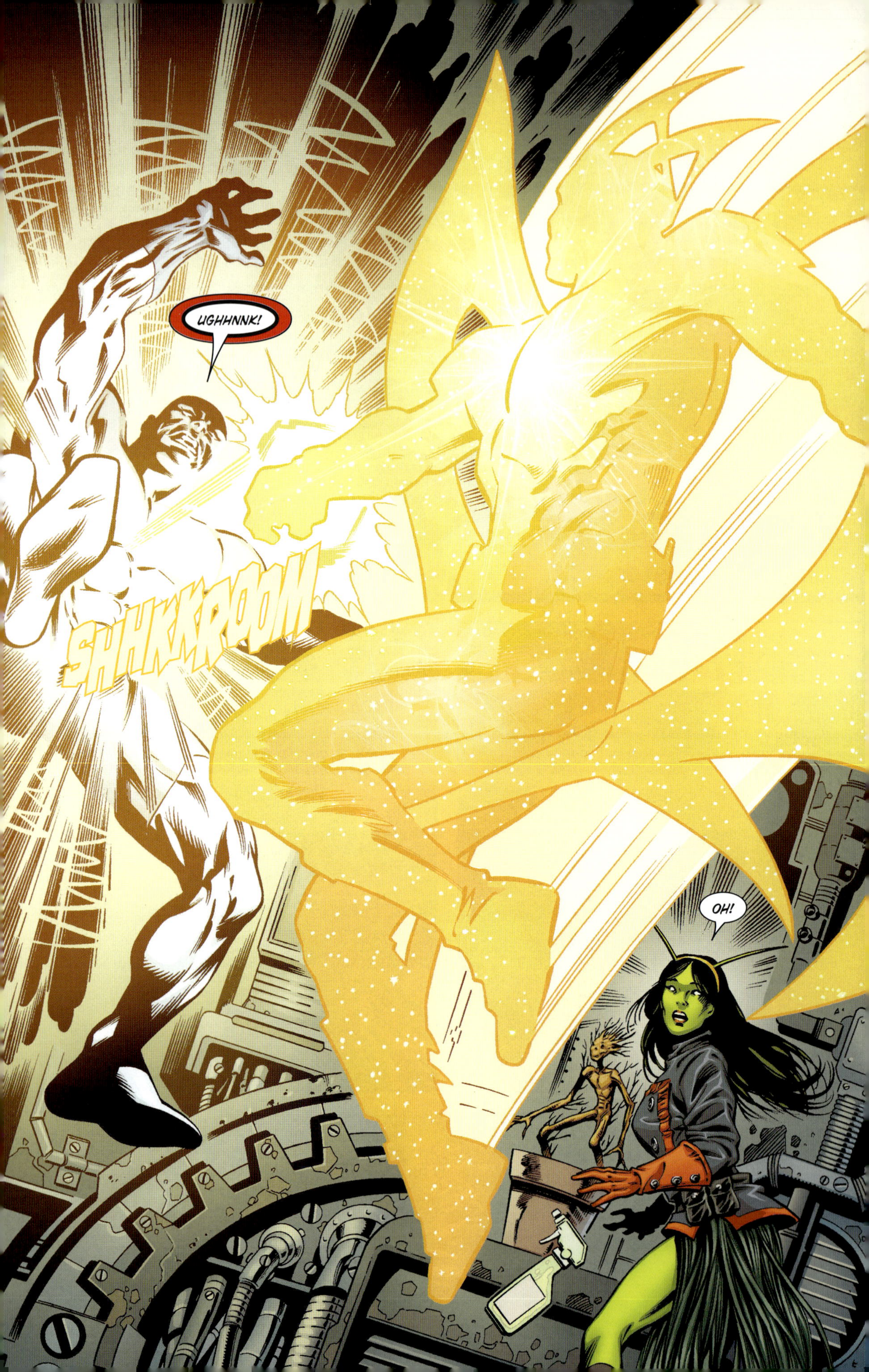
UGHHNNK!
SHHKKROOM
OH!

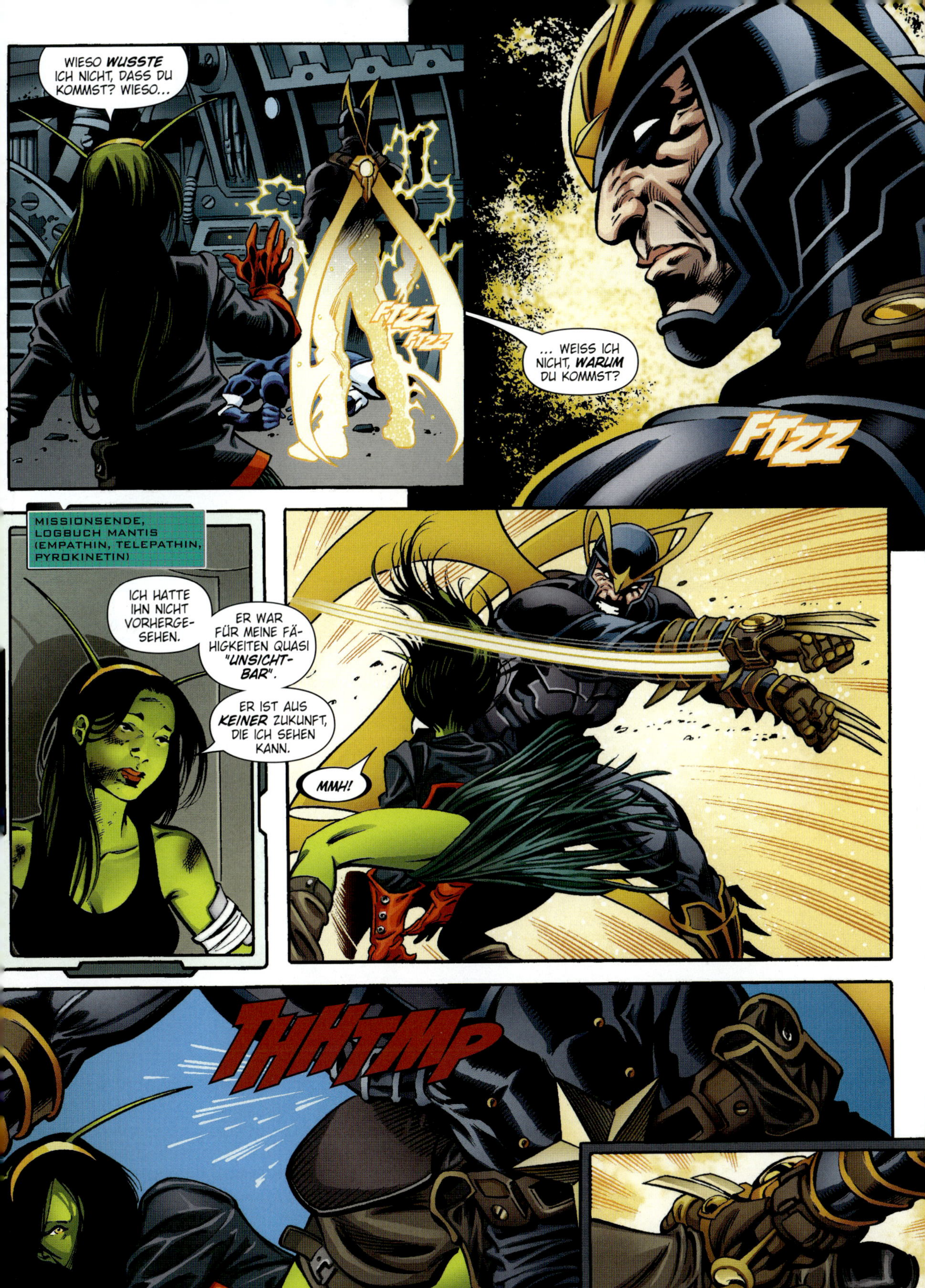
WIESO WUSSTE ICH NICHT, DASS DU KOMMST? WIESO...
FTZZ FTZZ
... WEISS ICH NICHT, WARUM DU KOMMST?
FTZZ
MISSIONSENDE, LOGBUCH MANTIS (EMPATHIN, TELEPATHIN, PYROKINETIN)
ICH HATTE IHN NICHT VORHERGE-SEHEN.
ER WAR FÜR MEINE FÄ-HIGKEITEN QUASI "UNSICHT-BAR".
ER IST AUS KEINER ZUKUNFT, DIE ICH SEHEN KANN.
MMH!
THHTMP

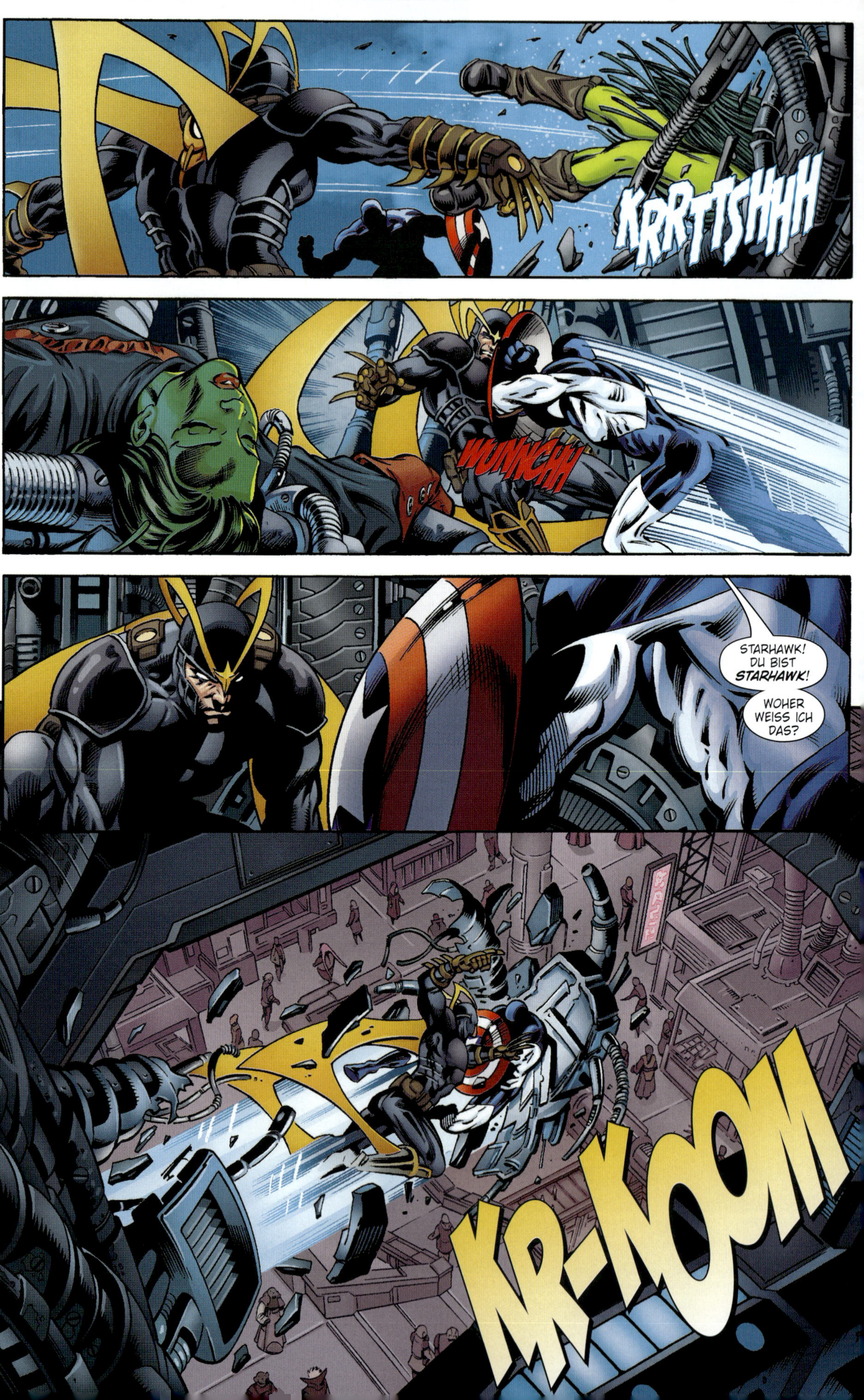

KRRTTSHHH
WUNNCHH
STARHAWK! DU BIST *STARHAWK!*
WOHER WEISS ICH DAS?
KR-KOOM

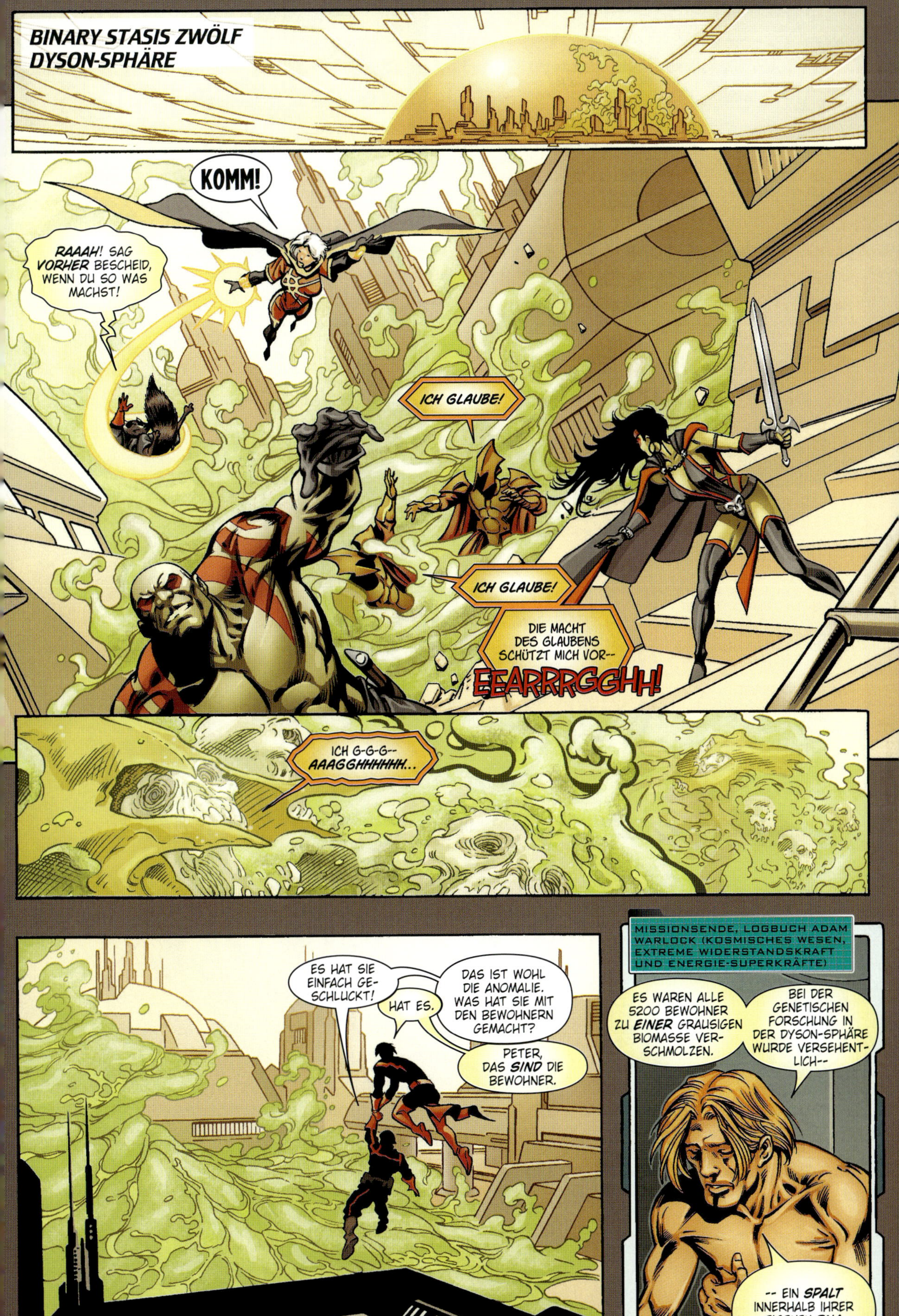
BINARY STASIS ZWÖLF DYSON-SPHÄRE
KOMM!
RAAAH! SAG VORHER BESCHEID, WENN DU SO WAS MACHST!
ICH GLAUBE!
ICH GLAUBE!
DIE MACHT DES GLAUBENS SCHÜTZT MICH VOR--
EEARRRGGHH!
ICH G-G-G-- AAAGGHHHHHH...
ES HAT SIE EINFACH GESCHLUCKT!
HAT ES.
DAS IST WOHL DIE ANOMALIE. WAS HAT SIE MIT DEN BEWOHNERN GEMACHT?
PETER, DAS SIND DIE BEWOHNER.
MISSIONSENDE, LOGBUCH ADAM WARLOCK (KOSMISCHES WESEN, EXTREME WIDERSTANDSKRAFT UND ENERGIE-SUPERKRÄFTE)
ES WAREN ALLE 5200 BEWOHNER ZU EINER GRAUSIGEN BIOMASSE VERSCHMOLZEN.
BEI DER GENETISCHEN FORSCHUNG IN DER DYSON-SPHÄRE WURDE VERSEHENTLICH--
-- EIN SPALT INNERHALB IHRER EIGENEN DNA GEÖFFNET...

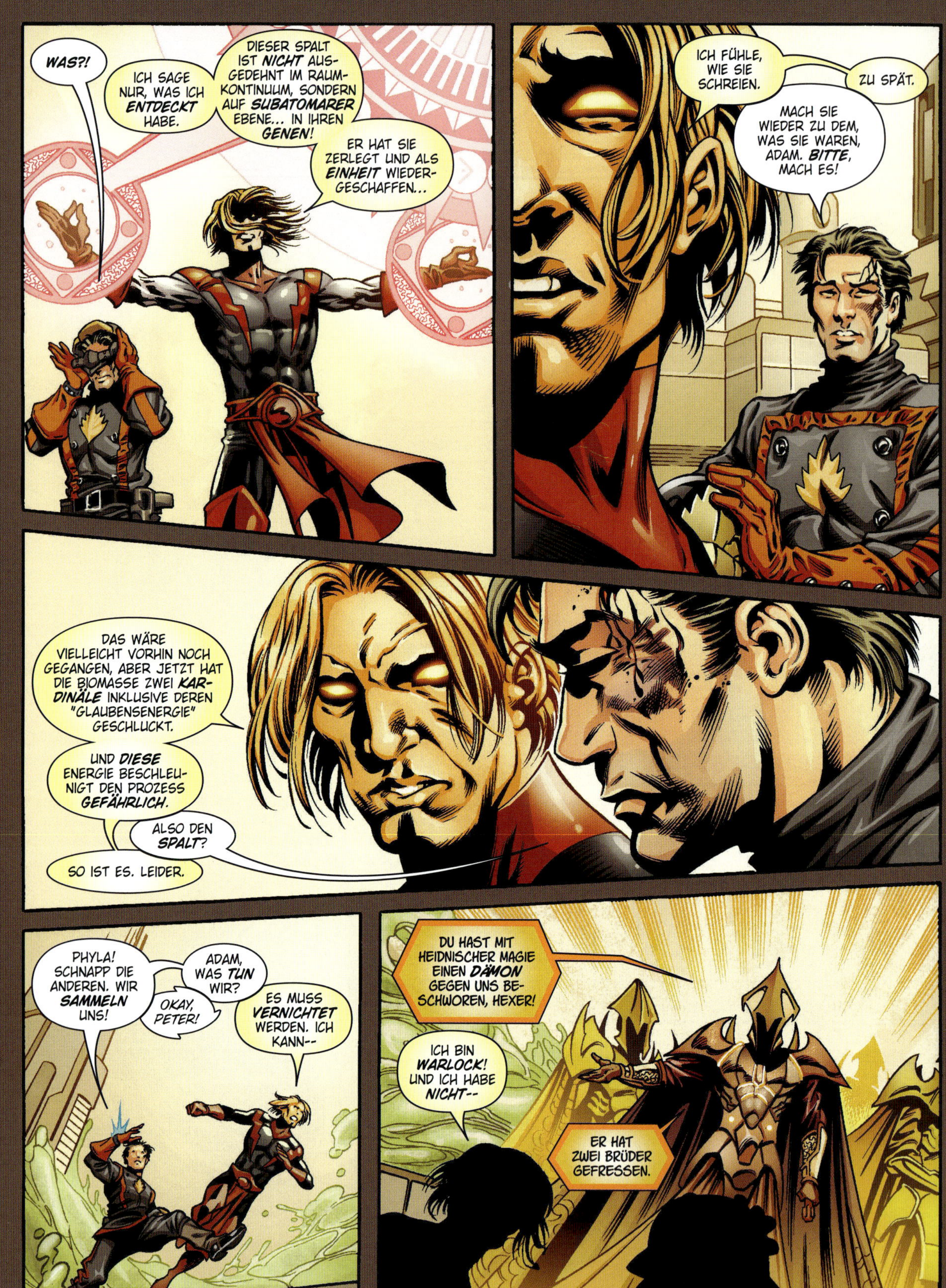
WAS?!
ICH SAGE NUR, WAS ICH ENTDECKT HABE.
DIESER SPALT IST NICHT AUSGEDEHNT IM RAUMKONTINUUM, SONDERN AUF SUBATOMARER EBENE... IN IHREN GENEN!
ER HAT SIE ZERLEGT UND ALS EINHEIT WIEDERGESCHAFFEN...
ICH FÜHLE, WIE SIE SCHREIEN.
ZU SPÄT.
MACH SIE WIEDER ZU DEM, WAS SIE WAREN, ADAM. BITTE, MACH ES!
DAS WÄRE VIELLEICHT VORHIN NOCH GEGANGEN, ABER JETZT HAT DIE BIOMASSE ZWEI KARDINÄLE INKLUSIVE DEREN "GLAUBENSENERGIE" GESCHLUCKT.
UND DIESE ENERGIE BESCHLEUNIGT DEN PROZESS GEFÄHRLICH.
ALSO DEN SPALT?
SO IST ES. LEIDER.
PHYLA! SCHNAPP DIE ANDEREN. WIR SAMMELN UNS!
ADAM, WAS TUN WIR?
OKAY, PETER!
ES MUSS VERNICHTET WERDEN. ICH KANN--
DU HAST MIT HEIDNISCHER MAGIE EINEN DÄMON GEGEN UNS BESCHWOREN, HEXER!
ICH BIN WARLOCK! UND ICH HABE NICHT--
ER HAT ZWEI BRÜDER GEFRESSEN.

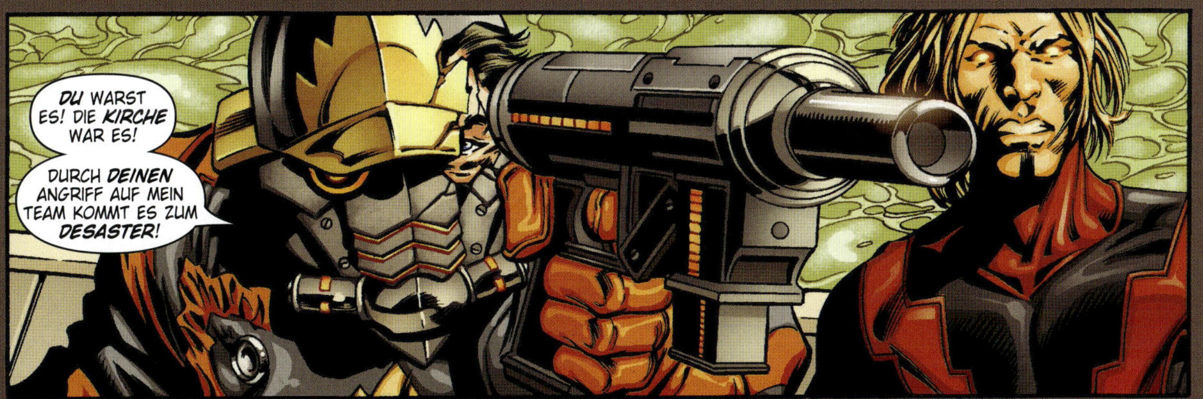
DU WARST ES! DIE KIRCHE WAR ES!
DURCH DEINEN ANGRIFF AUF MEIN TEAM KOMMT ES ZUM DESASTER!

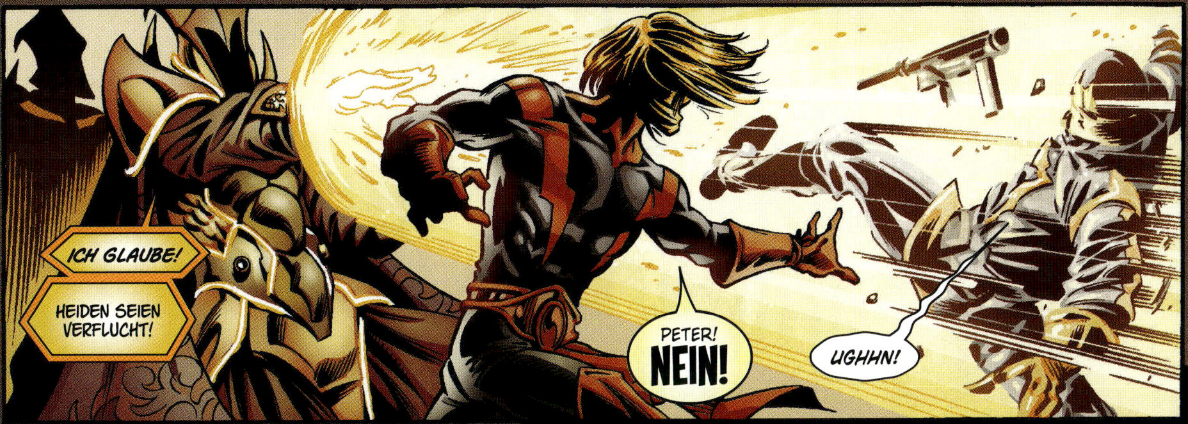
ICH GLAUBE!
HEIDEN SEIEN VERFLUCHT!
PETER! NEIN!
UGHHN!

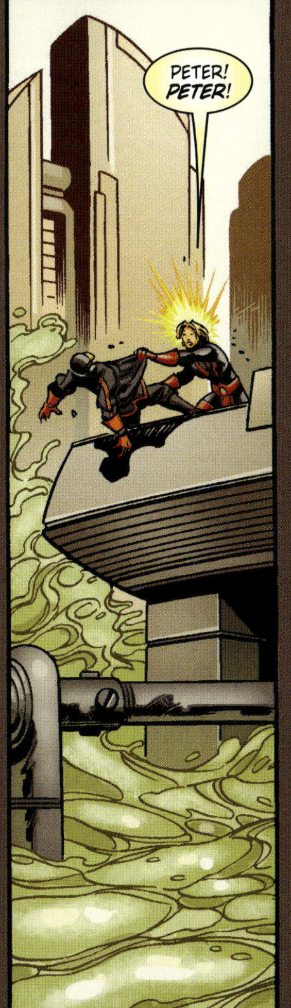
PETER! PETER!

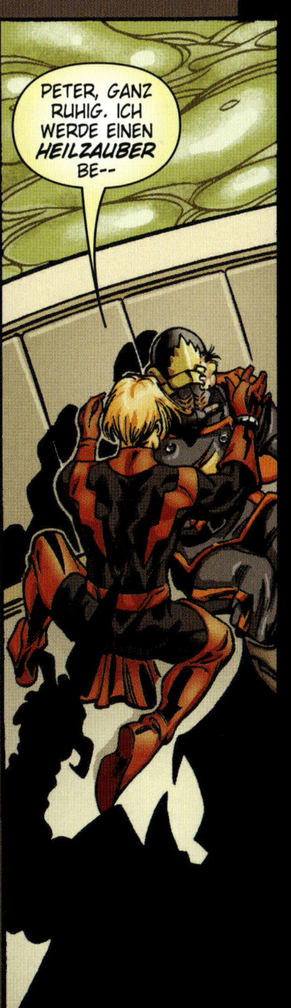
PETER, GANZ RUHIG. ICH WERDE EINEN HEILZAUBER BE--

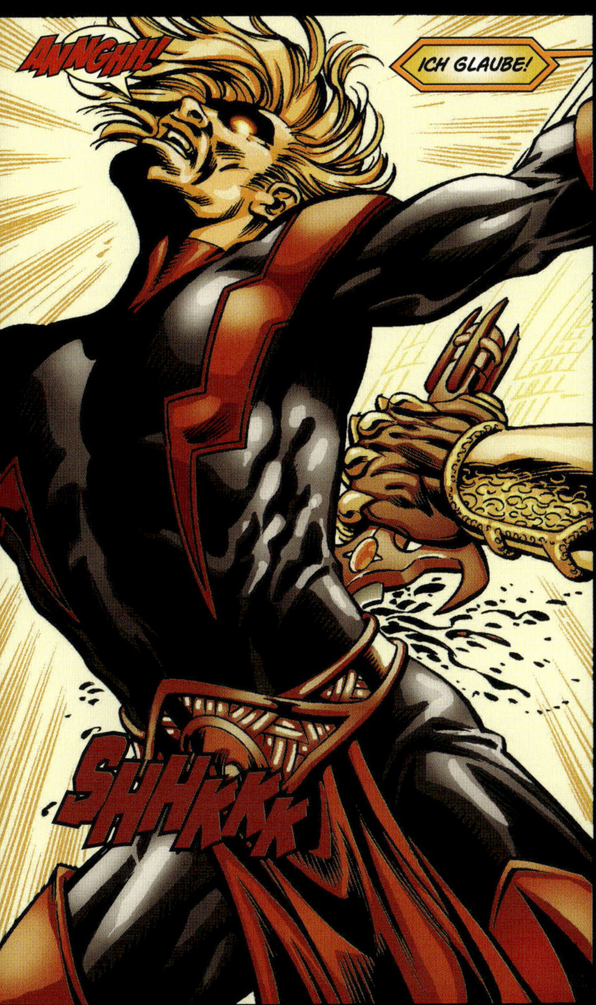
ANNGHH!
ICH GLAUBE!
SHHKKK

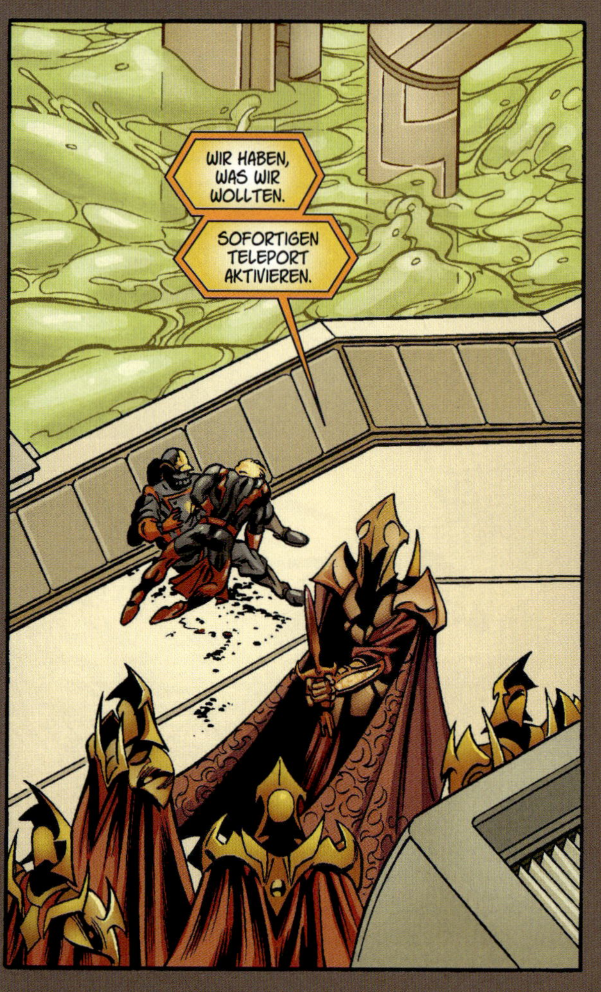
WIR HABEN, WAS WIR WOLLTEN.
SOFORTIGEN TELEPORT AKTIVIEREN.

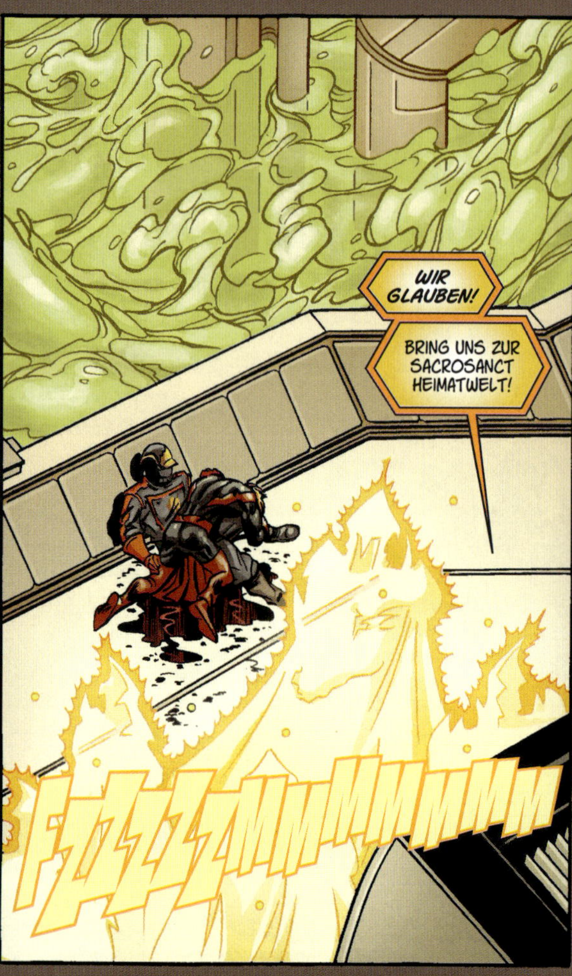
WIR GLAUBEN!
BRING UNS ZUR SACROSANCT HEIMATWELT!
FZZZZMMMMMMMMM

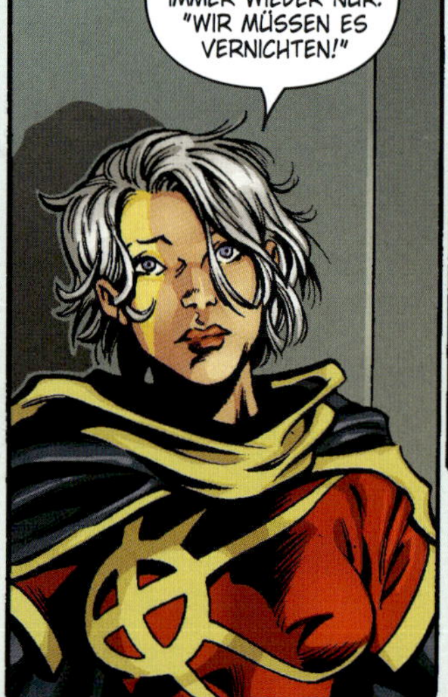
MISSIONSENDE, LOGBUCH QUASAR (PHYLA-VELL, HALB ETERNAL/HALB KREE, BESITZT DIE QUANTUM-BÄNDER)
ALS WIR KAMEN, WAR ADAM FAST VERBLUTET. KEINE AHNUNG, WAS FÜR EINE KLINGE DAS WAR.
PETER WAR VERLETZT. ER SAGTE IMMER WIEDER NUR: "WIR MÜSSEN ES VERNICHTEN!"

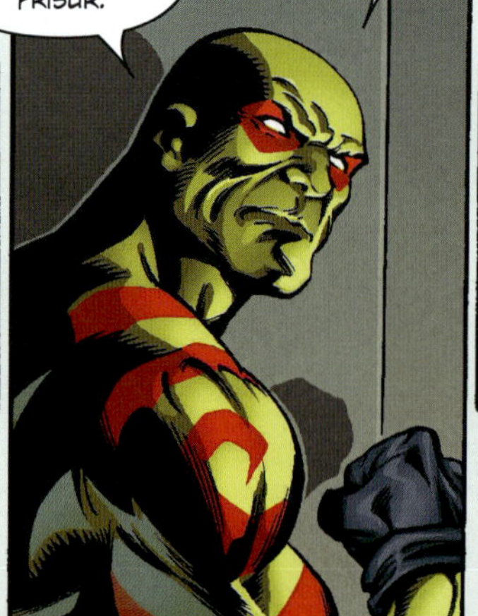
MISSIONSENDE, LOGBUCH DRAX (EHEMALS MENSCHLICH, SUPERSTARK UND KAMPFERFAHREN)
"KLAR", SAGTE ICH. "VERNICHTEN IST GANZ MEINE LINIE. ABER WARLOCK IST UNSERE MAGISCHE ATOMBOMBE."
UND DER WAR NICHT FIT FÜR DEN JOB. ER SAH IN ETWA SO TOT AUS WIE SEINE FRISUR.
DA HAB ICH DEN KLEINEN FELLFREAK GEFRAGT, WIE VIELE BOMBEN ER DABEIHAT...

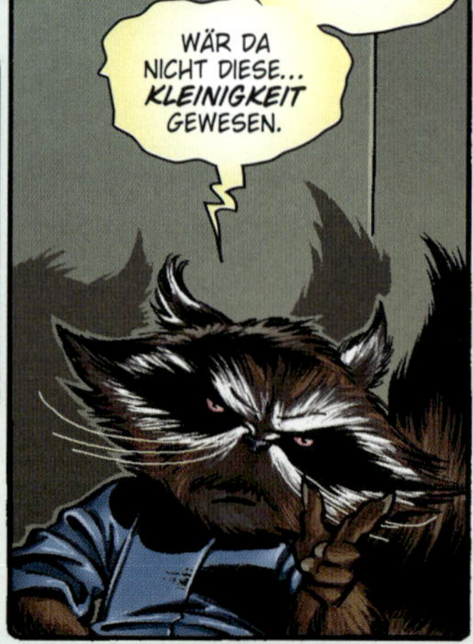
LOGBUCH ROCKET
... UND ICH SAGTE DEM GRÜNSPAN: "'NE MENGE, MANN... ABER NICHT GENUG FÜR DIESES BABY HIER!"
DANN KAM PETE MIT SEINEM PLAN... EIN TOLLER PLAN.
WÄR DA NICHT DIESE... KLEINIGKEIT GEWESEN.

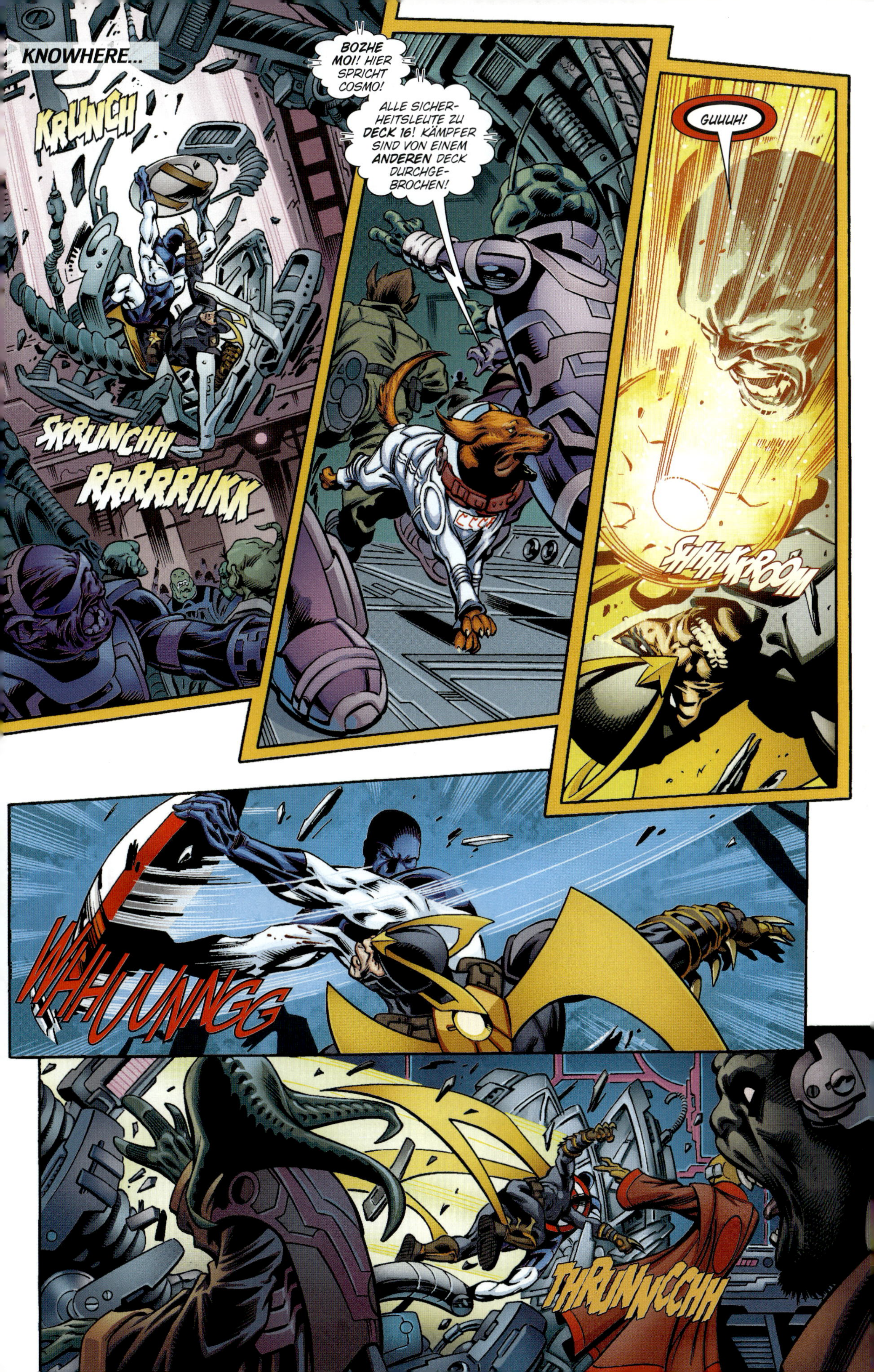
KNOWHERE...
KRUNCH
SKRUNCHH
RRRRRIIKK
BOZHE MOI!! HIER SPRICHT COSMO!
ALLE SICHERHEITSLEUTE ZU DECK 16! KÄMPFER SIND VON EINEM ANDEREN DECK DURCHGEBROCHEN!
GUUUH!
SHHHKROOM
WHUUNNGG
THRUNNCCHH

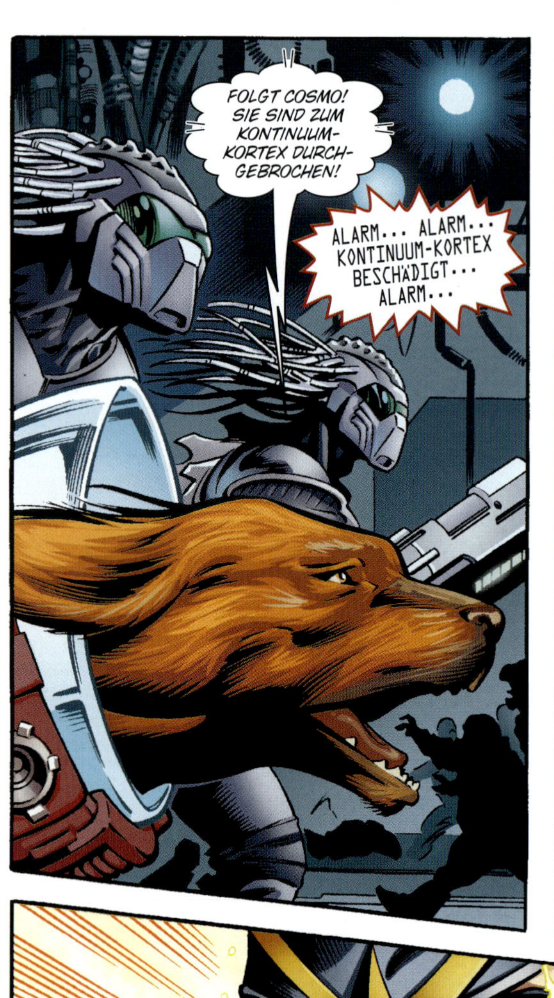
FOLGT COSMO! SIE SIND ZUM KONTINUUM-KORTEX DURCH-GEBROCHEN!
ALARM... ALARM... KONTINUUM-KORTEX BESCHÄDIGT... ALARM...
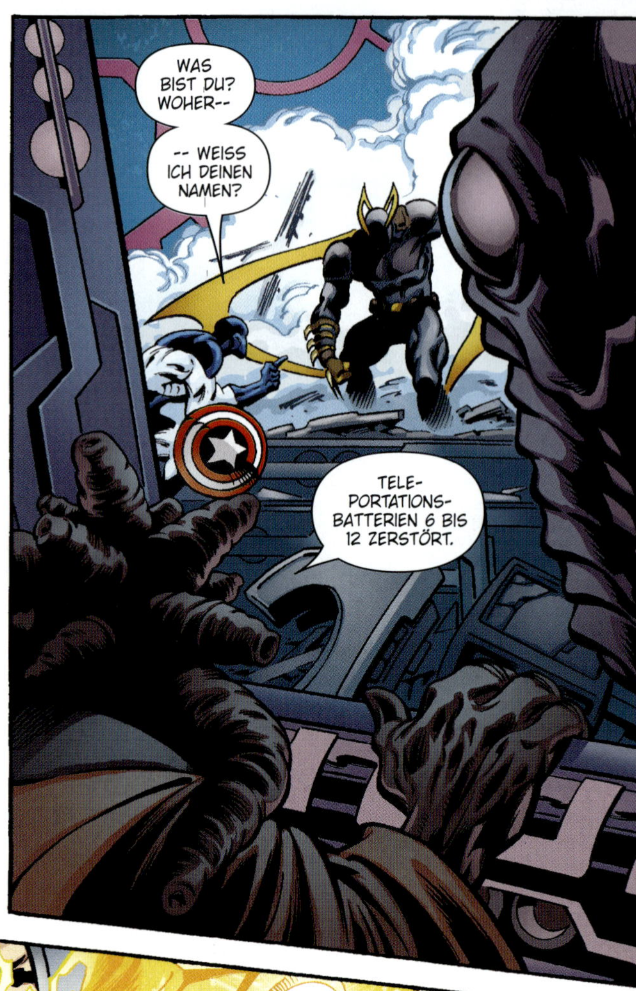
WAS BIST DU? WOHER--
-- WEISS ICH DEINEN NAMEN?
TELE-PORTATIONS-BATTERIEN 6 BIS 12 ZERSTÖRT.
FTZZ FTZZ
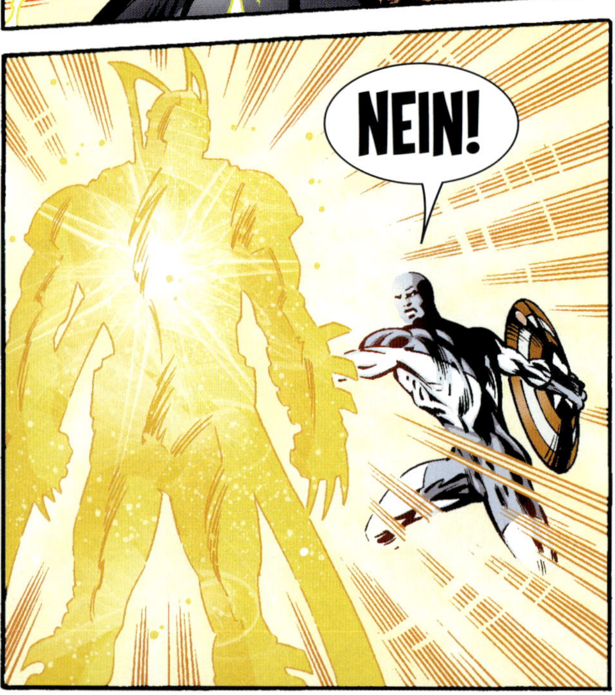
NEIN!
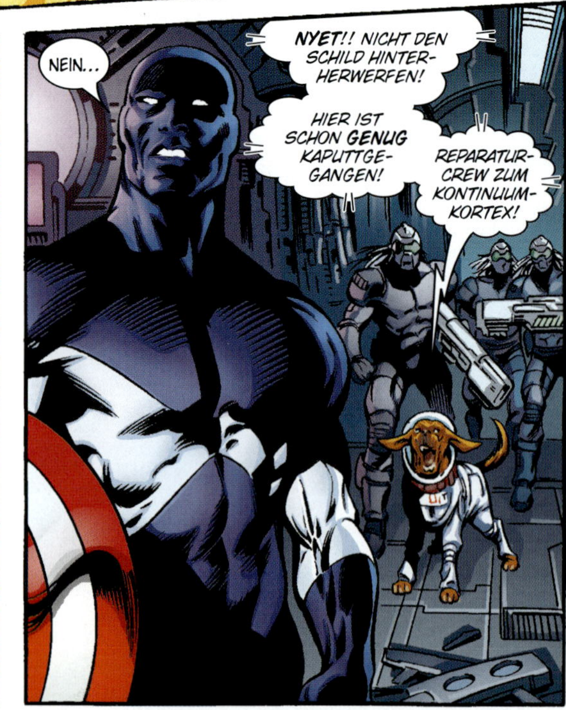
NEIN...
NYET!! NICHT DEN SCHILD HINTER-HERWERFEN!
HIER IST SCHON GENUG KAPUTTGE-GANGEN!
REPARATUR-CREW ZUM KONTINUUM-KORTEX!

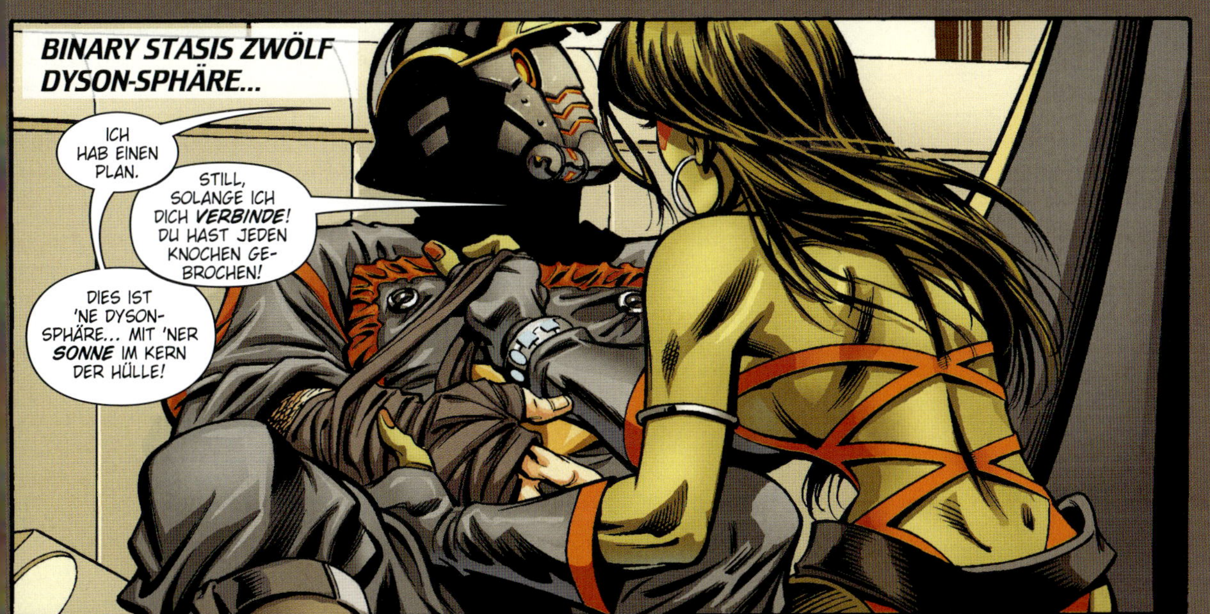
BINARY STASIS ZWÖLF DYSON-SPHÄRE...
ICH HAB EINEN PLAN.
STILL, SOLANGE ICH DICH VERBINDE! DU HAST JEDEN KNOCHEN GEBROCHEN!
DIES IST 'NE DYSON-SPHÄRE... MIT 'NER SONNE IM KERN DER HÜLLE!

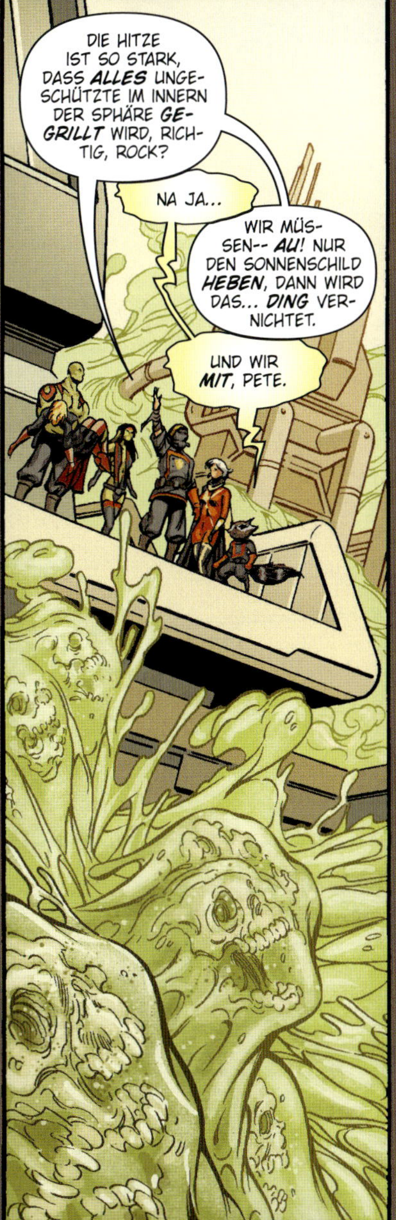
DIE HITZE IST SO STARK, DASS ALLES UNGESCHÜTZTE IM INNERN DER SPHÄRE GEGRILLT WIRD, RICHTIG, ROCK?
NA JA...
WIR MÜSSEN-- AU! NUR DEN SONNENSCHILD HEBEN, DANN WIRD DAS... DING VERNICHTET.
UND WIR MIT, PETE.

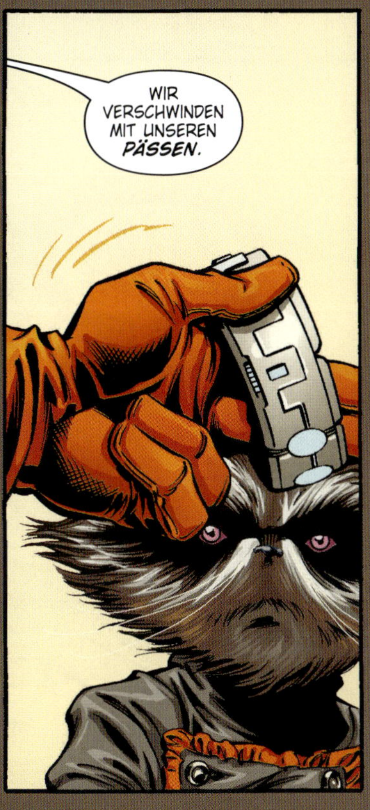
WIR VERSCHWINDEN MIT UNSEREN PÄSSEN.

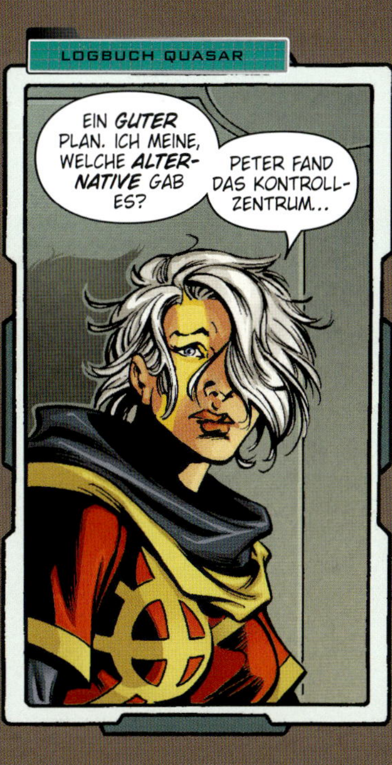
LOGBUCH QUASAR
EIN GUTER PLAN. ICH MEINE, WELCHE ALTERNATIVE GAB ES?
PETER FAND DAS KONTROLLZENTRUM...

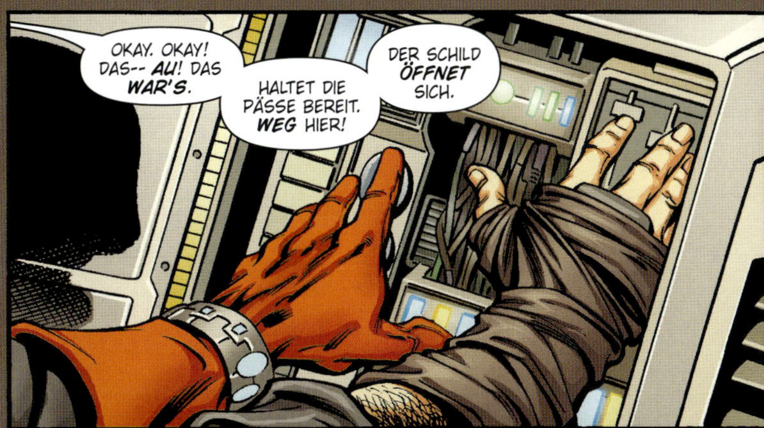
OKAY. OKAY! DAS-- AU! DAS WAR'S.
HALTET DIE PÄSSE BEREIT. WEG HIER!
DER SCHILD ÖFFNET SICH.

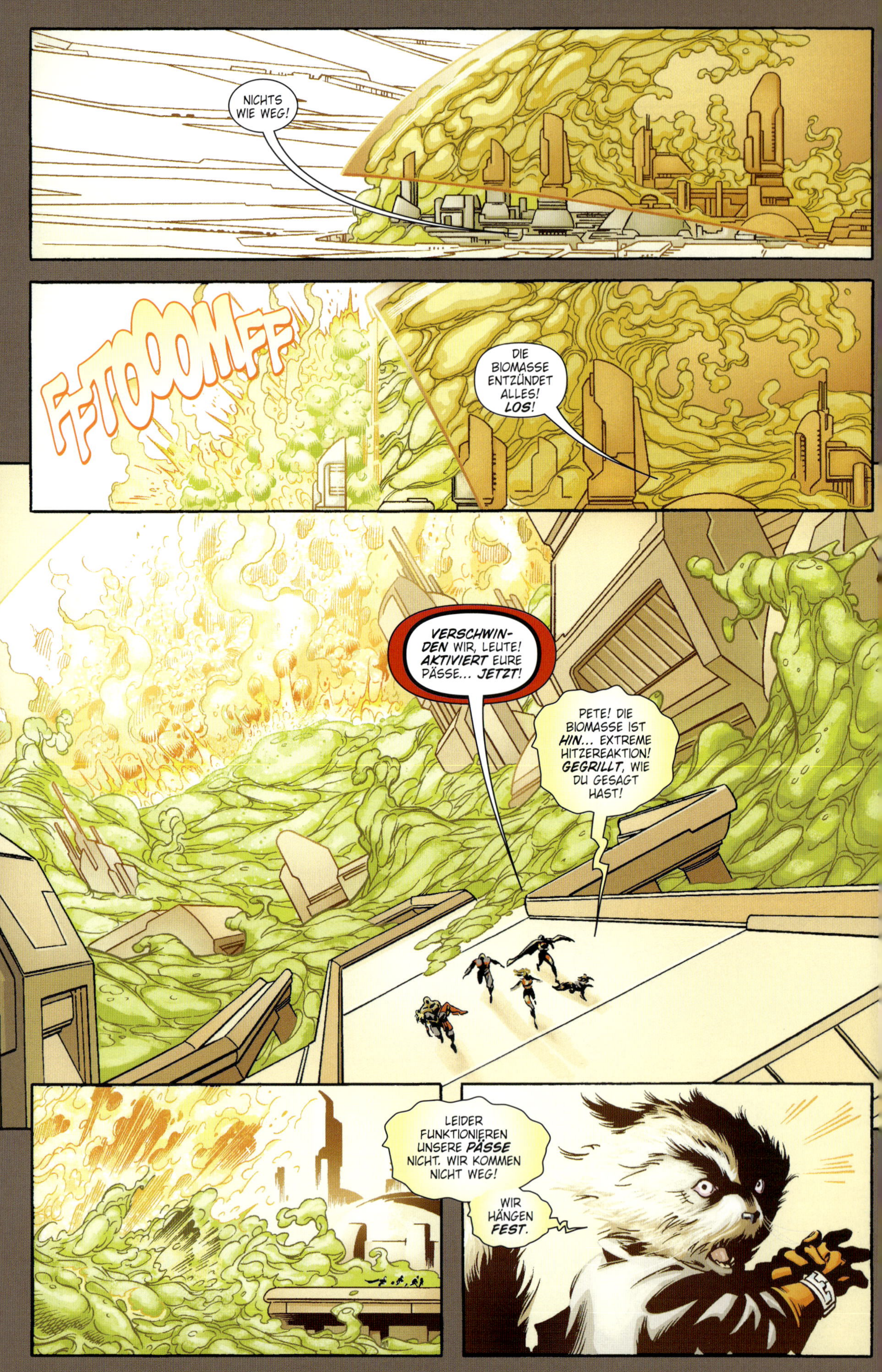
NICHTS WIE WEG!
FFTOOOMFF
DIE BIOMASSE ENTZÜNDET ALLES! LOS!
VERSCHWIN-DEN WIR, LEUTE! AKTIVIERT EURE PÄSSE... JETZT!
PETE! DIE BIOMASSE IST HIN... EXTREME HITZEREAKTION! GEGRILLT, WIE DU GESAGT HAST!
LEIDER FUNKTIONIEREN UNSERE PÄSSE NICHT. WIR KOMMEN NICHT WEG!
WIR HÄNGEN FEST.

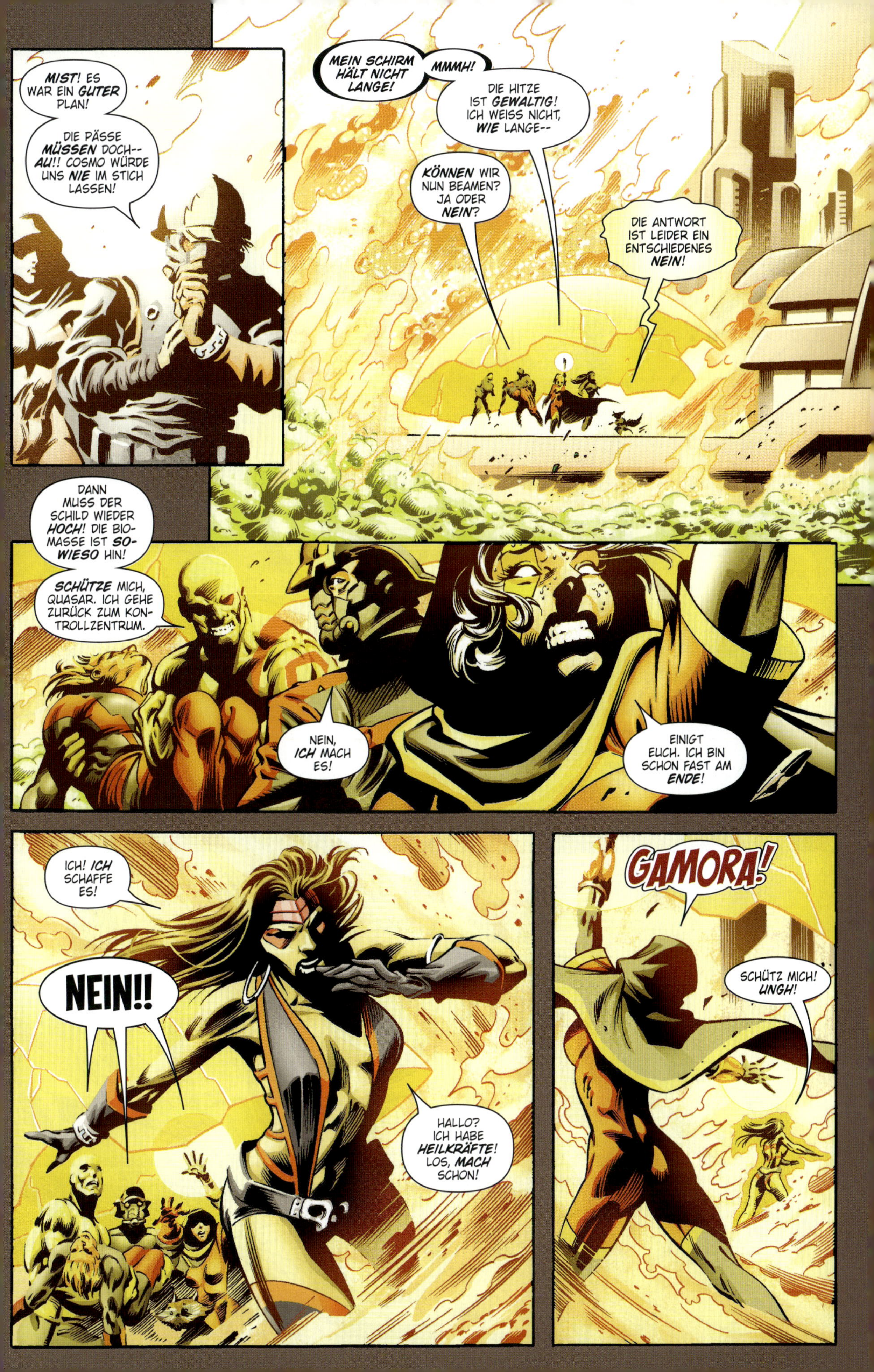

MIST! ES WAR EIN GUTER PLAN!
DIE PÄSSE MÜSSEN DOCH-- AU!! COSMO WÜRDE UNS NIE IM STICH LASSEN!

MEIN SCHIRM HÄLT NICHT LANGE!
MMMH!
DIE HITZE IST GEWALTIG! ICH WEISS NICHT, WIE LANGE--
KÖNNEN WIR NUN BEAMEN? JA ODER NEIN?
DIE ANTWORT IST LEIDER EIN ENTSCHIEDENES NEIN!

DANN MUSS DER SCHILD WIEDER HOCH! DIE BIO-MASSE IST SO-WIESO HIN!
SCHÜTZE MICH, QUASAR. ICH GEHE ZURÜCK ZUM KON-TROLLZENTRUM.
NEIN, ICH MACH ES!
EINIGT EUCH. ICH BIN SCHON FAST AM ENDE!

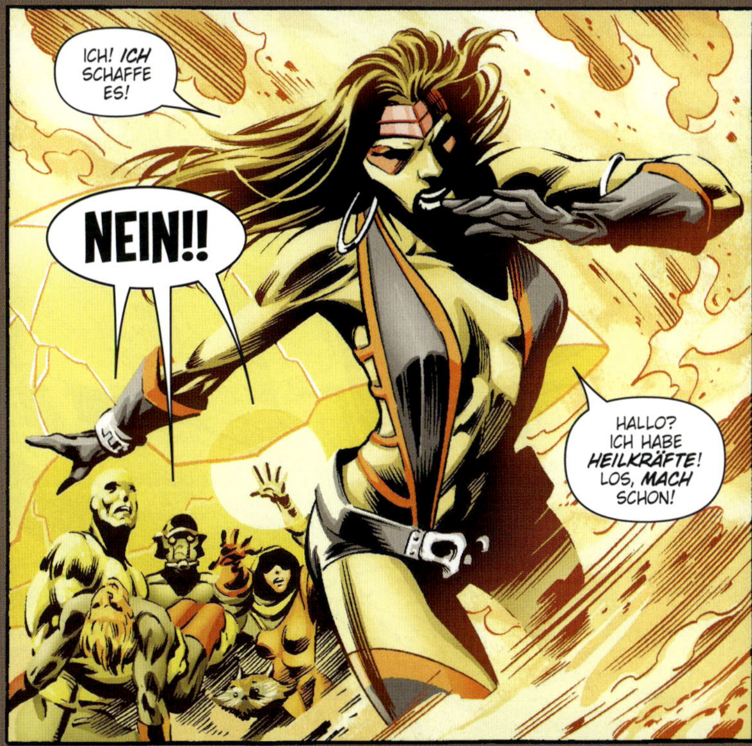

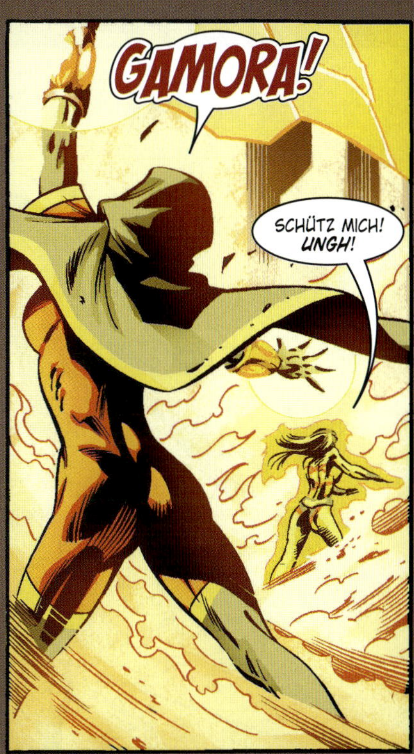

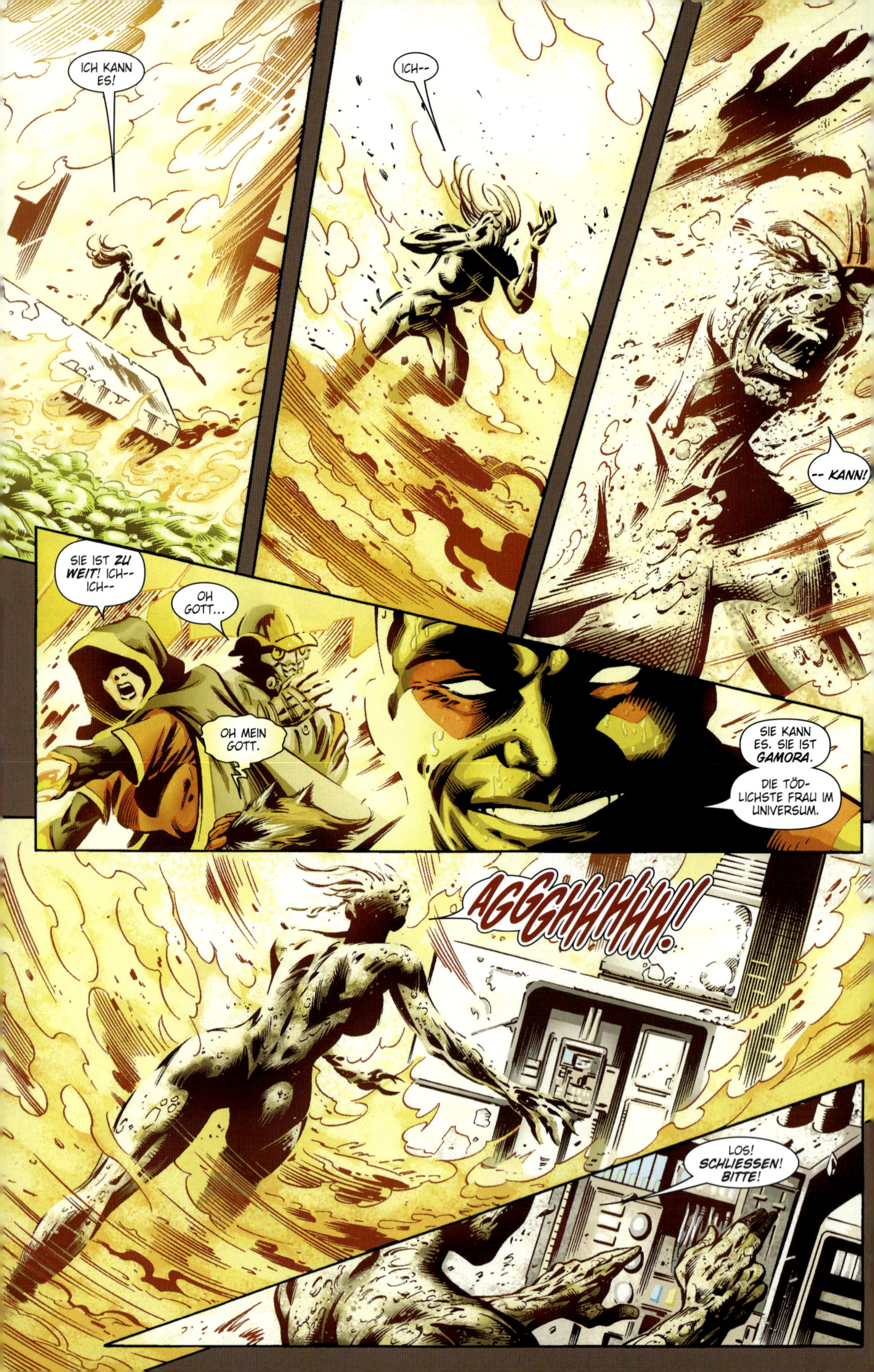

ICH KANN ES!
ICH--
-- KANN!
SIE IST ZU WEIT! ICH-- ICH--
OH GOTT...
OH MEIN GOTT.
SIE KANN ES. SIE IST GAMORA.
DIE TÖDLICHSTE FRAU IM UNIVERSUM.
AGGGHHHHH!
LOS! SCHLIESSEN! BITTE!

LOGBUCH STAR-LORD

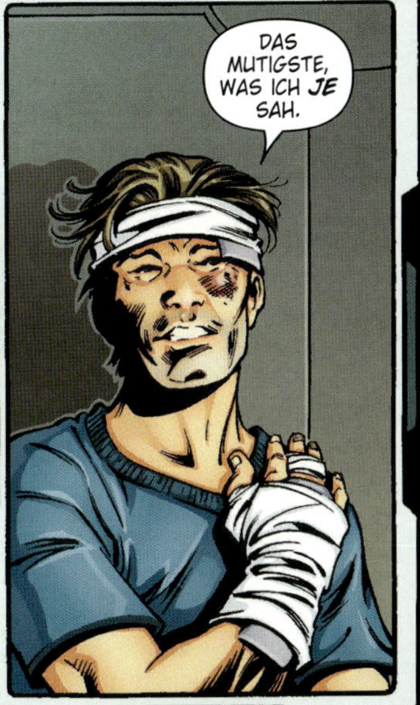

LOGBUCH QUASAR

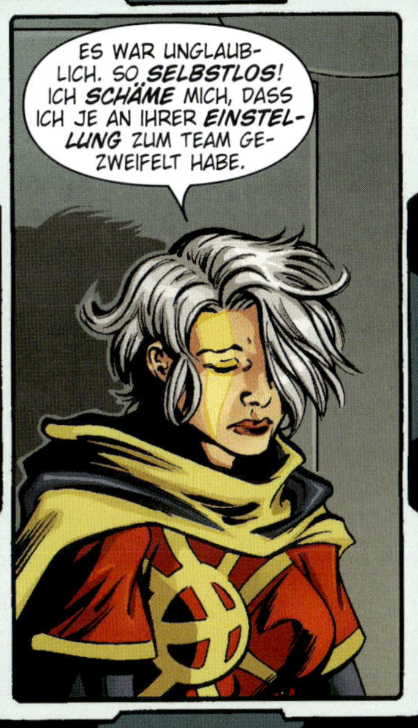

LOGBUCH WARLOCK

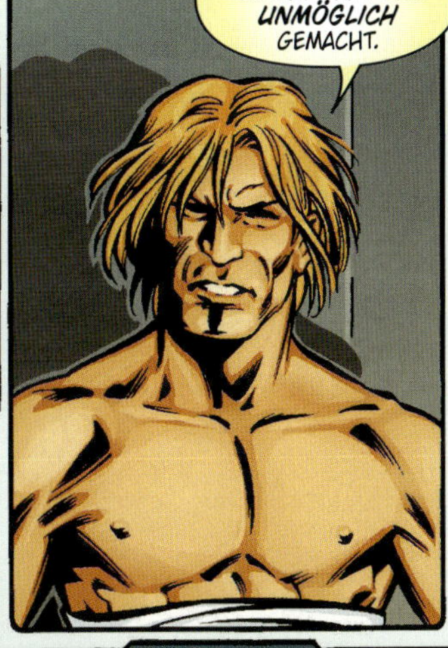

MISSIONSENDE, LOGBUCH COSMO (SICHERHEITSCHEF VON KNOWHERE, WEITERENTWICKELTES SÄUGETIER, BESTER FREUND DES MENSCHEN)

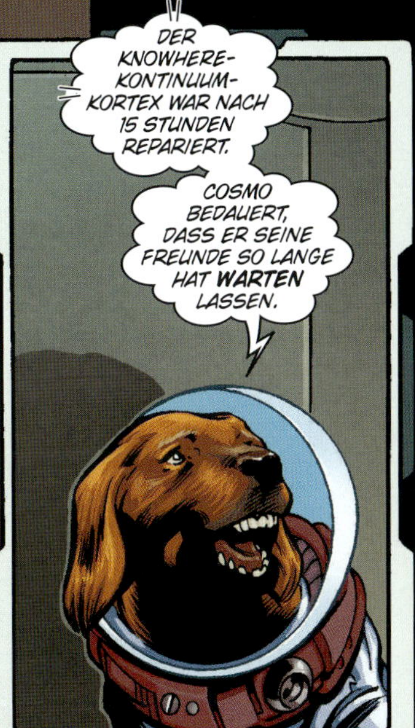

MISSIONSENDE, LOGBUCH GAMORA (ZEN WHOBERIAN, BESONDERE KÖRPERKRÄFTE, BESONDERE KAMPFFÄHIGKEITEN)

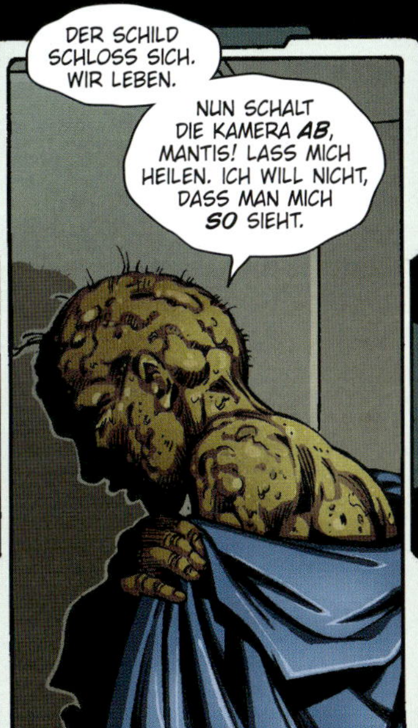

LOGBUCH ADAM WARLOCK

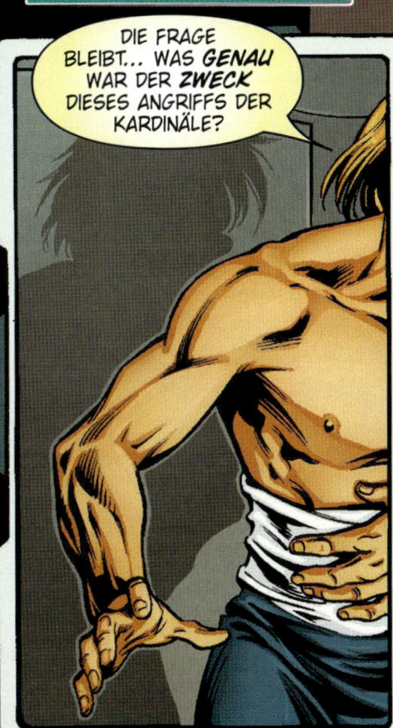

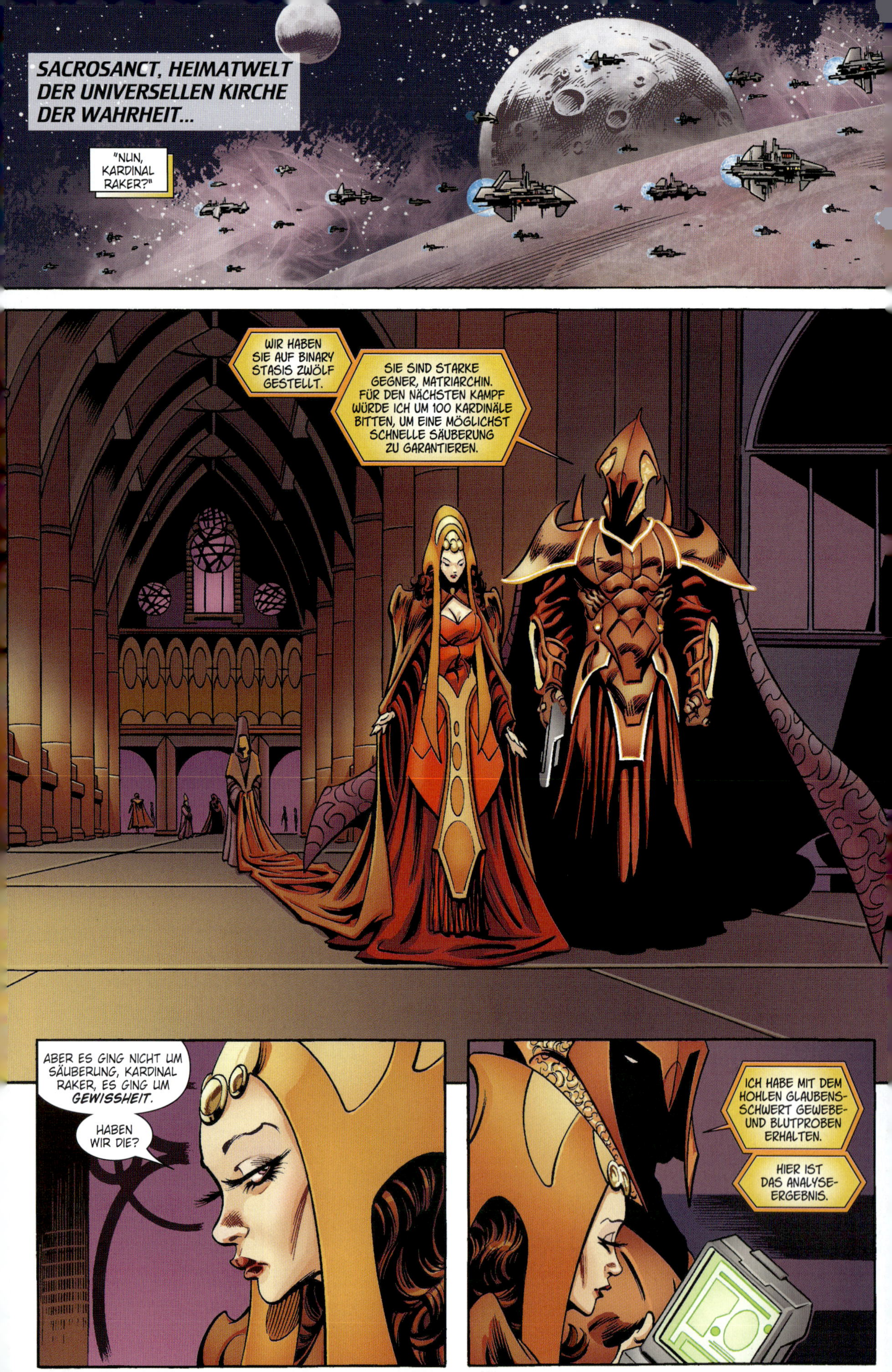

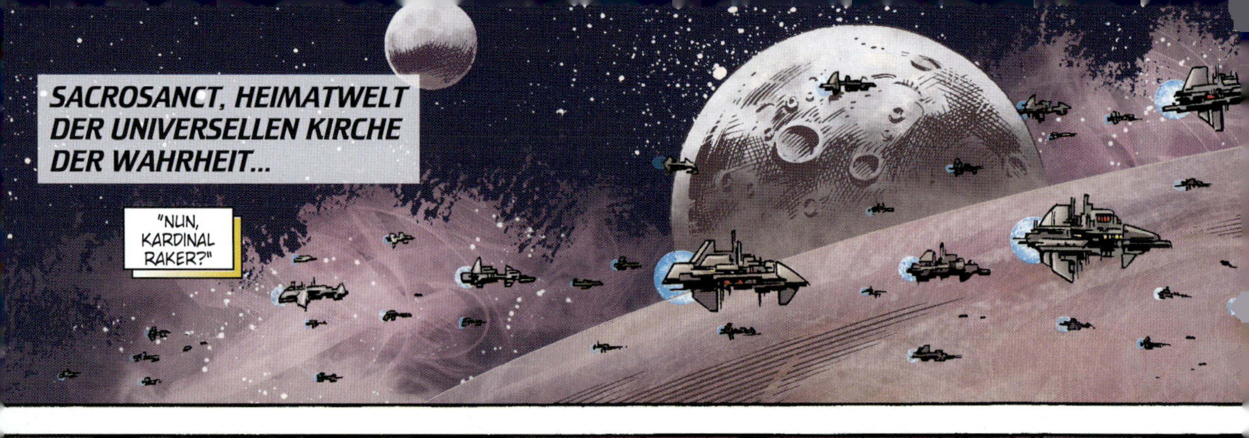
SACROSANCT, HEIMATWELT DER UNIVERSELLEN KIRCHE DER WAHRHEIT...
"NUN, KARDINAL RAKER?"
WIR HABEN SIE AUF BINARY STASIS ZWÖLF GESTELLT.
SIE SIND STARKE GEGNER, MATRIARCHIN. FÜR DEN NÄCHSTEN KAMPF WÜRDE ICH UM 100 KARDINÄLE BITTEN, UM EINE MÖGLICHST SCHNELLE SÄUBERUNG ZU GARANTIEREN.

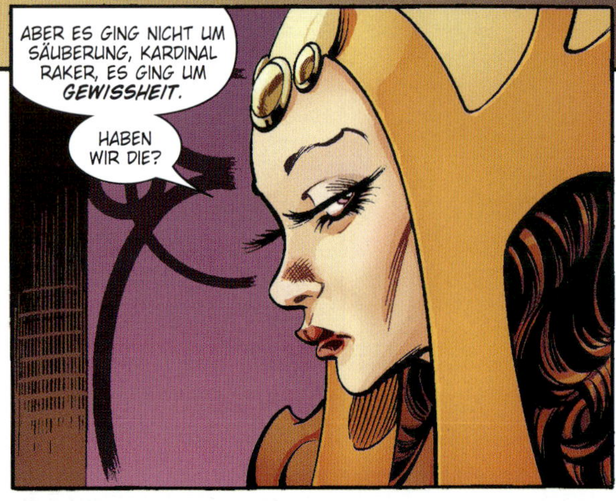
ABER ES GING NICHT UM SÄUBERUNG, KARDINAL RAKER, ES GING UM *GEWISSHEIT*.
HABEN WIR DIE?

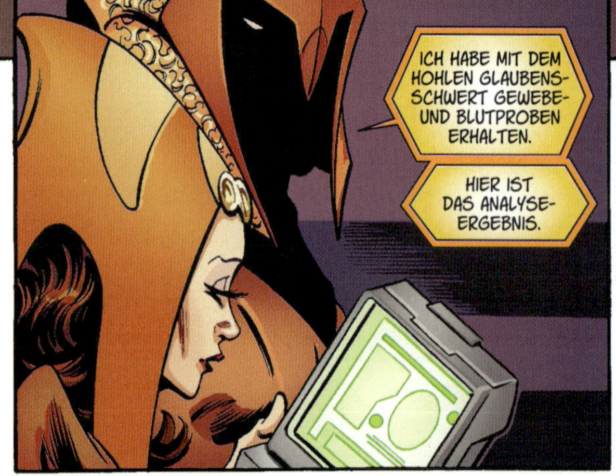
ICH HABE MIT DEM HOHLEN GLAUBENSSCHWERT GEWEBE- UND BLUTPROBEN ERHALTEN.
HIER IST DAS ANALYSE-ERGEBNIS.

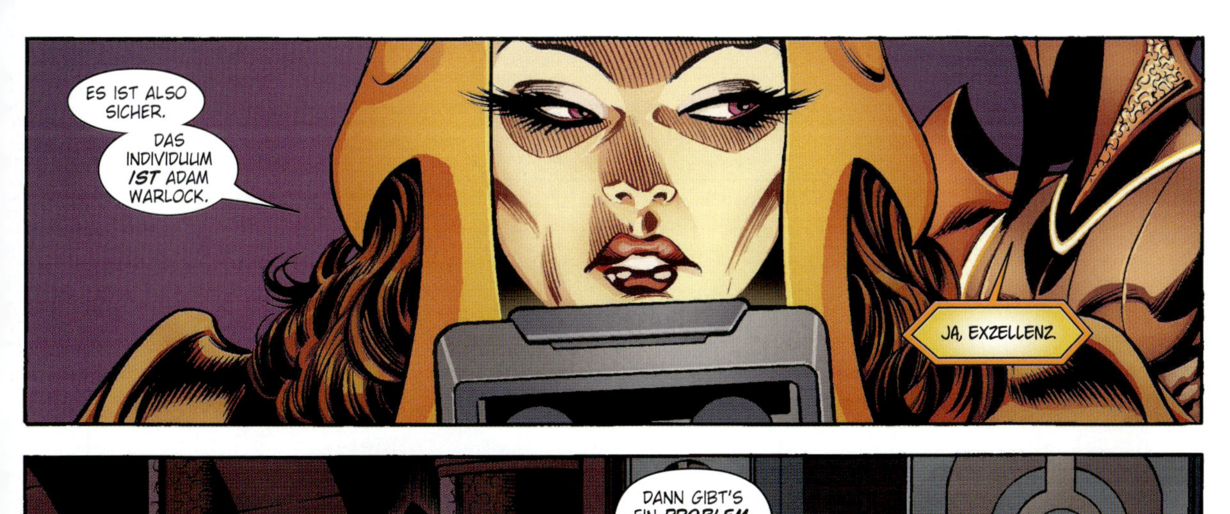

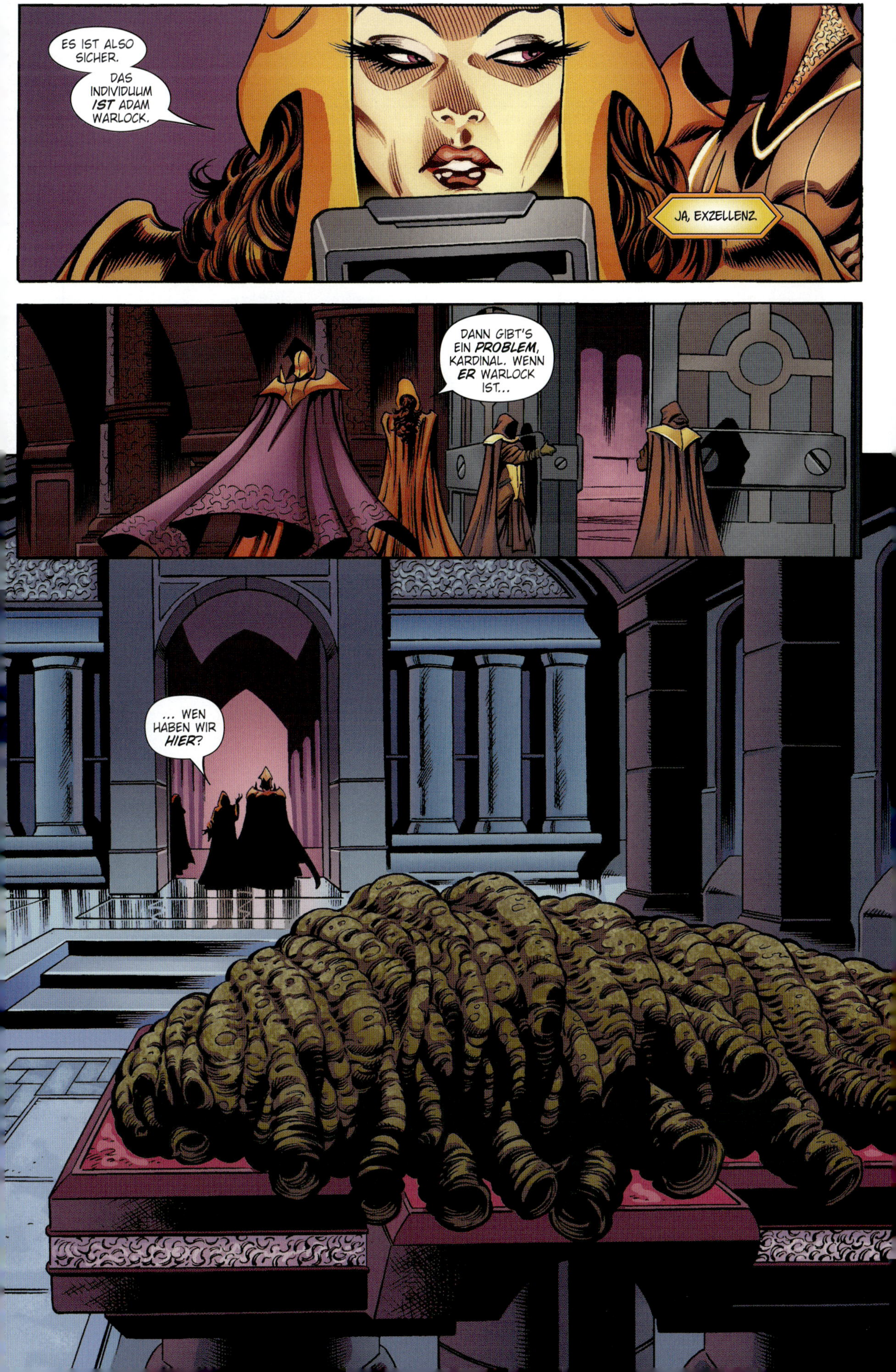

DANN GIBT'S EIN **PROBLEM**, KARDINAL. WENN **ER** WARLOCK IST...

... WEN HABEN WIR ***HIER***?

SCHÄDEN

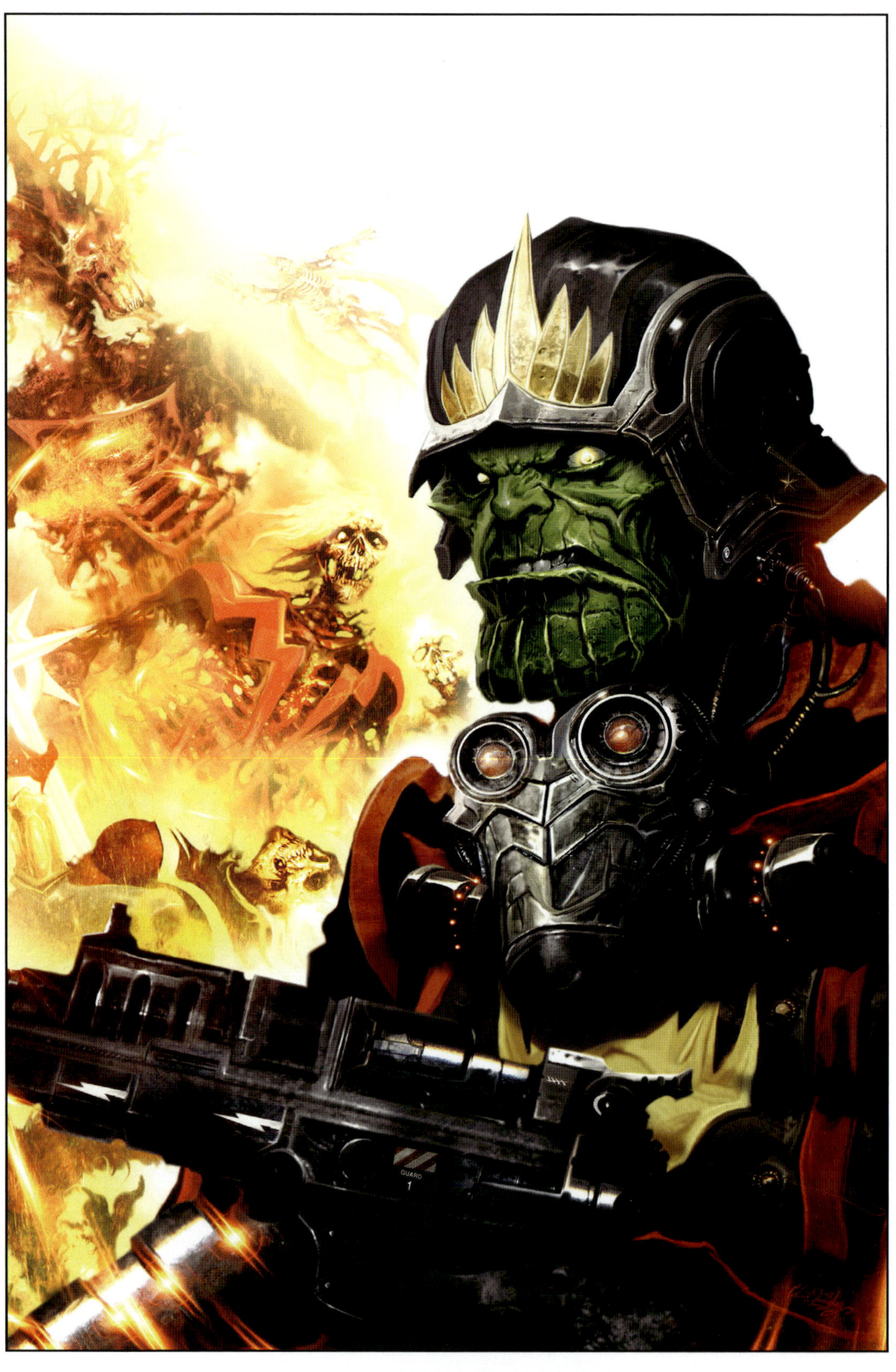

Guardians of the Galaxy (2008) 4
Cover von **CLINT LANGLEY**

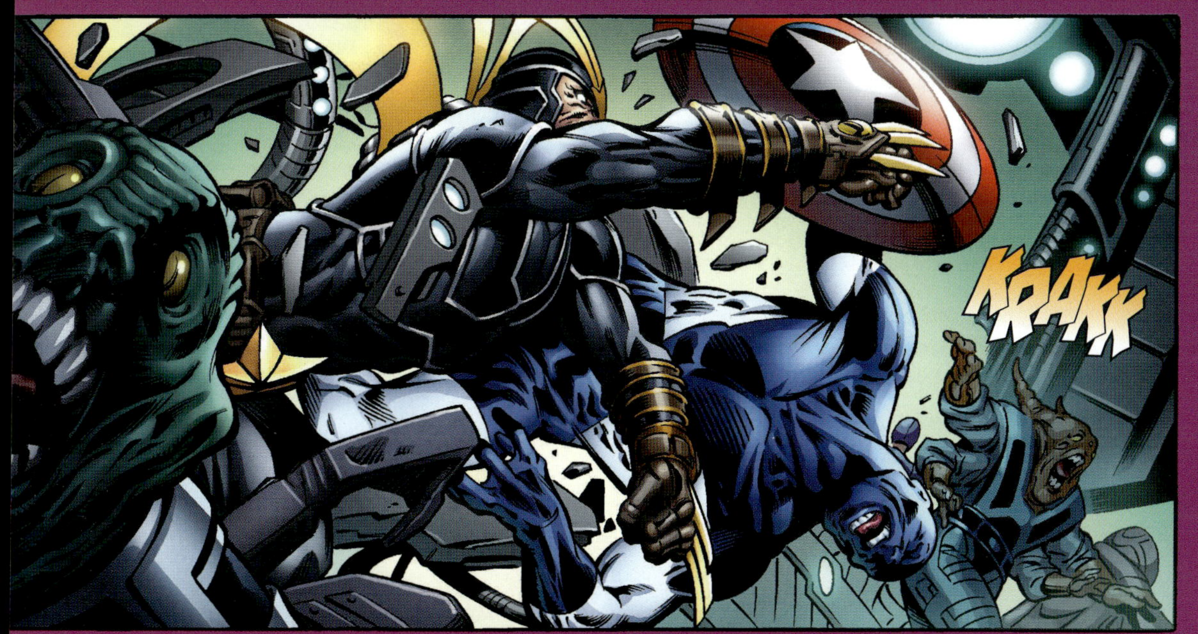
KRAKK

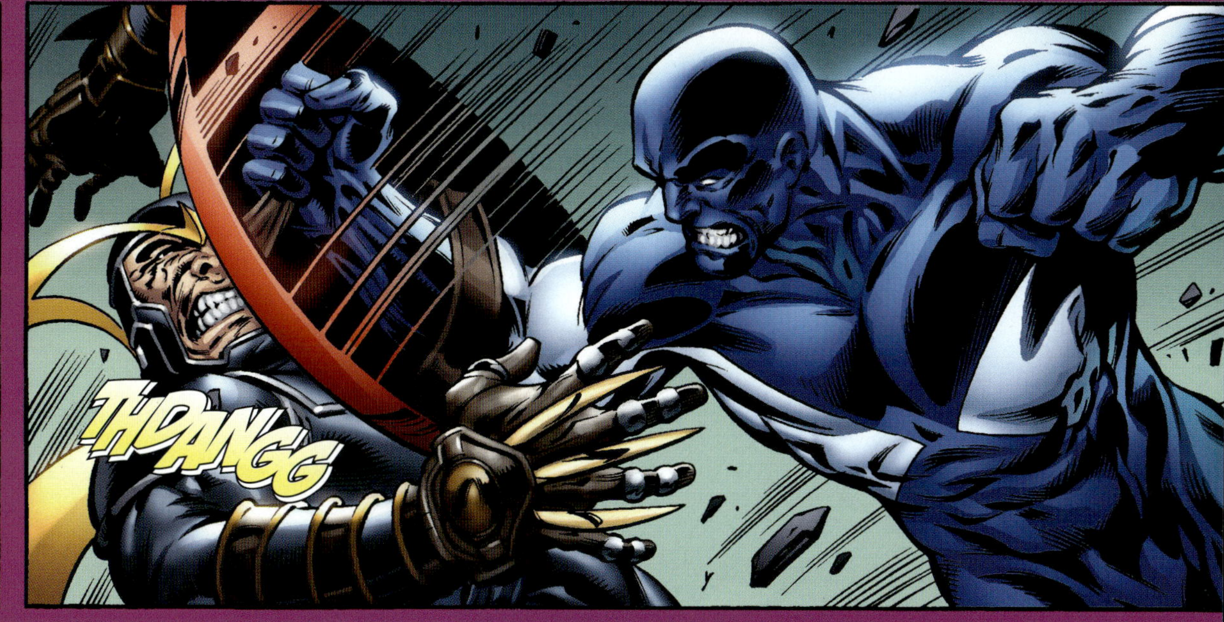
THDANGG

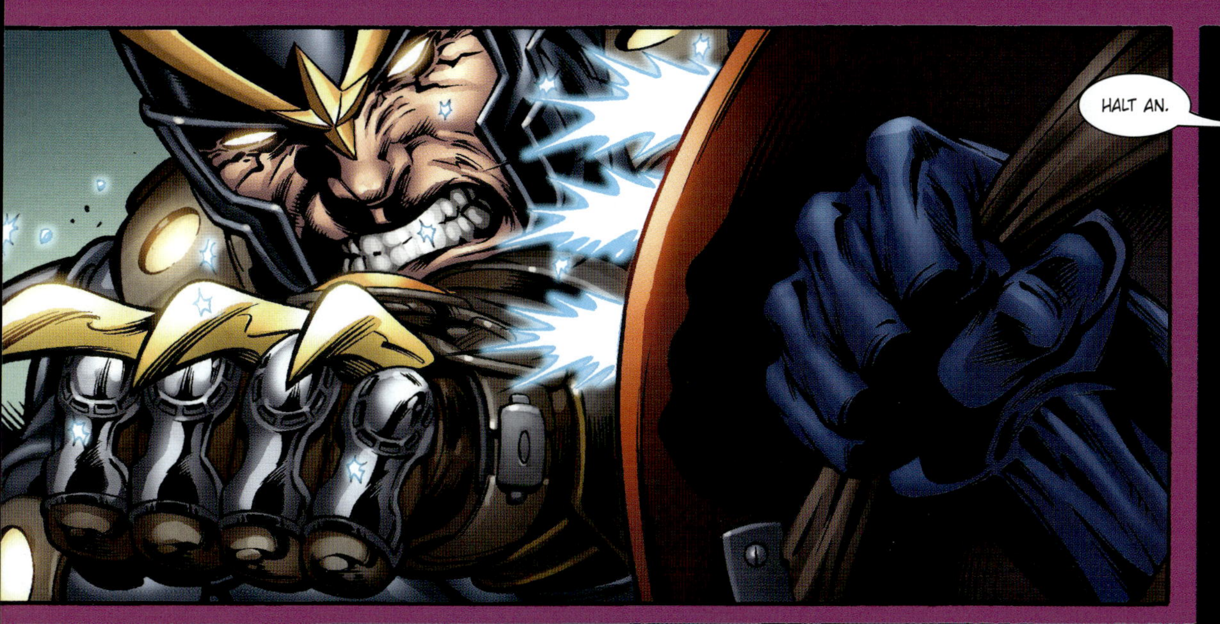
HALT AN.

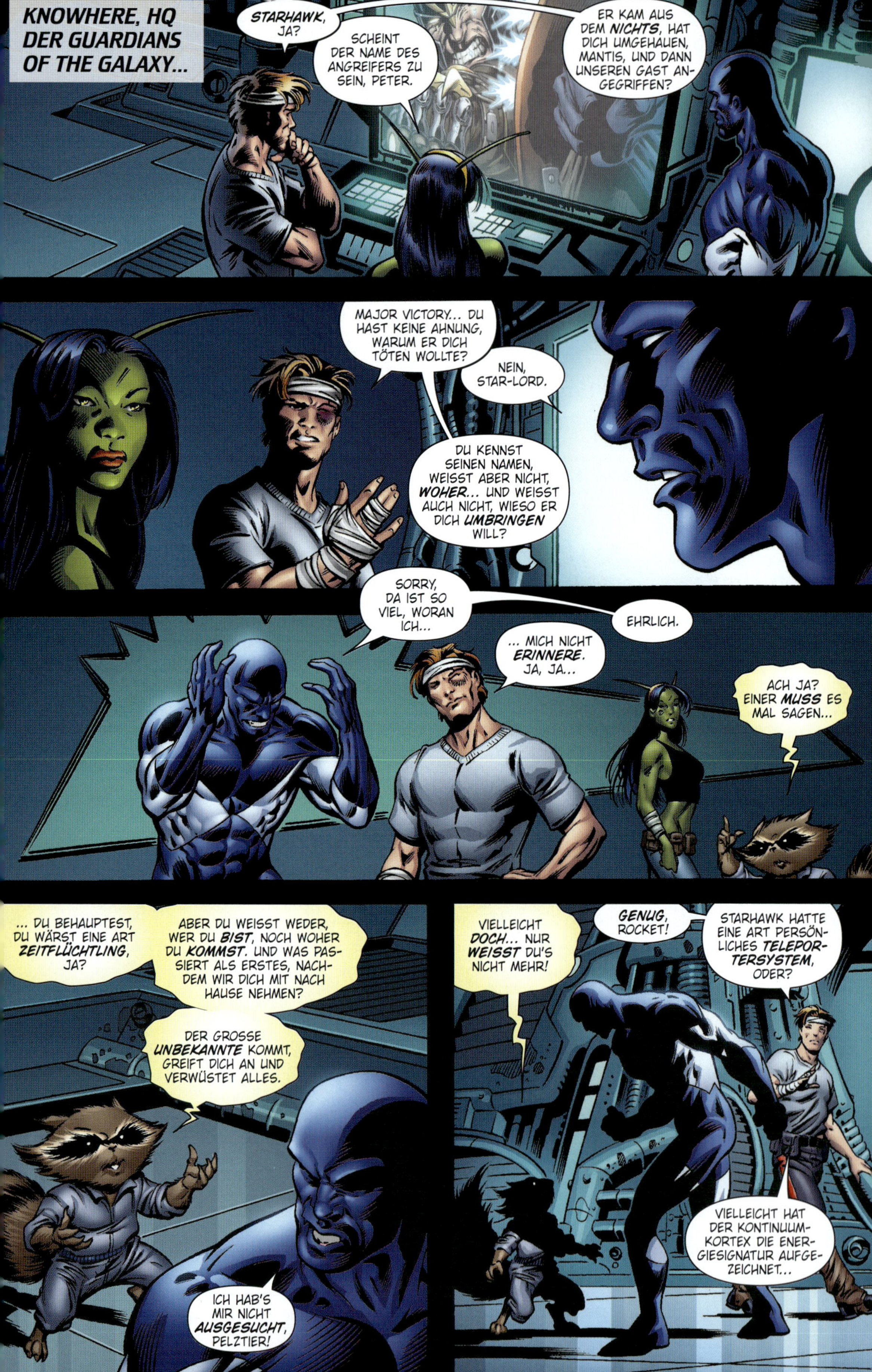
KNOWHERE, HQ DER GUARDIANS OF THE GALAXY...
STARHAWK, JA?
SCHEINT DER NAME DES ANGREIFERS ZU SEIN, PETER.
ER KAM AUS DEM NICHTS, HAT DICH UMGEHAUEN, MANTIS, UND DANN UNSEREN GAST AN-GEGRIFFEN?
MAJOR VICTORY... DU HAST KEINE AHNUNG, WARUM ER DICH TÖTEN WOLLTE?
NEIN, STAR-LORD.
DU KENNST SEINEN NAMEN, WEISST ABER NICHT, WOHER... UND WEISST AUCH NICHT, WIESO ER DICH UMBRINGEN WILL?
SORRY, DA IST SO VIEL, WORAN ICH...
EHRLICH.
... MICH NICHT ERINNERE. JA, JA...
ACH JA? EINER MUSS ES MAL SAGEN...
... DU BEHAUPTEST, DU WÄRST EINE ART ZEITFLÜCHTLING, JA?
ABER DU WEISST WEDER, WER DU BIST, NOCH WOHER DU KOMMST. UND WAS PAS-SIERT ALS ERSTES, NACH-DEM WIR DICH MIT NACH HAUSE NEHMEN?
DER GROSSE UNBEKANNTE KOMMT, GREIFT DICH AN UND VERWÜSTET ALLES.
ICH HAB'S MIR NICHT AUSGESUCHT, PELZTIER!
VIELLEICHT DOCH... NUR WEISST DU'S NICHT MEHR!
GENUG, ROCKET!
STARHAWK HATTE EINE ART PERSÖN-LICHES TELEPOR-TERSYSTEM, ODER?
VIELLEICHT HAT DER KONTINUUM-KORTEX DIE ENER-GIESIGNATUR AUFGE-ZEICHNET...

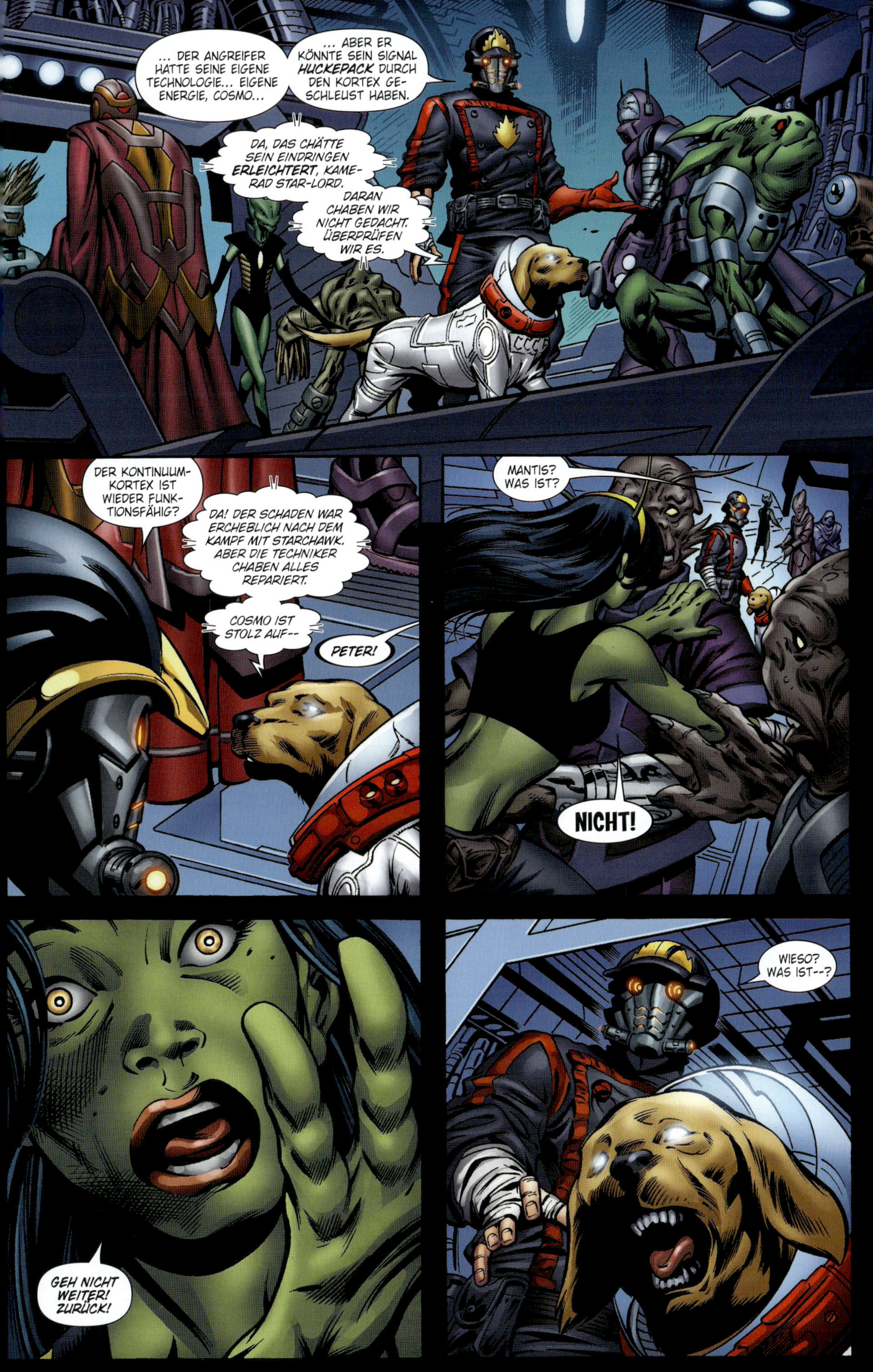
... DER ANGREIFER HATTE SEINE EIGENE TECHNOLOGIE... EIGENE ENERGIE, COSMO...
... ABER ER KÖNNTE SEIN SIGNAL HUCKEPACK DURCH DEN KORTEX GESCHLEUST HABEN.
DA, DAS CHÄTTE SEIN EINDRINGEN ERLEICHTERT, KAMERAD STAR-LORD.
DARAN CHABEN WIR NICHT GEDACHT. ÜBERPRÜFEN WIR ES.
DER KONTINUUM-KORTEX IST WIEDER FUNKTIONSFÄHIG?
DA! DER SCHADEN WAR ERCHEBLICH NACH DEM KAMPF MIT STARCHAWK. ABER DIE TECHNIKER CHABEN ALLES REPARIERT.
COSMO IST STOLZ AUF--
PETER!
MANTIS? WAS IST?
NICHT!
GEH NICHT WEITER! ZURÜCK!
WIESO? WAS IST--?

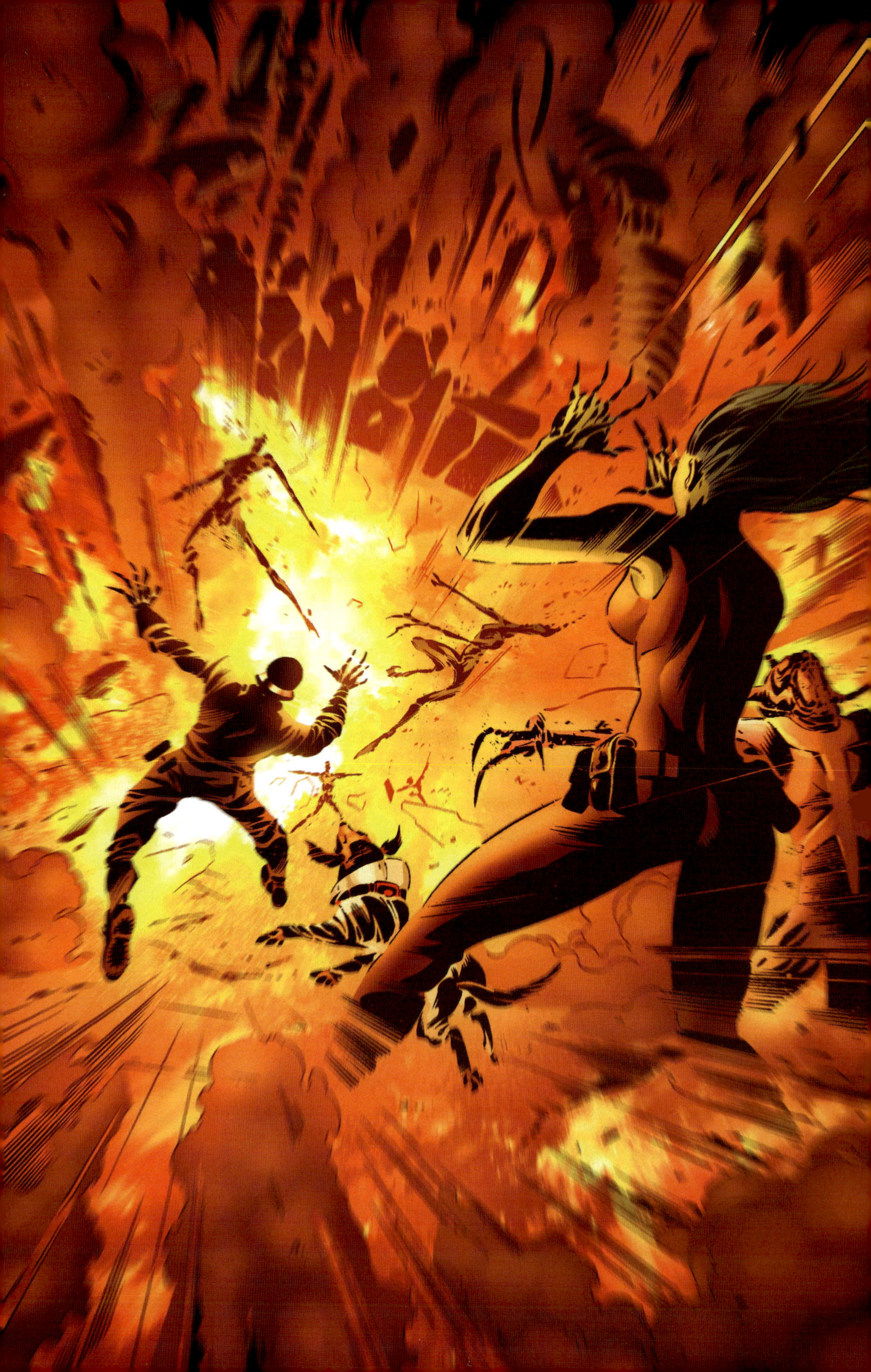

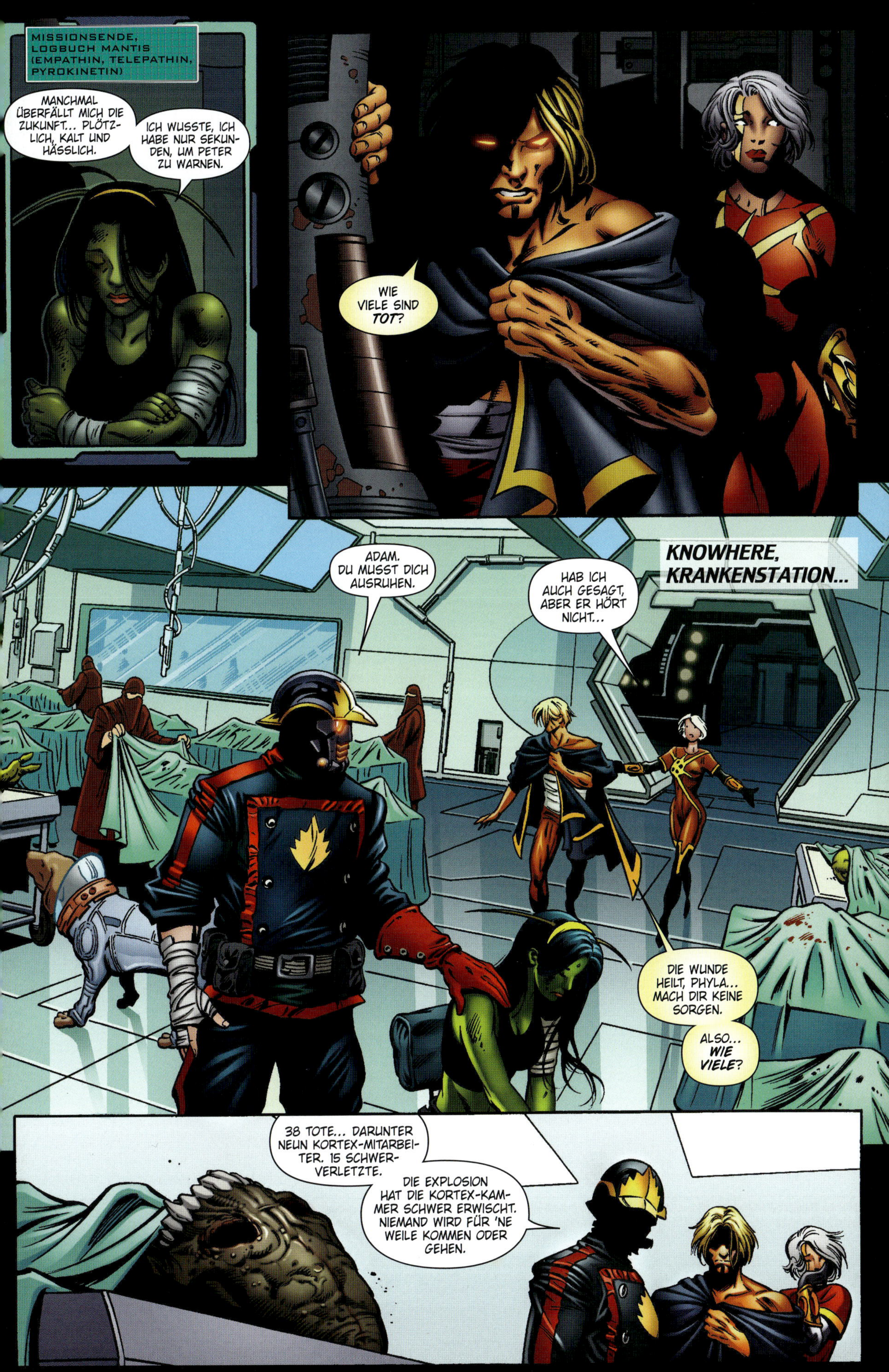
MISSIONSENDE, LOGBUCH MANTIS (EMPATHIN, TELEPATHIN, PYROKINETIN)
MANCHMAL ÜBERFÄLLT MICH DIE ZUKUNFT... PLÖTZLICH, KALT UND HÄSSLICH.
ICH WUSSTE, ICH HABE NUR SEKUNDEN, UM PETER ZU WARNEN.
WIE VIELE SIND TOT?
KNOWHERE, KRANKENSTATION...
ADAM. DU MUSST DICH AUSRUHEN.
HAB ICH AUCH GESAGT, ABER ER HÖRT NICHT...
DIE WUNDE HEILT, PHYLA... MACH DIR KEINE SORGEN.
ALSO... WIE VIELE?
38 TOTE... DARUNTER NEUN KORTEX-MITARBEITER. 15 SCHWERVERLETZTE.
DIE EXPLOSION HAT DIE KORTEX-KAMMER SCHWER ERWISCHT. NIEMAND WIRD FÜR 'NE WEILE KOMMEN ODER GEHEN.

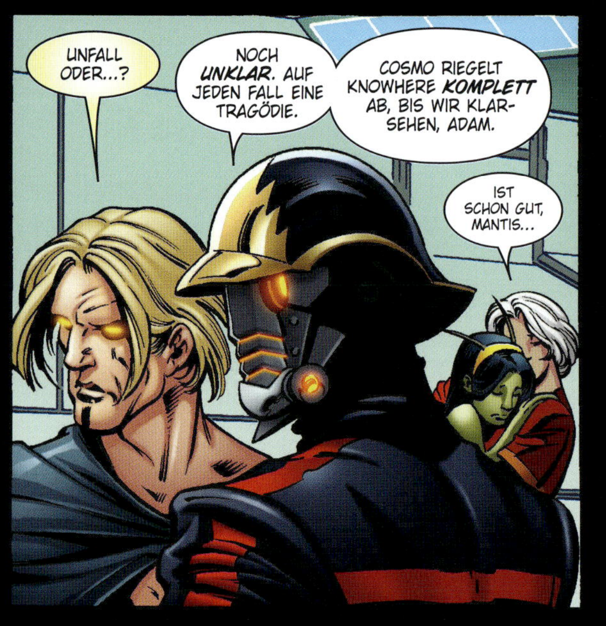

UNFALL ODER...?
NOCH UNKLAR. AUF JEDEN FALL EINE TRAGÖDIE.
COSMO RIEGELT KNOWHERE KOMPLETT AB, BIS WIR KLARSEHEN, ADAM.
IST SCHON GUT, MANTIS...

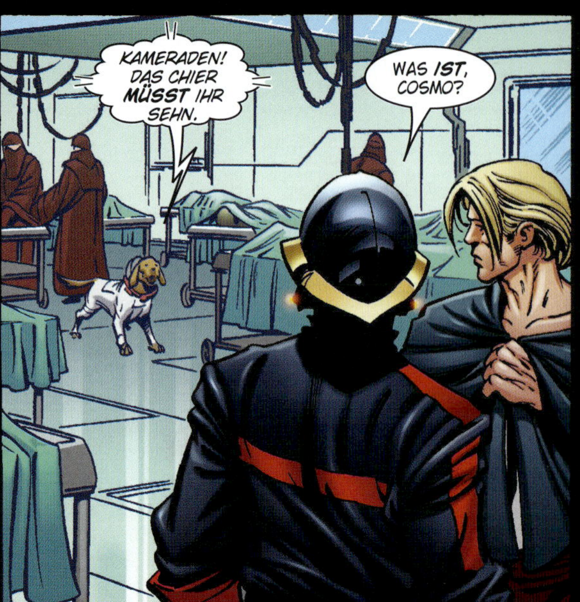

KAMERADEN! DAS CHIER MÜSST IHR SEHN.
WAS IST, COSMO?

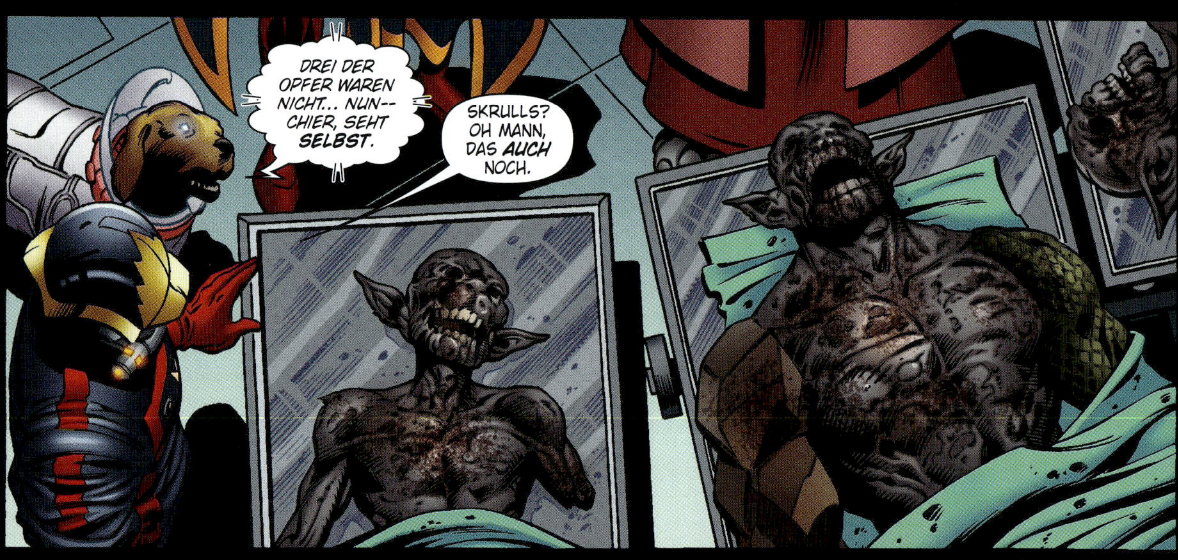

DREI DER OPFER WAREN NICHT... NUN-- CHIER, SEHT SELBST.
SKRULLS? OH MANN, DAS AUCH NOCH.

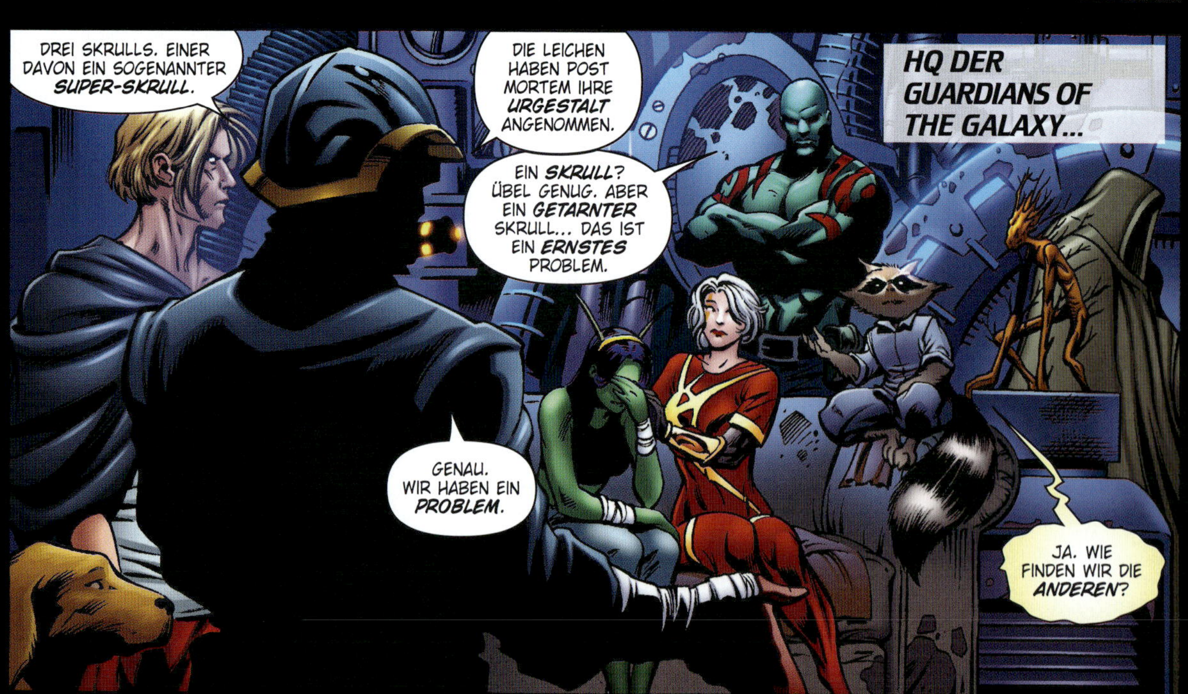

HQ DER GUARDIANS OF THE GALAXY...
DREI SKRULLS. EINER DAVON EIN SOGENANNTER SUPER-SKRULL.
DIE LEICHEN HABEN POST MORTEM IHRE URGESTALT ANGENOMMEN.
EIN SKRULL? ÜBEL GENUG. ABER EIN GETARNTER SKRULL... DAS IST EIN ERNSTES PROBLEM.
GENAU. WIR HABEN EIN PROBLEM.
JA. WIE FINDEN WIR DIE ANDEREN?

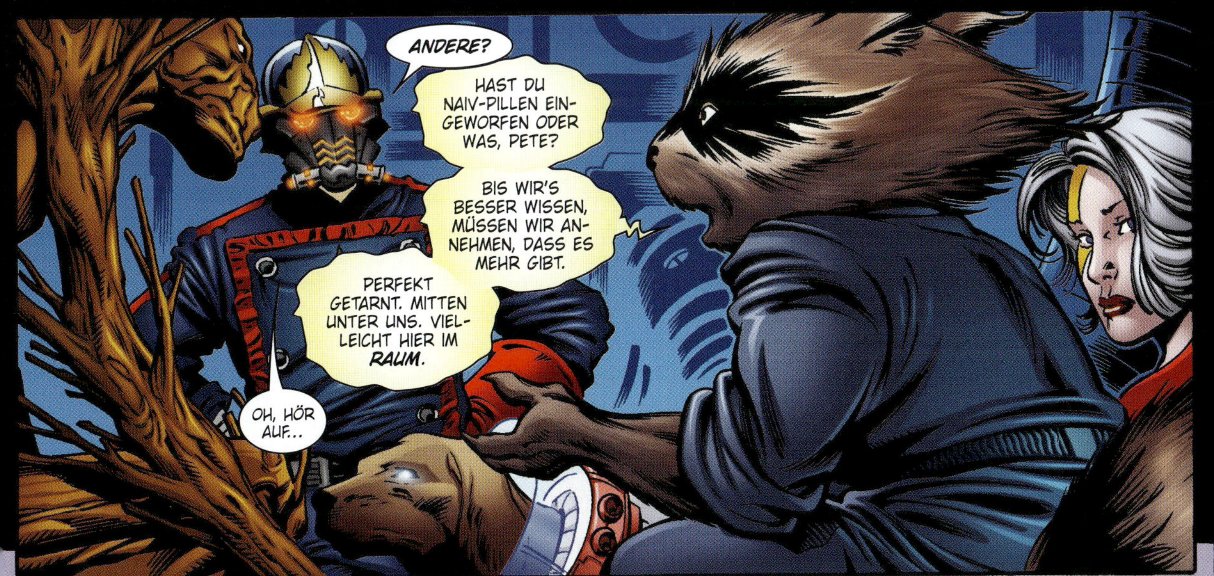

ANDERE?
HAST DU NAIV-PILLEN EINGEWORFEN ODER WAS, PETE?
BIS WIR'S BESSER WISSEN, MÜSSEN WIR ANNEHMEN, DASS ES MEHR GIBT.
PERFEKT GETARNT. MITTEN UNTER UNS. VIELLEICHT HIER IM RAUM.
OH, HÖR AUF...

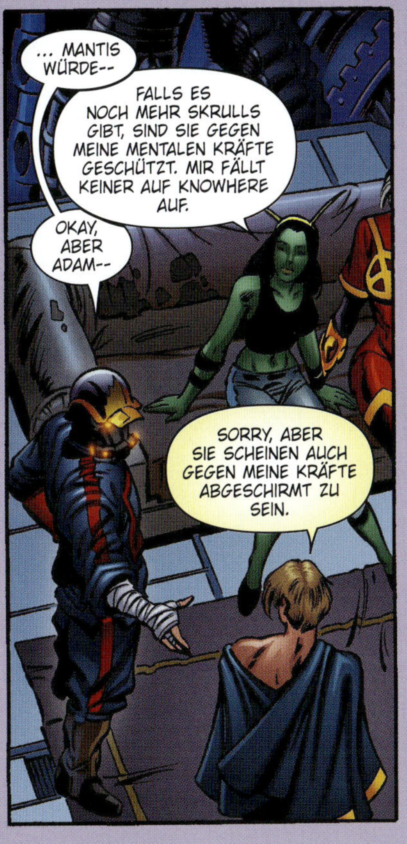

... MANTIS WÜRDE--
FALLS ES NOCH MEHR SKRULLS GIBT, SIND SIE GEGEN MEINE MENTALEN KRÄFTE GESCHÜTZT. MIR FÄLLT KEINER AUF KNOWHERE AUF.
OKAY, ABER ADAM--
SORRY, ABER SIE SCHEINEN AUCH GEGEN MEINE KRÄFTE ABGESCHIRMT ZU SEIN.

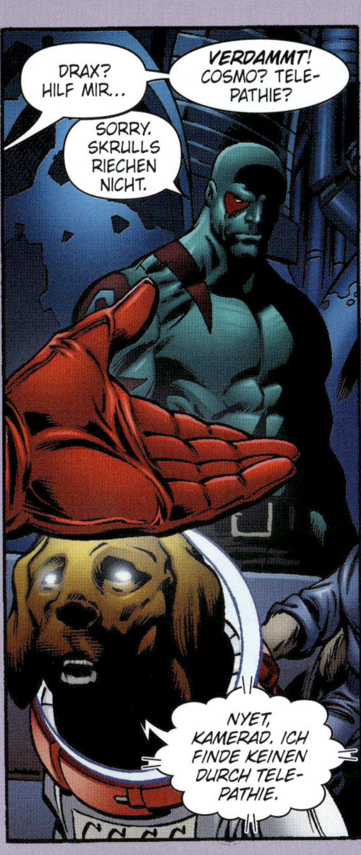

DRAX? HILF MIR...
VERDAMMT! COSMO? TELEPATHIE?
SORRY. SKRULLS RIECHEN NICHT.
NYET, KAMERAD. ICH FINDE KEINEN DURCH TELEPATHIE.

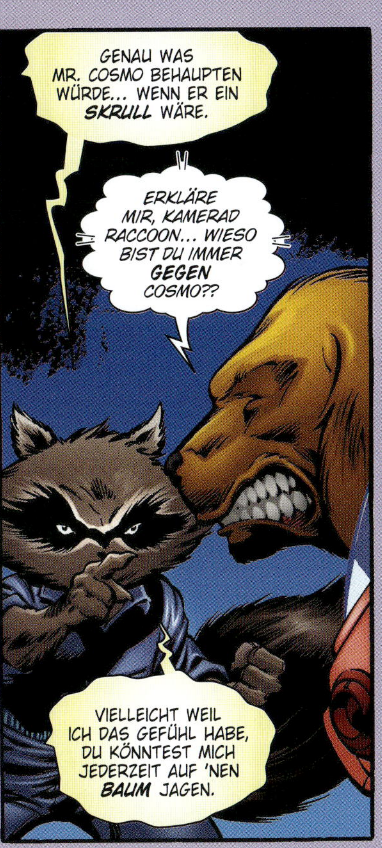

GENAU WAS MR. COSMO BEHAUPTEN WÜRDE... WENN ER EIN SKRULL WÄRE.
ERKLÄRE MIR, KAMERAD RACCOON... WIESO BIST DU IMMER GEGEN COSMO??
VIELLEICHT WEIL ICH DAS GEFÜHL HABE, DU KÖNNTEST MICH JEDERZEIT AUF 'NEN BAUM JAGEN.

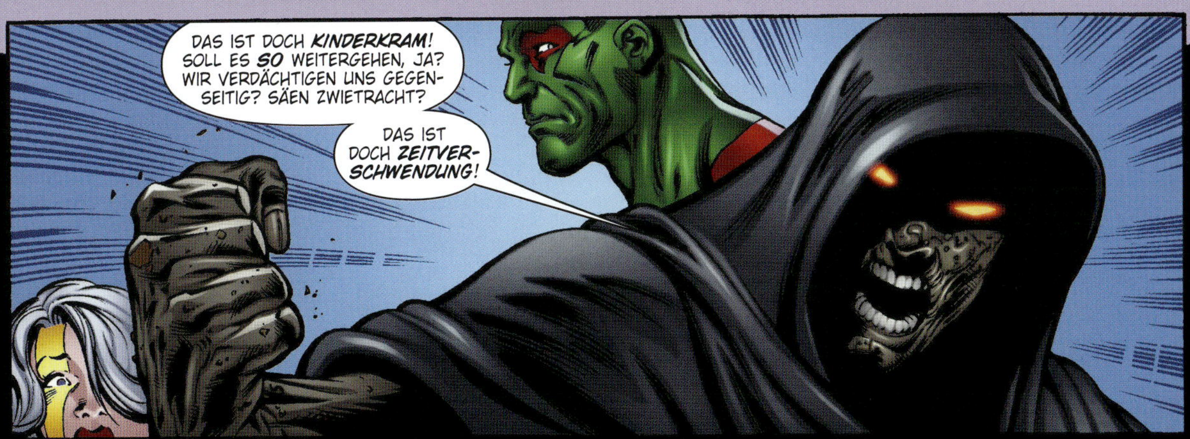

DAS IST DOCH KINDERKRAM! SOLL ES SO WEITERGEHEN, JA? WIR VERDÄCHTIGEN UNS GEGENSEITIG? SÄEN ZWIETRACHT?
DAS IST DOCH ZEITVERSCHWENDUNG!

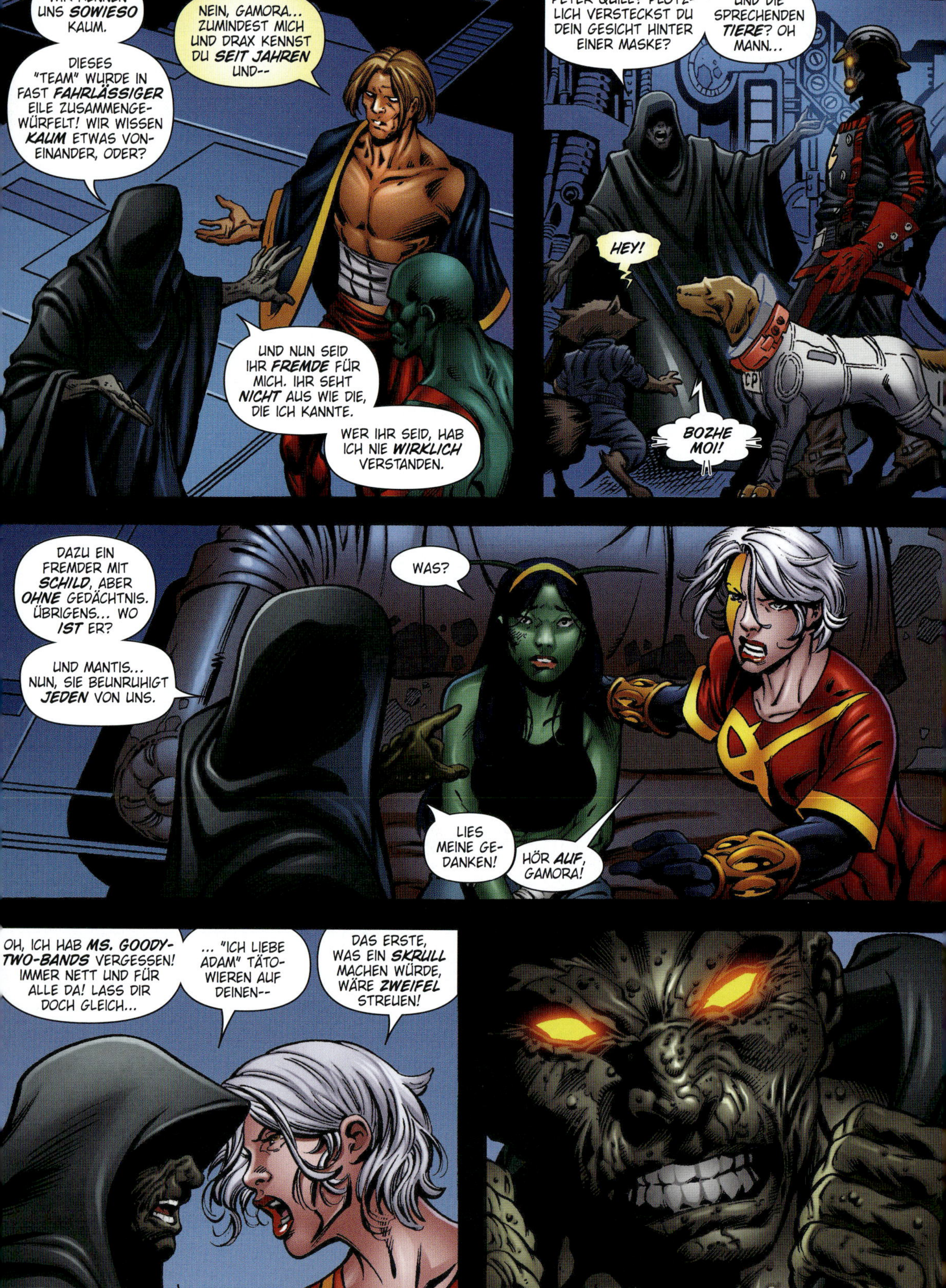
WIR KENNEN UNS SOWIESO KAUM.
DIESES "TEAM" WURDE IN FAST FAHRLÄSSIGER EILE ZUSAMMENGEWÜRFELT! WIR WISSEN KAUM ETWAS VONEINANDER, ODER?
NEIN, GAMORA... ZUMINDEST MICH UND DRAX KENNST DU SEIT JAHREN UND--
UND NUN SEID IHR FREMDE FÜR MICH. IHR SEHT NICHT AUS WIE DIE, DIE ICH KANNTE.
WER IHR SEID, HAB ICH NIE WIRKLICH VERSTANDEN.
UND WAS IST MIT DIR, PETER QUILL? PLÖTZLICH VERSTECKST DU DEIN GESICHT HINTER EINER MASKE?
UND DIE SPRECHENDEN TIERE? OH MANN...
HEY!
BOZHE MOI!
DAZU EIN FREMDER MIT SCHILD, ABER OHNE GEDÄCHTNIS. ÜBRIGENS... WO IST ER?
UND MANTIS... NUN, SIE BEUNRUHIGT JEDEN VON UNS.
WAS?
LIES MEINE GEDANKEN!
HÖR AUF, GAMORA!
OH, ICH HAB MS. GOODY-TWO-BANDS VERGESSEN! IMMER NETT UND FÜR ALLE DA! LASS DIR DOCH GLEICH...
... "ICH LIEBE ADAM" TÄTOWIEREN AUF DEINEN--
DAS ERSTE, WAS EIN SKRULL MACHEN WÜRDE, WÄRE ZWEIFEL STREUEN!
ICH EIN SKRULL? WARUM? WEIL MEINE HAUT GRÜN IST?
SCHAU MICH AN! HAST DU VERGESSEN, WAS ICH FÜR DAS TEAM GETAN HABE?!
DU BEZWEIFELST MEINE LOYALITÄT? NACHDEM ICH SIE BEWIESEN HABE? DU HAST--

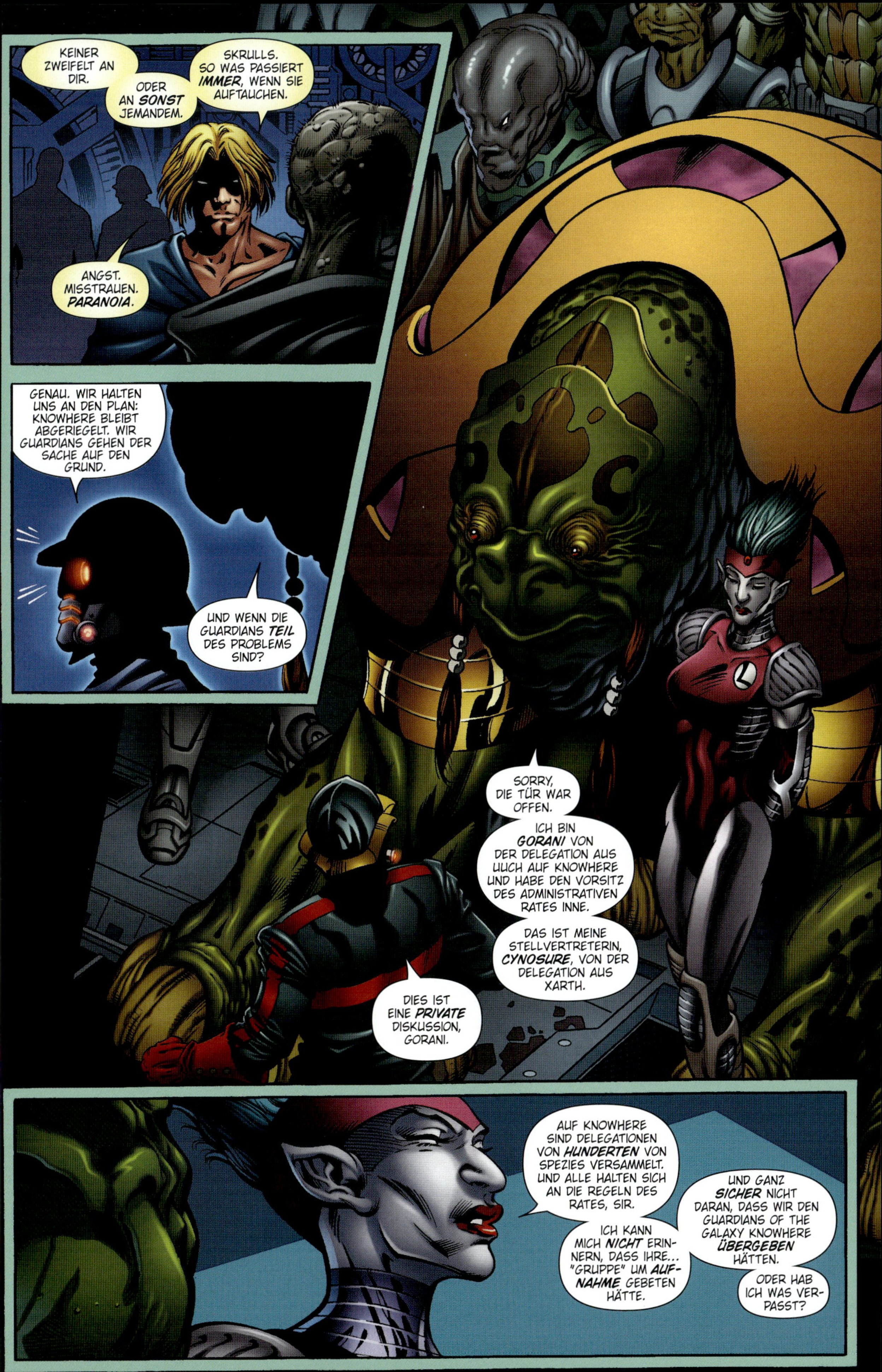

KEINER ZWEIFELT AN DIR.
ODER AN *SONST* JEMANDEM.
SKRULLS. SO WAS PASSIERT *IMMER*, WENN SIE AUFTAUCHEN.
ANGST. MISSTRAUEN. *PARANOIA*.

GENAU. WIR HALTEN UNS AN DEN PLAN: KNOWHERE BLEIBT ABGERIEGELT. WIR GUARDIANS GEHEN DER SACHE AUF DEN GRUND.
UND WENN DIE GUARDIANS *TEIL* DES PROBLEMS SIND?

SORRY, DIE TÜR WAR OFFEN.
ICH BIN *GORANI* VON DER DELEGATION AUS UUCH AUF KNOWHERE UND HABE DEN VORSITZ DES ADMINISTRATIVEN RATES INNE.
DAS IST MEINE STELLVERTRETERIN, *CYNOSURE*, VON DER DELEGATION AUS XARTH.
DIES IST EINE *PRIVATE* DISKUSSION, GORANI.

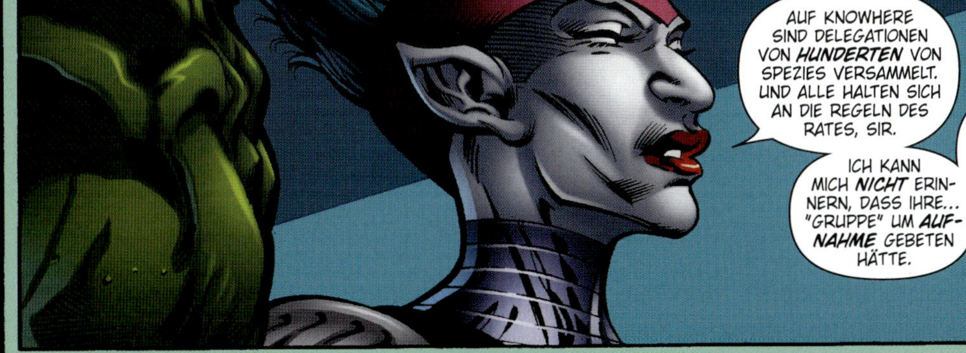

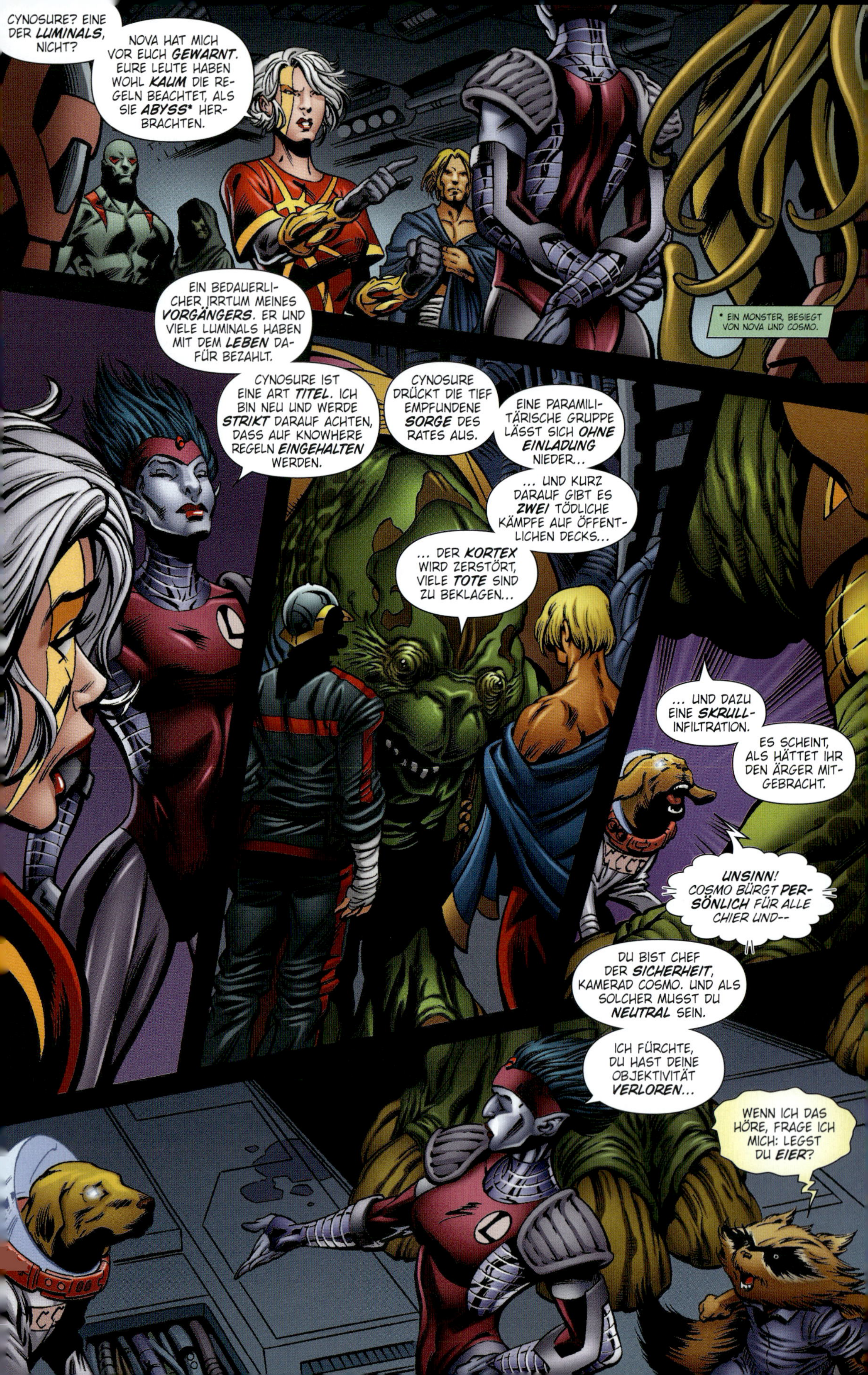
CYNOSURE? EINE DER LUMINALS, NICHT?
NOVA HAT MICH VOR EUCH GEWARNT. EURE LEUTE HABEN WOHL KAUM DIE REGELN BEACHTET, ALS SIE ABYSS* HERBRACHTEN.
* EIN MONSTER, BESIEGT VON NOVA UND COSMO.
EIN BEDAUERLICHER IRRTUM MEINES VORGÄNGERS. ER UND VIELE LUMINALS HABEN MIT DEM LEBEN DAFÜR BEZAHLT.
CYNOSURE IST EINE ART TITEL. ICH BIN NEU UND WERDE STRIKT DARAUF ACHTEN, DASS AUF KNOWHERE REGELN EINGEHALTEN WERDEN.
CYNOSURE DRÜCKT DIE TIEF EMPFUNDENE SORGE DES RATES AUS.
EINE PARAMILITÄRISCHE GRUPPE LÄSST SICH OHNE EINLADUNG NIEDER...
... UND KURZ DARAUF GIBT ES ZWEI TÖDLICHE KÄMPFE AUF ÖFFENTLICHEN DECKS...
... DER KORTEX WIRD ZERSTÖRT, VIELE TOTE SIND ZU BEKLAGEN...
... UND DAZU EINE SKRULL-INFILTRATION.
ES SCHEINT, ALS HÄTTET IHR DEN ÄRGER MITGEBRACHT.
UNSINN! COSMO BÜRGT PERSÖNLICH FÜR ALLE CHIER UND--
DU BIST CHEF DER SICHERHEIT, KAMERAD COSMO. UND ALS SOLCHER MUSST DU NEUTRAL SEIN.
ICH FÜRCHTE, DU HAST DEINE OBJEKTIVITÄT VERLOREN...
WENN ICH DAS HÖRE, FRAGE ICH MICH: LEGST DU EIER?

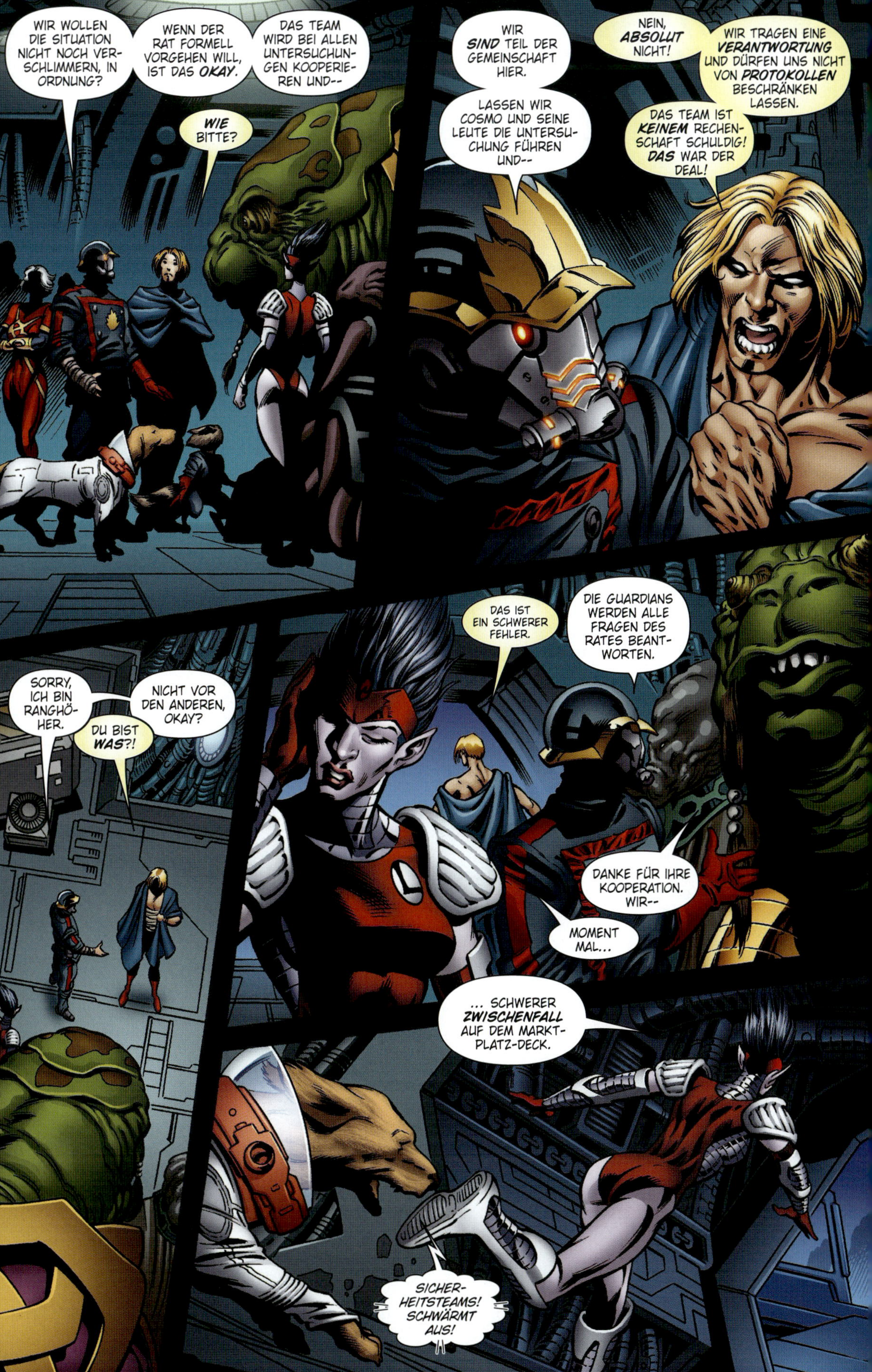

WIR WOLLEN DIE SITUATION NICHT NOCH VERSCHLIMMERN, IN ORDNUNG?
WENN DER RAT FORMELL VORGEHEN WILL, IST DAS OKAY.
DAS TEAM WIRD BEI ALLEN UNTERSUCHUNGEN KOOPERIEREN UND--
WIE BITTE?
WIR SIND TEIL DER GEMEINSCHAFT HIER.
LASSEN WIR COSMO UND SEINE LEUTE DIE UNTERSUCHUNG FÜHREN UND--
NEIN, ABSOLUT NICHT!
WIR TRAGEN EINE VERANTWORTUNG UND DÜRFEN UNS NICHT VON PROTOKOLLEN BESCHRÄNKEN LASSEN.
DAS TEAM IST KEINEM RECHENSCHAFT SCHULDIG! DAS WAR DER DEAL!
SORRY, ICH BIN RANGHÖHER.
NICHT VOR DEN ANDEREN, OKAY?
DU BIST WAS?!
DAS IST EIN SCHWERER FEHLER.
DIE GUARDIANS WERDEN ALLE FRAGEN DES RATES BEANTWORTEN.
DANKE FÜR IHRE KOOPERATION. WIR--
MOMENT MAL...
... SCHWERER ZWISCHENFALL AUF DEM MARKTPLATZ-DECK.
SICHERHEITSTEAMS! SCHWÄRMT AUS!

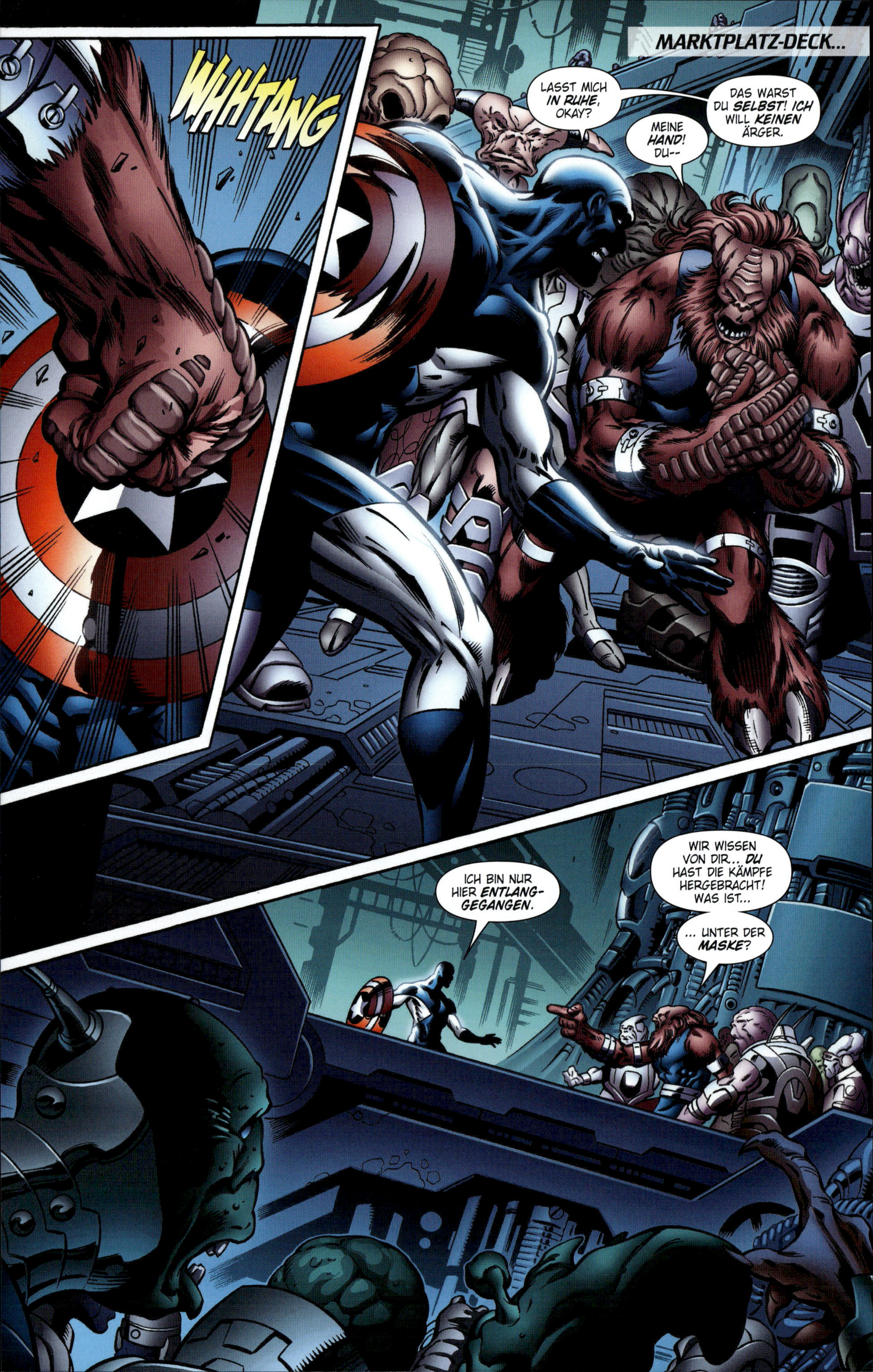
MARKTPLATZ-DECK...
WHHTANG
LASST MICH IN RUHE, OKAY?
DAS WARST DU SELBST! ICH WILL KEINEN ÄRGER.
MEINE HAND! DU--
ICH BIN NUR HIER ENTLANG-GEGANGEN.
WIR WISSEN VON DIR... DU HAST DIE KÄMPFE HERGEBRACHT! WAS IST...
... UNTER DER MASKE?

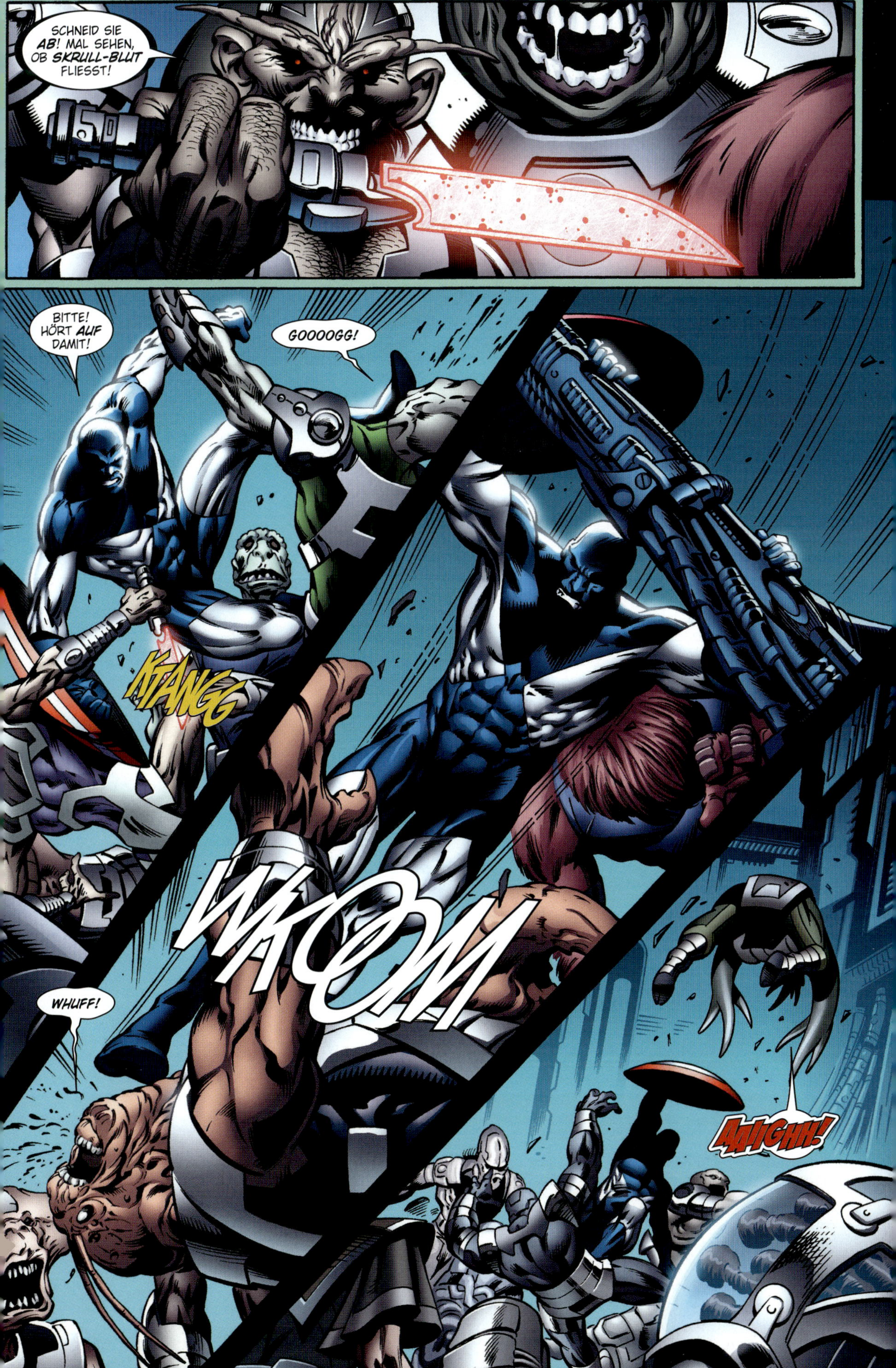
SCHNEID SIE AB! MAL SEHEN, OB SKRULL-BLUT FLIESST!
BITTE! HÖRT AUF DAMIT!
GOOOOGG!
KTANGG
WKOOM
WHUFF!
AAIIGHH!

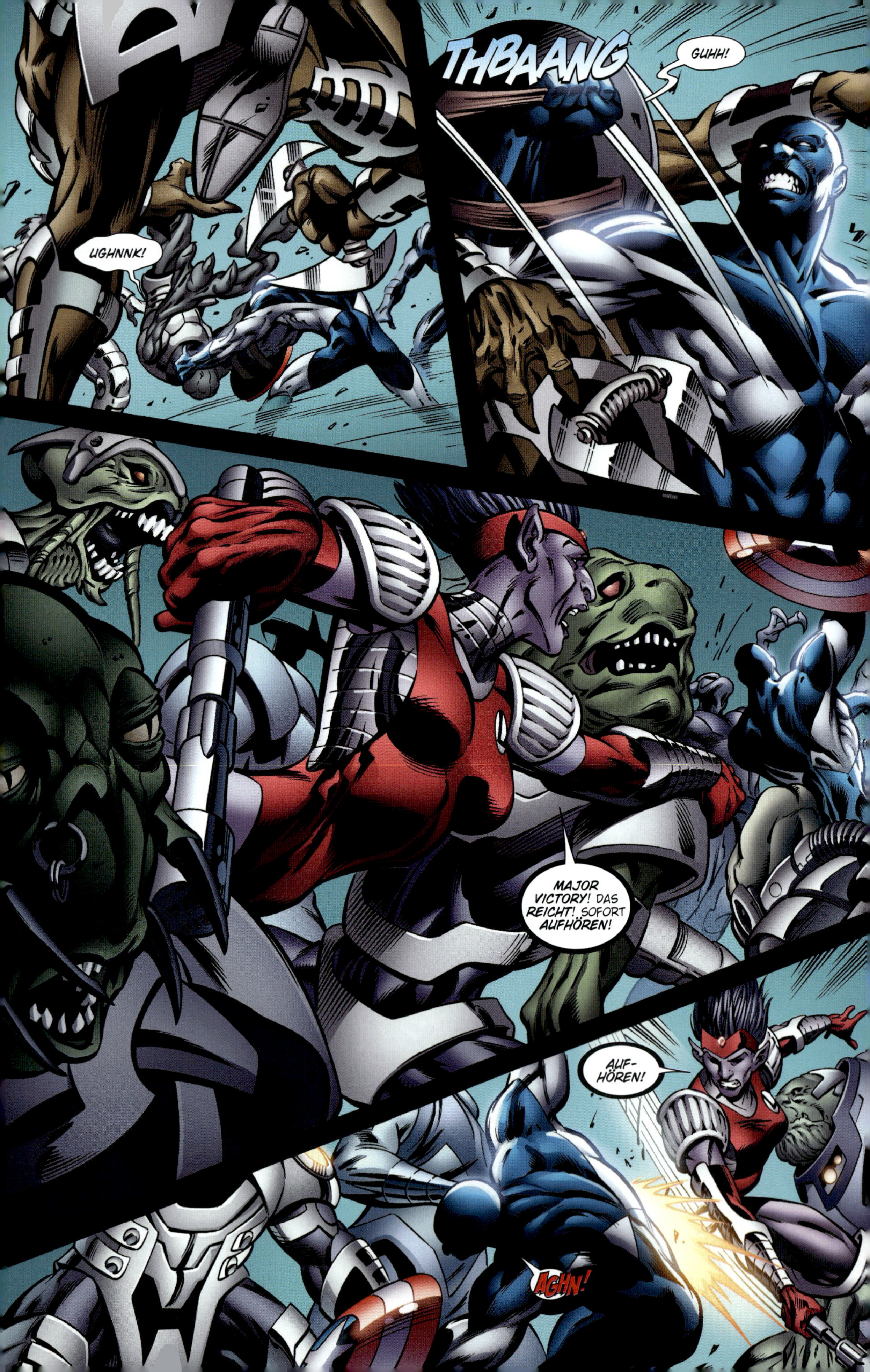
UGHNNK!
THBAANG
GUHH!
MAJOR VICTORY! DAS REICHT! SOFORT AUFHÖREN!
AUF-HÖREN!
AGHN!

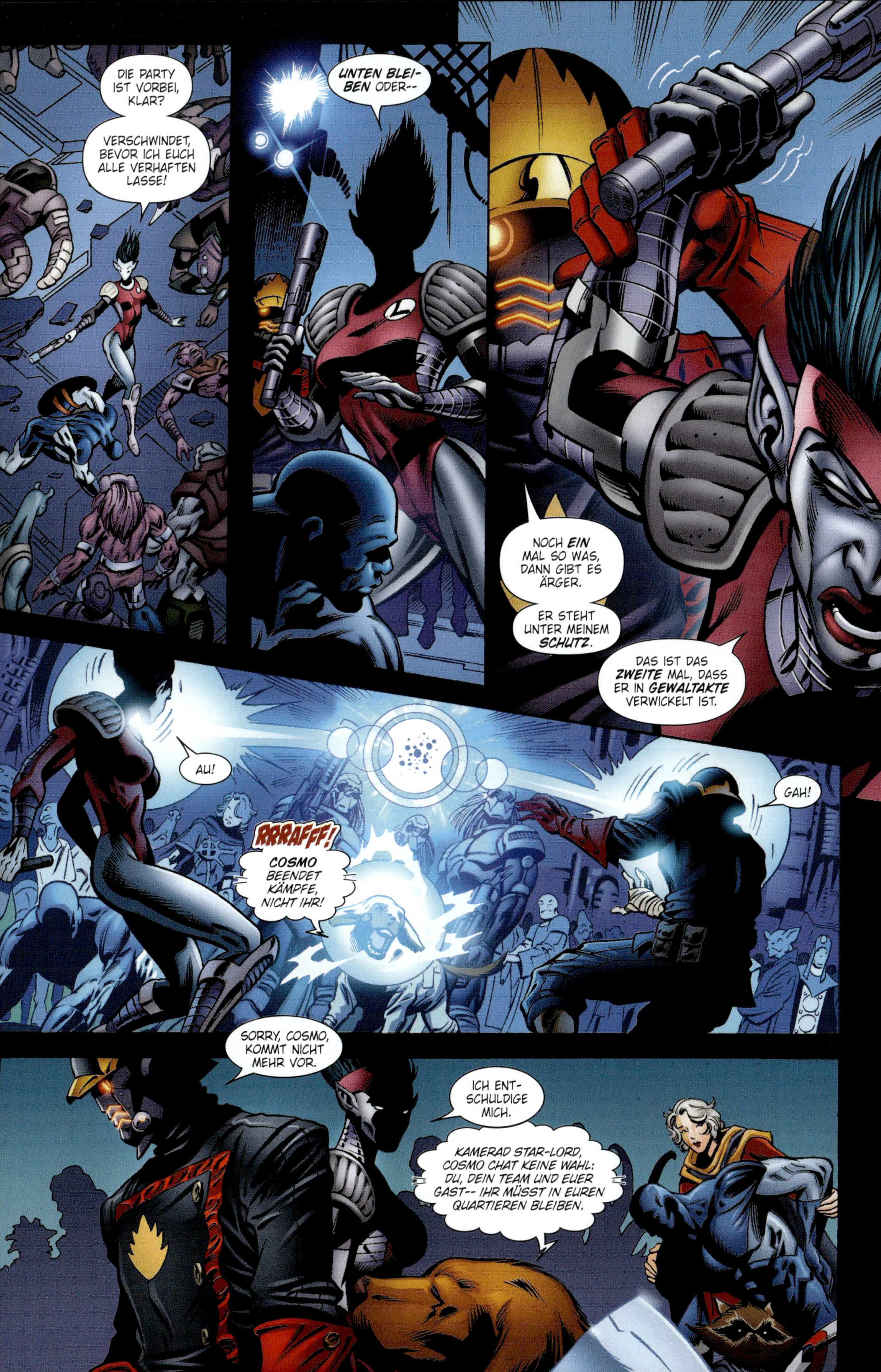
DIE PARTY IST VORBEI, KLAR?
VERSCHWINDET, BEVOR ICH EUCH ALLE VERHAFTEN LASSE!
UNTEN BLEI-BEN ODER--
NOCH EIN MAL SO WAS, DANN GIBT ES ÄRGER.
ER STEHT UNTER MEINEM SCHUTZ.
DAS IST DAS ZWEITE MAL, DASS ER IN GEWALTAKTE VERWICKELT IST.
AU!
RRRAFFF!
COSMO BEENDET KÄMPFE, NICHT IHR!
GAH!
SORRY, COSMO, KOMMT NICHT MEHR VOR.
ICH ENT-SCHULDIGE MICH.
KAMERAD STAR-LORD, COSMO CHAT KEINE WAHL: DU, DEIN TEAM UND EUER GAST-- IHR MÜSST IN EUREN QUARTIEREN BLEIBEN.

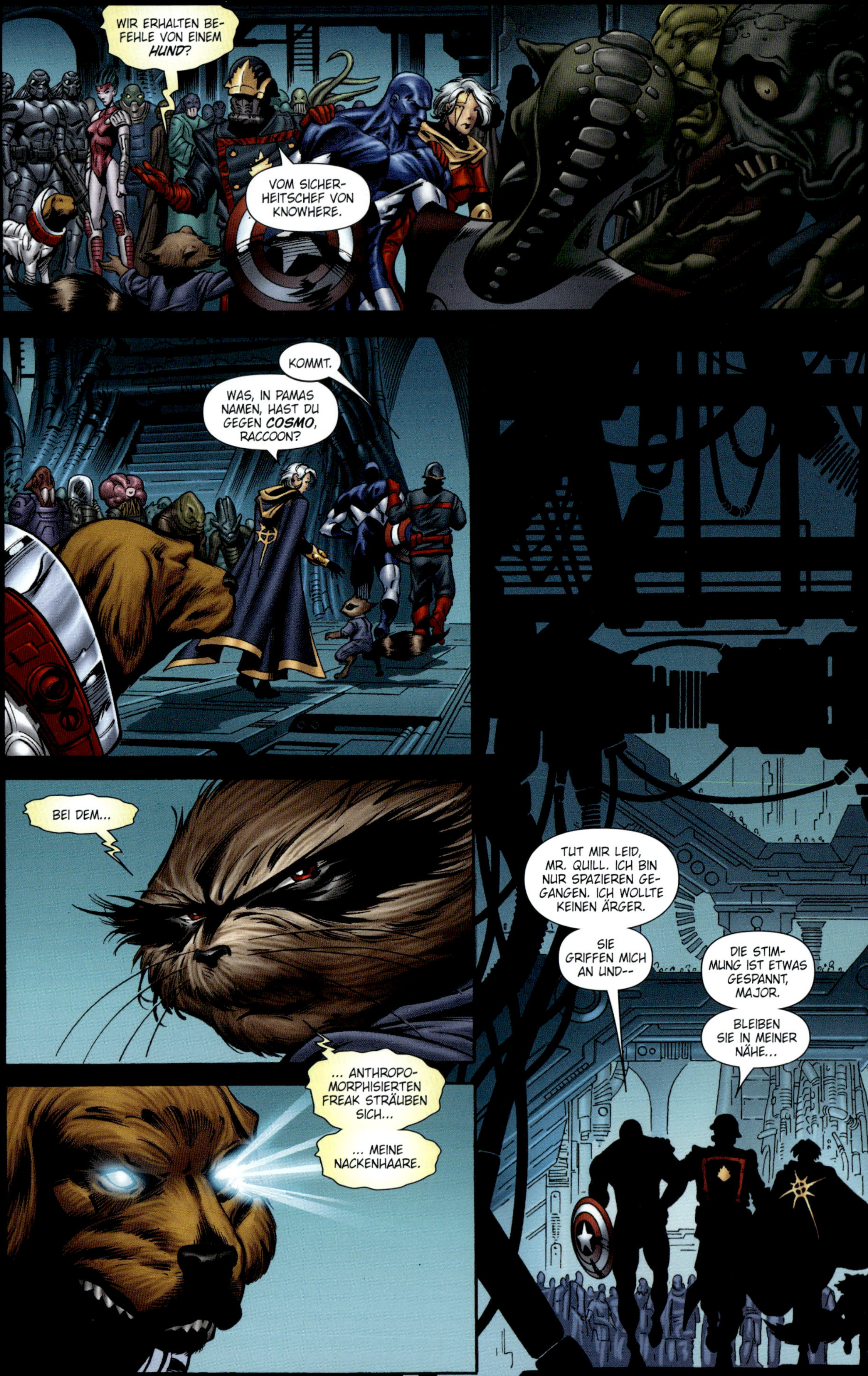

WIR ERHALTEN BE-
FEHLE VON EINEM
HUND?
VOM SICHER-
HEITSCHEF VON
KNOWHERE.
KOMMT.
WAS, IN PAMAS
NAMEN, HAST DU
GEGEN **COSMO**,
RACCOON?
BEI DEM...
... ANTHROPO-
MORPHISIERTEN
FREAK STRÄUBEN
SICH...
... MEINE
NACKENHAARE.
TUT MIR LEID,
MR. QUILL. ICH BIN
NUR SPAZIEREN GE-
GANGEN. ICH WOLLTE
KEINEN ÄRGER.
SIE
GRIFFEN MICH
AN UND--
DIE STIM-
MUNG IST ETWAS
GESPANNT,
MAJOR.
BLEIBEN
SIE IN MEINER
NÄHE...

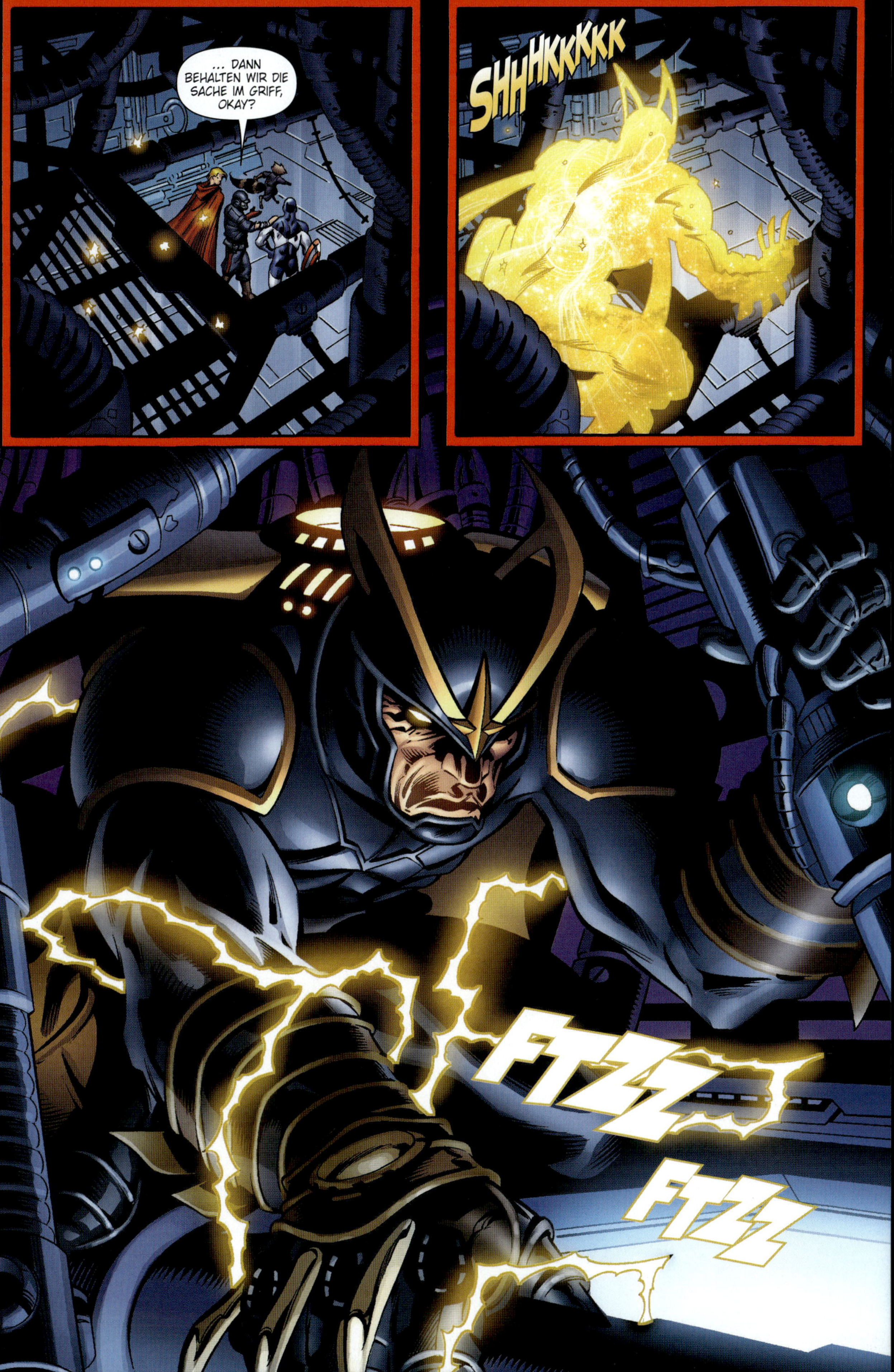
... DANN BEHALTEN WIR DIE SACHE IM GRIFF, OKAY?
SHHHKKKKK
FTZZ
FTZZ

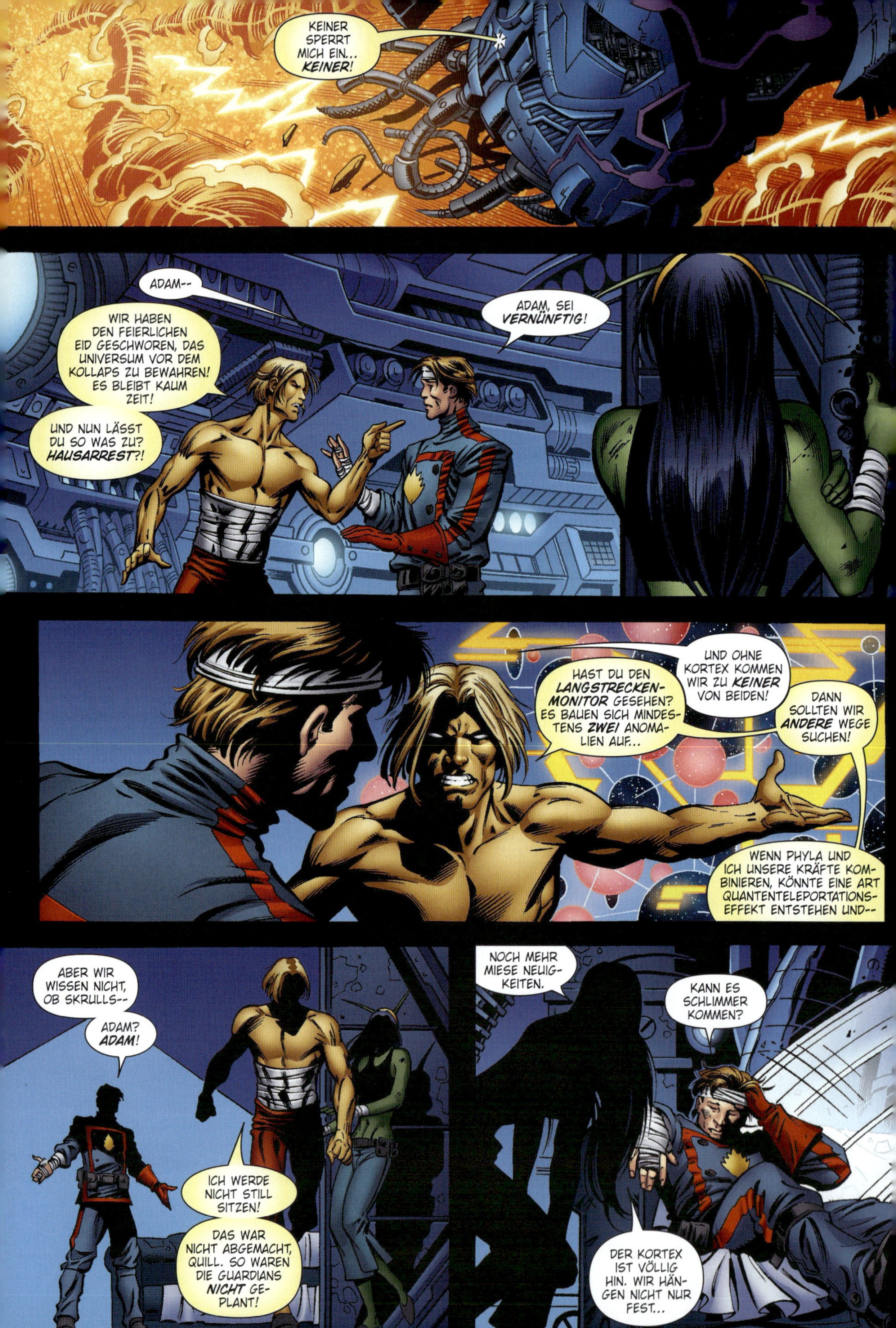
KEINER SPERRT MICH EIN... KEINER!
ADAM--
WIR HABEN DEN FEIERLICHEN EID GESCHWOREN, DAS UNIVERSUM VOR DEM KOLLAPS ZU BEWAHREN! ES BLEIBT KAUM ZEIT!
UND NUN LÄSST DU SO WAS ZU? HAUSARREST?!
ADAM, SEI VERNÜNFTIG!
HAST DU DEN LANGSTRECKEN-MONITOR GESEHEN? ES BAUEN SICH MINDES-TENS ZWEI ANOMA-LIEN AUF...
UND OHNE KORTEX KOMMEN WIR ZU KEINER VON BEIDEN!
DANN SOLLTEN WIR ANDERE WEGE SUCHEN!
WENN PHYLA UND ICH UNSERE KRÄFTE KOM-BINIEREN, KÖNNTE EINE ART QUANTENTELEPORTATIONS-EFFEKT ENTSTEHEN UND--
ABER WIR WISSEN NICHT, OB SKRULLS--
ADAM? ADAM!
ICH WERDE NICHT STILL SITZEN!
DAS WAR NICHT ABGEMACHT, QUILL. SO WAREN DIE GUARDIANS NICHT GE-PLANT!
NOCH MEHR MIESE NEUIG-KEITEN.
KANN ES SCHLIMMER KOMMEN?
DER KORTEX IST VÖLLIG HIN. WIR HÄN-GEN NICHT NUR FEST...

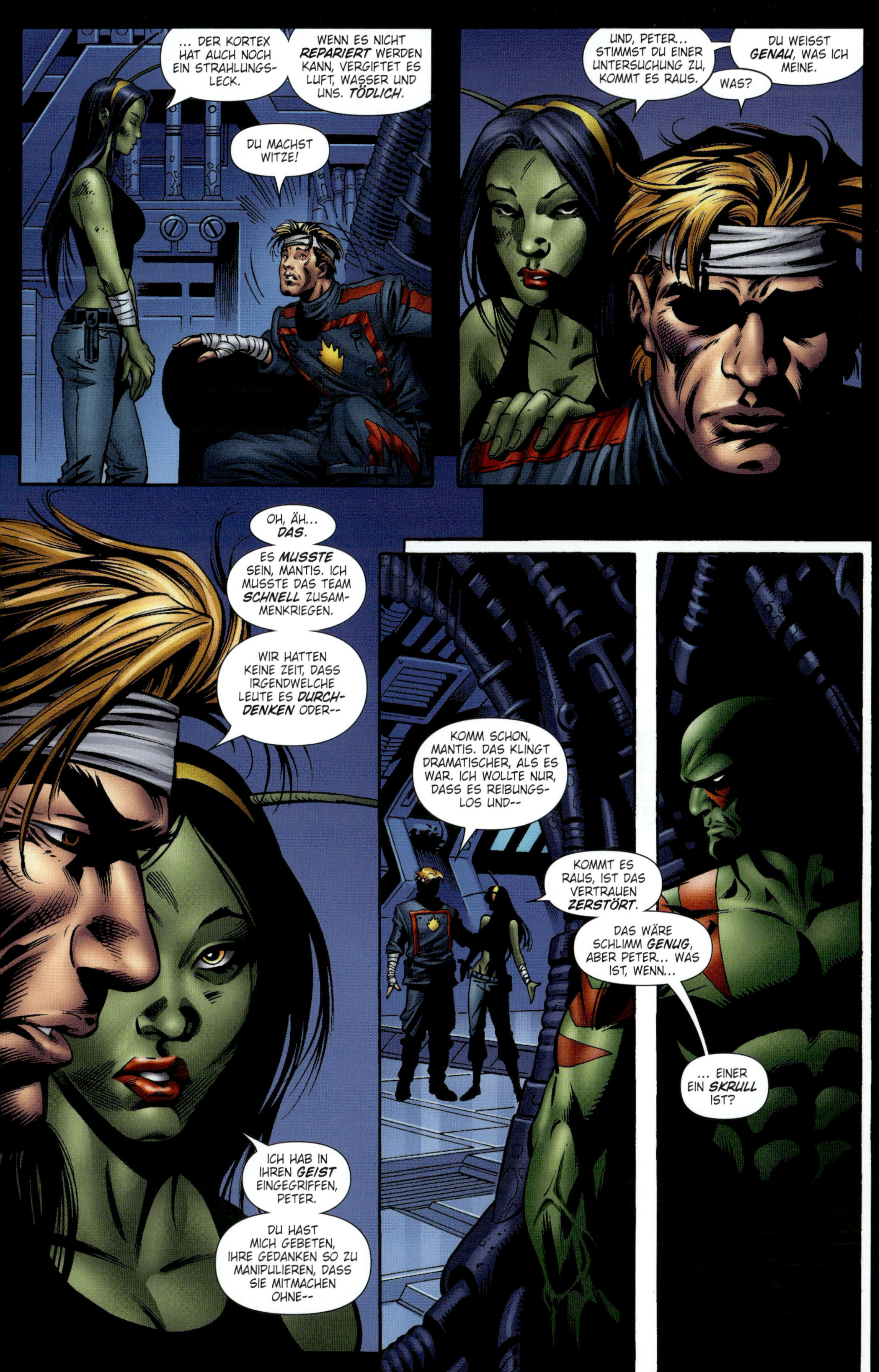
... DER KORTEX HAT AUCH NOCH EIN STRAHLUNGS-LECK.
WENN ES NICHT REPARIERT WERDEN KANN, VERGIFTET ES LUFT, WASSER UND UNS. TÖDLICH.
DU MACHST WITZE!
UND, PETER... STIMMST DU EINER UNTERSUCHUNG ZU, KOMMT ES RAUS.
WAS?
DU WEISST GENAU, WAS ICH MEINE.
OH, ÄH... DAS.
ES MUSSTE SEIN, MANTIS. ICH MUSSTE DAS TEAM SCHNELL ZUSAMMENKRIEGEN.
WIR HATTEN KEINE ZEIT, DASS IRGENDWELCHE LEUTE ES DURCHDENKEN ODER--
ICH HAB IN IHREN GEIST EINGEGRIFFEN, PETER.
DU HAST MICH GEBETEN, IHRE GEDANKEN SO ZU MANIPULIEREN, DASS SIE MITMACHEN OHNE--
KOMM SCHON, MANTIS. DAS KLINGT DRAMATISCHER, ALS ES WAR. ICH WOLLTE NUR, DASS ES REIBUNGSLOS UND--
KOMMT ES RAUS, IST DAS VERTRAUEN ZERSTÖRT.
DAS WÄRE SCHLIMM GENUG, ABER PETER... WAS IST, WENN...
... EINER EIN SKRULL IST?

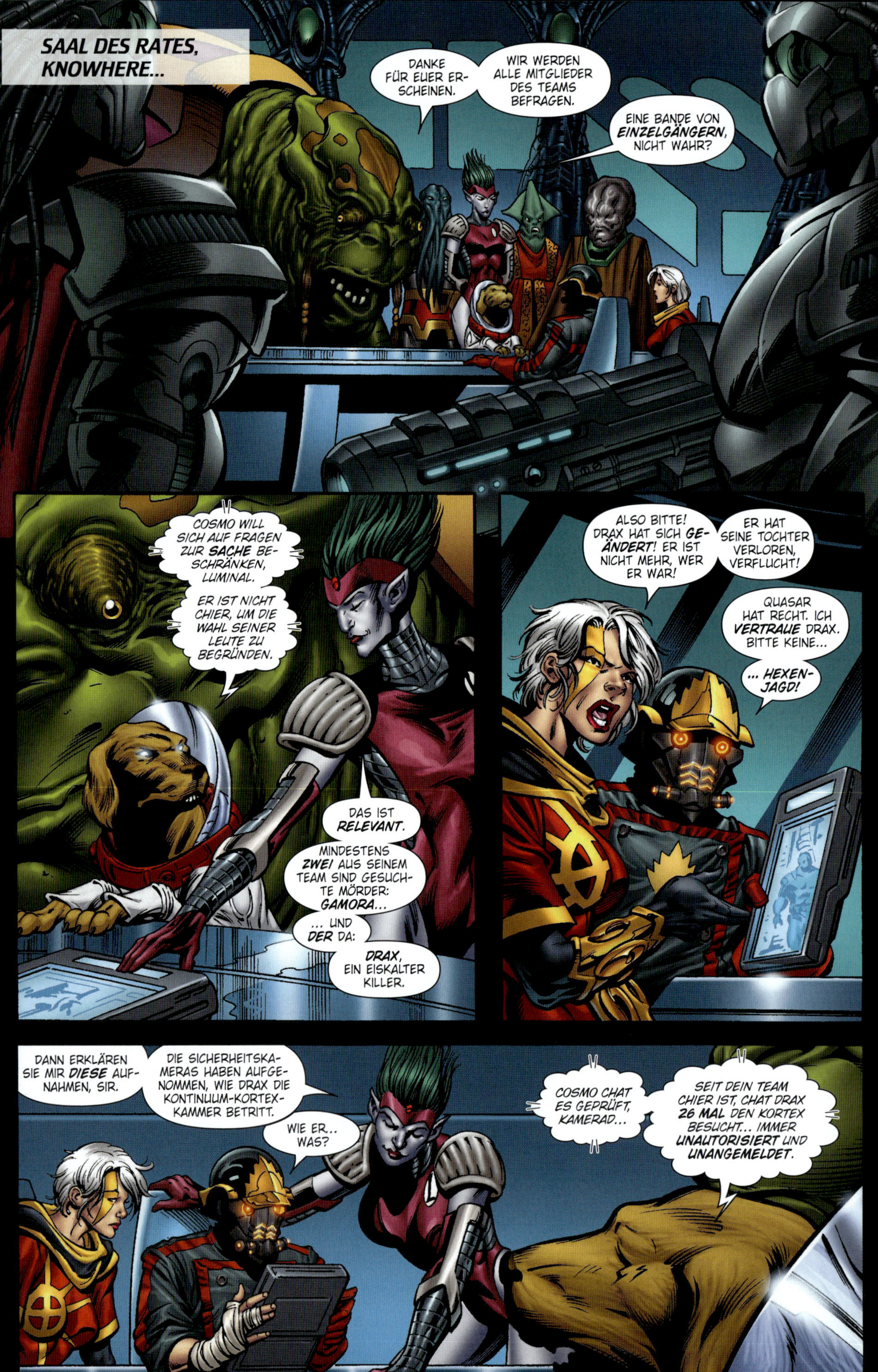
SAAL DES RATES, KNOWHERE...
DANKE FÜR EUER ERSCHEINEN.
WIR WERDEN ALLE MITGLIEDER DES TEAMS BEFRAGEN.
EINE BANDE VON EINZELGÄNGERN, NICHT WAHR?
COSMO WILL SICH AUF FRAGEN ZUR SACHE BESCHRÄNKEN, LUMINAL.
ER IST NICHT CHIER, UM DIE WAHL SEINER LEUTE ZU BEGRÜNDEN.
DAS IST RELEVANT.
MINDESTENS ZWEI AUS SEINEM TEAM SIND GESUCHTE MÖRDER: GAMORA...
... UND DER DA:
DRAX, EIN EISKALTER KILLER.
ALSO BITTE! DRAX HAT SICH GEÄNDERT! ER IST NICHT MEHR, WER ER WAR!
ER HAT SEINE TOCHTER VERLOREN, VERFLUCHT!
QUASAR HAT RECHT. ICH VERTRAUE DRAX. BITTE KEINE...
... HEXENJAGD!
DANN ERKLÄREN SIE MIR DIESE AUFNAHMEN, SIR.
DIE SICHERHEITSKAMERAS HABEN AUFGENOMMEN, WIE DRAX DIE KONTINUUM-KORTEX-KAMMER BETRITT.
WIE ER... WAS?
COSMO CHAT ES GEPRÜFT, KAMERAD...
SEIT DEIN TEAM CHIER IST, CHAT DRAX 26 MAL DEN KORTEX BESUCHT... IMMER UNAUTORISIERT UND UNANGEMELDET.

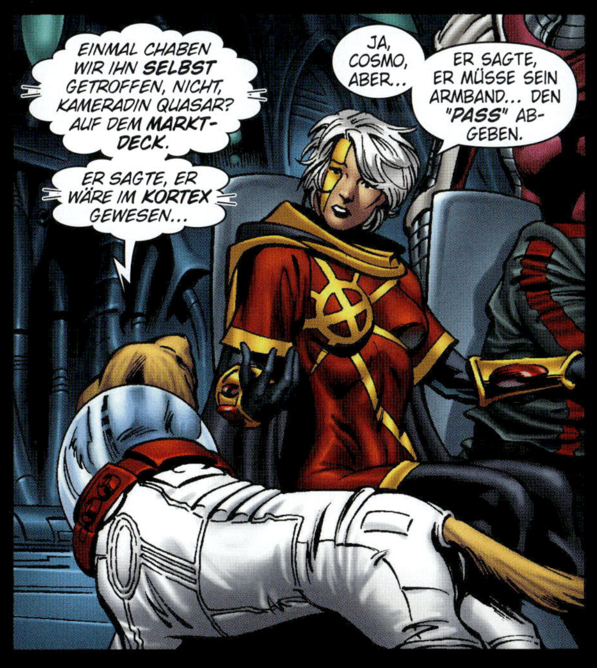
EINMAL CHABEN WIR IHN SELBST GETROFFEN, NICHT, KAMERADIN QUASAR? AUF DEM MARKT-DECK.
ER SAGTE, ER WÄRE IM KORTEX GEWESEN...
JA, COSMO, ABER...
ER SAGTE, ER MÜSSE SEIN ARMBAND... DEN "PASS" AB-GEBEN.
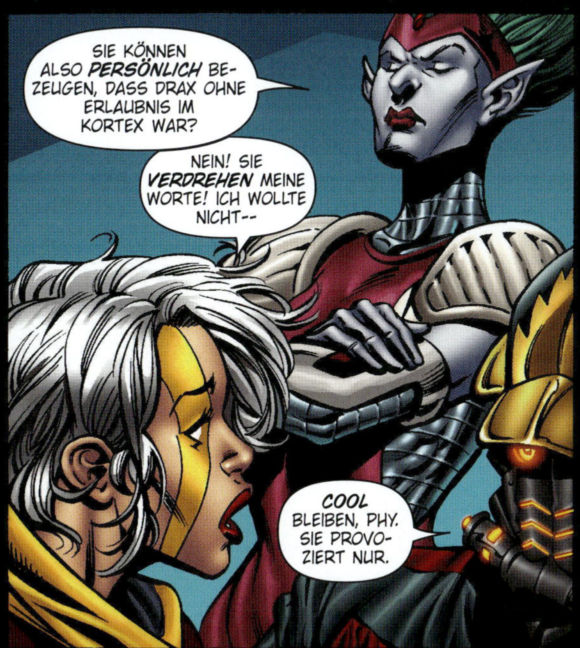
SIE KÖNNEN ALSO PERSÖNLICH BE-ZEUGEN, DASS DRAX OHNE ERLAUBNIS IM KORTEX WAR?
NEIN! SIE VERDREHEN MEINE WORTE! ICH WOLLTE NICHT--
COOL BLEIBEN, PHY. SIE PROVO-ZIERT NUR.
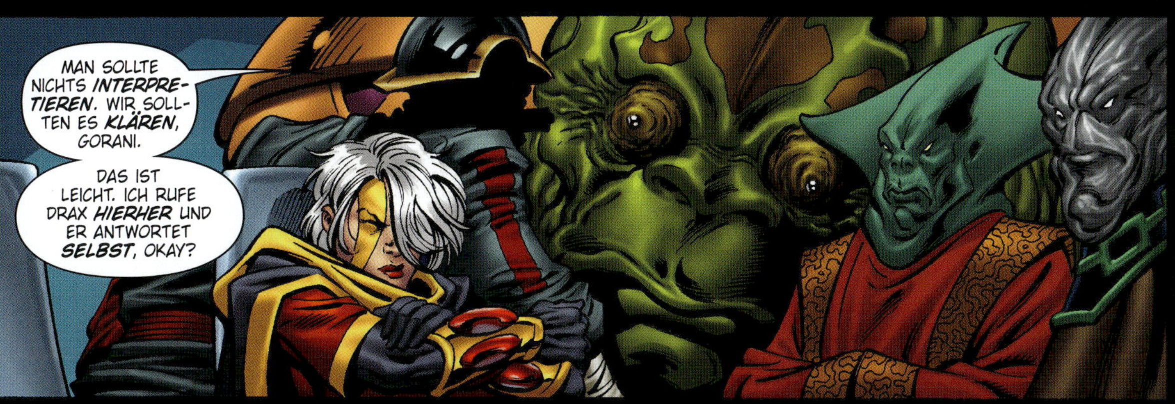
MAN SOLLTE NICHTS INTERPRE-TIEREN. WIR SOLL-TEN ES KLÄREN, GORANI.
DAS IST LEICHT. ICH RUFE DRAX HIERHER UND ER ANTWORTET SELBST, OKAY?
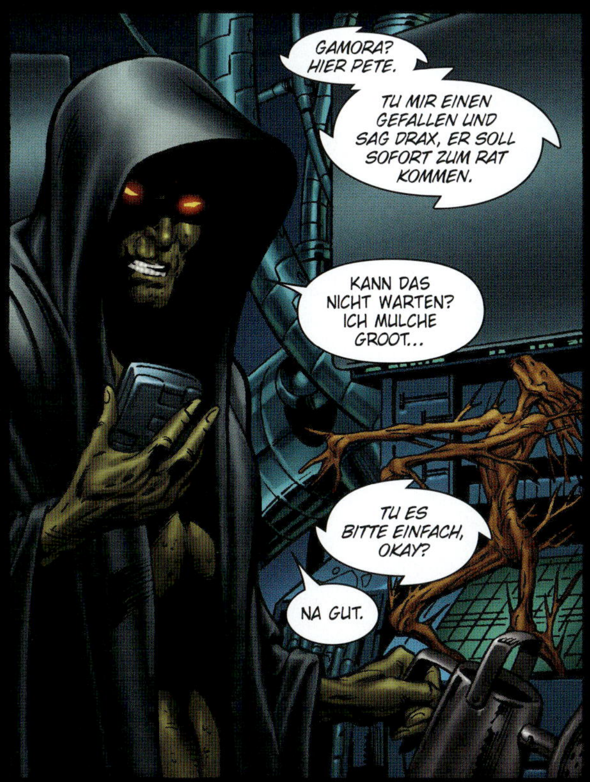
GAMORA? HIER PETE.
TU MIR EINEN GEFALLEN UND SAG DRAX, ER SOLL SOFORT ZUM RAT KOMMEN.
KANN DAS NICHT WARTEN? ICH MULCHE GROOT...
TU ES BITTE EINFACH, OKAY?
NA GUT.
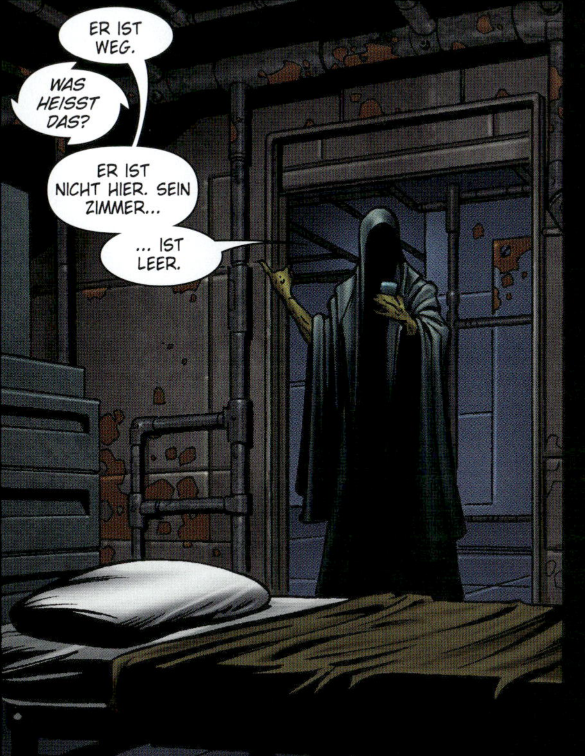
ER IST WEG.
WAS HEISST DAS?
ER IST NICHT HIER. SEIN ZIMMER...
... IST LEER.

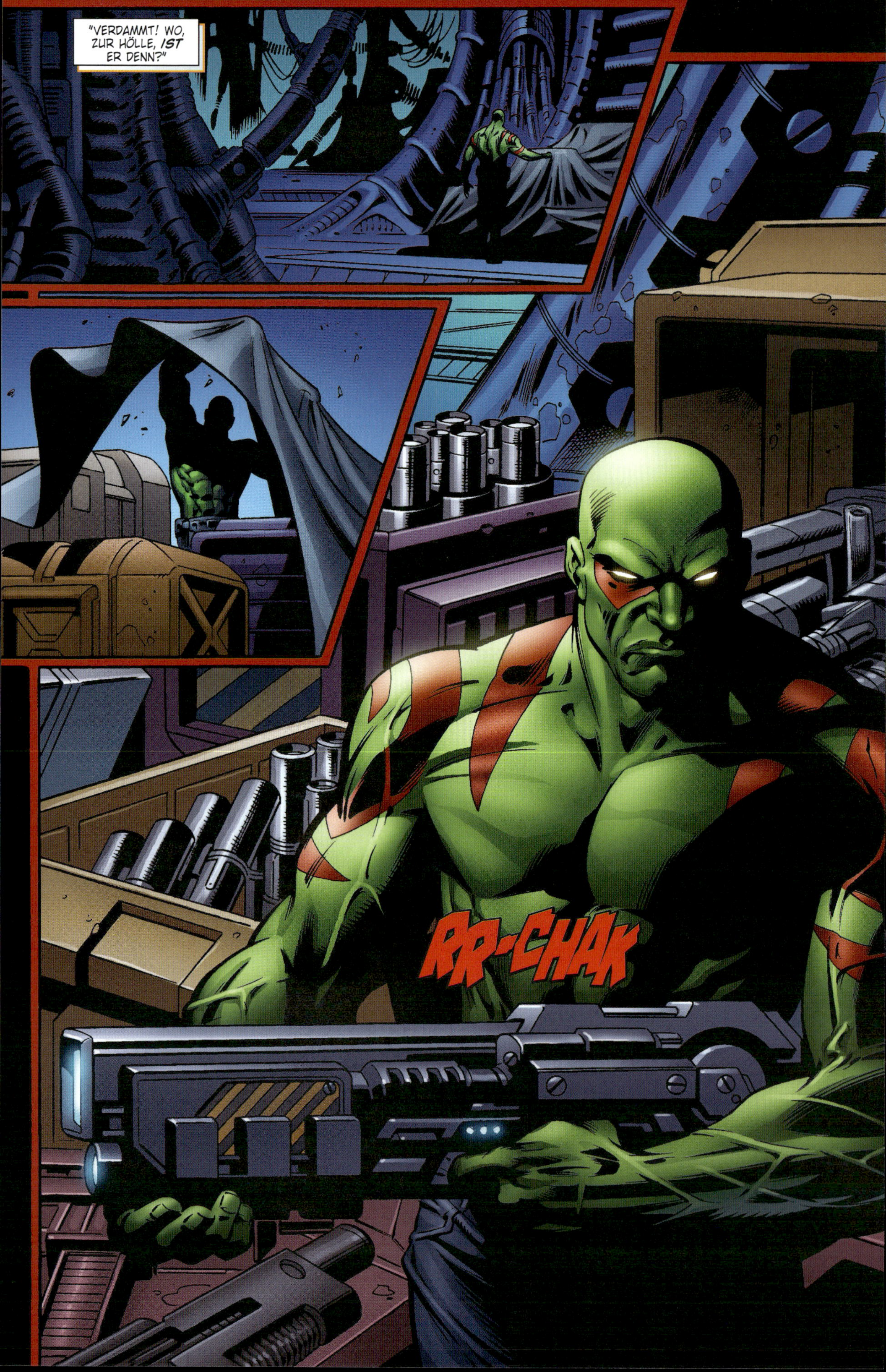
"VERDAMMT! WO, ZUR HÖLLE, IST ER DENN?"
RR-CHAK

TÄUSCHUNGEN

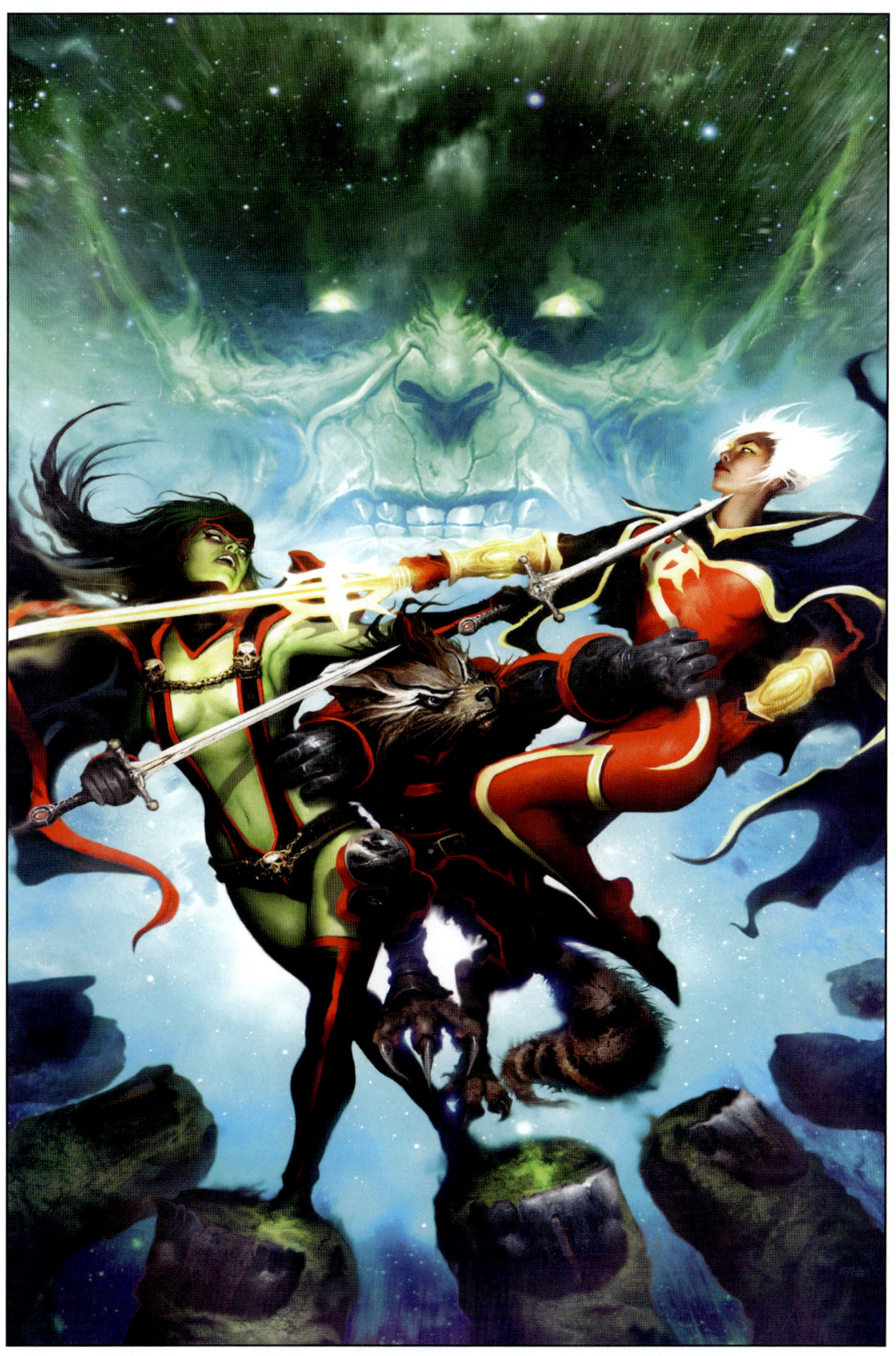

Guardians of the Galaxy (2008) 5
Cover von **CLINT LANGLEY**

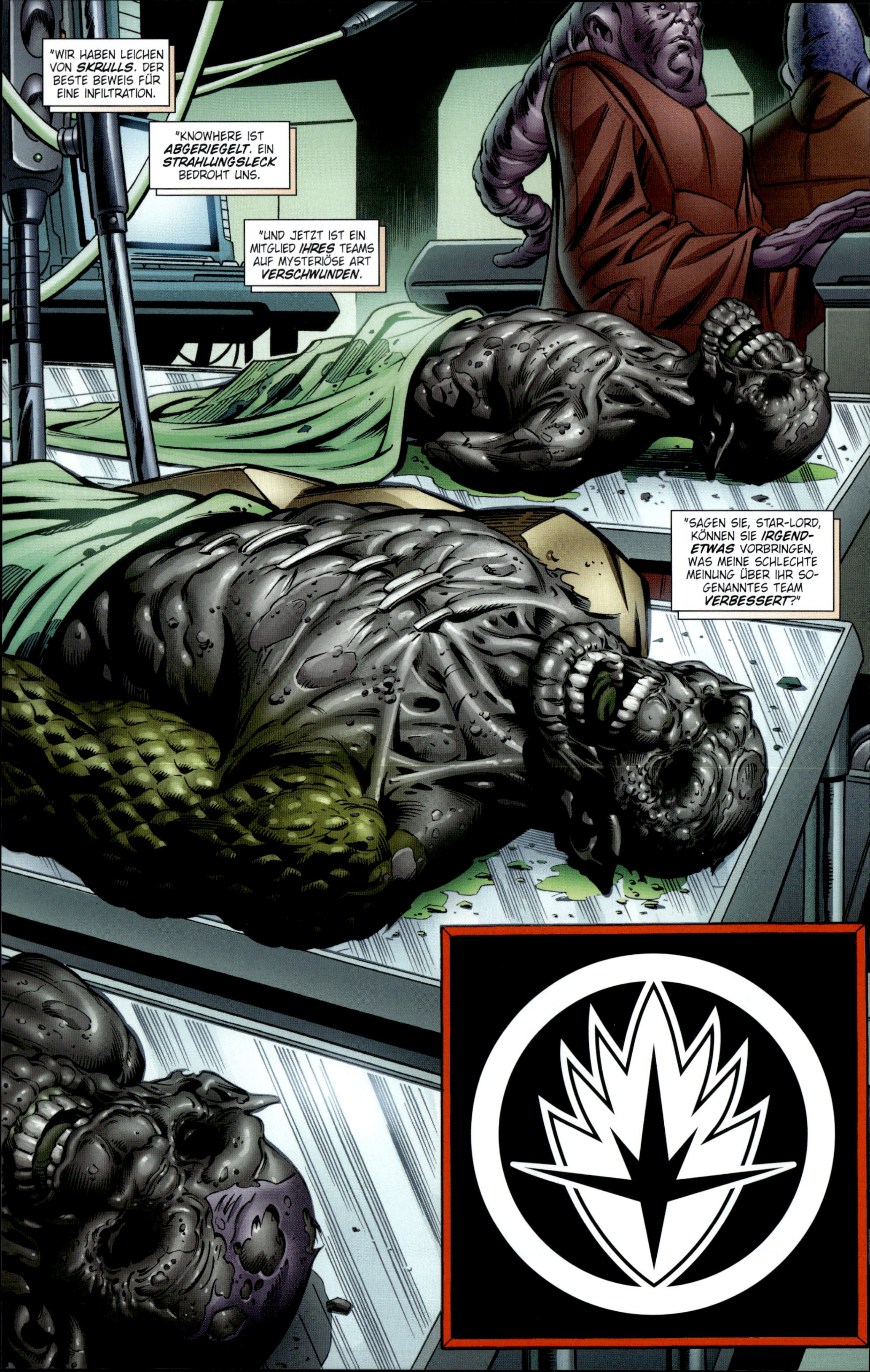
"WIR HABEN LEICHEN VON SKRULLS. DER BESTE BEWEIS FÜR EINE INFILTRATION.
"KNOWHERE IST ABGERIEGELT. EIN STRAHLUNGSLECK BEDROHT UNS.
"UND JETZT IST EIN MITGLIED IHRES TEAMS AUF MYSTERIÖSE ART VERSCHWUNDEN.
"SAGEN SIE, STAR-LORD, KÖNNEN SIE IRGEND-ETWAS VORBRINGEN, WAS MEINE SCHLECHTE MEINUNG ÜBER IHR SO-GENANNTES TEAM VERBESSERT?"

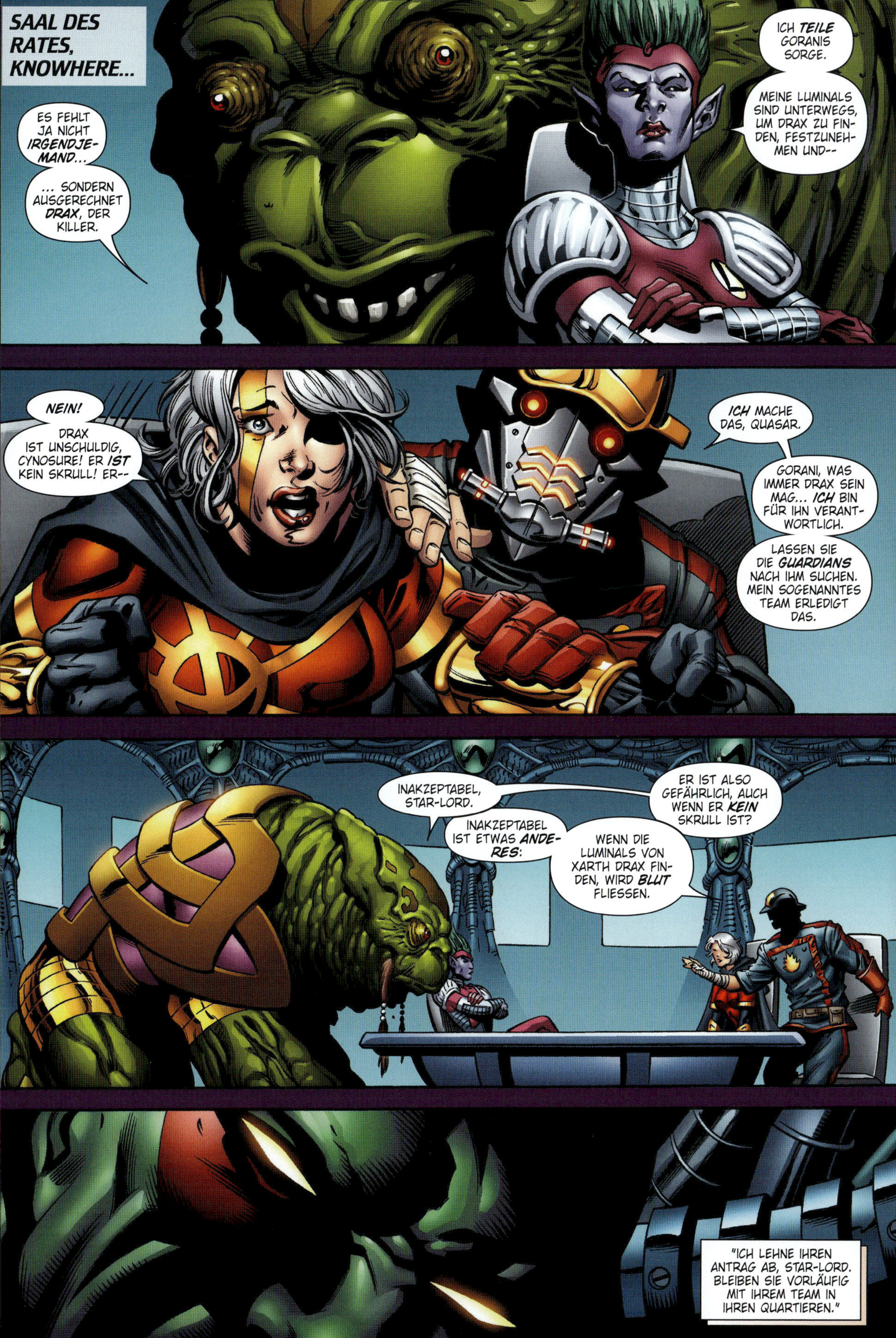
SAAL DES RATES, KNOWHERE...
ES FEHLT JA NICHT IRGENDJEMAND...
... SONDERN AUSGERECHNET DRAX, DER KILLER.
ICH TEILE GORANIS SORGE.
MEINE LUMINALS SIND UNTERWEGS, UM DRAX ZU FINDEN, FESTZUNEHMEN UND--
NEIN!
DRAX IST UNSCHULDIG, CYNOSURE! ER IST KEIN SKRULL! ER--
ICH MACHE DAS, QUASAR.
GORANI, WAS IMMER DRAX SEIN MAG... ICH BIN FÜR IHN VERANTWORTLICH.
LASSEN SIE DIE GUARDIANS NACH IHM SUCHEN. MEIN SOGENANNTES TEAM ERLEDIGT DAS.
INAKZEPTABEL, STAR-LORD.
ER IST ALSO GEFÄHRLICH, AUCH WENN ER KEIN SKRULL IST?
INAKZEPTABEL IST ETWAS ANDERES:
WENN DIE LUMINALS VON XARTH DRAX FINDEN, WIRD BLUT FLIESSEN.
"ICH LEHNE IHREN ANTRAG AB, STAR-LORD. BLEIBEN SIE VORLÄUFIG MIT IHREM TEAM IN IHREN QUARTIEREN."

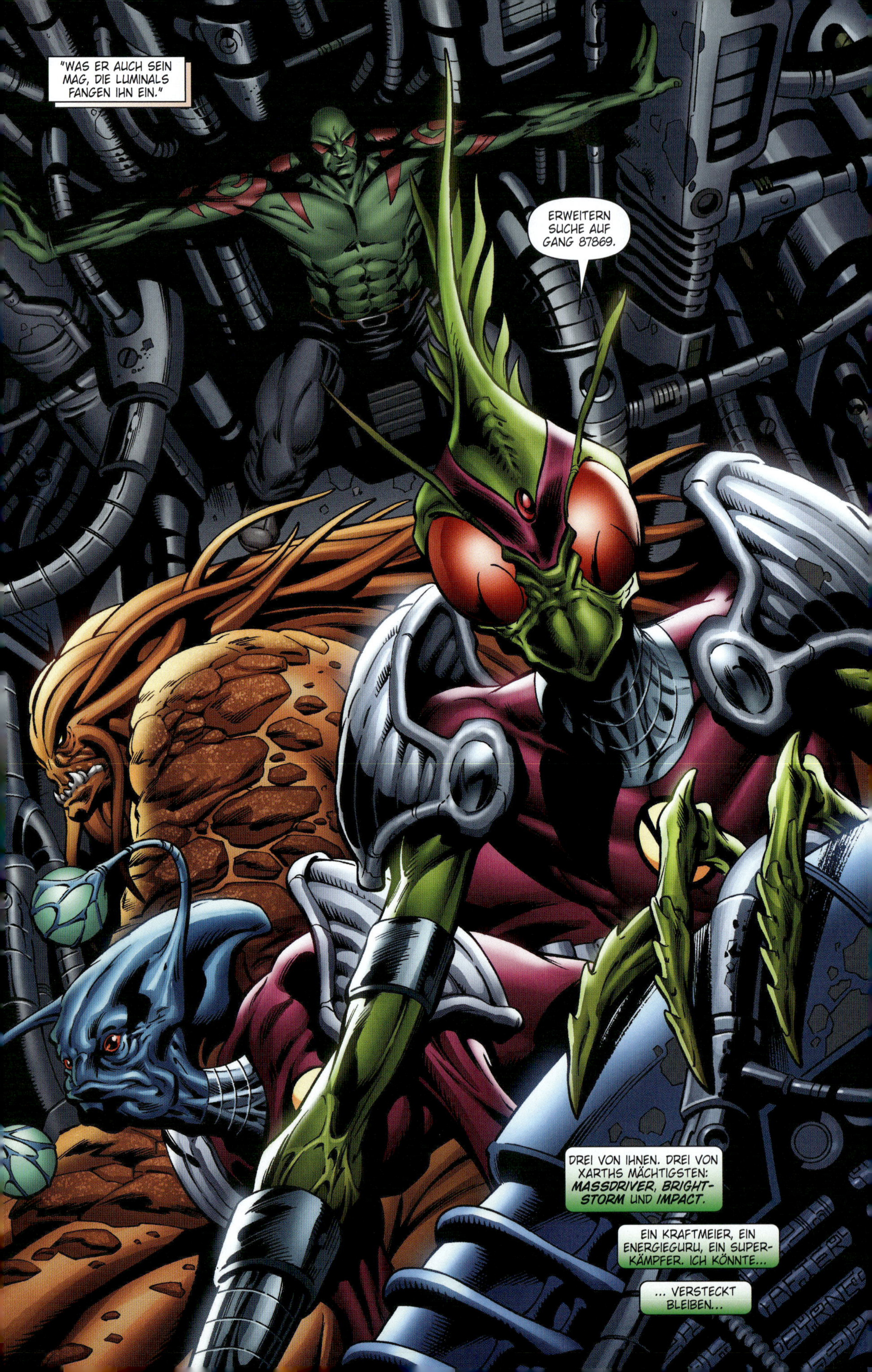
"WAS ER AUCH SEIN MAG, DIE LUMINALS FANGEN IHN EIN."
ERWEITERN SUCHE AUF GANG 87869.
DREI VON IHNEN. DREI VON XARTHS MÄCHTIGSTEN: MASSDRIVER, BRIGHT-STORM UND IMPACT.
EIN KRAFTMEIER, EIN ENERGIEGURU, EIN SUPER-KÄMPFER. ICH KÖNNTE...
... VERSTECKT BLEIBEN...

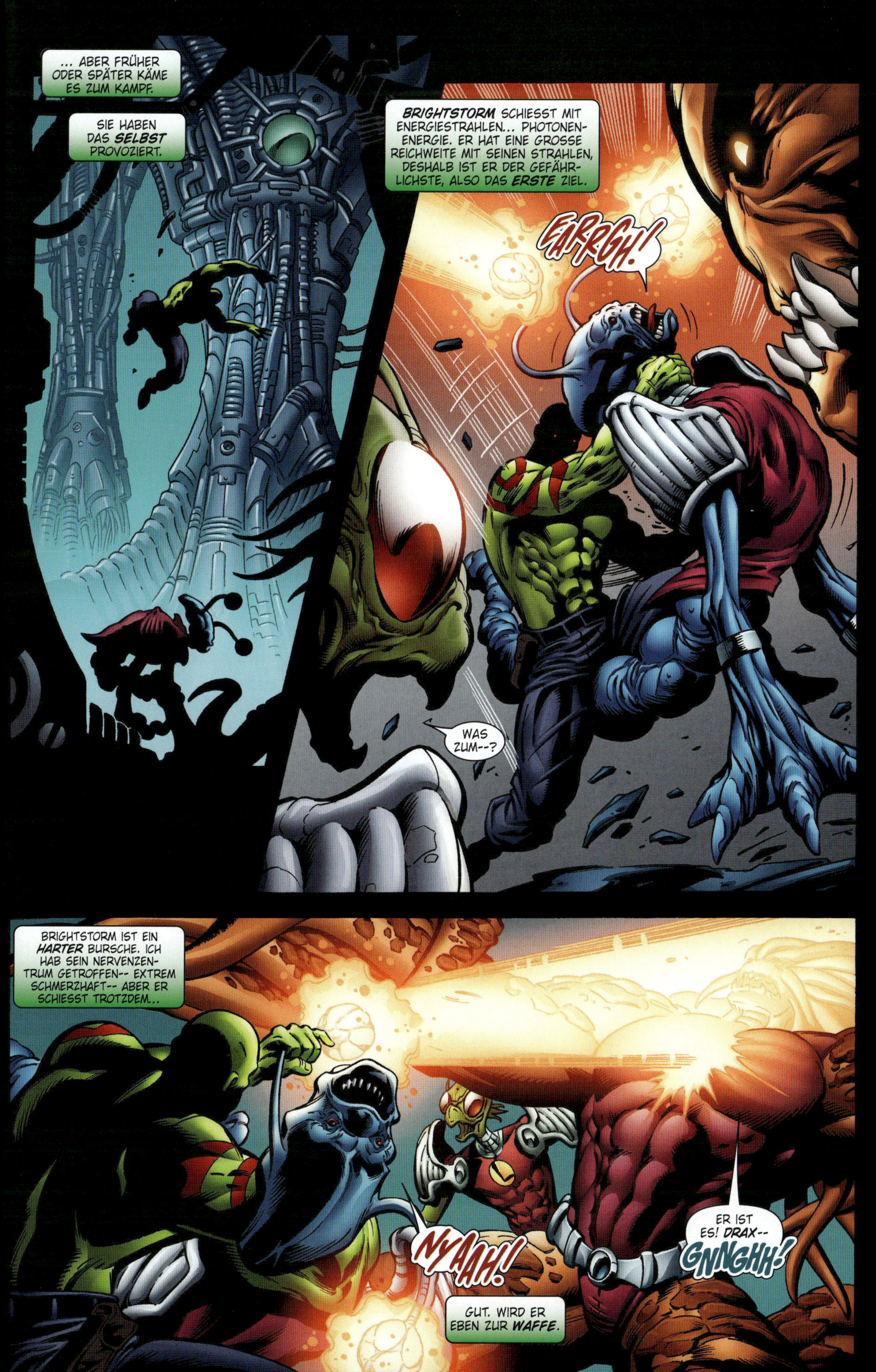
... ABER FRÜHER ODER SPÄTER KÄME ES ZUM KAMPF.
SIE HABEN DAS SELBST PROVOZIERT.
BRIGHTSTORM SCHIESST MIT ENERGIESTRAHLEN... PHOTONEN-ENERGIE. ER HAT EINE GROSSE REICHWEITE MIT SEINEN STRAHLEN, DESHALB IST ER DER GEFÄHRLICHSTE, ALSO DAS ERSTE ZIEL.
EARRGH!
WAS ZUM--?
BRIGHTSTORM IST EIN HARTER BURSCHE. ICH HAB SEIN NERVENZENTRUM GETROFFEN-- EXTREM SCHMERZHAFT-- ABER ER SCHIESST TROTZDEM...
NYAAH!
ER IST ES! DRAX--
GNNGHH!
GUT. WIRD ER EBEN ZUR WAFFE.

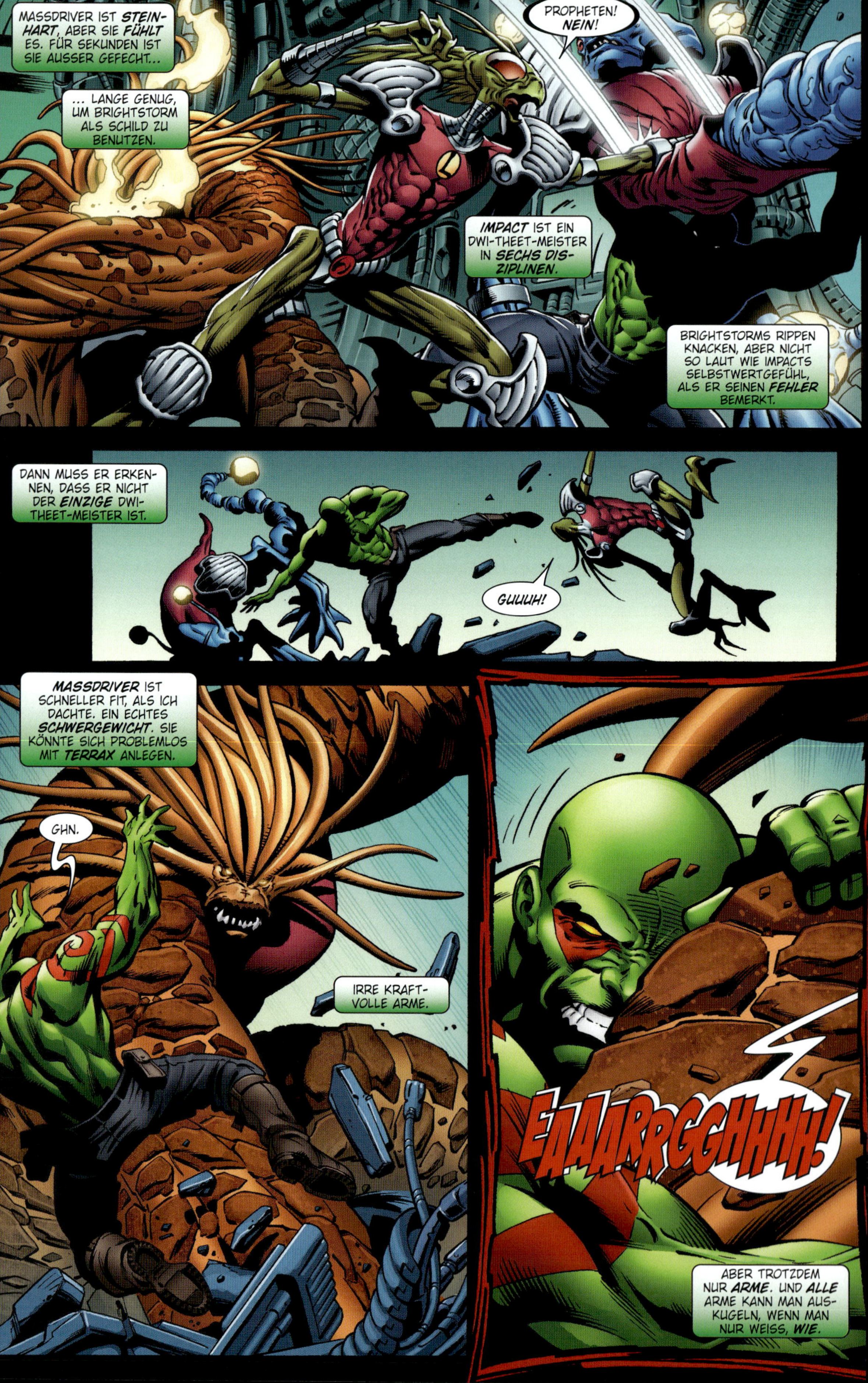

MASSDRIVER IST STEINHART, ABER SIE FÜHLT ES. FÜR SEKUNDEN IST SIE AUSSER GEFECHT...
... LANGE GENUG, UM BRIGHTSTORM ALS SCHILD ZU BENUTZEN.
PROPHETEN! NEIN!
IMPACT IST EIN DWI-THEET-MEISTER IN SECHS DISZIPLINEN.
BRIGHTSTORMS RIPPEN KNACKEN, ABER NICHT SO LAUT WIE IMPACTS SELBSTWERTGEFÜHL, ALS ER SEINEN FEHLER BEMERKT.
DANN MUSS ER ERKENNEN, DASS ER NICHT DER EINZIGE DWI-THEET-MEISTER IST.
GUUUH!
MASSDRIVER IST SCHNELLER FIT, ALS ICH DACHTE. EIN ECHTES SCHWERGEWICHT. SIE KÖNNTE SICH PROBLEMLOS MIT TERRAX ANLEGEN.
GHN.
IRRE KRAFTVOLLE ARME.
EAAARRGGHHHH!
ABER TROTZDEM NUR ARME. UND ALLE ARME KANN MAN AUSKUGELN, WENN MAN NUR WEISS, WIE.

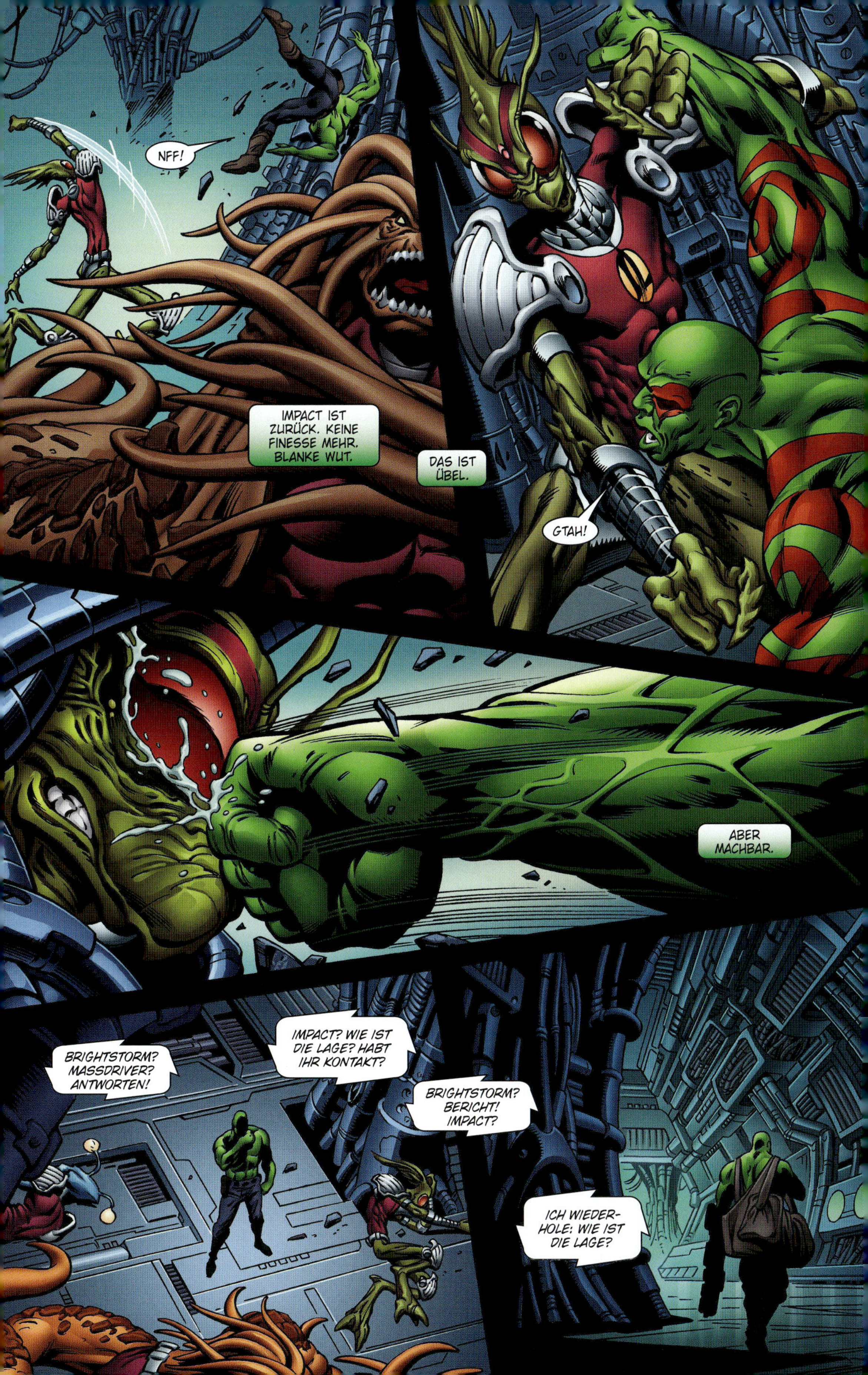
NFF!
IMPACT IST ZURÜCK. KEINE FINESSE MEHR. BLANKE WUT.
DAS IST ÜBEL.
GTAH!
ABER MACHBAR.
BRIGHTSTORM? MASSDRIVER? ANTWORTEN!
IMPACT? WIE IST DIE LAGE? HABT IHR KONTAKT?
BRIGHTSTORM? BERICHT! IMPACT?
ICH WIEDER-HOLE: WIE IST DIE LAGE?

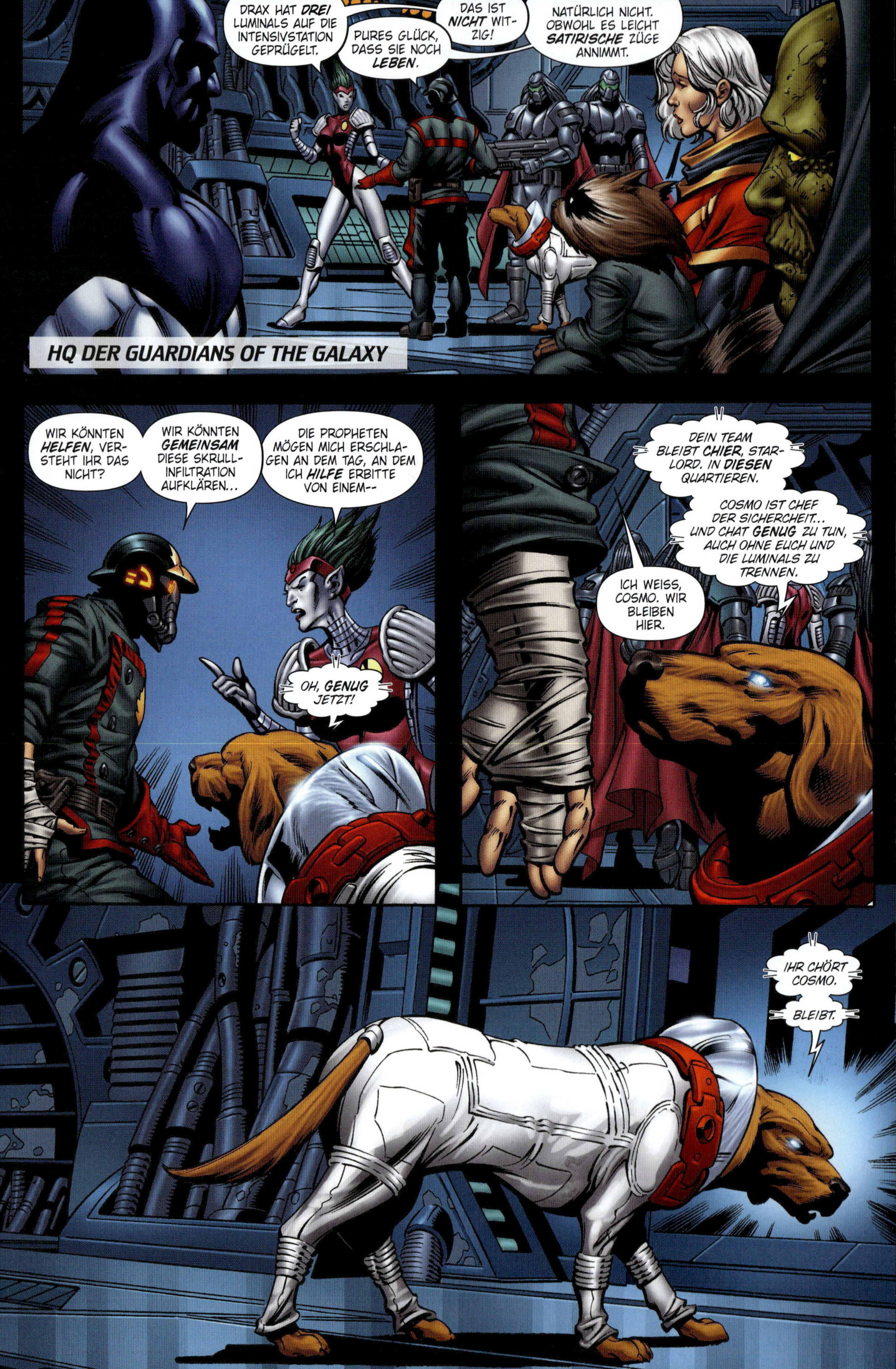
DRAX HAT DREI LUMINALS AUF DIE INTENSIVSTATION GEPRÜGELT.
PURES GLÜCK, DASS SIE NOCH LEBEN.
DAS IST NICHT WITZIG!
NATÜRLICH NICHT. OBWOHL ES LEICHT SATIRISCHE ZÜGE ANNIMMT.
HQ DER GUARDIANS OF THE GALAXY
WIR KÖNNTEN HELFEN, VERSTEHT IHR DAS NICHT?
WIR KÖNNTEN GEMEINSAM DIESE SKRULL-INFILTRATION AUFKLÄREN...
DIE PROPHETEN MÖGEN MICH ERSCHLAGEN AN DEM TAG, AN DEM ICH HILFE ERBITTE VON EINEM--
OH, GENUG JETZT!
DEIN TEAM BLEIBT CHIER, STAR-LORD. IN DIESEN QUARTIEREN.
COSMO IST CHEF DER SICHERCHEIT... UND CHAT GENUG ZU TUN, AUCH OHNE EUCH UND DIE LUMINALS ZU TRENNEN.
ICH WEISS, COSMO. WIR BLEIBEN HIER.
IHR CHÖRT COSMO.
BLEIBT.

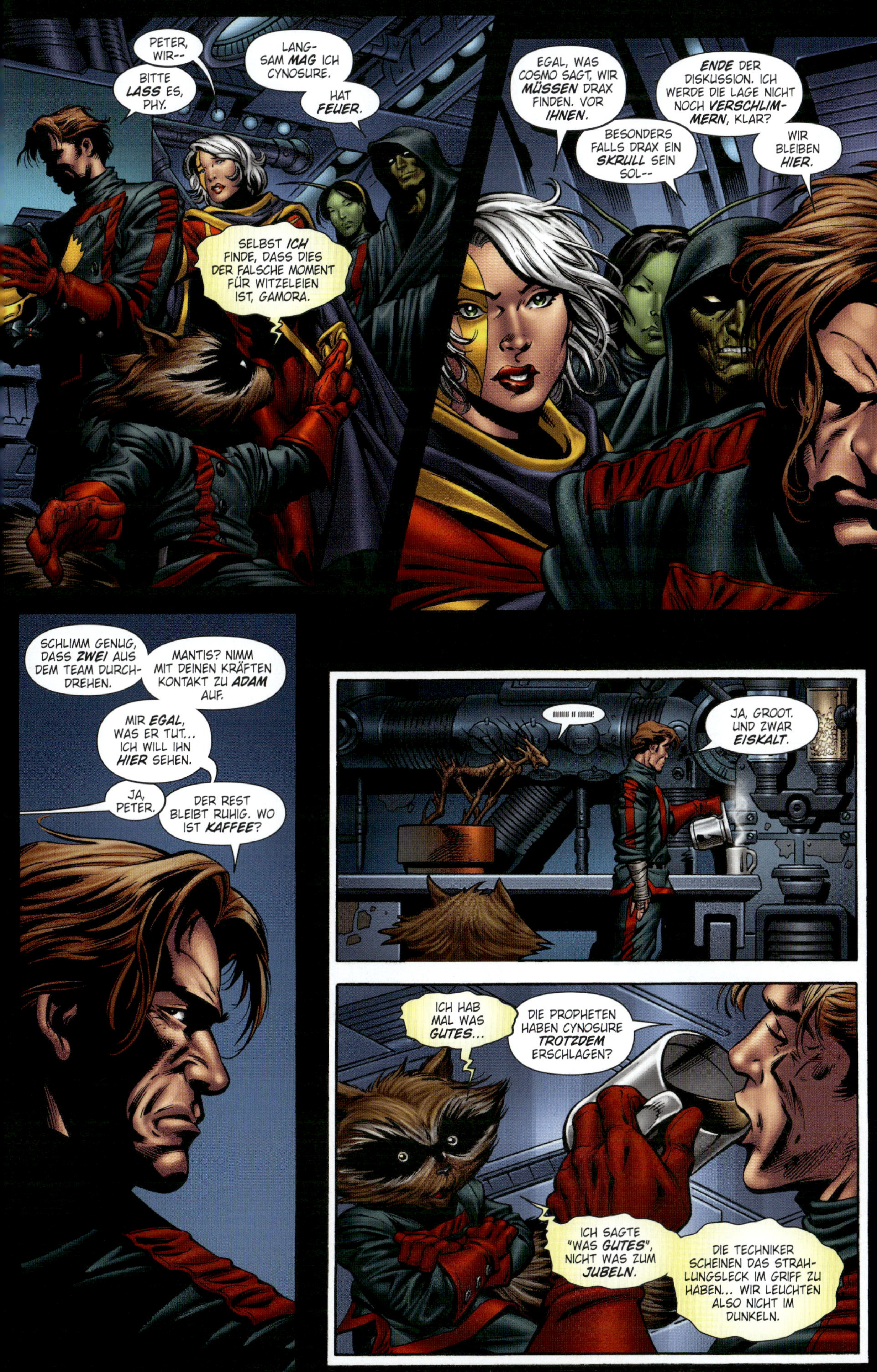
PETER, WIR--
BITTE LASS ES, PHY.
LANGSAM MAG ICH CYNOSURE.
HAT FEUER.
SELBST ICH FINDE, DASS DIES DER FALSCHE MOMENT FÜR WITZELEIEN IST, GAMORA.
EGAL, WAS COSMO SAGT, WIR MÜSSEN DRAX FINDEN. VOR IHNEN.
BESONDERS FALLS DRAX EIN SKRULL SEIN SOL--
ENDE DER DISKUSSION. ICH WERDE DIE LAGE NICHT NOCH VERSCHLIMMERN, KLAR?
WIR BLEIBEN HIER.
SCHLIMM GENUG, DASS ZWEI AUS DEM TEAM DURCHDREHEN.
MANTIS? NIMM MIT DEINEN KRÄFTEN KONTAKT ZU ADAM AUF.
MIR EGAL, WAS ER TUT... ICH WILL IHN HIER SEHEN.
JA, PETER.
DER REST BLEIBT RUHIG. WO IST KAFFEE?
JA, GROOT. UND ZWAR EISKALT.
ICH HAB MAL WAS GUTES...
DIE PROPHETEN HABEN CYNOSURE TROTZDEM ERSCHLAGEN?
ICH SAGTE "WAS GUTES", NICHT WAS ZUM JUBELN.
DIE TECHNIKER SCHEINEN DAS STRAHLUNGSLECK IM GRIFF ZU HABEN... WIR LEUCHTEN ALSO NICHT IM DUNKELN.

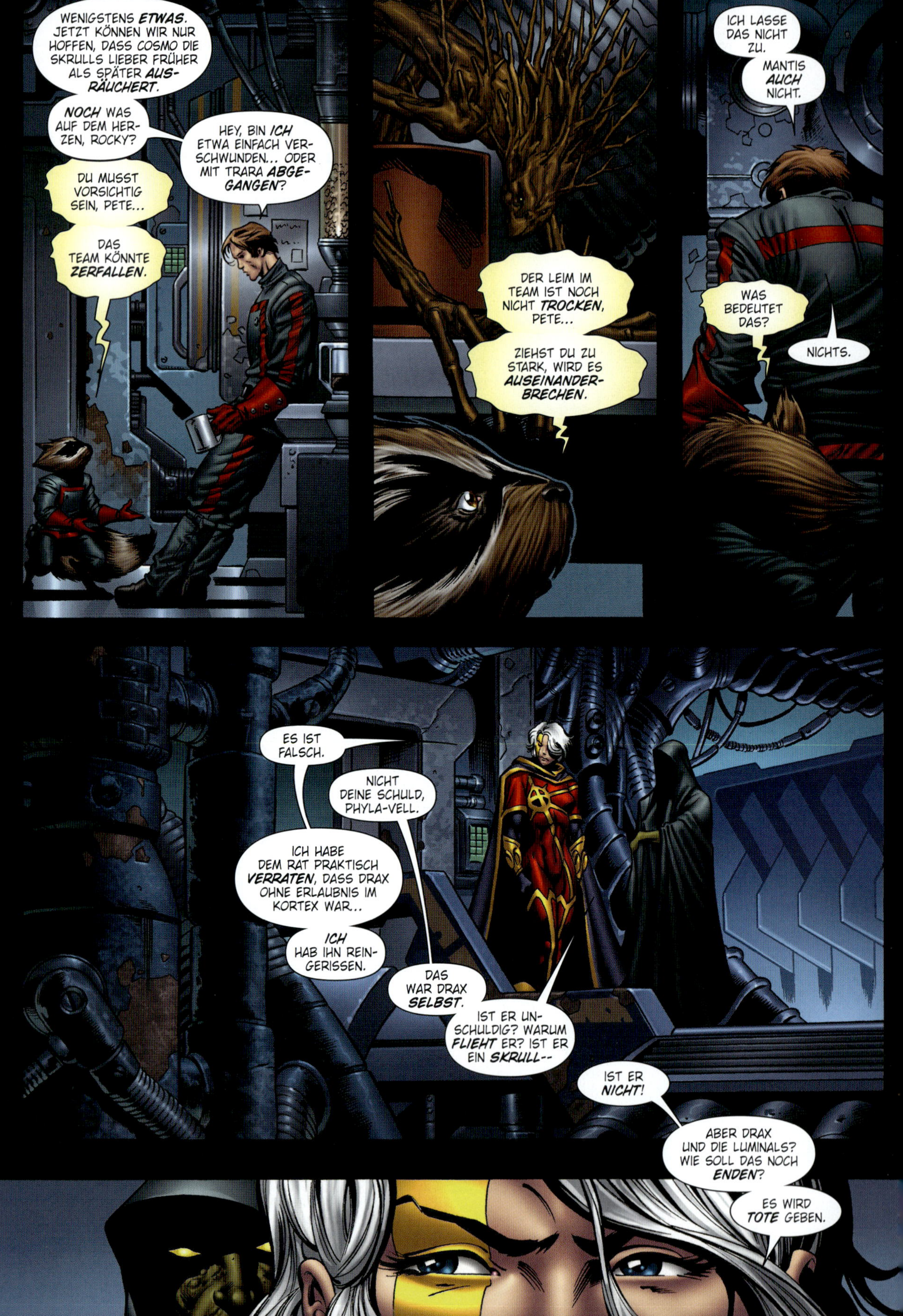

WENIGSTENS ETWAS. JETZT KÖNNEN WIR NUR HOFFEN, DASS COSMO DIE SKRULLS LIEBER FRÜHER ALS SPÄTER AUSRÄUCHERT.
NOCH WAS AUF DEM HERZEN, ROCKY?
HEY, BIN ICH ETWA EINFACH VERSCHWUNDEN... ODER MIT TRARA ABGEGANGEN?
DU MUSST VORSICHTIG SEIN, PETE...
DAS TEAM KÖNNTE ZERFALLEN.
DER LEIM IM TEAM IST NOCH NICHT TROCKEN, PETE...
ZIEHST DU ZU STARK, WIRD ES AUSEINANDERBRECHEN.
ICH LASSE DAS NICHT ZU.
MANTIS AUCH NICHT.
WAS BEDEUTET DAS?
NICHTS.
ES IST FALSCH.
NICHT DEINE SCHULD, PHYLA-VELL.
ICH HABE DEM RAT PRAKTISCH VERRATEN, DASS DRAX OHNE ERLAUBNIS IM KORTEX WAR...
ICH HAB IHN REINGERISSEN.
DAS WAR DRAX SELBST.
IST ER UNSCHULDIG? WARUM FLIEHT ER? IST ER EIN SKRULL--
IST ER NICHT!
ABER DRAX UND DIE LUMINALS? WIE SOLL DAS NOCH ENDEN?
ES WIRD TOTE GEBEN.

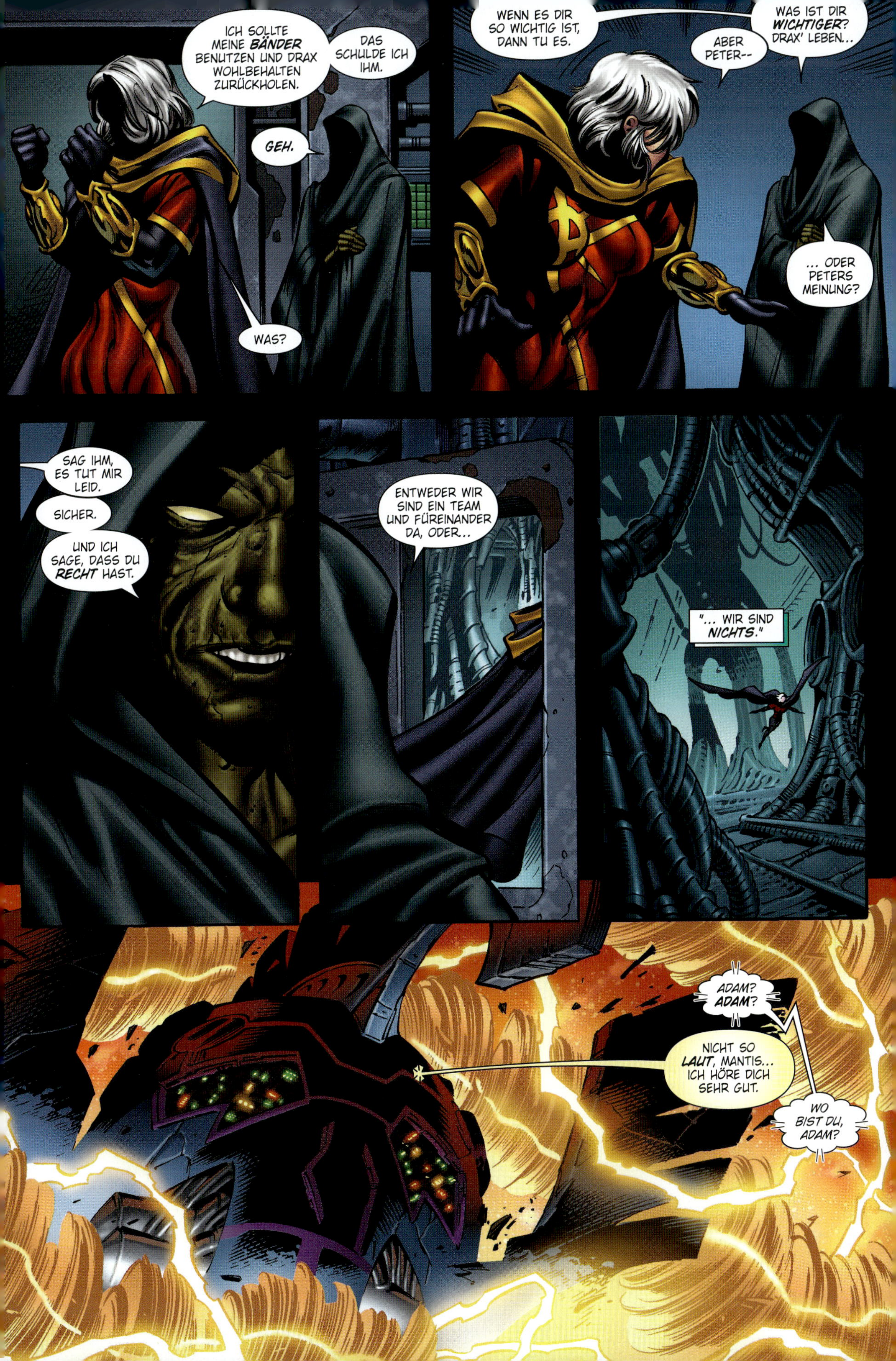
ICH SOLLTE MEINE BÄNDER BENUTZEN UND DRAX WOHLBEHALTEN ZURÜCKHOLEN.
DAS SCHULDE ICH IHM.
GEH.
WAS?
WENN ES DIR SO WICHTIG IST, DANN TU ES.
ABER PETER--
WAS IST DIR WICHTIGER? DRAX' LEBEN...
... ODER PETERS MEINUNG?
SAG IHM, ES TUT MIR LEID.
SICHER.
UND ICH SAGE, DASS DU RECHT HAST.
ENTWEDER WIR SIND EIN TEAM UND FÜREINANDER DA, ODER...
"... WIR SIND NICHTS."
ADAM? ADAM?
NICHT SO LAUT, MANTIS... ICH HÖRE DICH SEHR GUT.
WO BIST DU, ADAM?

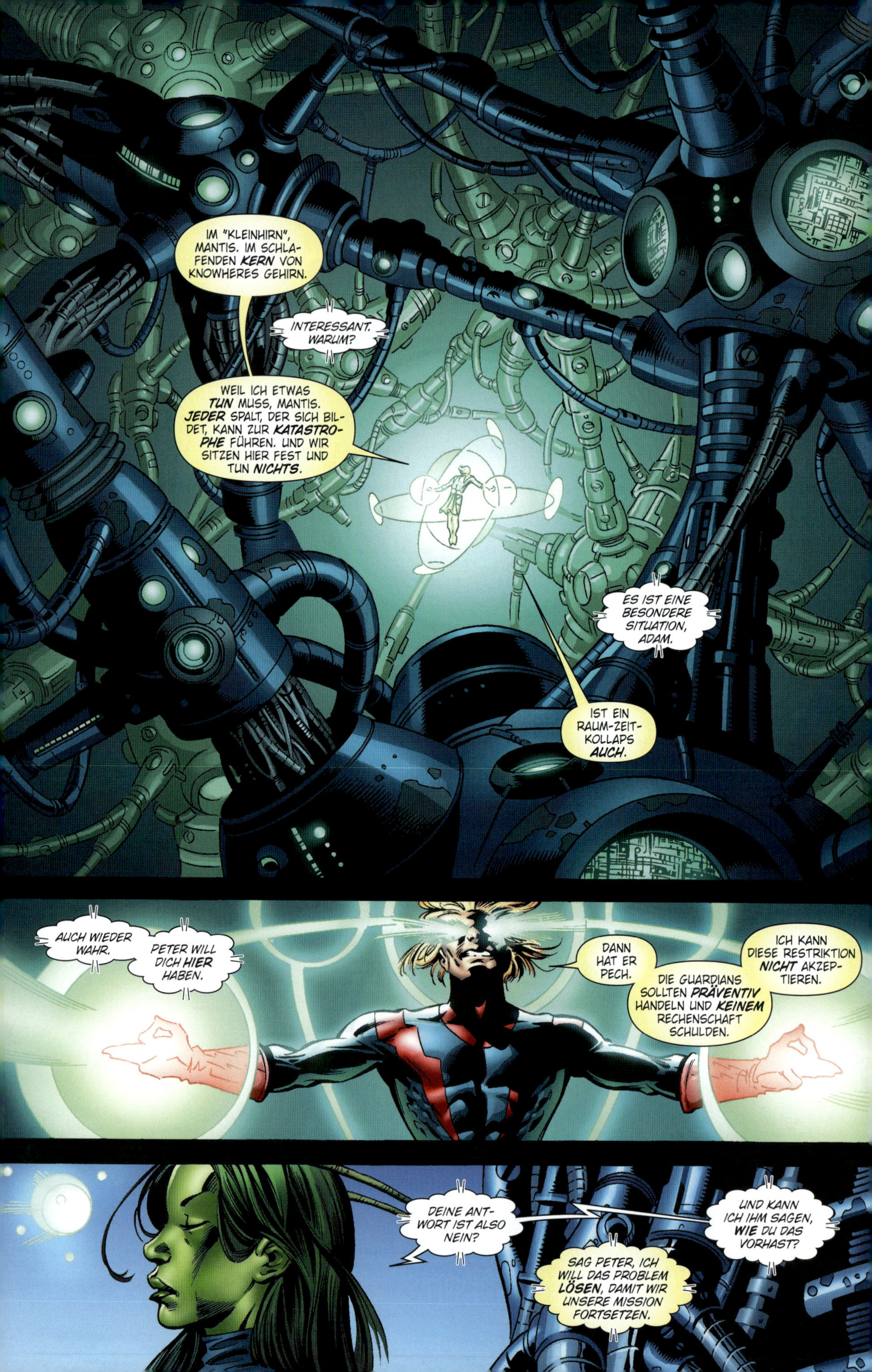
IM "KLEINHIRN", MANTIS. IM SCHLAFENDEN KERN VON KNOWHERES GEHIRN.
INTERESSANT. WARUM?
WEIL ICH ETWAS TUN MUSS, MANTIS. JEDER SPALT, DER SICH BILDET, KANN ZUR KATASTROPHE FÜHREN. UND WIR SITZEN HIER FEST UND TUN NICHTS.
ES IST EINE BESONDERE SITUATION, ADAM.
IST EIN RAUM-ZEIT-KOLLAPS AUCH.
AUCH WIEDER WAHR.
PETER WILL DICH HIER HABEN.
DANN HAT ER PECH.
ICH KANN DIESE RESTRIKTION NICHT AKZEPTIEREN.
DIE GUARDIANS SOLLTEN PRÄVENTIV HANDELN UND KEINEM RECHENSCHAFT SCHULDEN.
DEINE ANTWORT IST ALSO NEIN?
UND KANN ICH IHM SAGEN, WIE DU DAS VORHAST?
SAG PETER, ICH WILL DAS PROBLEM LÖSEN, DAMIT WIR UNSERE MISSION FORTSETZEN.

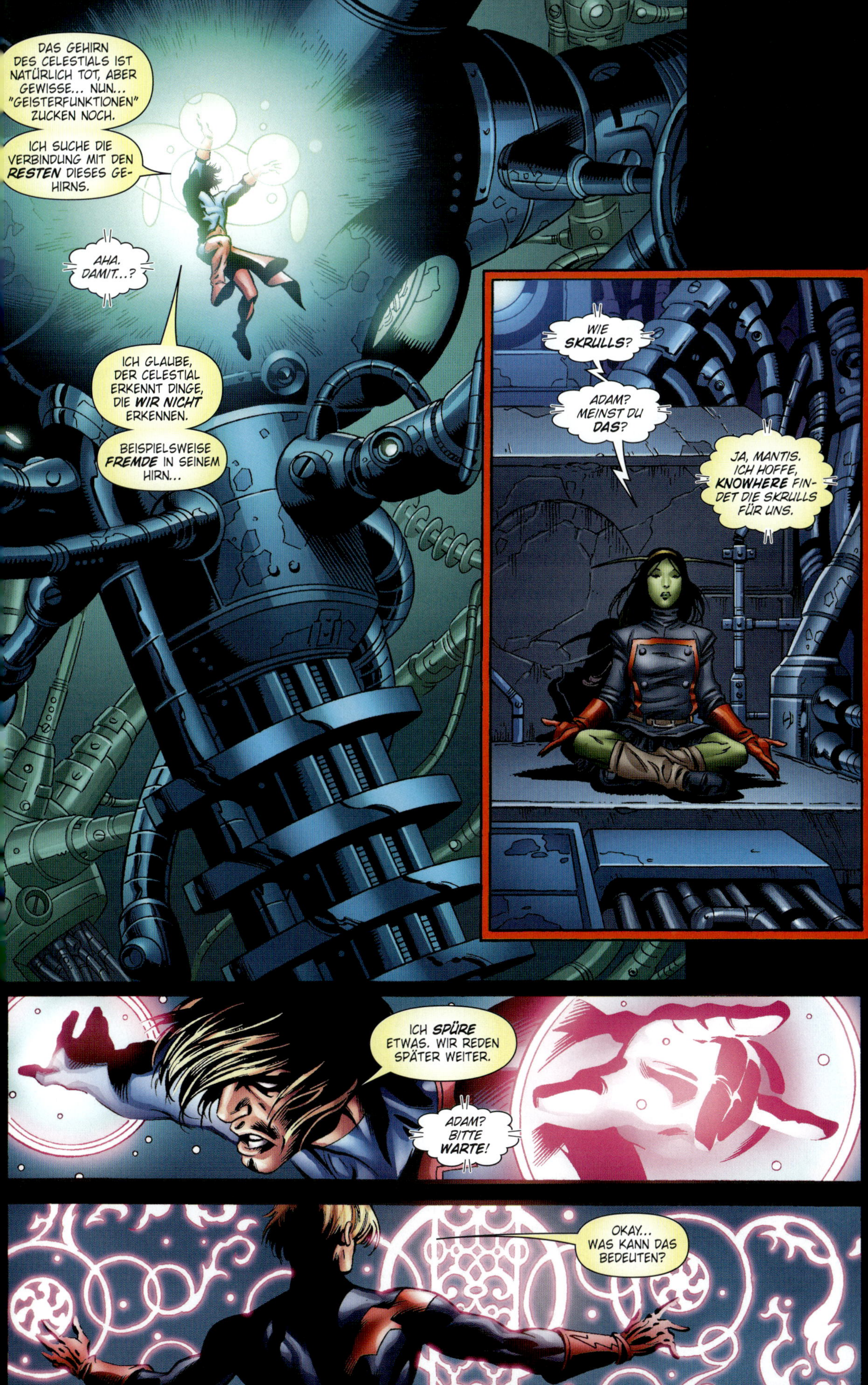
DAS GEHIRN DES CELESTIALS IST NATÜRLICH TOT, ABER GEWISSE... NUN... "GEISTERFUNKTIONEN" ZUCKEN NOCH.
ICH SUCHE DIE VERBINDUNG MIT DEN RESTEN DIESES GEHIRNS.
AHA. DAMIT...?
ICH GLAUBE, DER CELESTIAL ERKENNT DINGE, DIE WIR NICHT ERKENNEN.
BEISPIELSWEISE FREMDE IN SEINEM HIRN...
WIE SKRULLS?
ADAM? MEINST DU DAS?
JA, MANTIS. ICH HOFFE, KNOWHERE FINDET DIE SKRULLS FÜR UNS.
ICH SPÜRE ETWAS. WIR REDEN SPÄTER WEITER.
ADAM? BITTE WARTE!
OKAY... WAS KANN DAS BEDEUTEN?

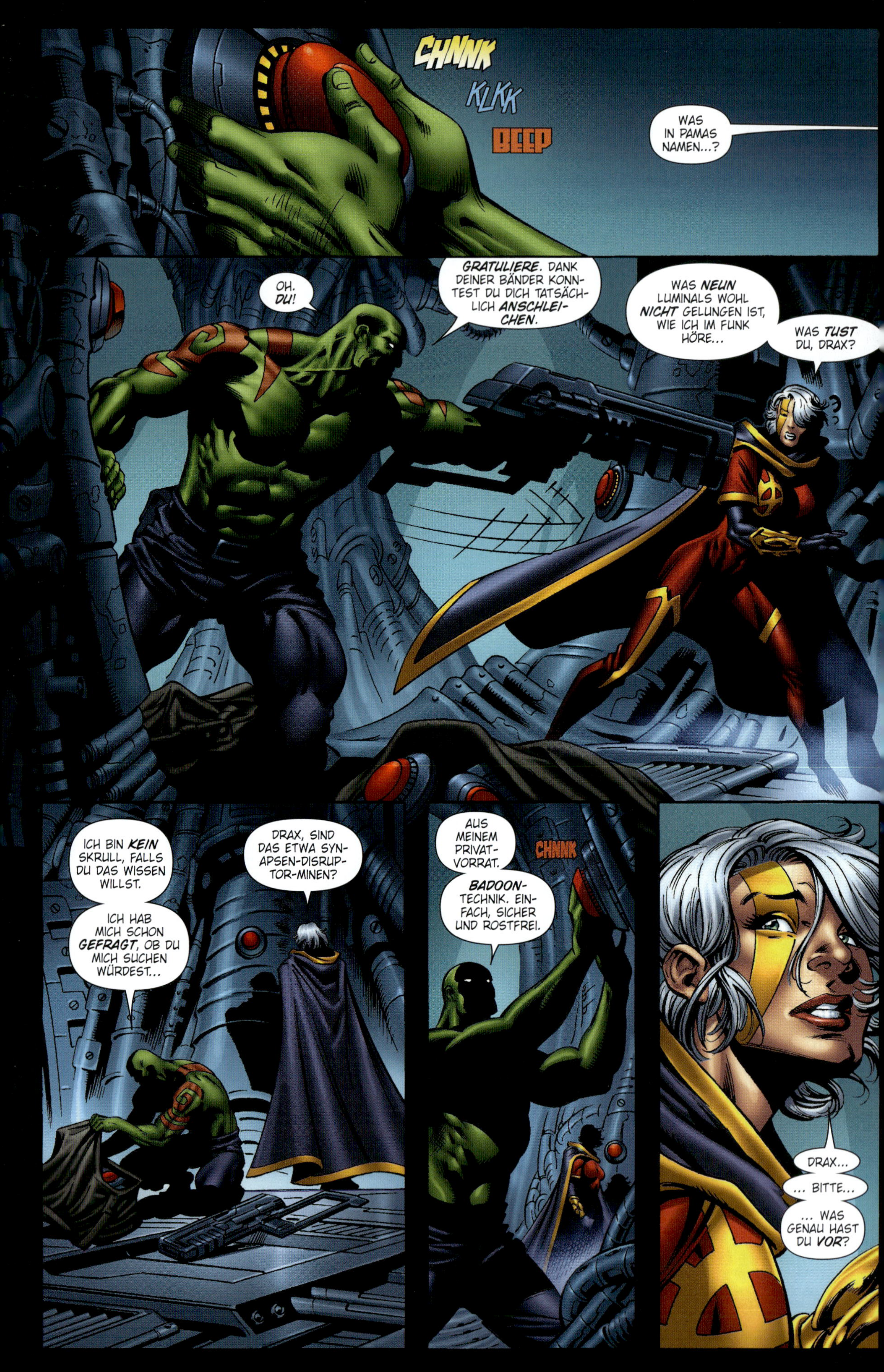
CHNNK
KLKK
BEEP
WAS IN PAMAS NAMEN...?
OH. DU!
GRATULIERE. DANK DEINER BÄNDER KONNTEST DU DICH TATSÄCHLICH ANSCHLEICHEN.
WAS NEUN LUMINALS WOHL NICHT GELUNGEN IST, WIE ICH IM FUNK HÖRE...
WAS TUST DU, DRAX?
ICH BIN KEIN SKRULL, FALLS DU DAS WISSEN WILLST.
ICH HAB MICH SCHON GEFRAGT, OB DU MICH SUCHEN WÜRDEST...
DRAX, SIND DAS ETWA SYNAPSEN-DISRUPTOR-MINEN?
AUS MEINEM PRIVATVORRAT.
BADOON-TECHNIK. EINFACH, SICHER UND ROSTFREI.
CHNNK
DRAX...
... BITTE...
... WAS GENAU HAST DU VOR?

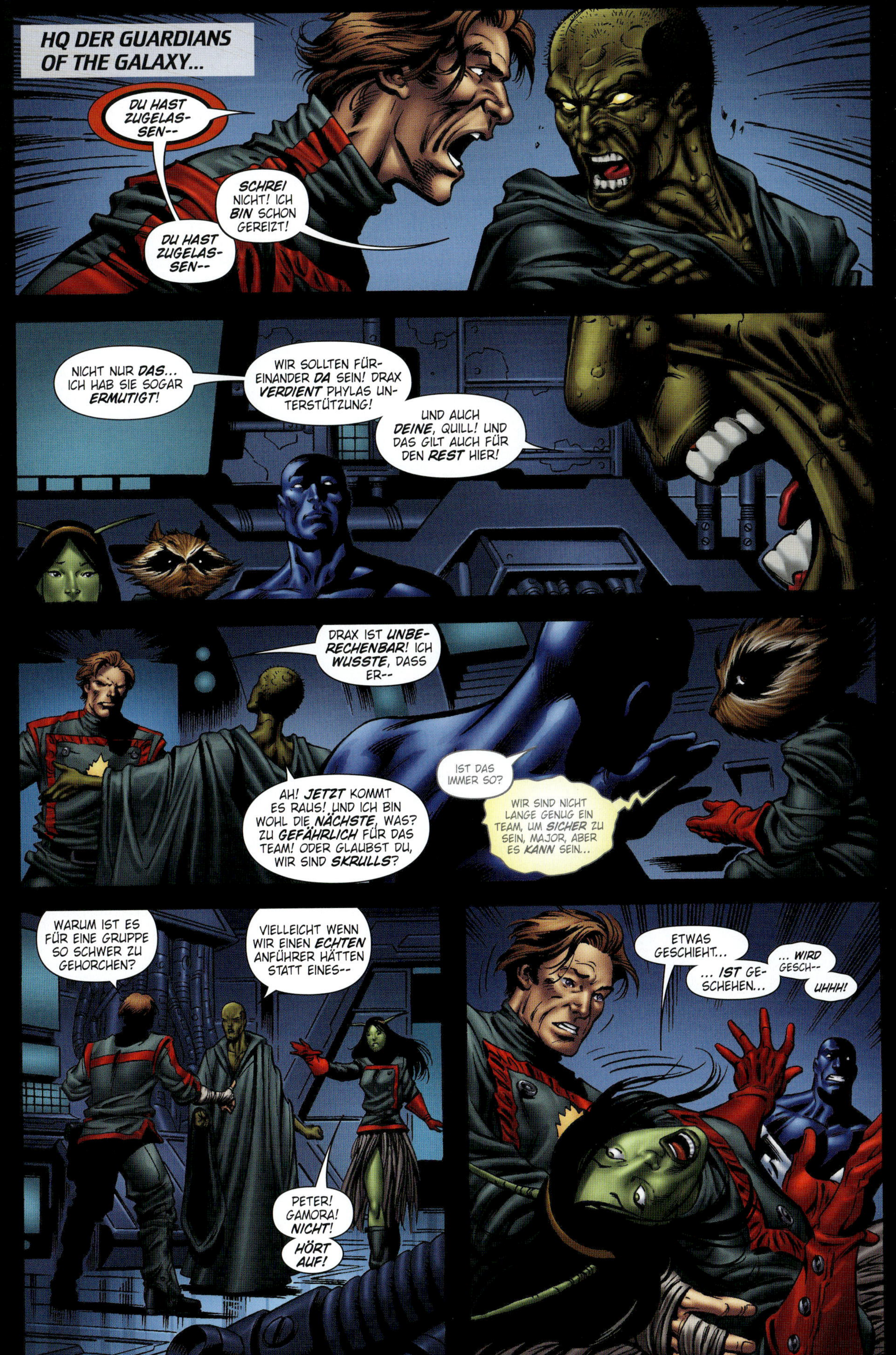
HQ DER GUARDIANS OF THE GALAXY...
DU HAST ZUGELAS-SEN--
SCHREI NICHT! ICH BIN SCHON GEREIZT!
DU HAST ZUGELAS-SEN--
NICHT NUR DAS... ICH HAB SIE SOGAR ERMUTIGT!
WIR SOLLTEN FÜR-EINANDER DA SEIN! DRAX VERDIENT PHYLAS UN-TERSTÜTZUNG!
UND AUCH DEINE, QUILL! UND DAS GILT AUCH FÜR DEN REST HIER!
DRAX IST UNBE-RECHENBAR! ICH WUSSTE, DASS ER--
AH! JETZT KOMMT ES RAUS! UND ICH BIN WOHL DIE NÄCHSTE, WAS? ZU GEFÄHRLICH FÜR DAS TEAM! ODER GLAUBST DU, WIR SIND SKRULLS?
IST DAS IMMER SO?
WIR SIND NICHT LANGE GENUG EIN TEAM, UM SICHER ZU SEIN, MAJOR, ABER ES KANN SEIN...
WARUM IST ES FÜR EINE GRUPPE SO SCHWER ZU GEHORCHEN?
VIELLEICHT WENN WIR EINEN ECHTEN ANFÜHRER HÄTTEN STATT EINES--
PETER! GAMORA! NICHT! HÖRT AUF!
ETWAS GESCHIEHT...
... IST GE-SCHEHEN...
... WIRD GESCH--
UHHH!

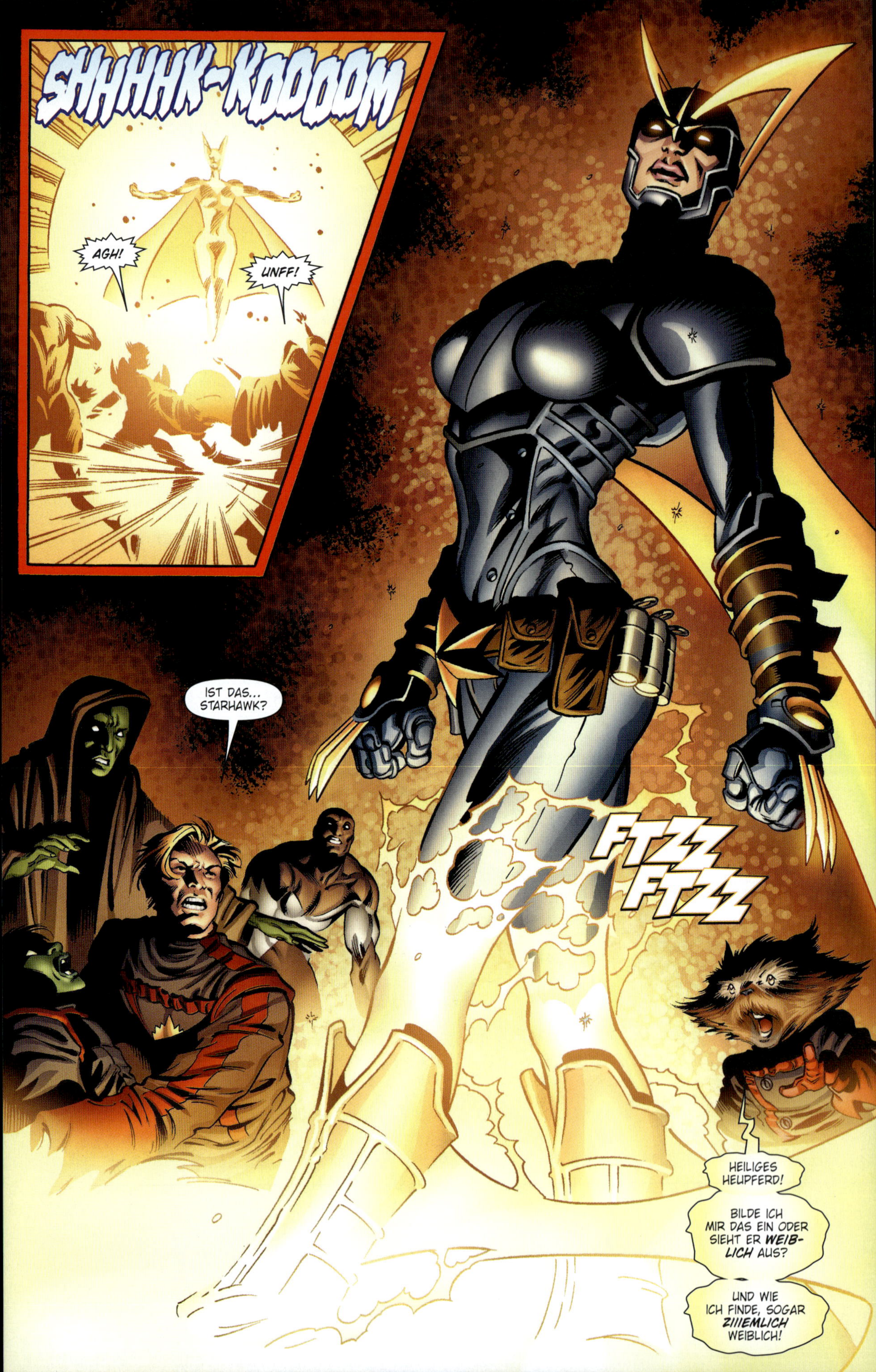
SHHHHK-KOOOOM
AGH!
UNFF!
IST DAS... STARHAWK?
FTZZ FTZZ
HEILIGES HEUPFERD!
BILDE ICH MIR DAS EIN ODER SIEHT ER *WEIBLICH* AUS?
UND WIE ICH FINDE, SOGAR *ZIIIEMLICH* WEIBLICH!

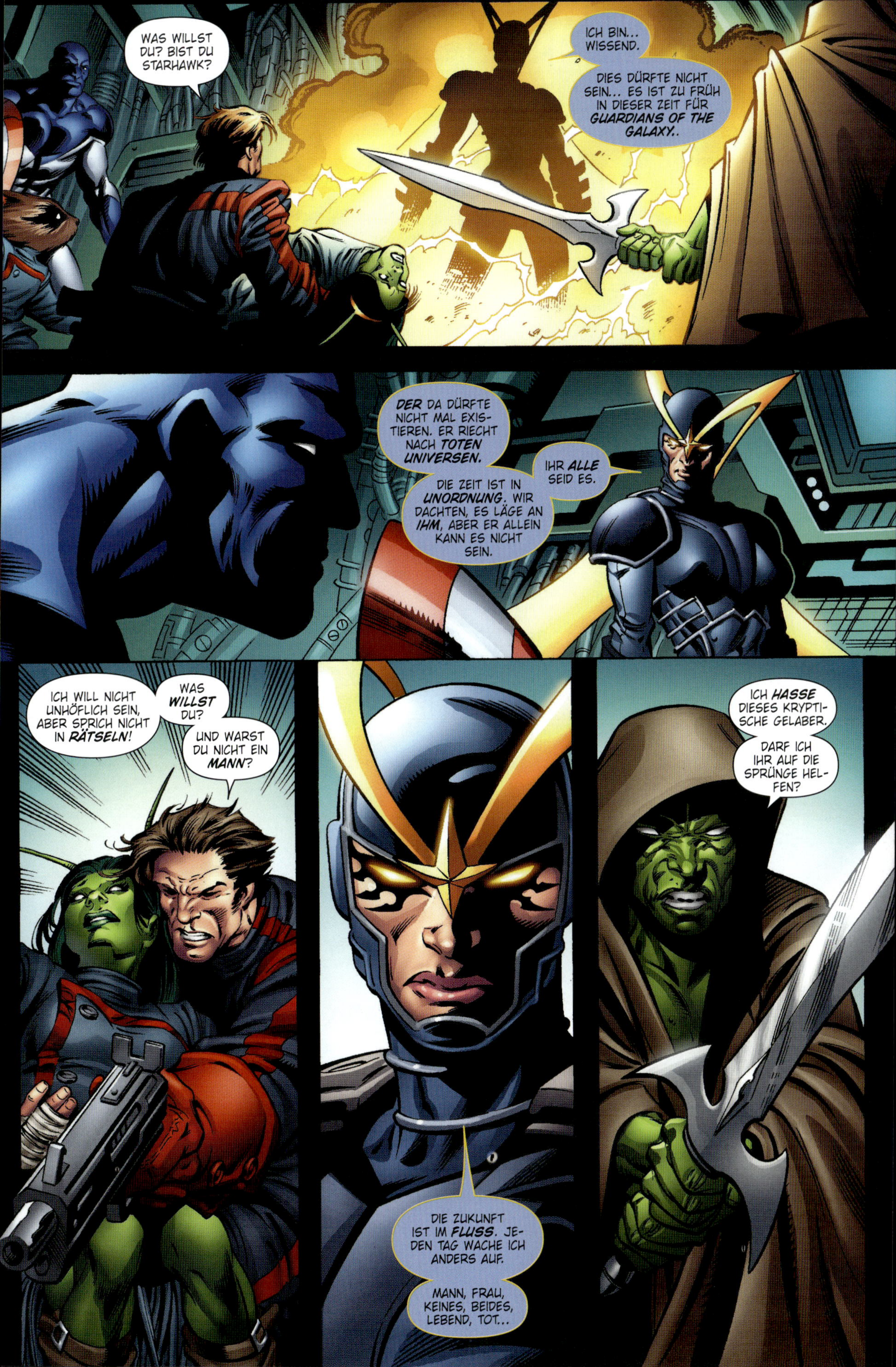
WAS WILLST DU? BIST DU STARHAWK?
ICH BIN... WISSEND.
DIES DÜRFTE NICHT SEIN... ES IST ZU FRÜH IN DIESER ZEIT FÜR GUARDIANS OF THE GALAXY.
DER DA DÜRFTE NICHT MAL EXISTIEREN. ER RIECHT NACH TOTEN UNIVERSEN.
DIE ZEIT IST IN UNORDNUNG. WIR DACHTEN, ES LÄGE AN IHM, ABER ER ALLEIN KANN ES NICHT SEIN.
IHR ALLE SEID ES.
ICH WILL NICHT UNHÖFLICH SEIN, ABER SPRICH NICHT IN RÄTSELN!
WAS WILLST DU?
UND WARST DU NICHT EIN MANN?
DIE ZUKUNFT IST IM FLUSS. JEDEN TAG WACHE ICH ANDERS AUF.
MANN, FRAU, KEINES, BEIDES, LEBEND, TOT...
ICH HASSE DIESES KRYPTISCHE GELABER.
DARF ICH IHR AUF DIE SPRÜNGE HELFEN?

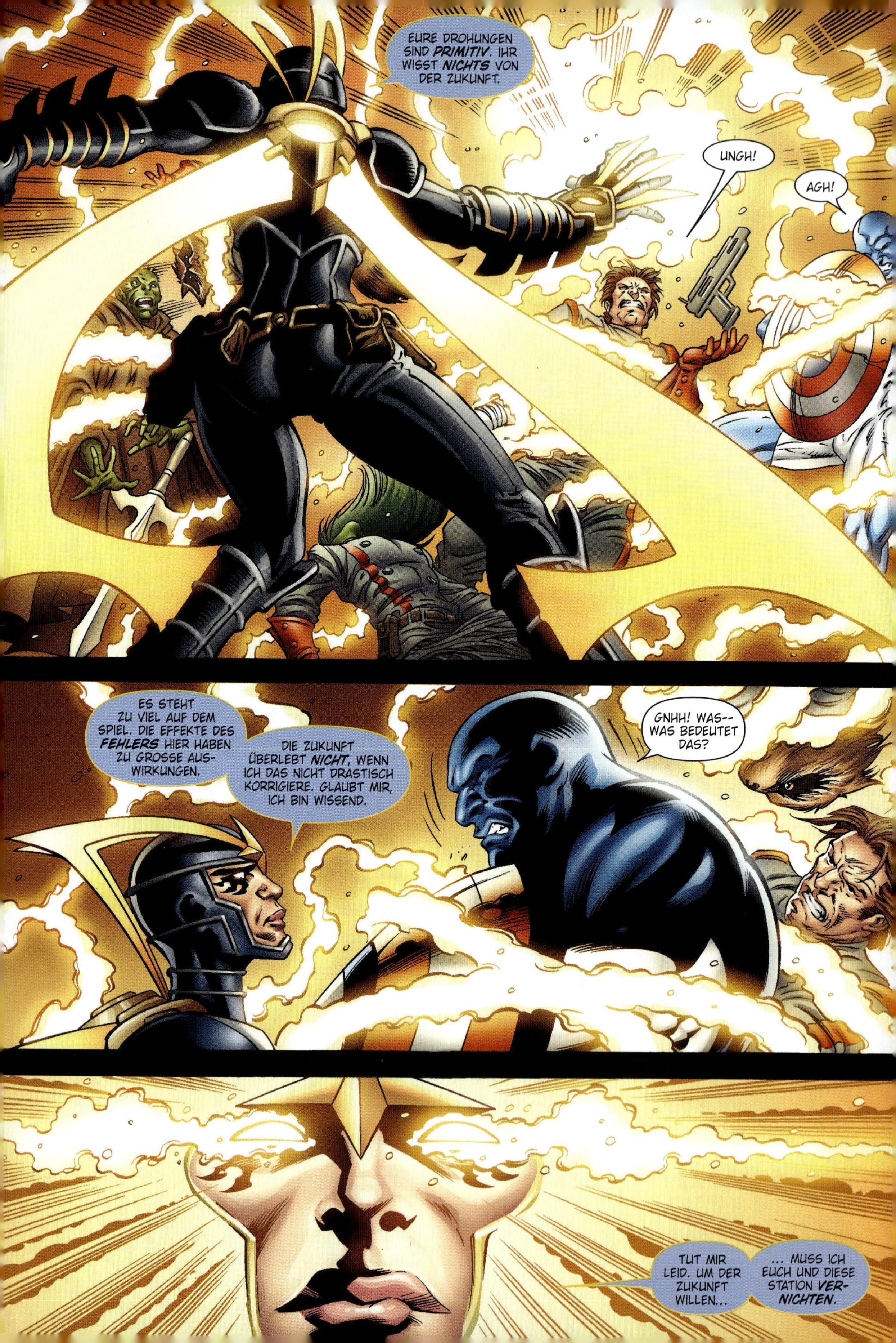
EURE DROHUNGEN SIND PRIMITIV. IHR WISST NICHTS VON DER ZUKUNFT.
UNGH!
AGH!
ES STEHT ZU VIEL AUF DEM SPIEL. DIE EFFEKTE DES FEHLERS HIER HABEN ZU GROSSE AUS-WIRKUNGEN.
DIE ZUKUNFT ÜBERLEBT NICHT, WENN ICH DAS NICHT DRASTISCH KORRIGIERE. GLAUBT MIR, ICH BIN WISSEND.
GNHH! WAS-- WAS BEDEUTET DAS?
TUT MIR LEID. UM DER ZUKUNFT WILLEN...
... MUSS ICH EUCH UND DIESE STATION VER-NICHTEN.

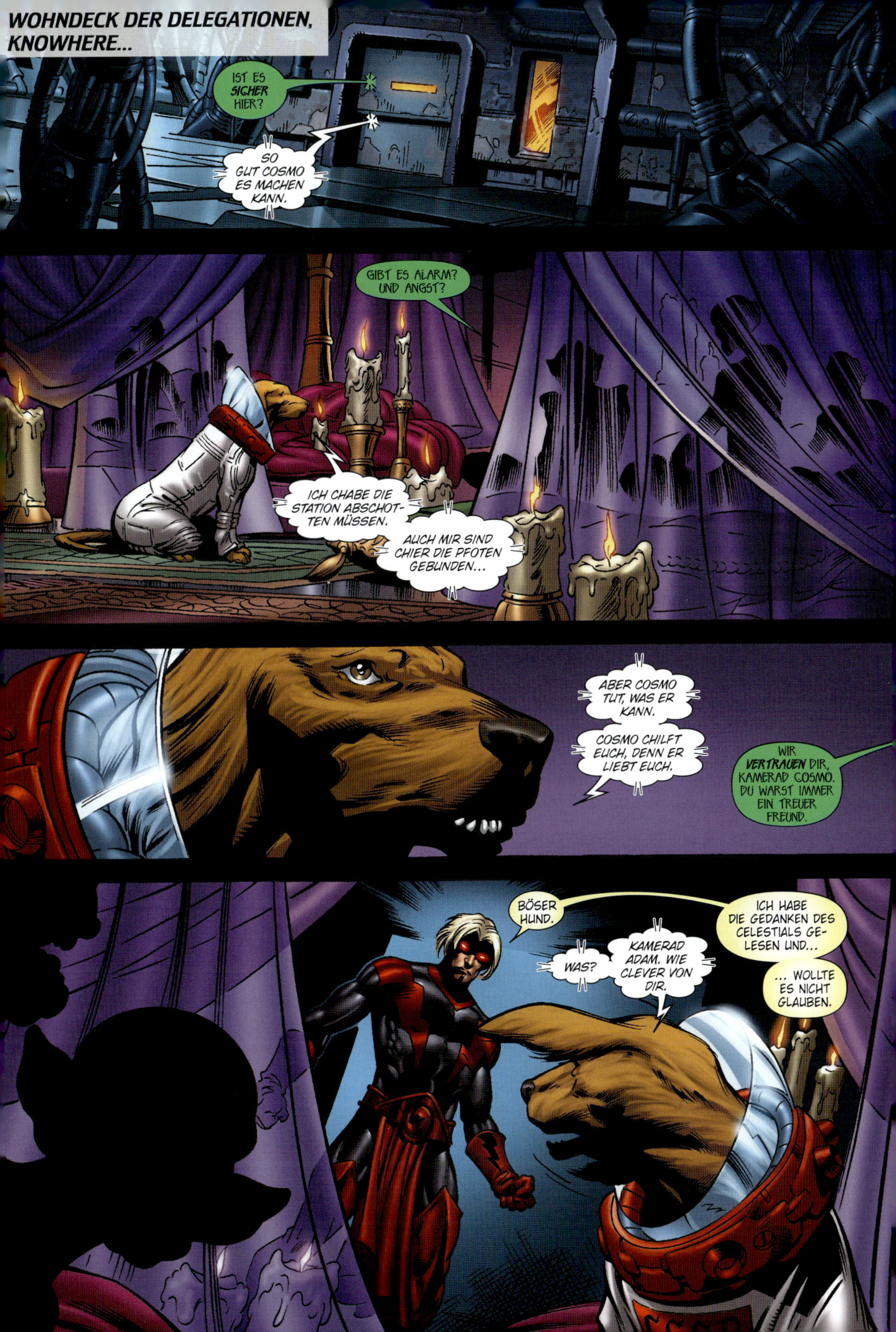
WOHNDECK DER DELEGATIONEN, KNOWHERE...
IST ES SICHER HIER?
SO GUT COSMO ES MACHEN KANN.
GIBT ES ALARM? UND ANGST?
ICH CHABE DIE STATION ABSCHOTTEN MÜSSEN.
AUCH MIR SIND CHIER DIE PFOTEN GEBUNDEN...
ABER COSMO TUT, WAS ER KANN.
COSMO CHILFT EUCH, DENN ER LIEBT EUCH.
WIR VERTRAUEN DIR, KAMERAD COSMO. DU WARST IMMER EIN TREUER FREUND.
BÖSER HUND.
ICH HABE DIE GEDANKEN DES CELESTIALS GELESEN UND...
WAS?
KAMERAD ADAM. WIE CLEVER VON DIR.
... WOLLTE ES NICHT GLAUBEN.

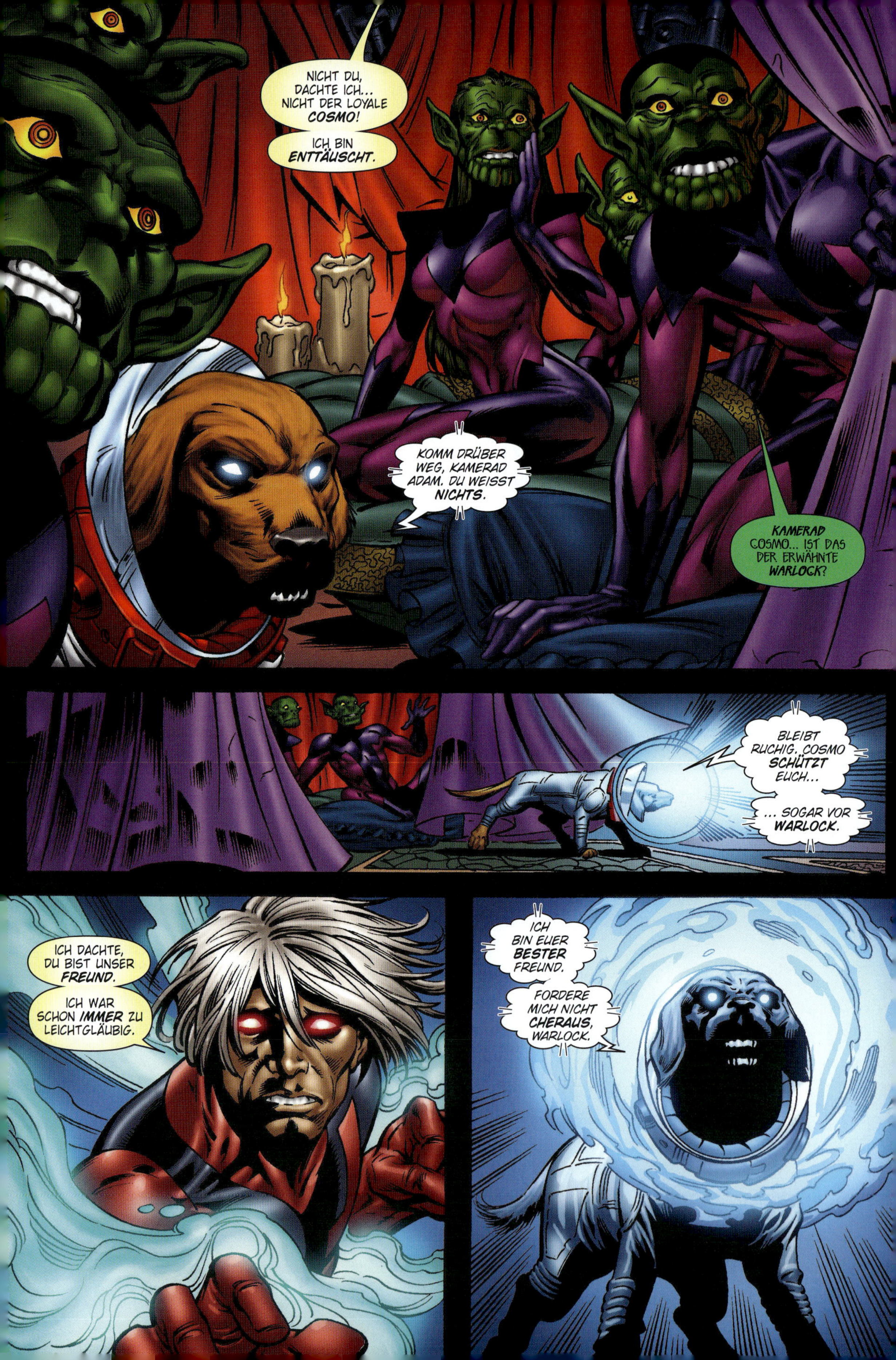

NICHT DU, DACHTE ICH... NICHT DER LOYALE **COSMO**!
ICH BIN **ENTTÄUSCHT**.
KOMM DRÜBER WEG, KAMERAD ADAM. DU WEISST **NICHTS**.
KAMERAD COSMO... IST DAS DER ERWÄHNTE **WARLOCK**?

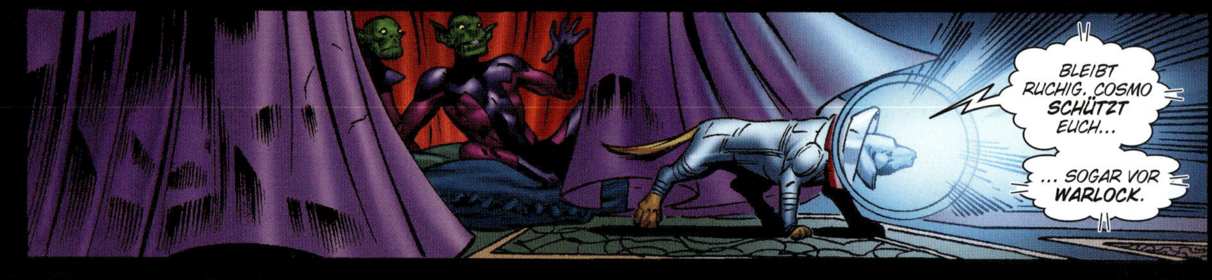

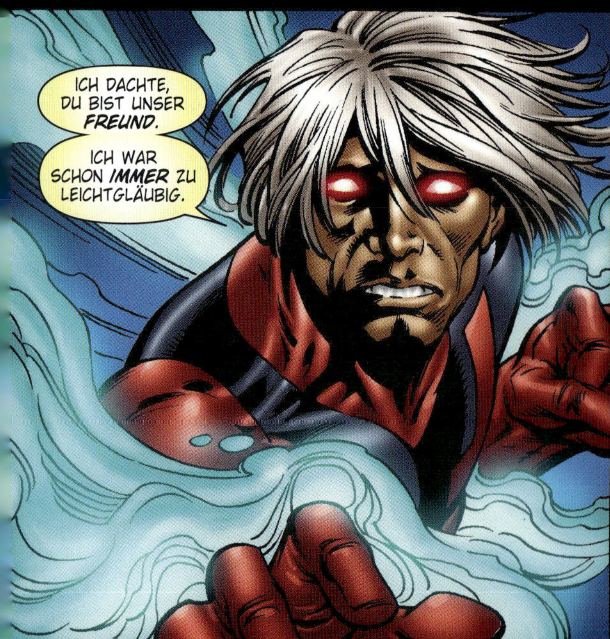

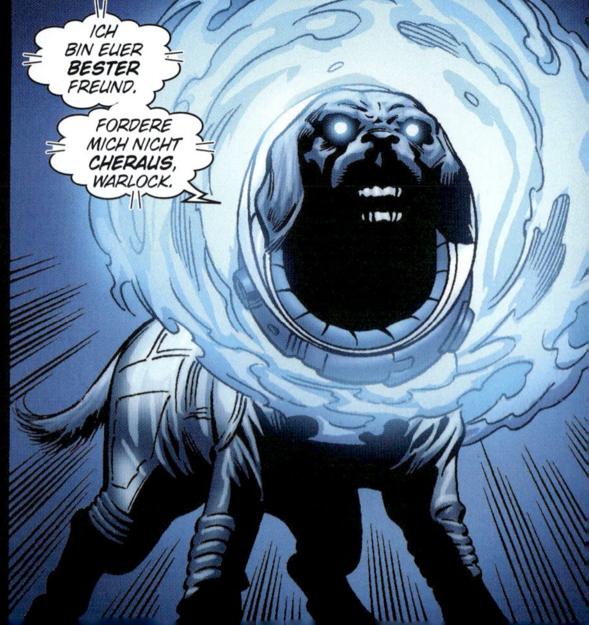

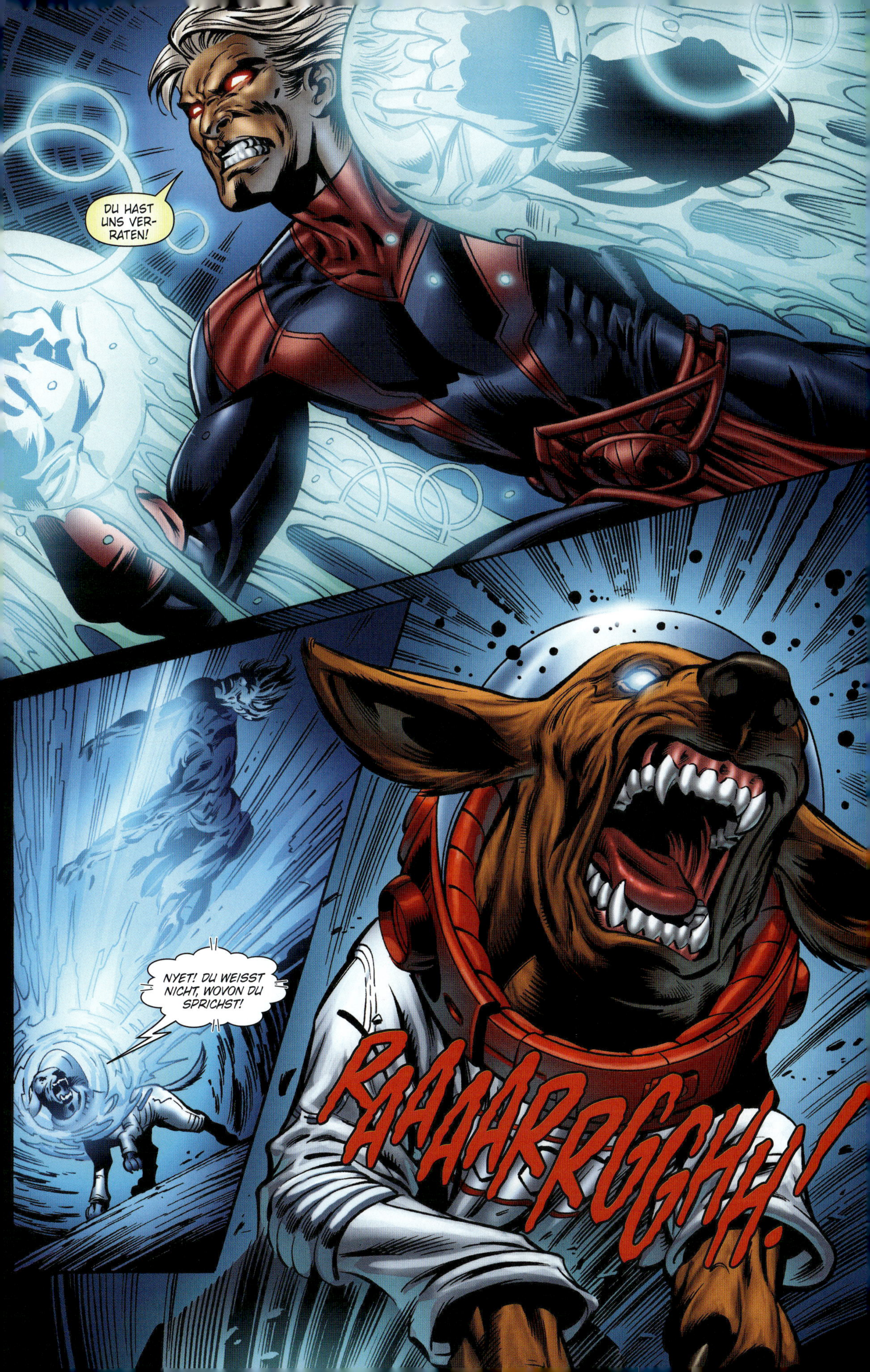
DU HAST UNS VER-RATEN!
NYET! DU WEISST NICHT, WOVON DU SPRICHST!
RAAAARRGGHH!

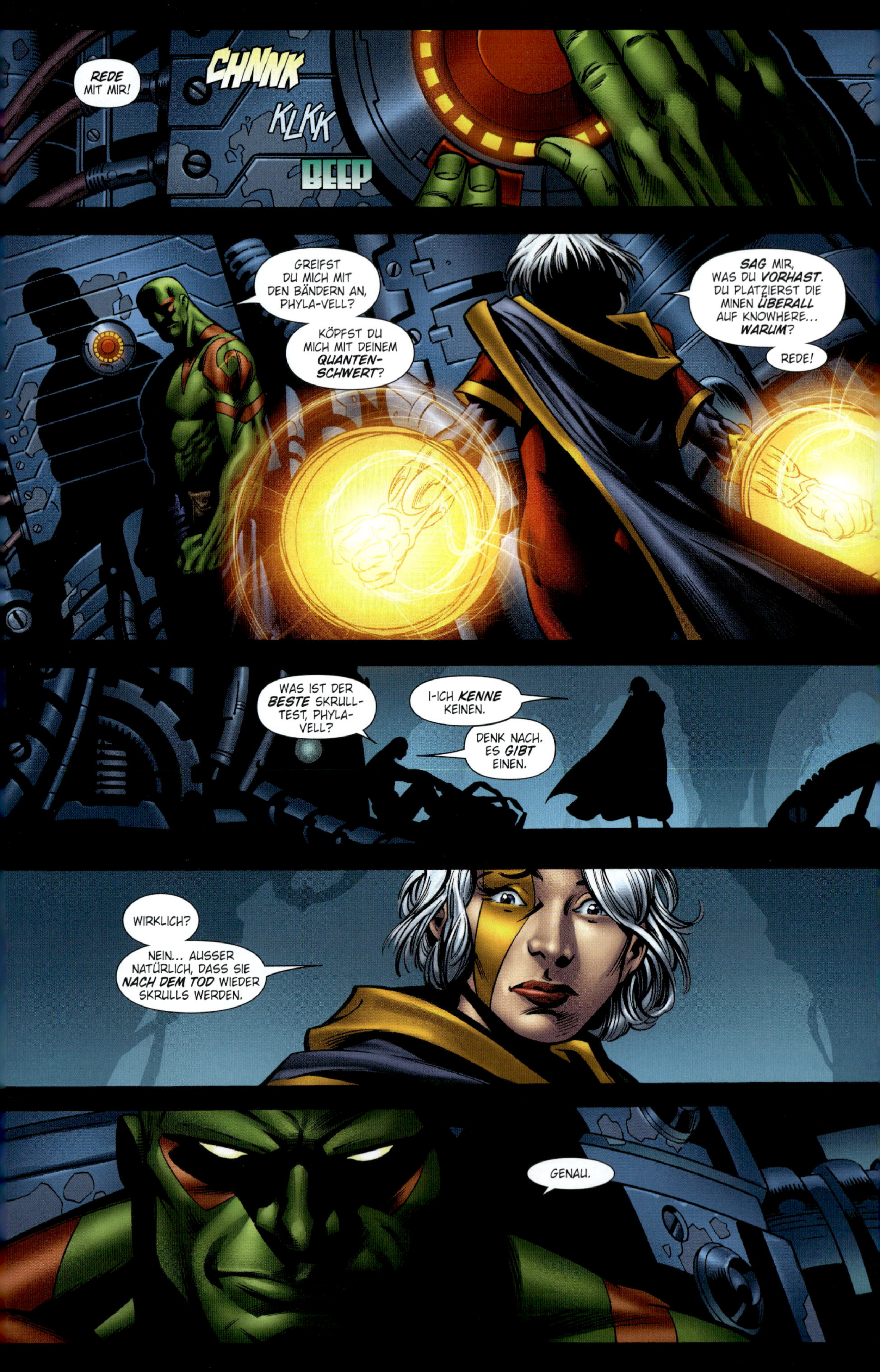
REDE MIT MIR!
CHNNK
KLKK
BEEP
GREIFST DU MICH MIT DEN BÄNDERN AN, PHYLA-VELL?
KÖPFST DU MICH MIT DEINEM QUANTEN-SCHWERT?
SAG MIR, WAS DU VORHAST. DU PLATZIERST DIE MINEN ÜBERALL AUF KNOWHERE... WARUM?
REDE!
WAS IST DER BESTE SKRULL-TEST, PHYLA-VELL?
I-ICH KENNE KEINEN.
DENK NACH. ES GIBT EINEN.
WIRKLICH?
NEIN... AUSSER NATÜRLICH, DASS SIE NACH DEM TOD WIEDER SKRULLS WERDEN.
GENAU.

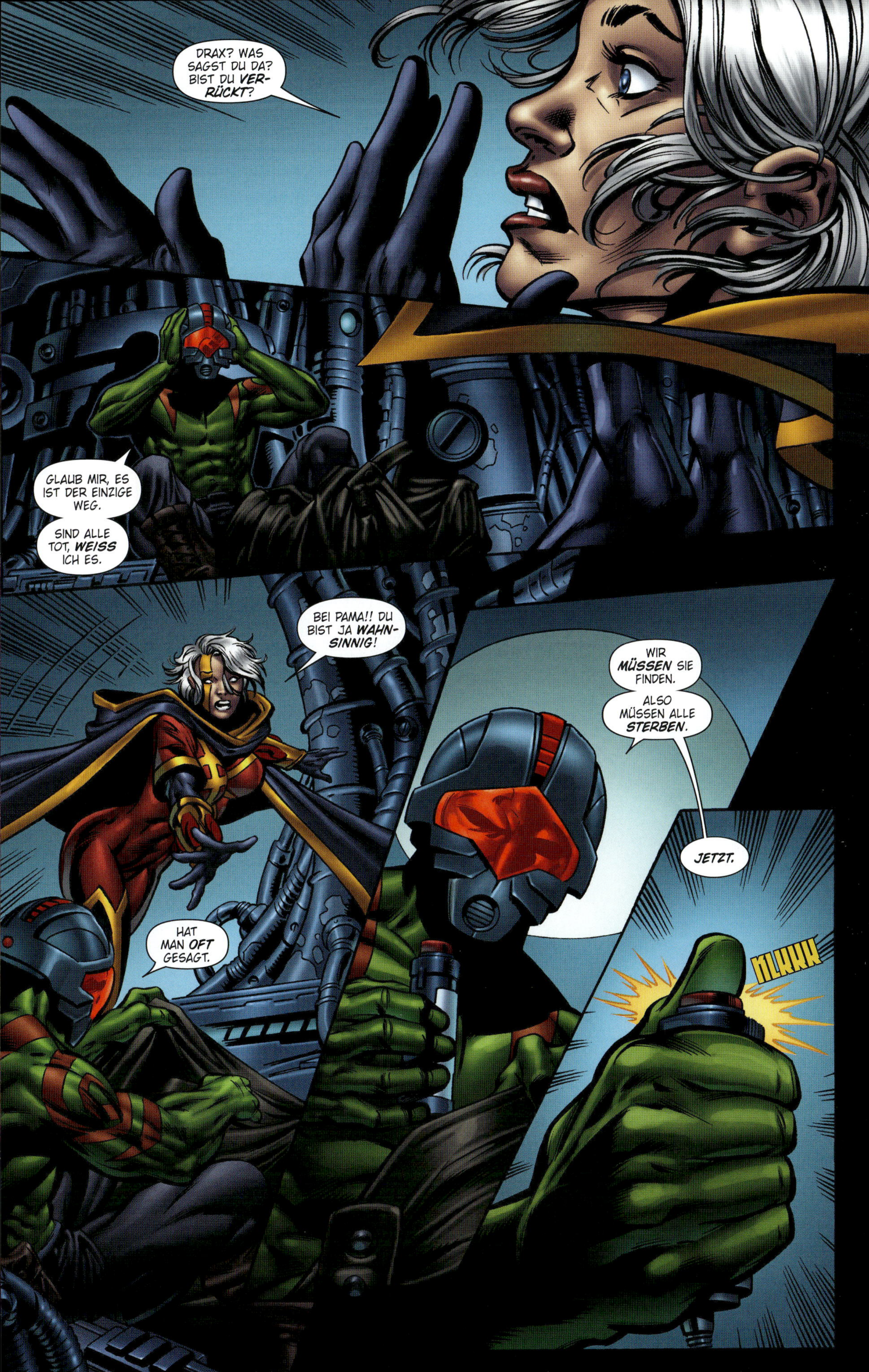
DRAX? WAS SAGST DU DA? BIST DU VERRÜCKT?
GLAUB MIR, ES IST DER EINZIGE WEG.
SIND ALLE TOT, WEISS ICH ES.
BEI PAMA!! DU BIST JA WAHNSINNIG!
HAT MAN OFT GESAGT.
WIR MÜSSEN SIE FINDEN.
ALSO MÜSSEN ALLE STERBEN.
JETZT.
KLKKK

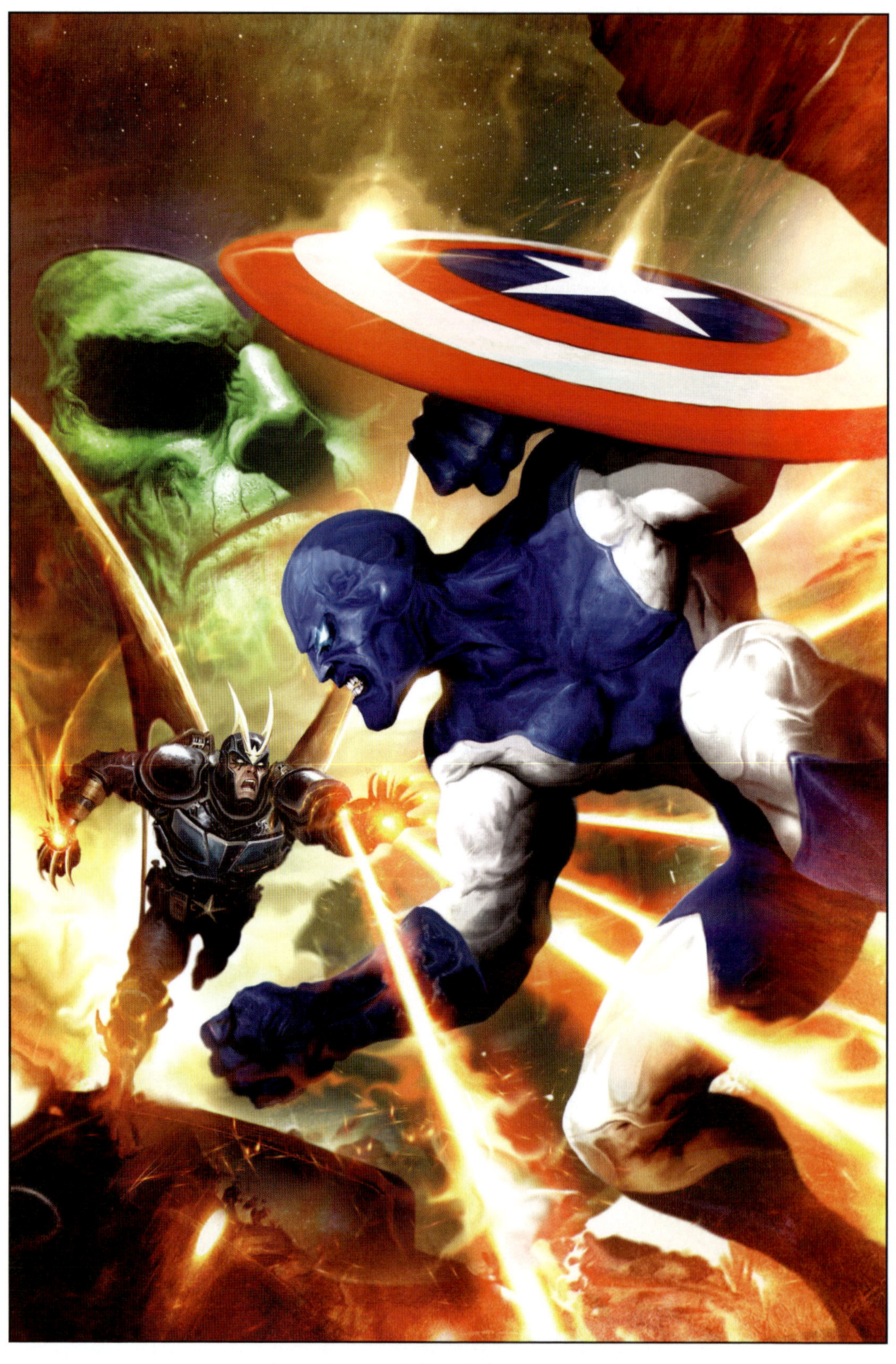

Guardians of the Galaxy (2008) 6
Cover von **CLINT LANGLEY**

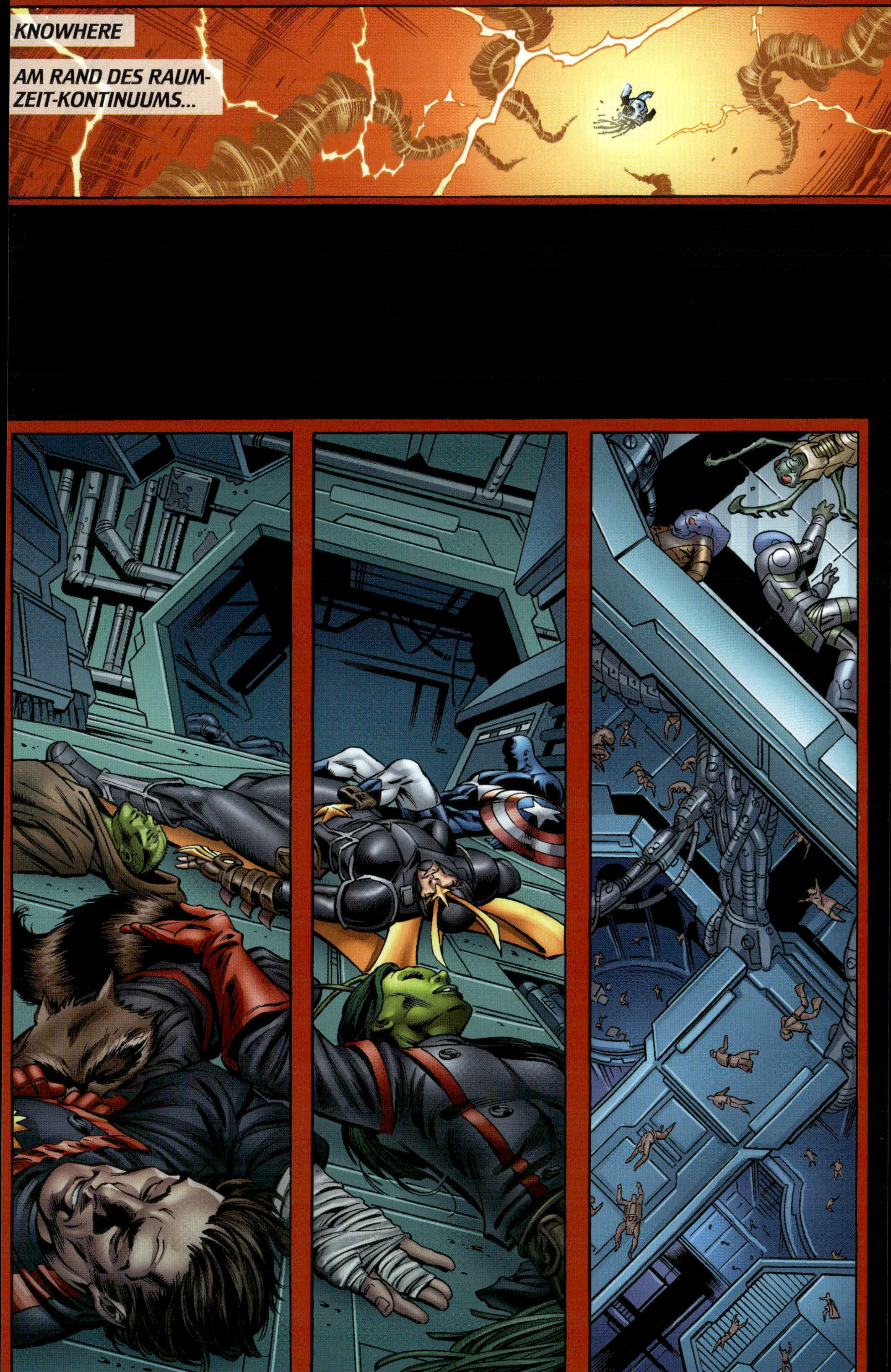
KNOWHERE
AM RAND DES RAUM-ZEIT-KONTINUUMS...

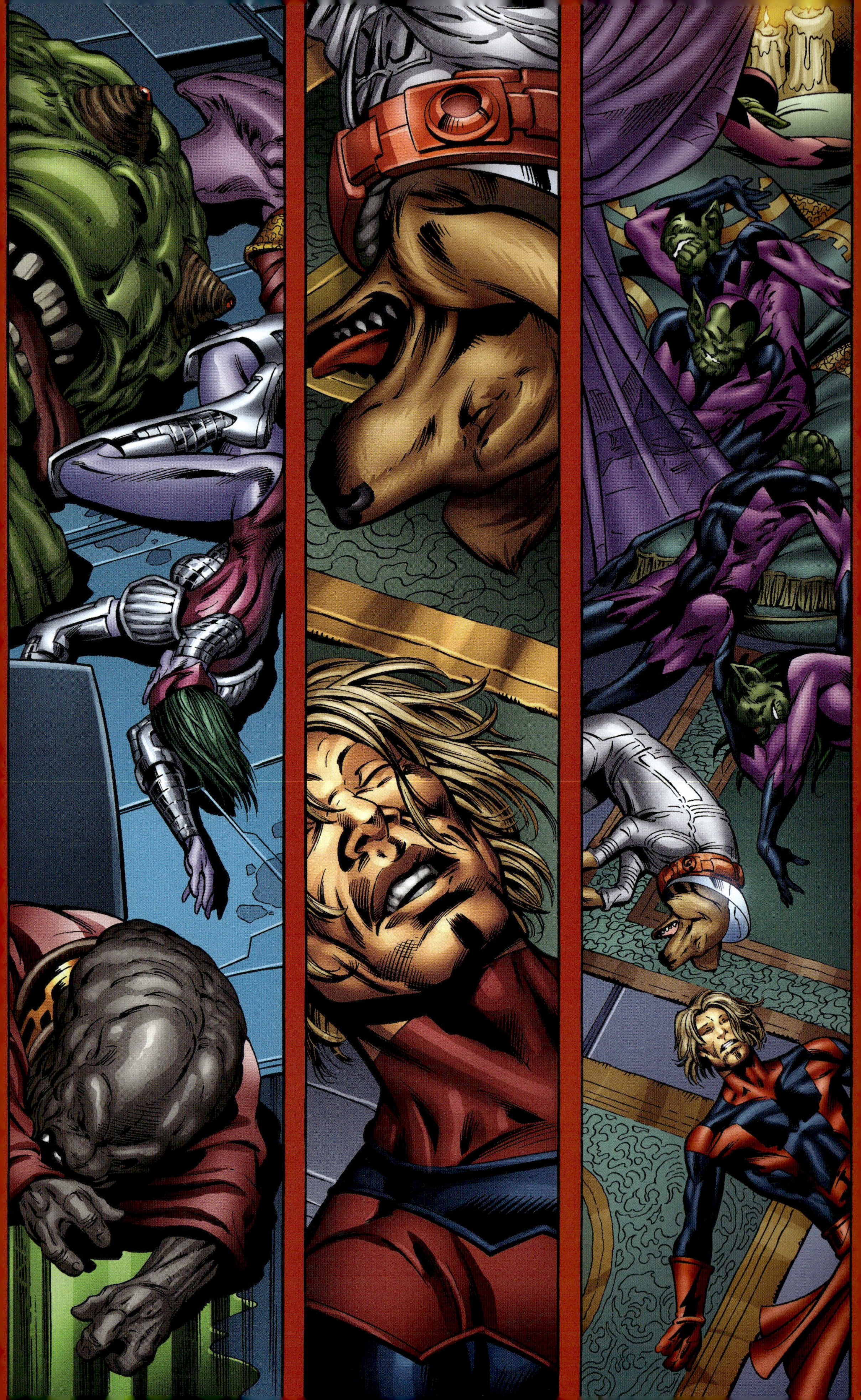

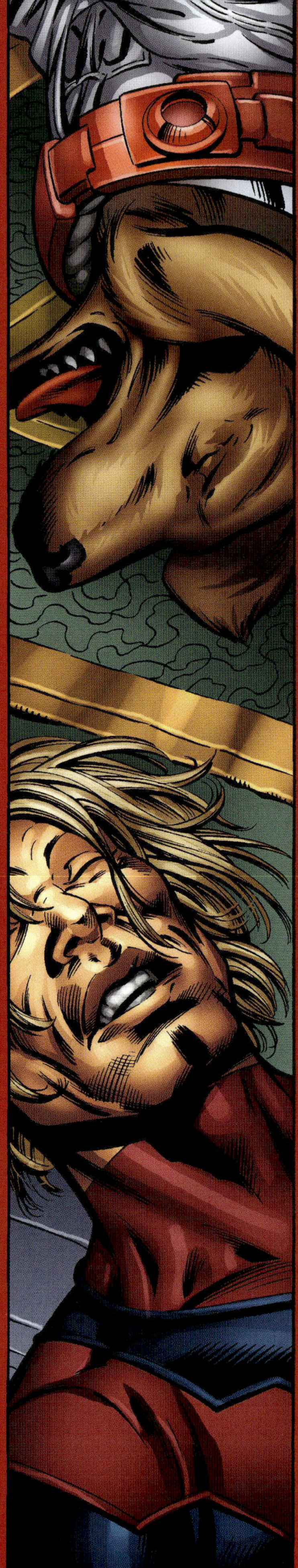

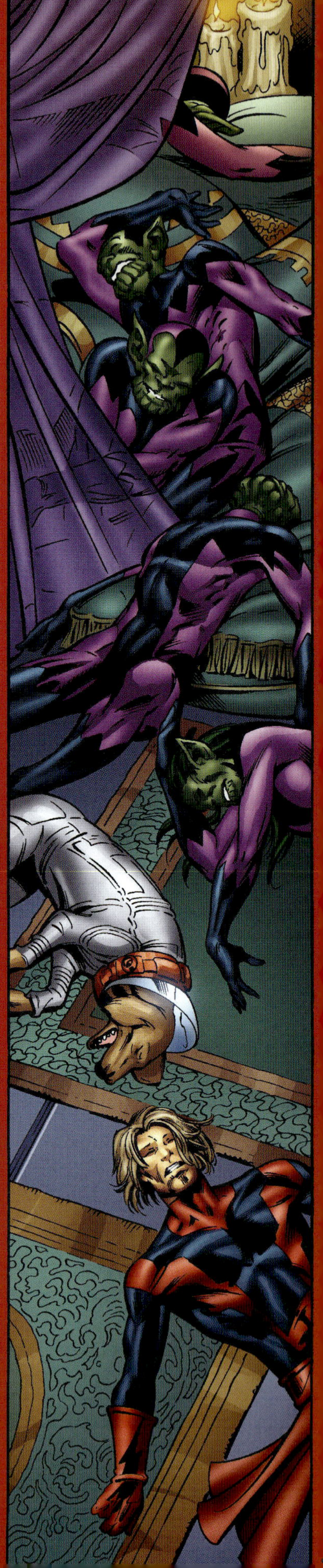

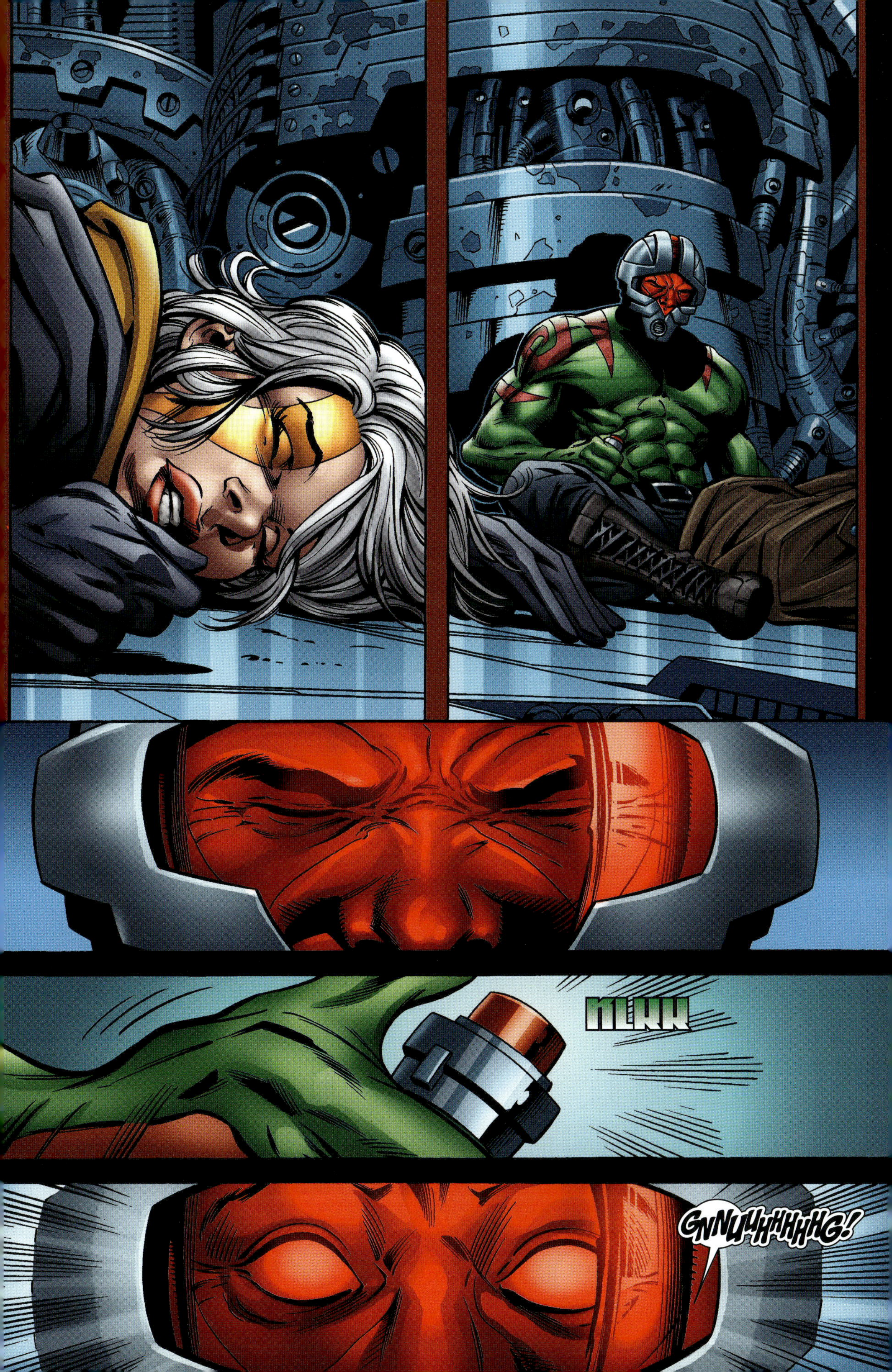
KLKK
GNNUUHHHHHG!

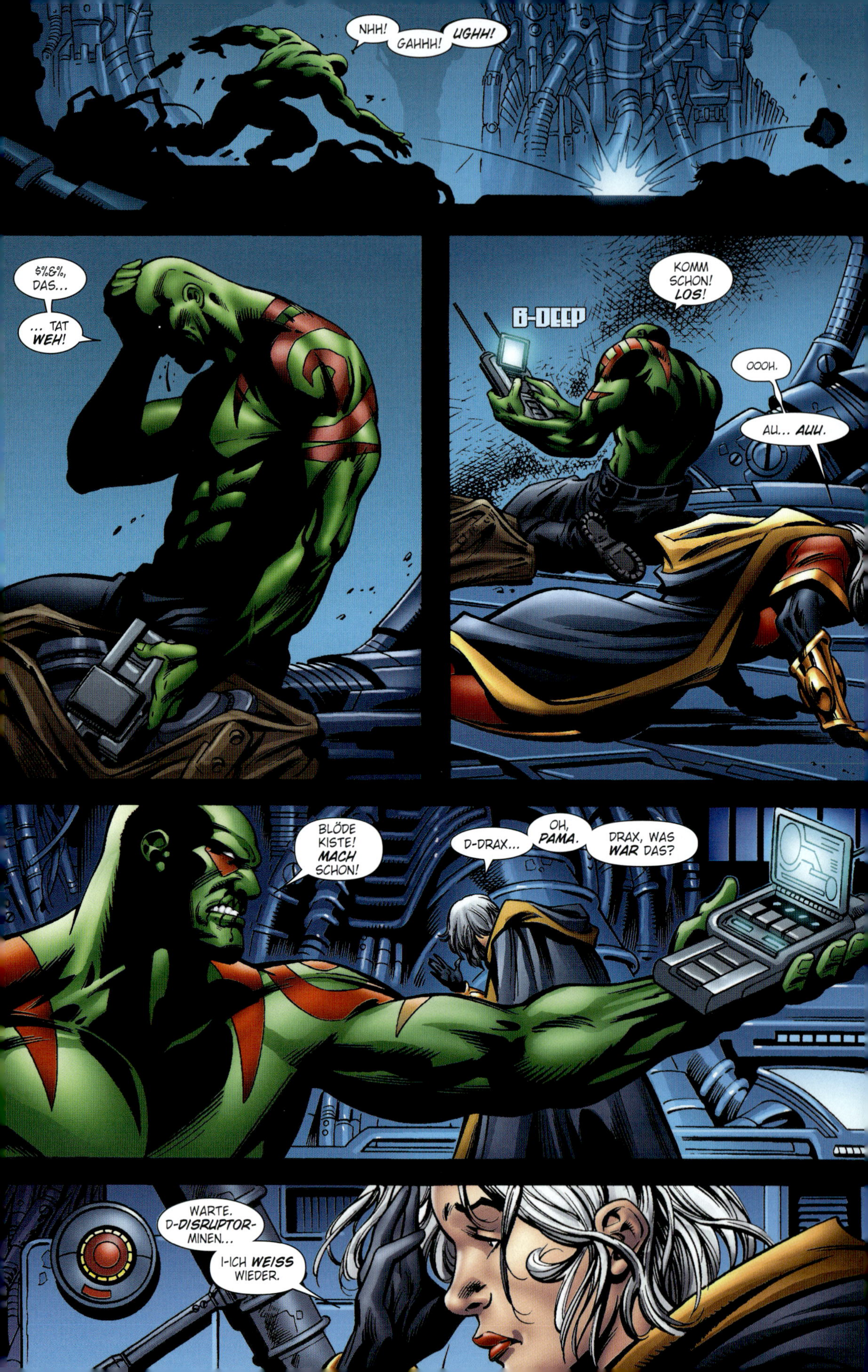
NHH!
GAHHH!
UGHH!
$%&%, DAS...
... TAT WEH!
B-DEEP
KOMM SCHON! LOS!
OOOH.
AU... AUU.
BLÖDE KISTE! MACH SCHON!
D-DRAX...
OH, PAMA.
DRAX, WAS WAR DAS?
WARTE. D-DISRUPTOR-MINEN...
I-ICH WEISS WIEDER.

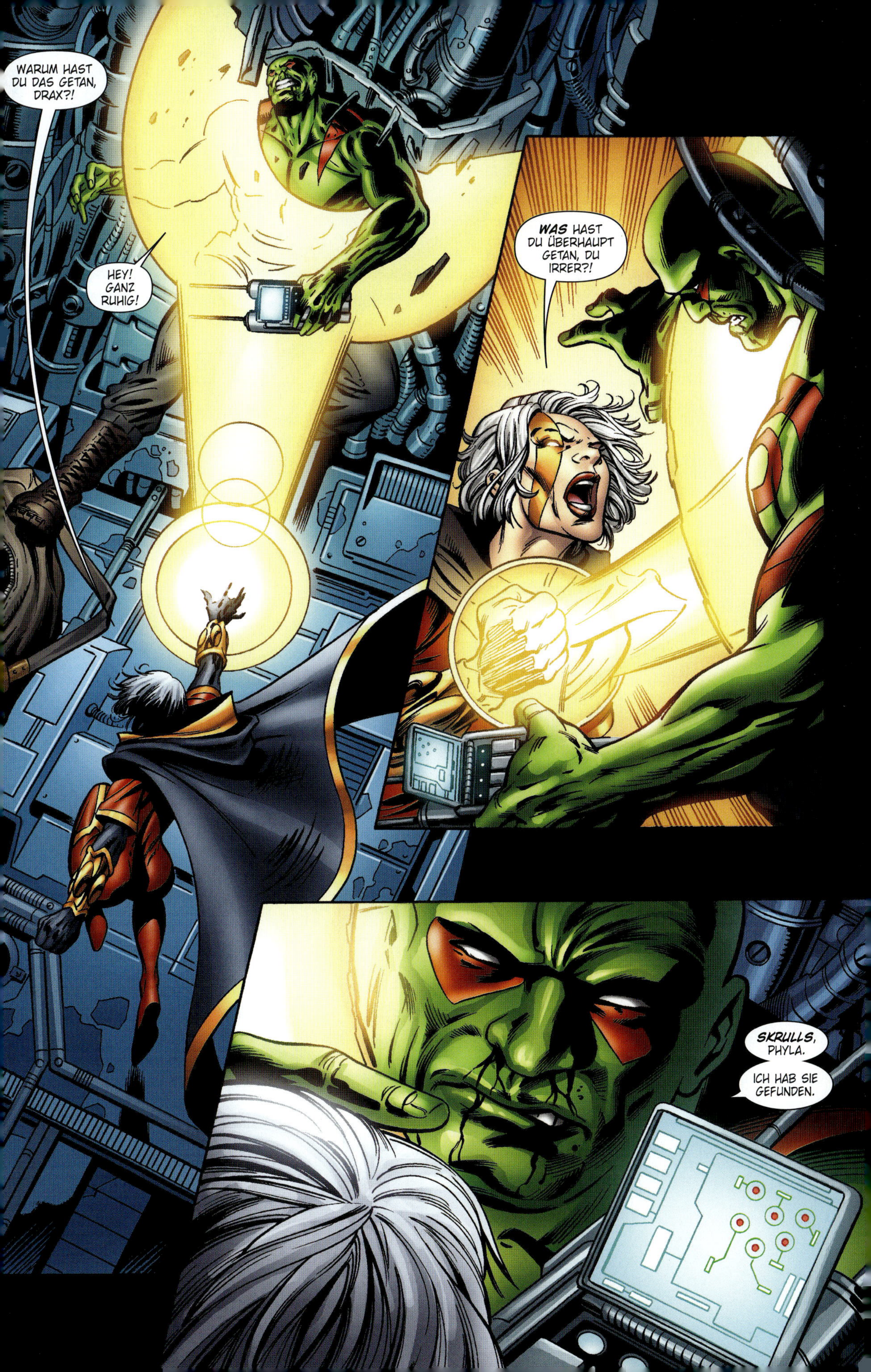
WARUM HAST DU DAS GETAN, DRAX?!
HEY! GANZ RUHIG!
WAS HAST DU ÜBERHAUPT GETAN, DU IRRER?!
SKRULLS, PHYLA.
ICH HAB SIE GEFUNDEN.

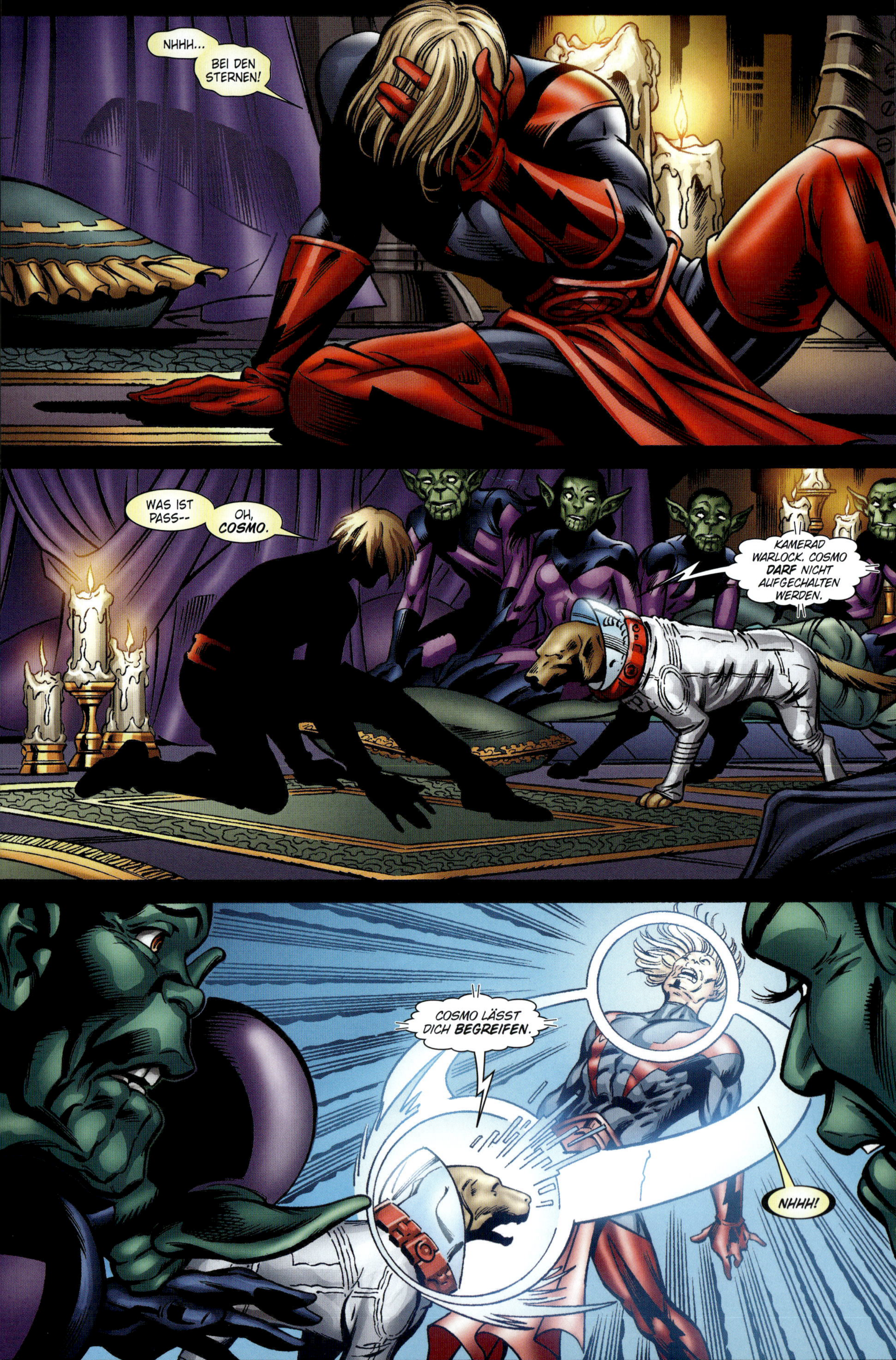
NHHH...
BEI DEN STERNEN!
WAS IST PASS--
OH, COSMO.
KAMERAD WARLOCK. COSMO DARF NICHT AUFGEHALTEN WERDEN.
COSMO LÄSST DICH BEGREIFEN.
NHHH!

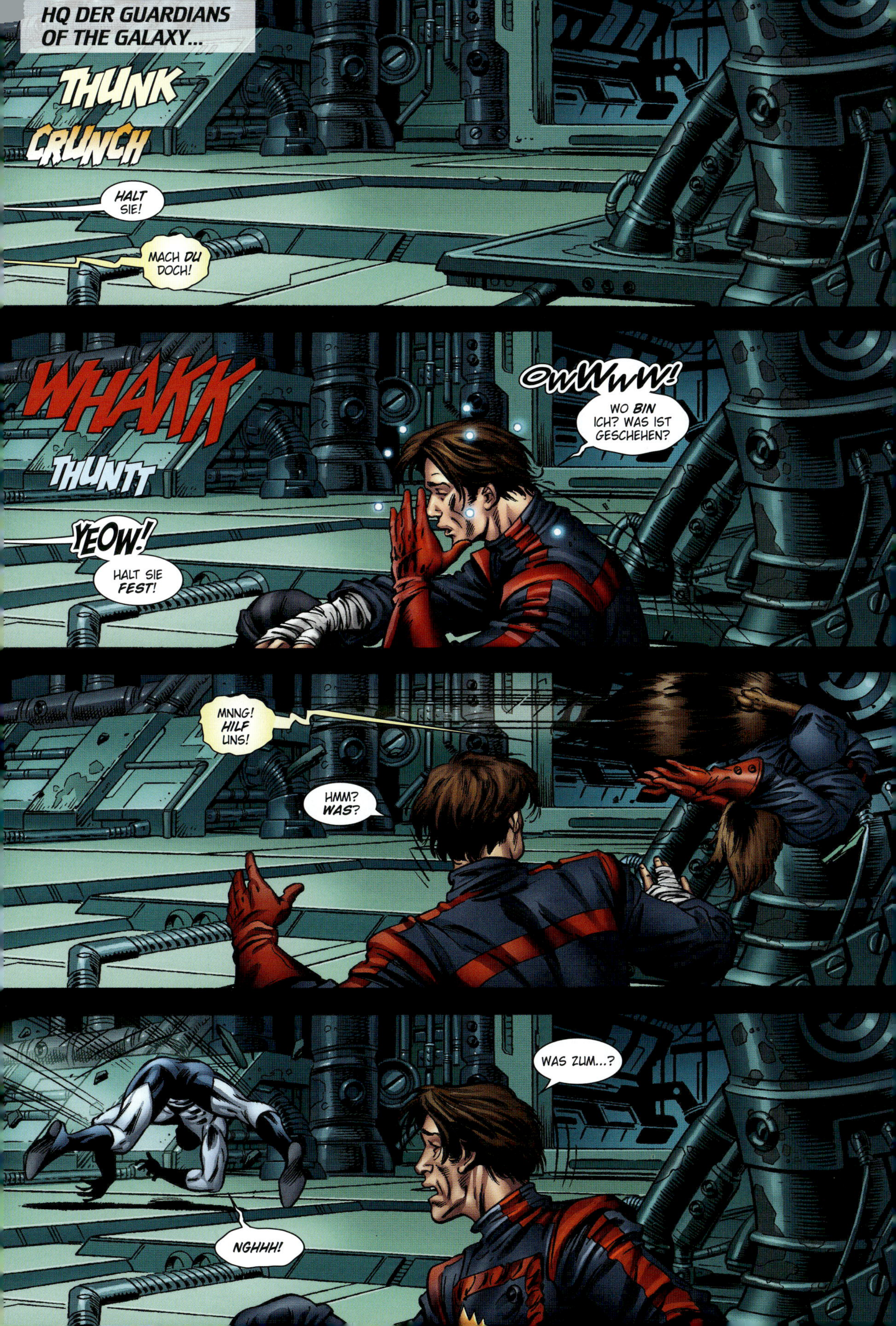
HQ DER GUARDIANS OF THE GALAXY...
THUNK
CRUNCH
HALT SIE!
MACH DU DOCH!
WHAKK
THUNTT
YEOW!
HALT SIE FEST!
OWWWW!
WO BIN ICH? WAS IST GESCHEHEN?
MNNG! HILF UNS!
HMM? WAS?
WAS ZUM...?
NGHHH!

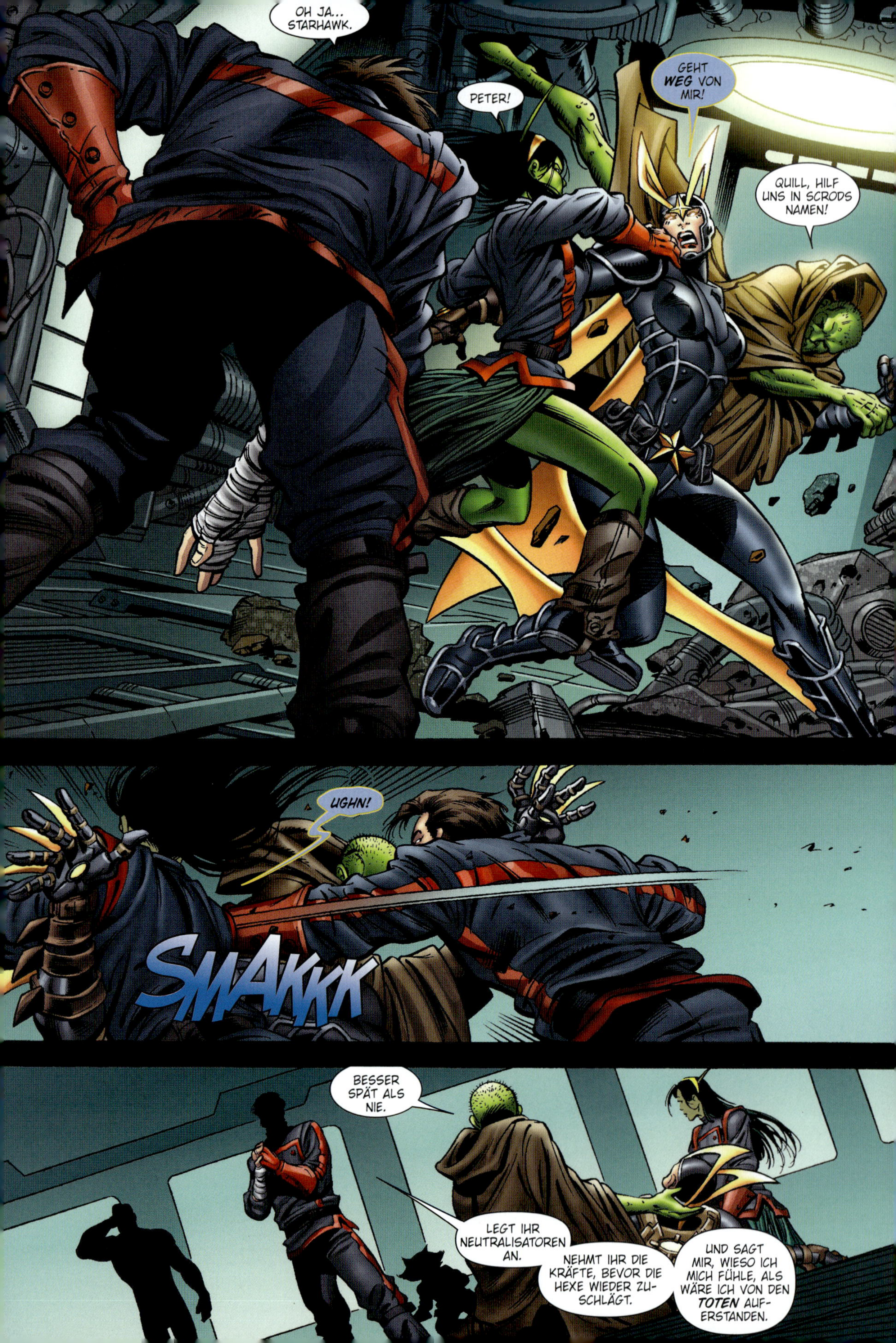
OH JA... STARHAWK.
PETER!
GEHT WEG VON MIR!
QUILL, HILF UNS IN SCRODS NAMEN!
UGHN!
SMAKKK
BESSER SPÄT ALS NIE.
LEGT IHR NEUTRALISATOREN AN.
NEHMT IHR DIE KRÄFTE, BEVOR DIE HEXE WIEDER ZU-SCHLÄGT.
UND SAGT MIR, WIESO ICH MICH FÜHLE, ALS WÄRE ICH VON DEN TOTEN AUF-ERSTANDEN.

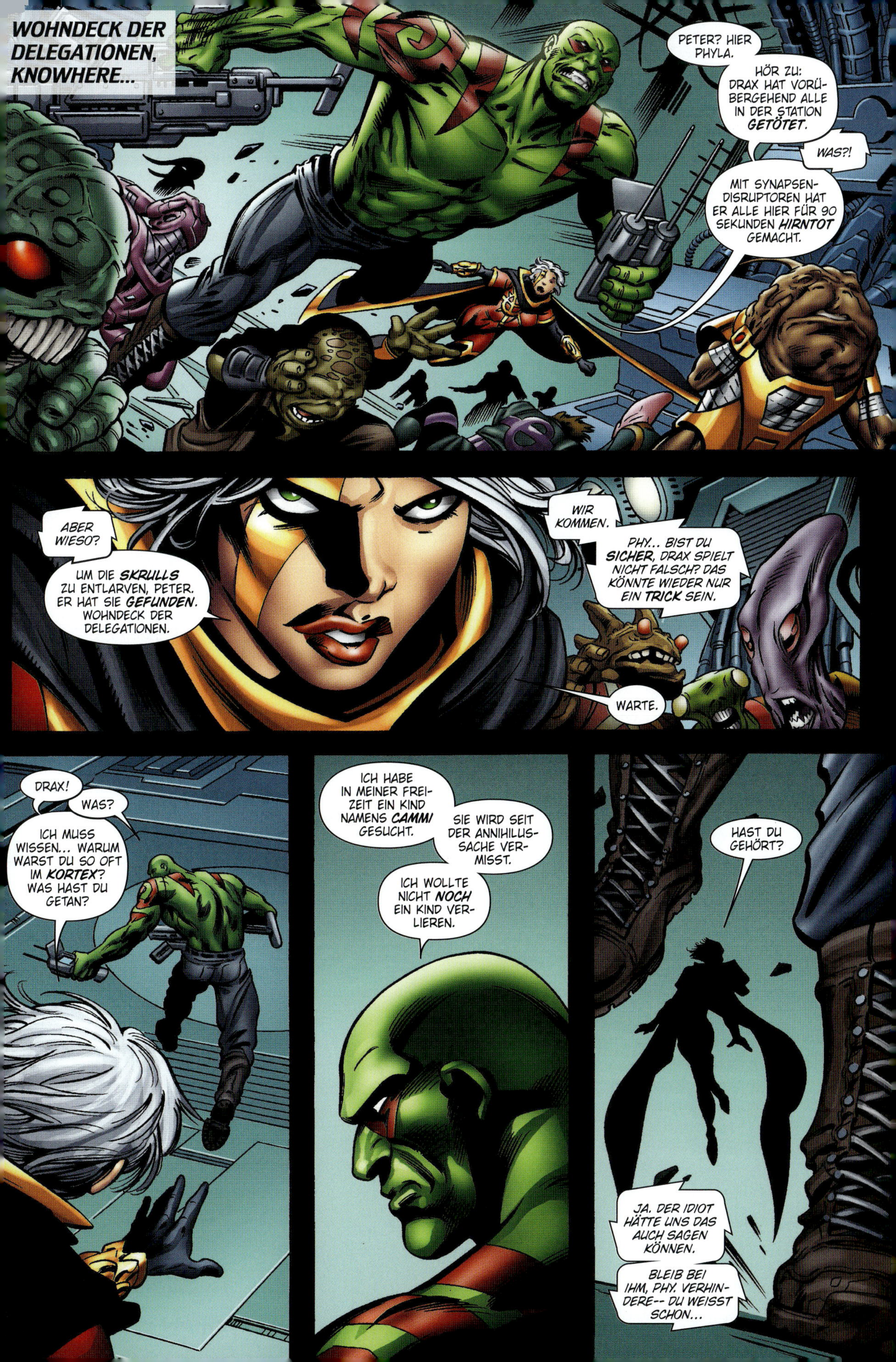

WOHNDECK DER DELEGATIONEN, KNOWHERE...

PETER? HIER PHYLA.
HÖR ZU: DRAX HAT VORÜBERGEHEND ALLE IN DER STATION GETÖTET.
WAS?!
MIT SYNAPSEN-DISRUPTOREN HAT ER ALLE HIER FÜR 90 SEKUNDEN HIRNTOT GEMACHT.

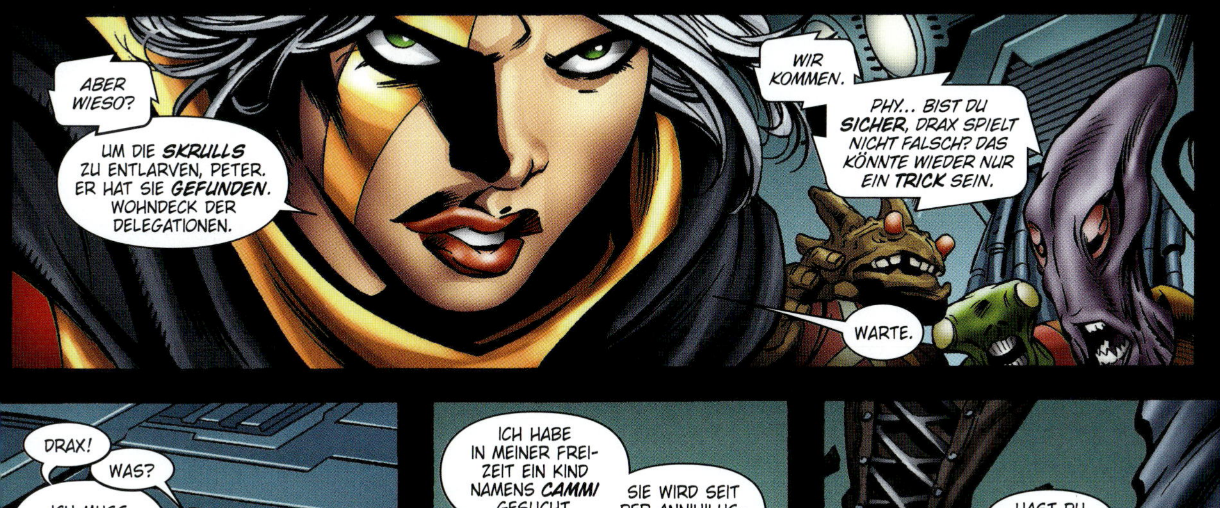

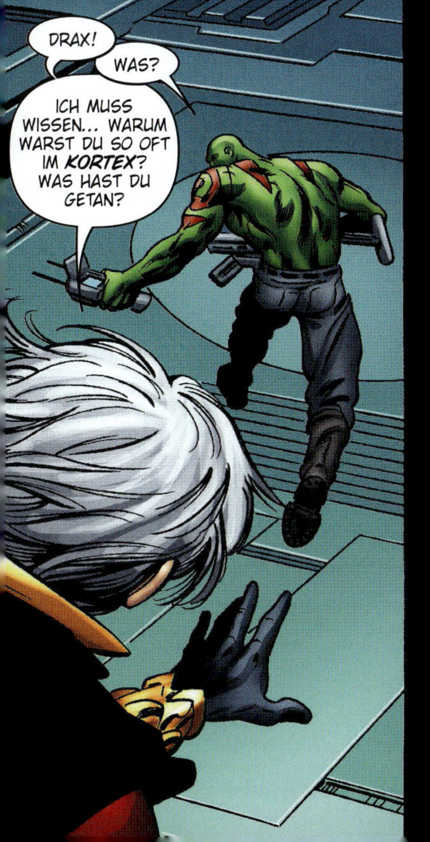

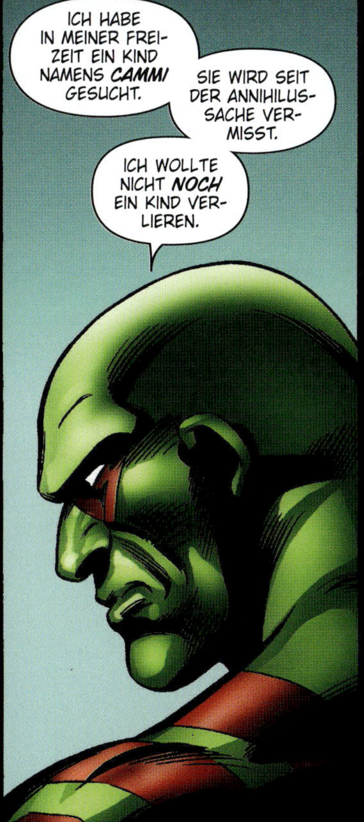

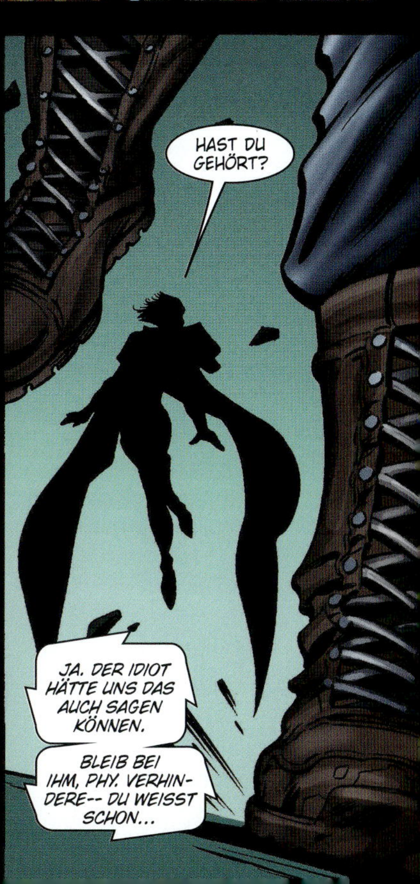

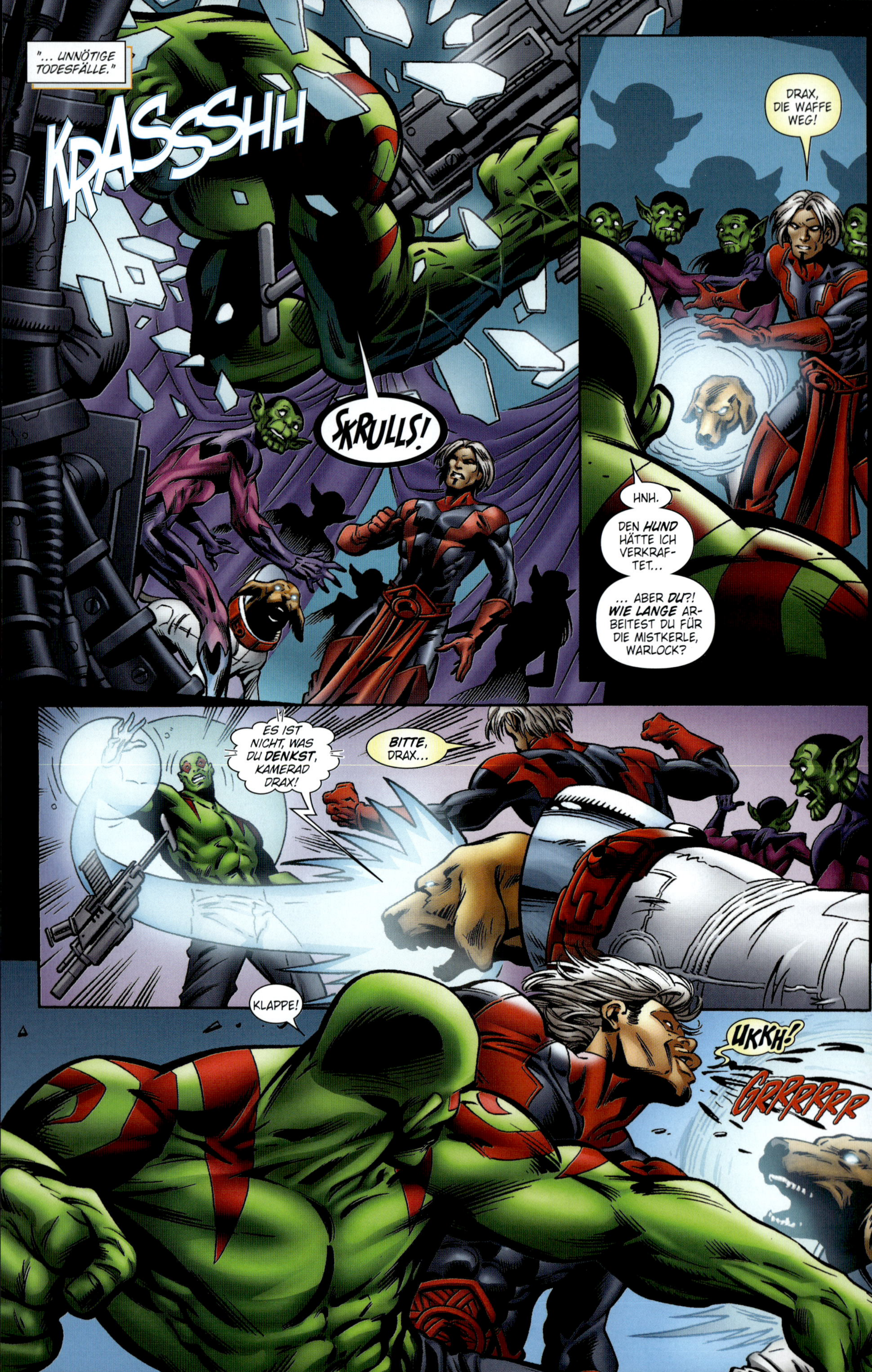
"... UNNÖTIGE TODESFÄLLE."
KRASSSHH
SKRULLS!
DRAX, DIE WAFFE WEG!
HNH.
DEN HUND HÄTTE ICH VERKRAFTET...
... ABER DU?! WIE LANGE ARBEITEST DU FÜR DIE MISTKERLE, WARLOCK?
ES IST NICHT, WAS DU DENKST, KAMERAD DRAX!
BITTE, DRAX...
KLAPPE!
UKKH!
GRRRRRR

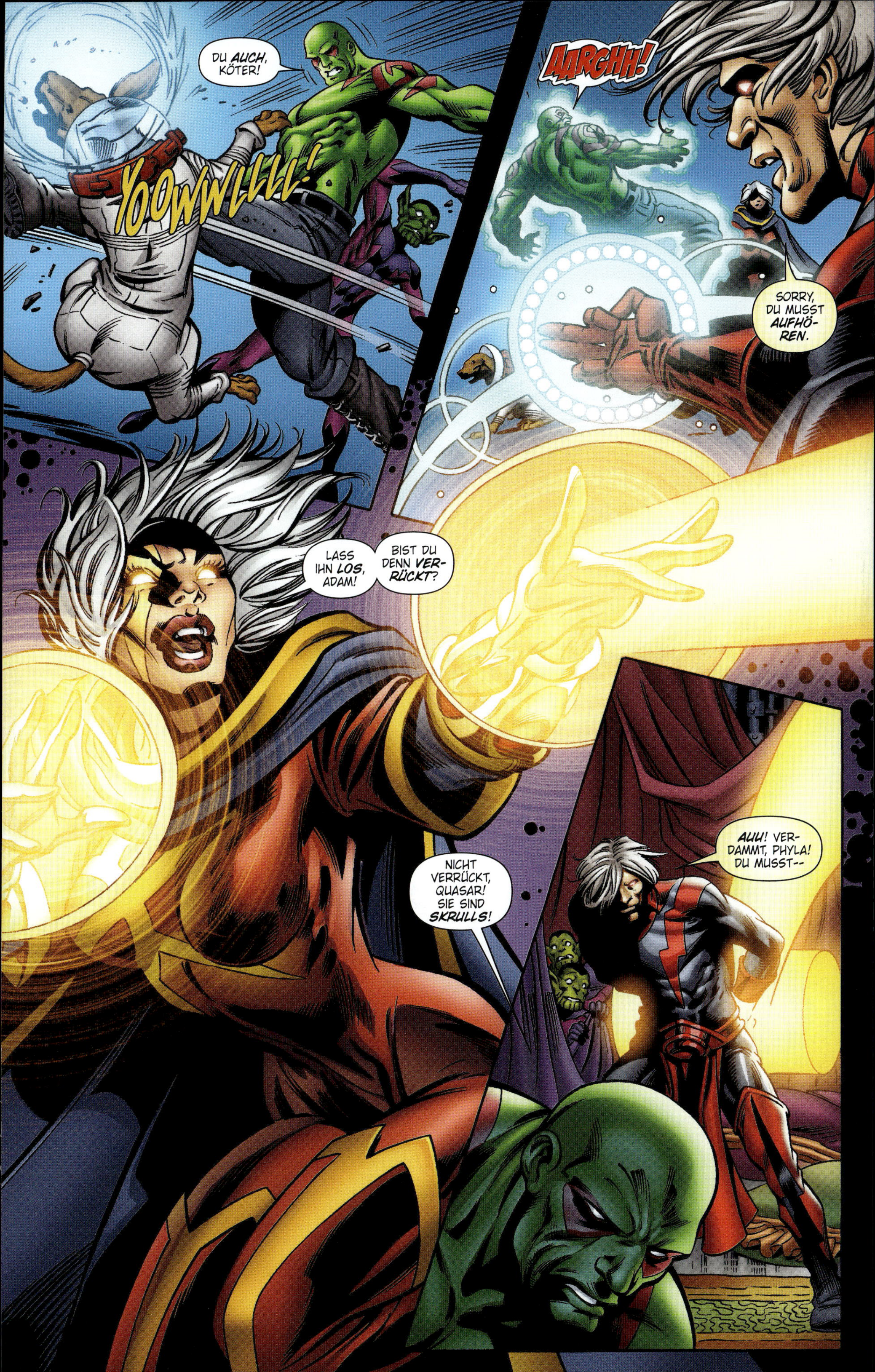
DU AUCH, KÖTER!
YOOWWLLLL!
AARGHH!
SORRY, DU MUSST AUFHÖREN.
LASS IHN LOS, ADAM!
BIST DU DENN VERRÜCKT?
NICHT VERRÜCKT, QUASAR! SIE SIND SKRULLS!
AUU! VERDAMMT, PHYLA! DU MUSST--

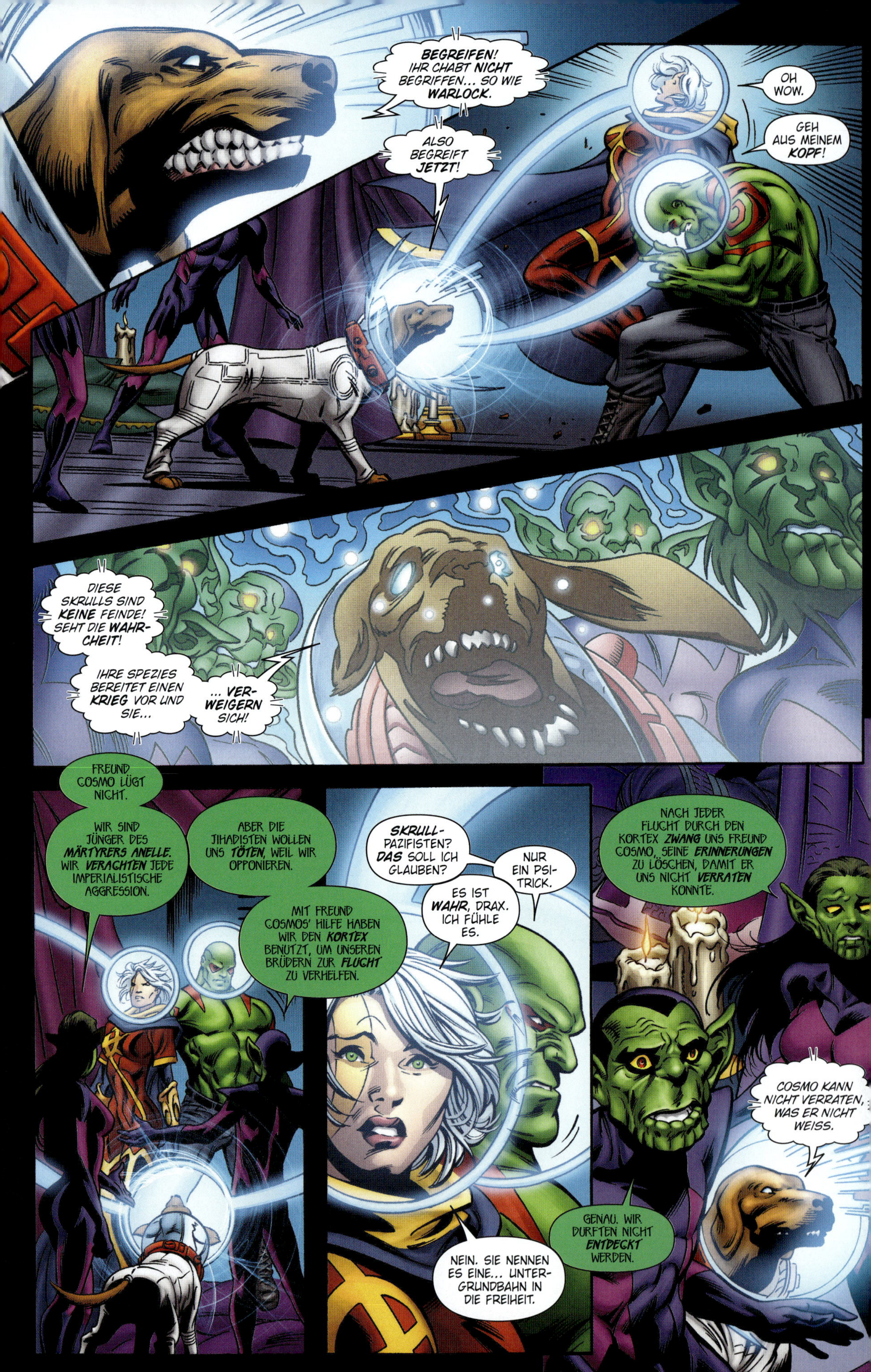
BEGREIFEN! IHR CHABT NICHT BEGRIFFEN... SO WIE WARLOCK.
ALSO BEGREIFT JETZT!
OH WOW.
GEH AUS MEINEM KOPF!
DIESE SKRULLS SIND KEINE FEINDE! SEHT DIE WAHRHEIT!
IHRE SPEZIES BEREITET EINEN KRIEG VOR UND SIE...
... VERWEIGERN SICH!
FREUND COSMO LÜGT NICHT.
WIR SIND JÜNGER DES MÄRTYRERS ANELLE. WIR VERACHTEN JEDE IMPERIALISTISCHE AGGRESSION.
ABER DIE JIHADISTEN WOLLEN UNS TÖTEN, WEIL WIR OPPONIEREN.
MIT FREUND COSMOS' HILFE HABEN WIR DEN KORTEX BENUTZT, UM UNSEREN BRÜDERN ZUR FLUCHT ZU VERHELFEN.
SKRULL-PAZIFISTEN? DAS SOLL ICH GLAUBEN?
NUR EIN PSI-TRICK.
ES IST WAHR, DRAX. ICH FÜHLE ES.
NEIN. SIE NENNEN ES EINE... UNTERGRUNDBAHN IN DIE FREIHEIT.
NACH JEDER FLUCHT DURCH DEN KORTEX ZWANG UNS FREUND COSMO, SEINE ERINNERUNGEN ZU LÖSCHEN, DAMIT ER UNS NICHT VERRATEN KONNTE.
COSMO KANN NICHT VERRATEN, WAS ER NICHT WEISS.
GENAU. WIR DURFTEN NICHT ENTDECKT WERDEN.

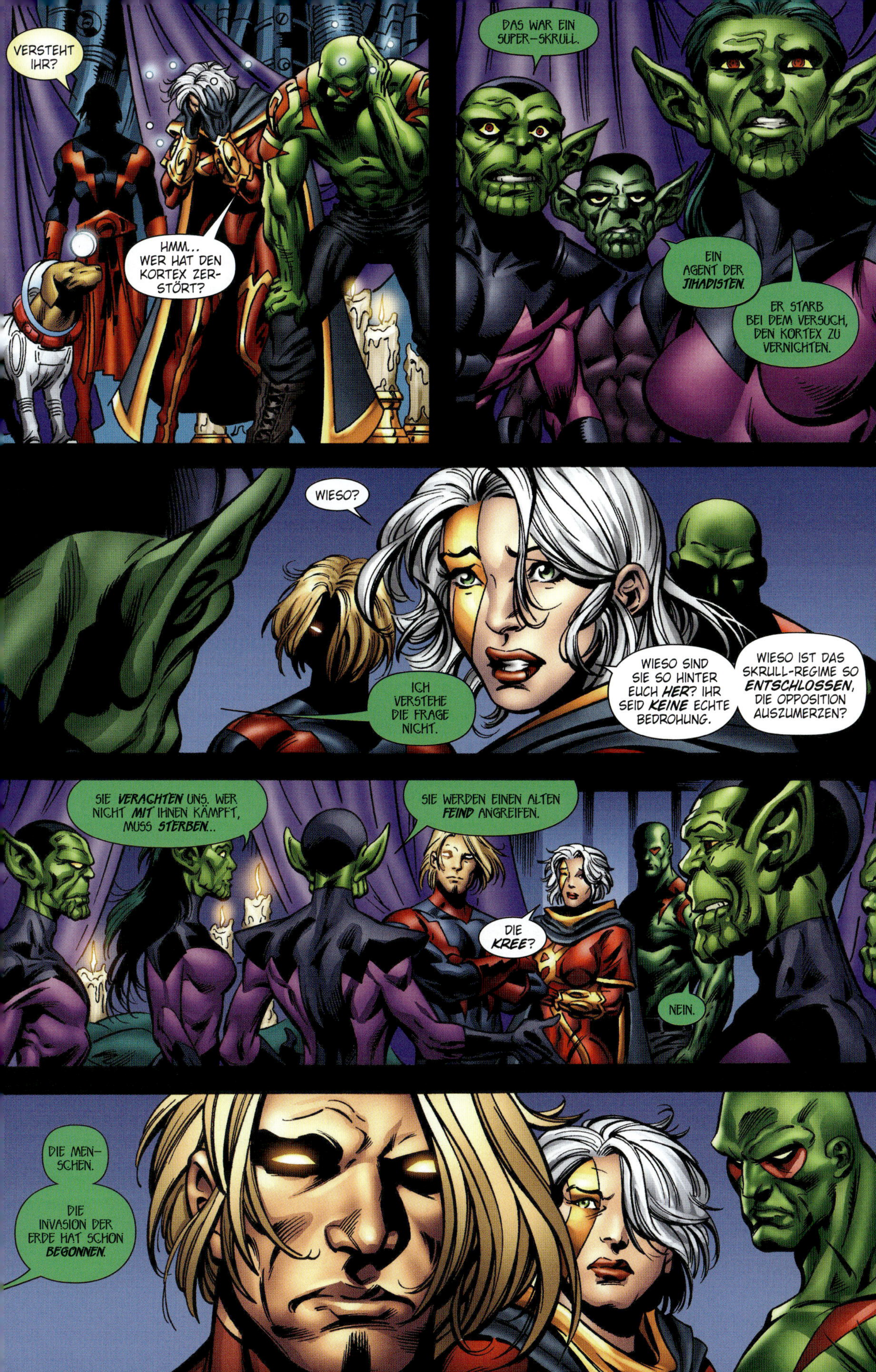
VERSTEHT IHR?
HMM... WER HAT DEN KORTEX ZERSTÖRT?
DAS WAR EIN SUPER-SKRULL.
EIN AGENT DER JIHADISTEN.
ER STARB BEI DEM VERSUCH, DEN KORTEX ZU VERNICHTEN.
WIESO?
ICH VERSTEHE DIE FRAGE NICHT.
WIESO SIND SIE SO HINTER EUCH HER? IHR SEID KEINE ECHTE BEDROHUNG.
WIESO IST DAS SKRULL-REGIME SO ENTSCHLOSSEN, DIE OPPOSITION AUSZUMERZEN?
SIE VERACHTEN UNS. WER NICHT MIT IHNEN KÄMPFT, MUSS STERBEN...
SIE WERDEN EINEN ALTEN FEIND ANGREIFEN.
DIE KREE?
NEIN.
DIE MENSCHEN.
DIE INVASION DER ERDE HAT SCHON BEGONNEN.

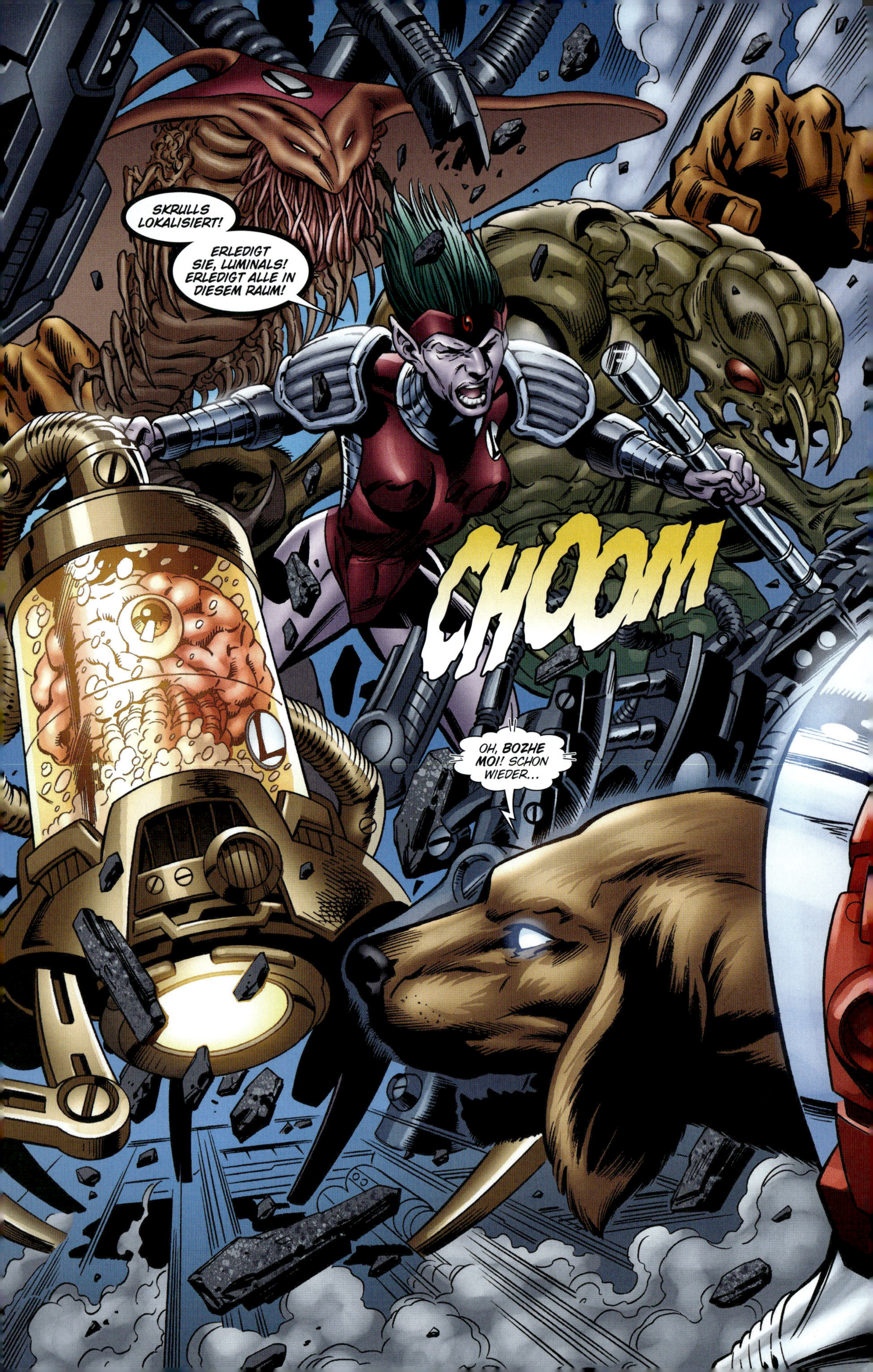
SKRULLS LOKALISIERT!
ERLEDIGT SIE, LUMINALS! ERLEDIGT ALLE IN DIESEM RAUM!
CHOOM
OH, BOZHE MOI! SCHON WIEDER...

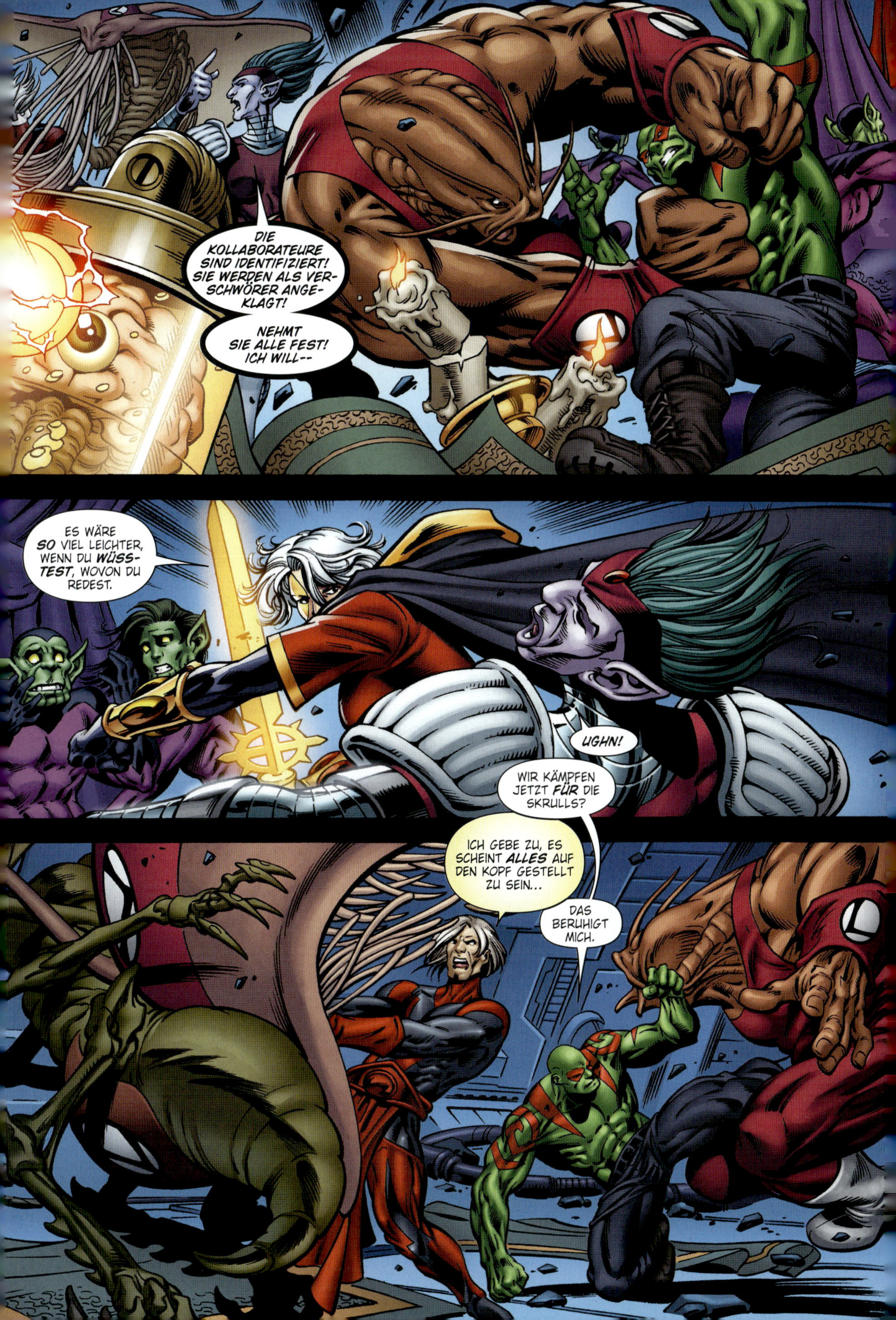
DIE KOLLABORATEURE SIND IDENTIFIZIERT! SIE WERDEN ALS VERSCHWÖRER ANGEKLAGT!
NEHMT SIE ALLE FEST! ICH WILL--
ES WÄRE SO VIEL LEICHTER, WENN DU WÜSSTEST, WOVON DU REDEST.
UGHN!
WIR KÄMPFEN JETZT FÜR DIE SKRULLS?
ICH GEBE ZU, ES SCHEINT ALLES AUF DEN KOPF GESTELLT ZU SEIN...
DAS BERUHIGT MICH.

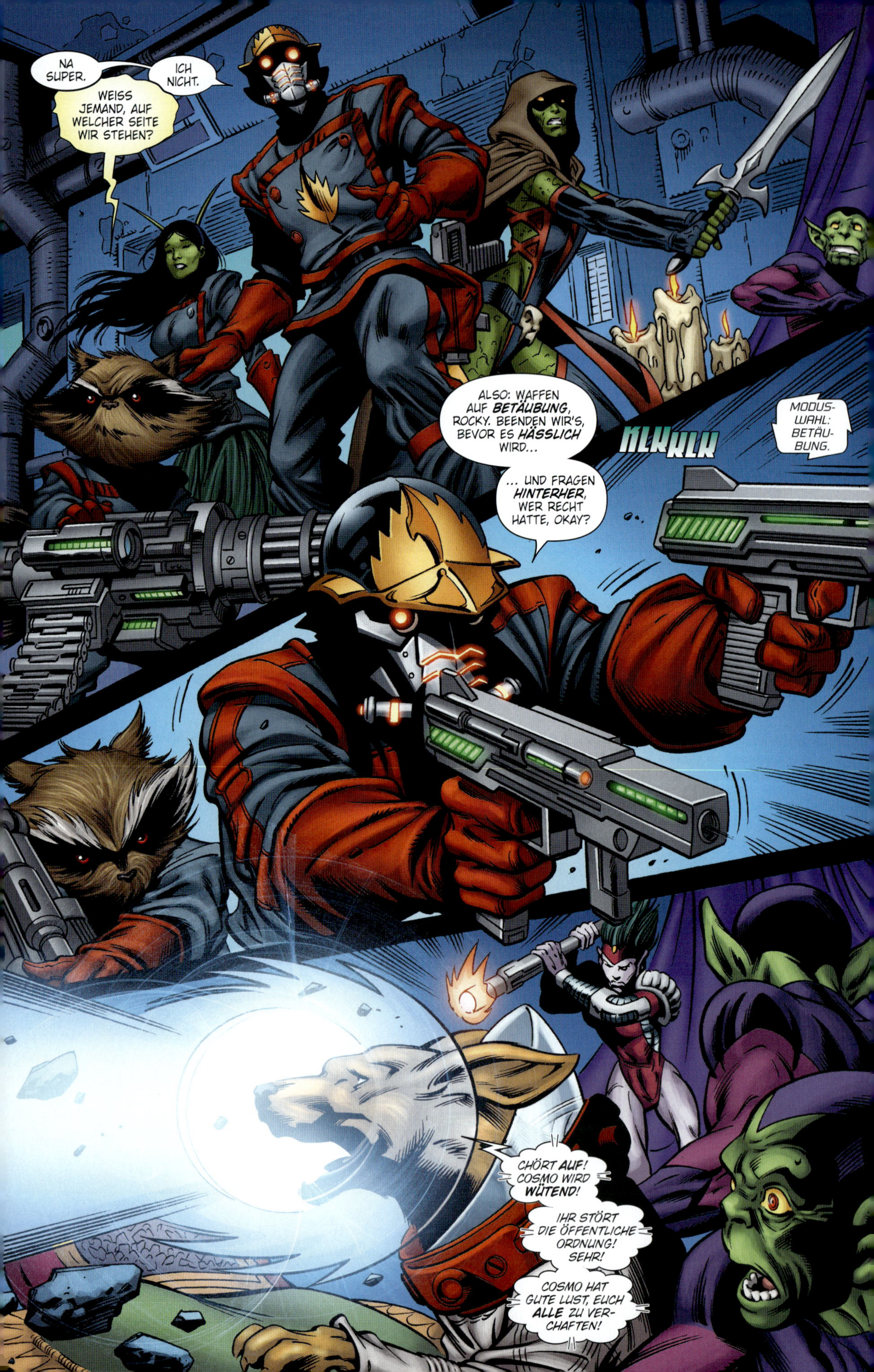
NA SUPER.
ICH NICHT.
WEISS JEMAND, AUF WELCHER SEITE WIR STEHEN?
ALSO: WAFFEN AUF BETÄUBUNG, ROCKY. BEENDEN WIR'S, BEVOR ES HÄSSLICH WIRD...
KLKKLK
MODUS-WAHL: BETÄUBUNG.
... UND FRAGEN HINTERHER, WER RECHT HATTE, OKAY?
CHÖRT AUF! COSMO WIRD WÜTEND!
IHR STÖRT DIE ÖFFENTLICHE ORDNUNG! SEHR!
COSMO HAT GUTE LUST, EUCH ALLE ZU VERCHAFTEN!

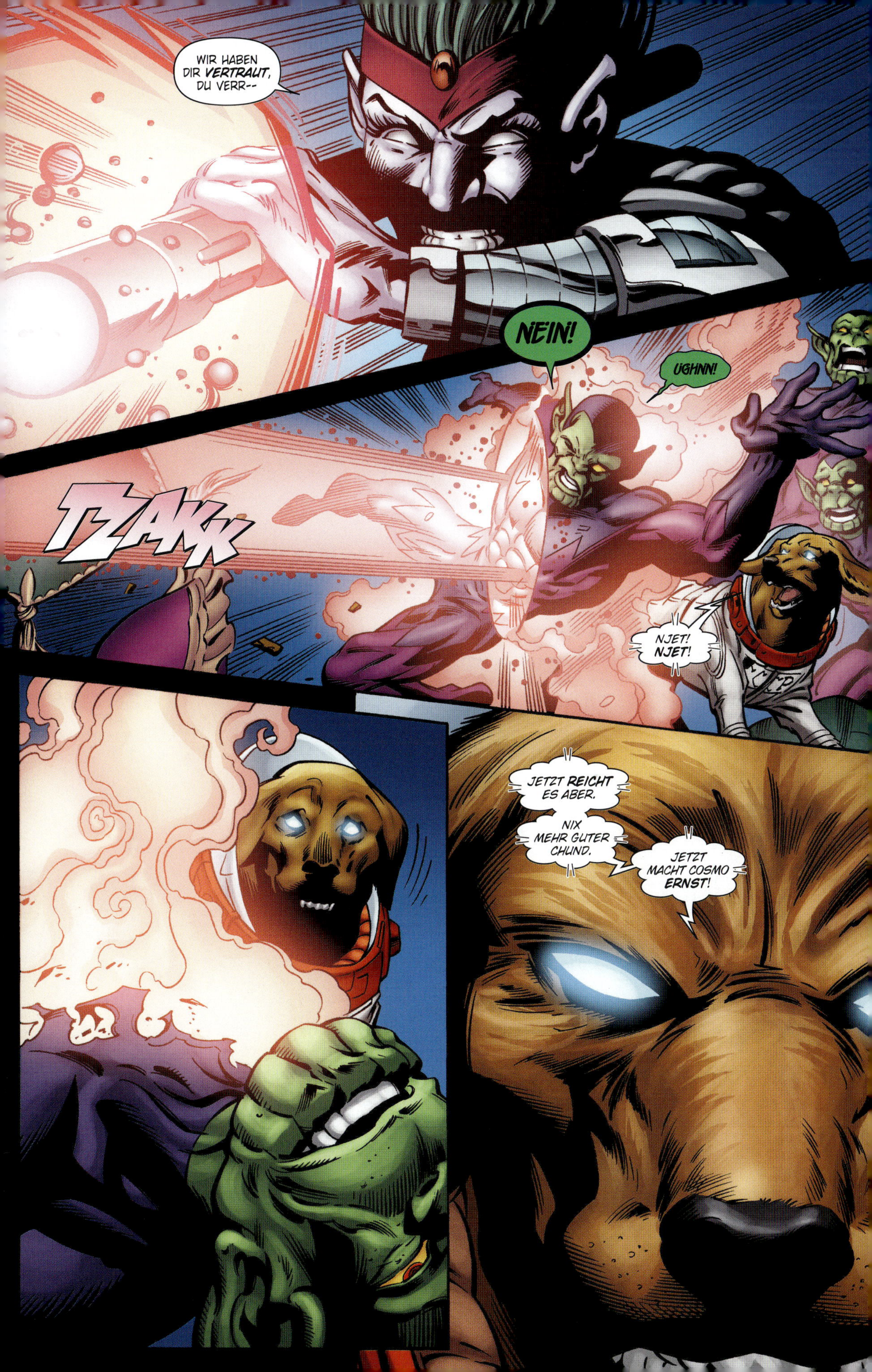
WIR HABEN DIR VERTRAUT, DU VERR--
NEIN!
UGHNN!
TZAKK
NJET! NJET!
JETZT REICHT ES ABER.
NIX MEHR GUTER CHUND.
JETZT MACHT COSMO ERNST!

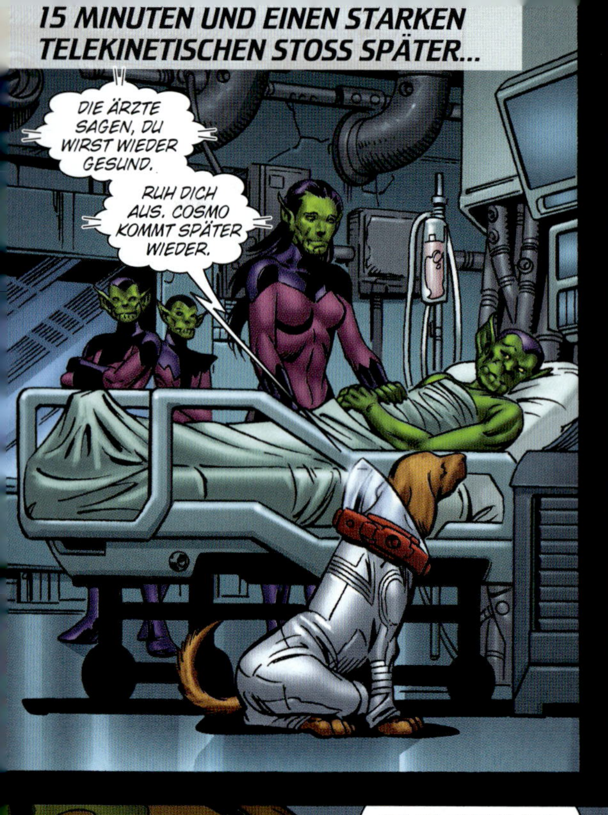

15 MINUTEN UND EINEN STARKEN TELEKINETISCHEN STOSS SPÄTER...
DIE ÄRZTE SAGEN, DU WIRST WIEDER GESUND.
RUH DICH AUS. COSMO KOMMT SPÄTER WIEDER.

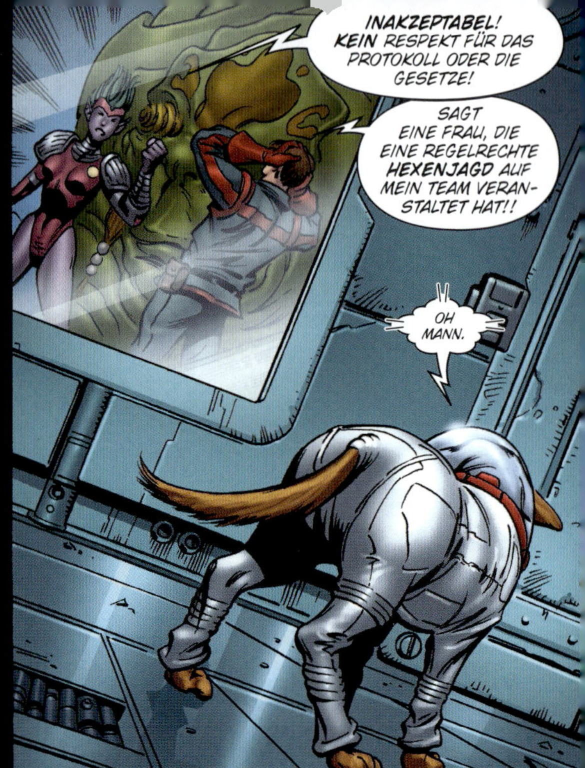

INAKZEPTABEL! KEIN RESPEKT FÜR DAS PROTOKOLL ODER DIE GESETZE!
SAGT EINE FRAU, DIE EINE REGELRECHTE HEXENJAGD AUF MEIN TEAM VERANSTALTET HAT!!
OH MANN.

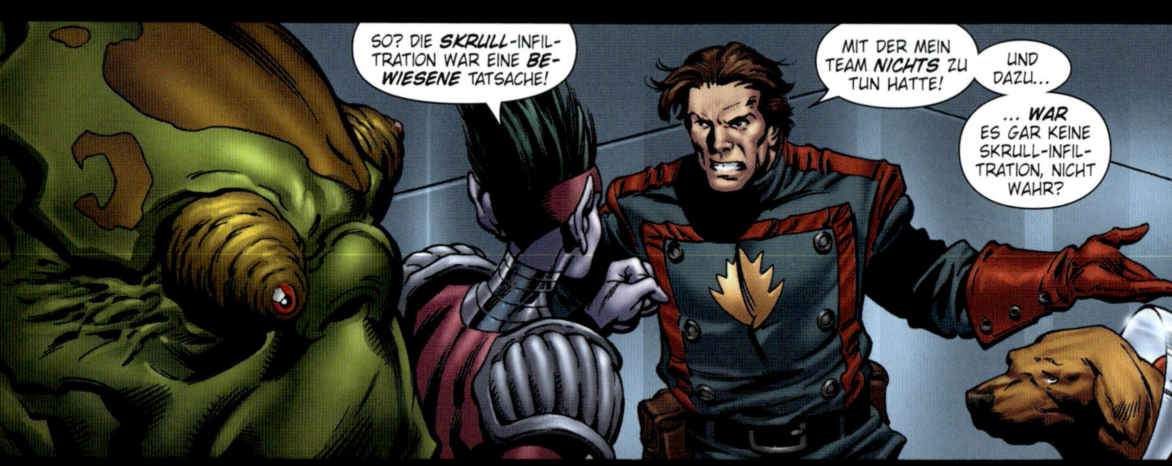

SO? DIE SKRULL-INFILTRATION WAR EINE BEWIESENE TATSACHE!
MIT DER MEIN TEAM NICHTS ZU TUN HATTE!
UND DAZU...
... WAR ES GAR KEINE SKRULL-INFILTRATION, NICHT WAHR?

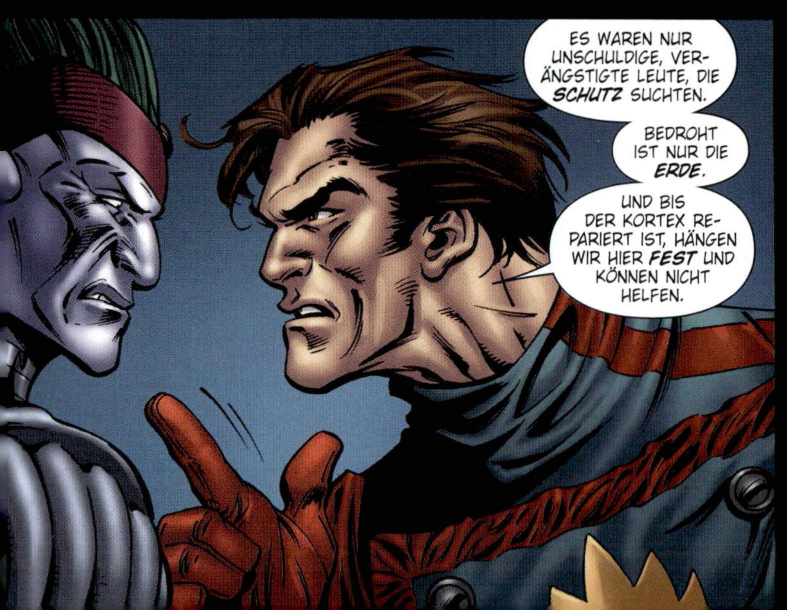

ES WAREN NUR UNSCHULDIGE, VERÄNGSTIGTE LEUTE, DIE SCHUTZ SUCHTEN.
BEDROHT IST NUR DIE ERDE.
UND BIS DER KORTEX REPARIERT IST, HÄNGEN WIR HIER FEST UND KÖNNEN NICHT HELFEN.

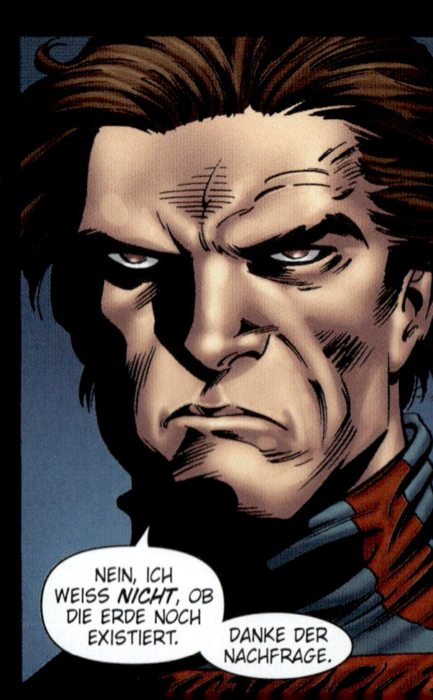

NEIN, ICH WEISS NICHT, OB DIE ERDE NOCH EXISTIERT.
DANKE DER NACHFRAGE.

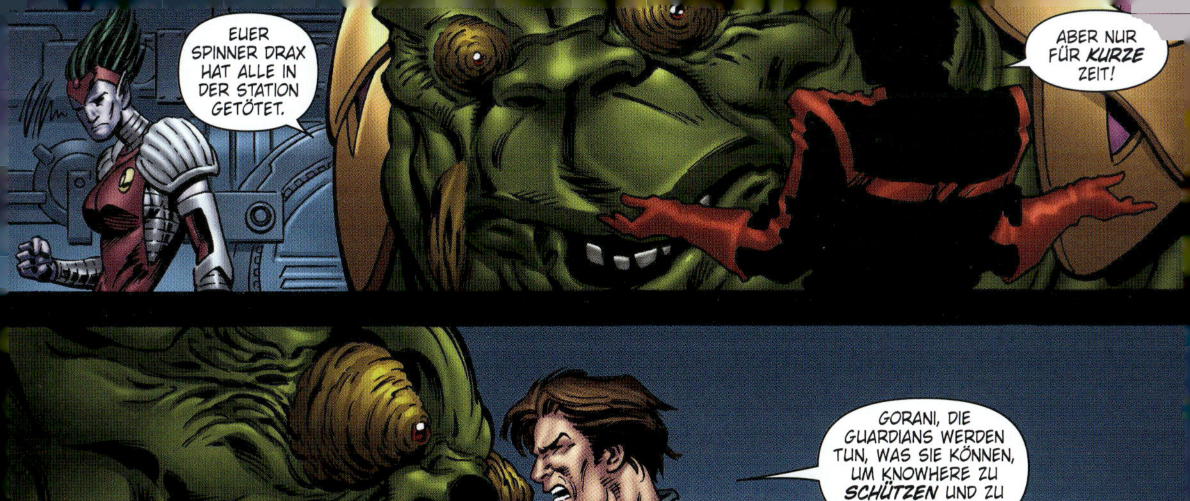
EUER SPINNER DRAX HAT ALLE IN DER STATION GETÖTET.
ABER NUR FÜR KURZE ZEIT!
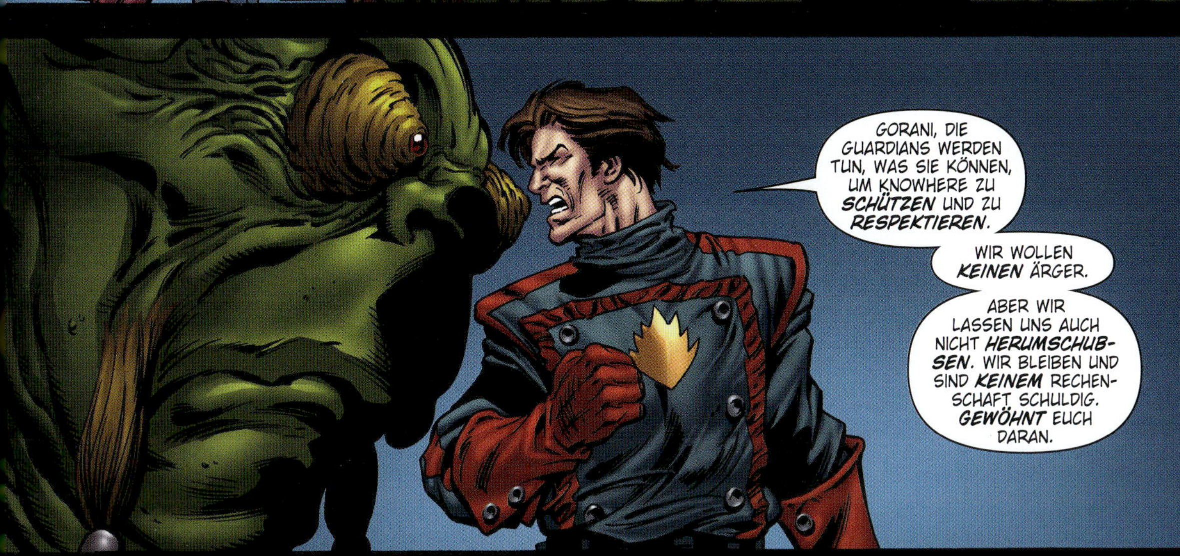
GORANI, DIE GUARDIANS WERDEN TUN, WAS SIE KÖNNEN, UM KNOWHERE ZU SCHÜTZEN UND ZU RESPEKTIEREN.
WIR WOLLEN KEINEN ÄRGER.
ABER WIR LASSEN UNS AUCH NICHT HERUMSCHUBSEN. WIR BLEIBEN UND SIND KEINEM RECHENSCHAFT SCHULDIG. GEWÖHNT EUCH DARAN.
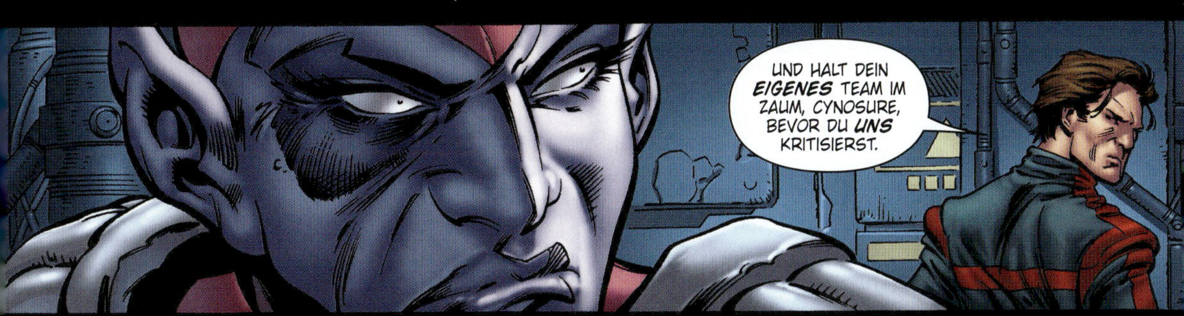
UND HALT DEIN EIGENES TEAM IM ZAUM, CYNOSURE, BEVOR DU UNS KRITISIERST.
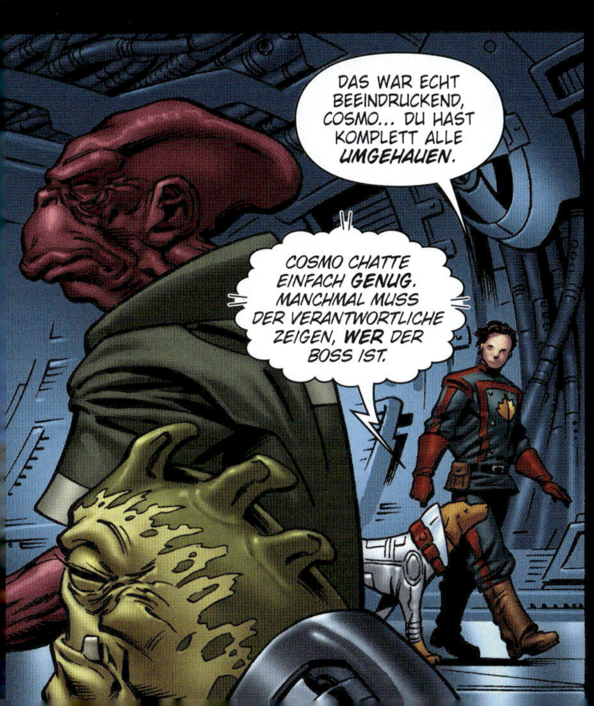
DAS WAR ECHT BEEINDRUCKEND, COSMO... DU HAST KOMPLETT ALLE UMGEHAUEN.
COSMO CHATTE EINFACH GENUG. MANCHMAL MUSS DER VERANTWORTLICHE ZEIGEN, WER DER BOSS IST.
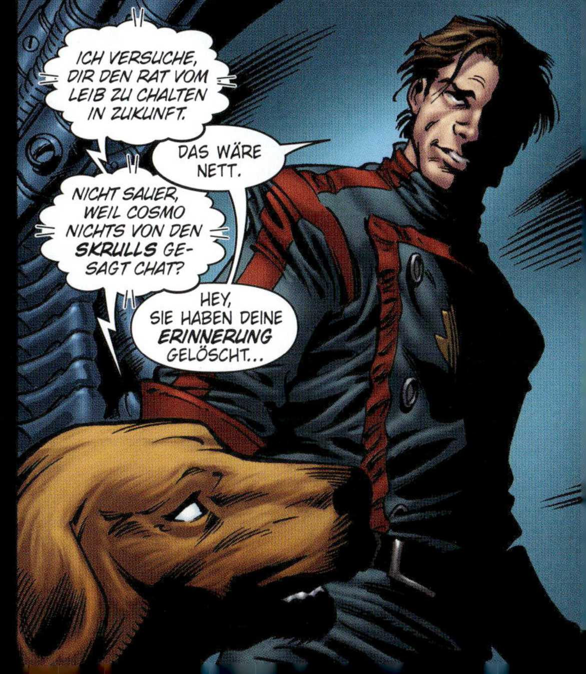
ICH VERSUCHE, DIR DEN RAT VOM LEIB ZU CHALTEN IN ZUKUNFT.
DAS WÄRE NETT.
NICHT SAUER, WEIL COSMO NICHTS VON DEN SKRULLS GESAGT CHAT?
HEY, SIE HABEN DEINE ERINNERUNG GELÖSCHT...

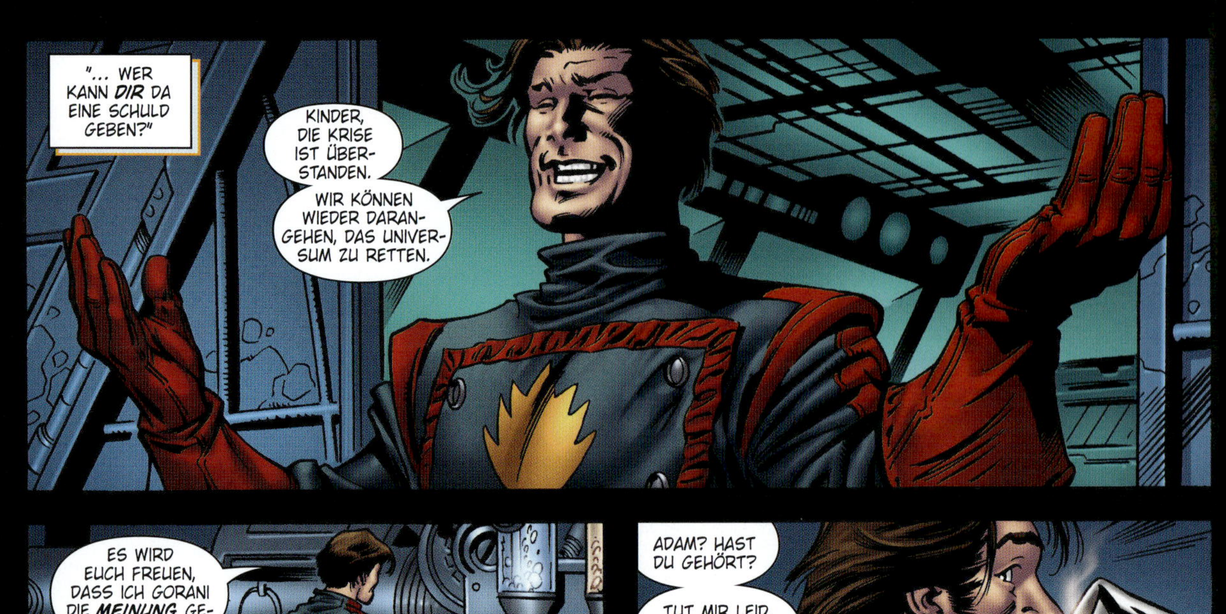
"... WER KANN DIR DA EINE SCHULD GEBEN?"
KINDER, DIE KRISE IST ÜBERSTANDEN.
WIR KÖNNEN WIEDER DARANGEHEN, DAS UNIVERSUM ZU RETTEN.

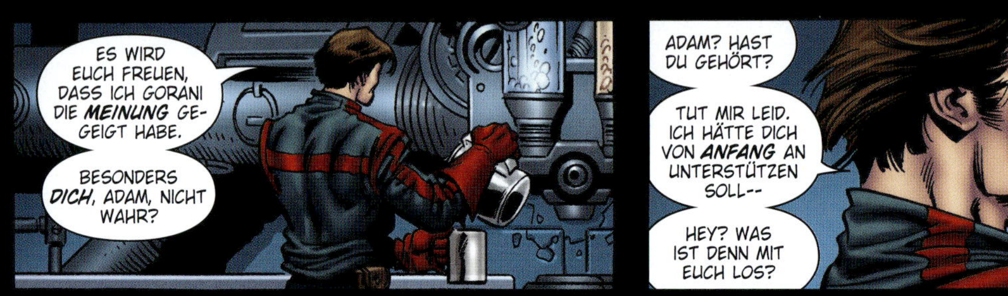
ES WIRD EUCH FREUEN, DASS ICH GORANI DIE MEINUNG GEGEIGT HABE.
BESONDERS DICH, ADAM, NICHT WAHR?
ADAM? HAST DU GEHÖRT?
TUT MIR LEID. ICH HÄTTE DICH VON ANFANG AN UNTERSTÜTZEN SOLL--
HEY? WAS IST DENN MIT EUCH LOS?

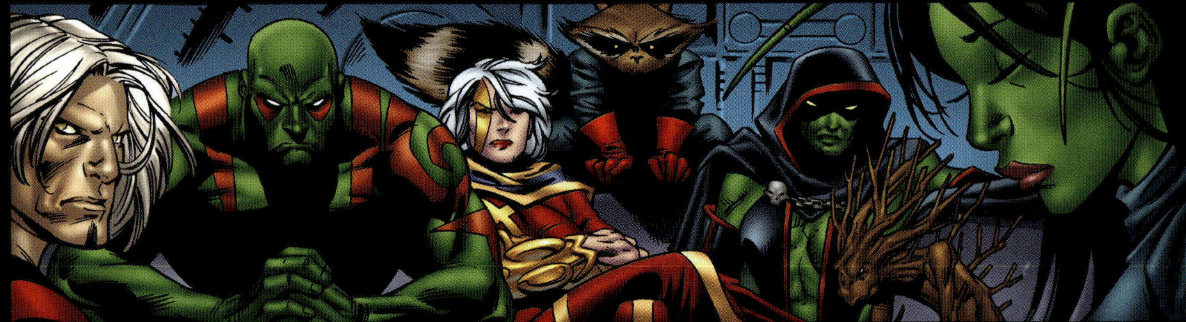

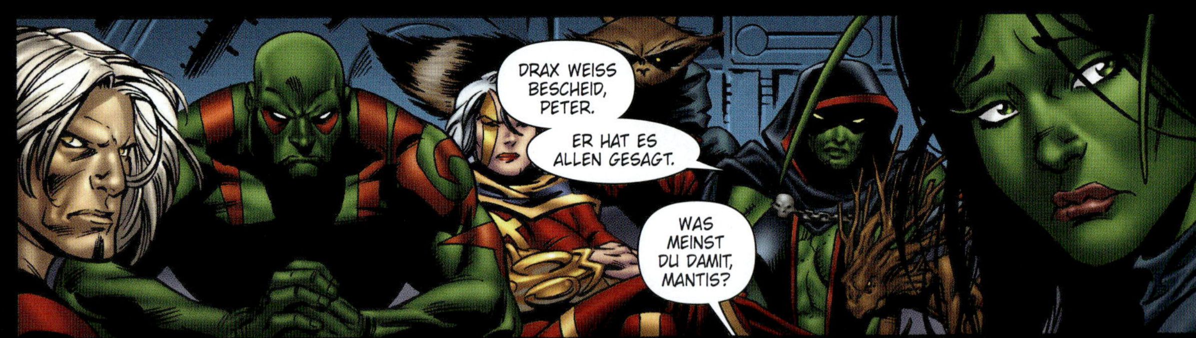
DRAX WEISS BESCHEID, PETER.
ER HAT ES ALLEN GESAGT.
WAS MEINST DU DAMIT, MANTIS?

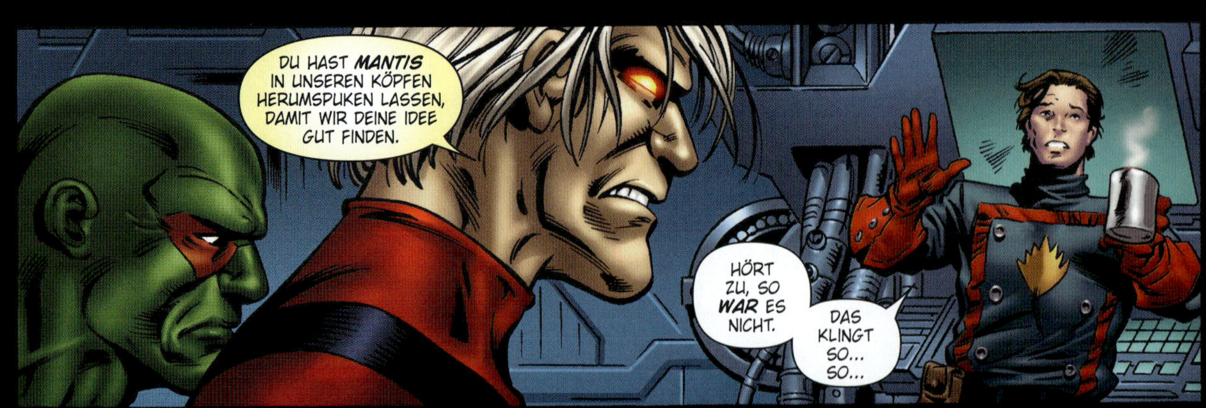
DU HAST MANTIS IN UNSEREN KÖPFEN HERUMSPUKEN LASSEN, DAMIT WIR DEINE IDEE GUT FINDEN.
HÖRT ZU, SO WAR ES NICHT.
DAS KLINGT SO... SO...

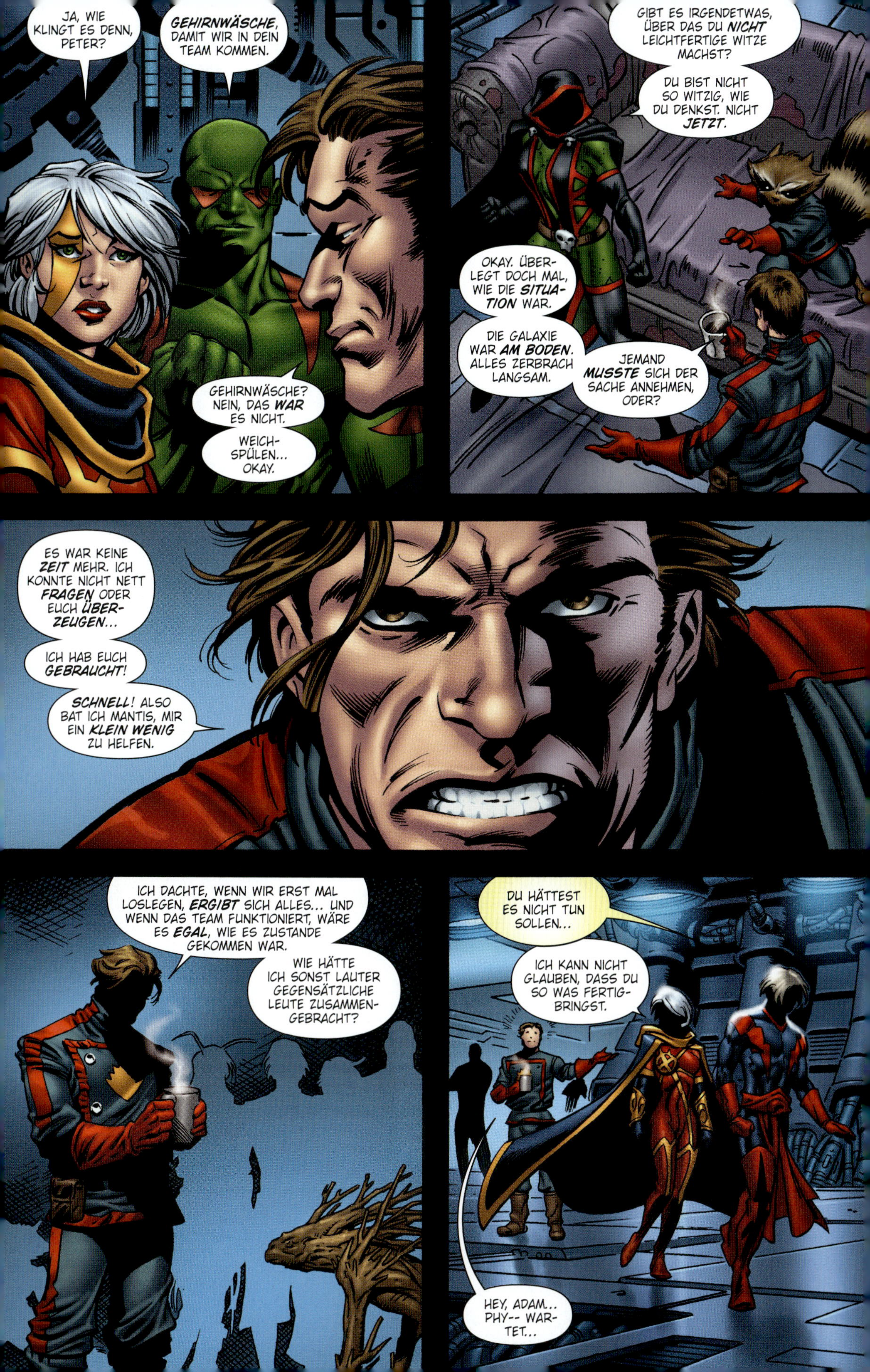

JA, WIE KLINGT ES DENN, PETER?

GEHIRNWÄSCHE, DAMIT WIR IN DEIN TEAM KOMMEN.

GEHIRNWÄSCHE? NEIN, DAS **WAR** ES NICHT.

WEICH-SPÜLEN... OKAY.

GIBT ES IRGENDETWAS, ÜBER DAS DU **NICHT** LEICHTFERTIGE WITZE MACHST?

DU BIST NICHT SO WITZIG, WIE DU DENKST. NICHT **JETZT**.

OKAY. ÜBER-LEGT DOCH MAL, WIE DIE **SITUA-TION** WAR.

DIE GALAXIE WAR **AM BODEN**. ALLES ZERBRACH LANGSAM.

JEMAND **MUSSTE** SICH DER SACHE ANNEHMEN, ODER?

ES WAR KEINE **ZEIT** MEHR. ICH KONNTE NICHT NETT **FRAGEN** ODER EUCH **ÜBER-ZEUGEN**...

ICH HAB EUCH **GEBRAUCHT**!

SCHNELL! ALSO BAT ICH MANTIS, MIR EIN **KLEIN WENIG** ZU HELFEN.

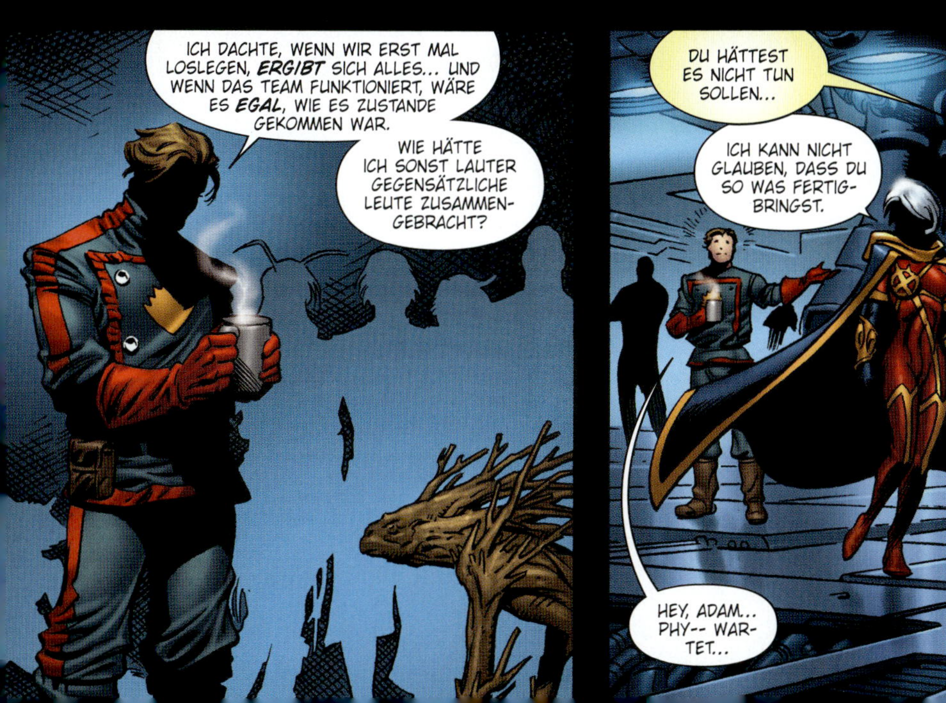

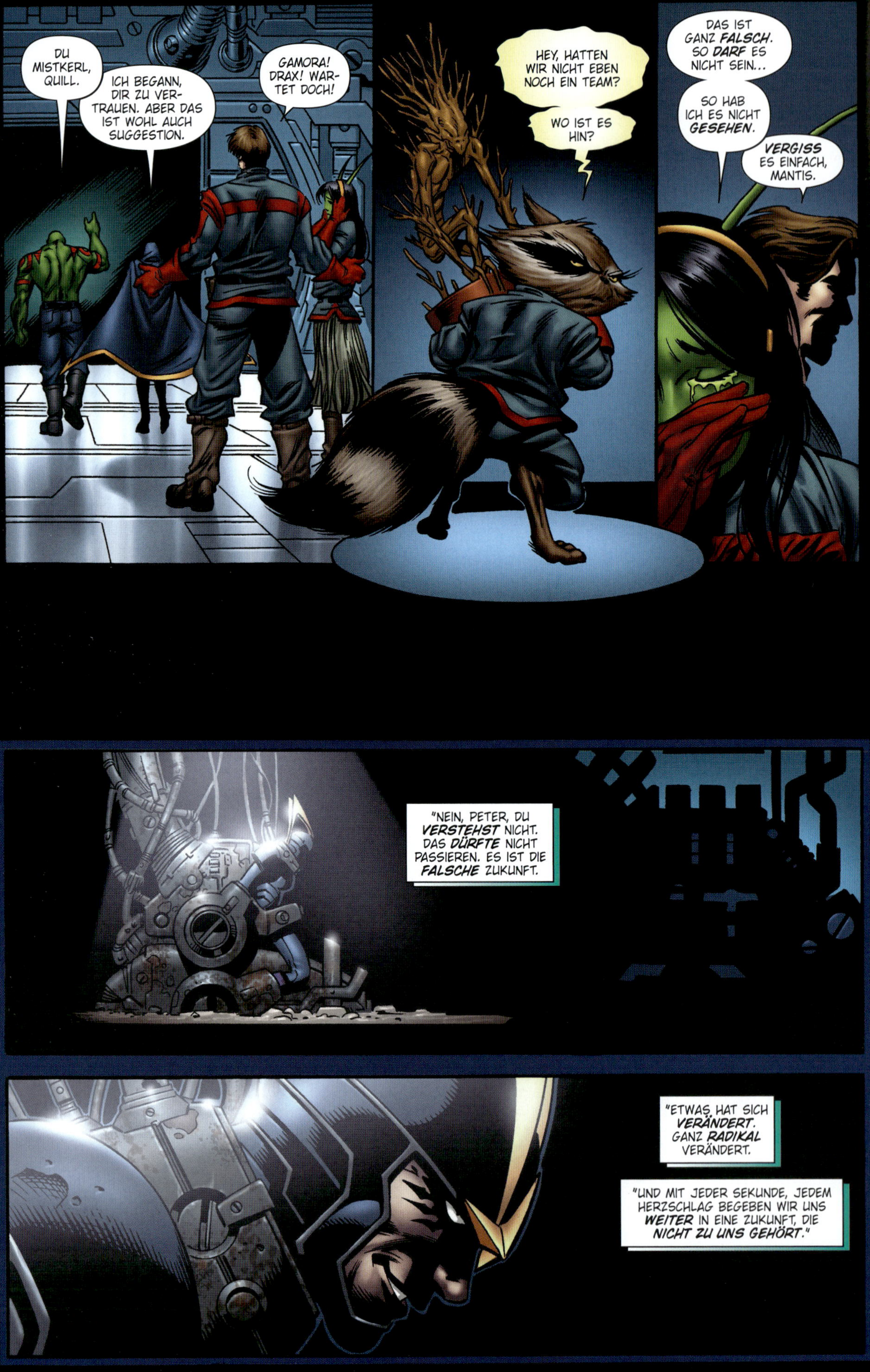

DU MISTKERL, QUILL.
ICH BEGANN, DIR ZU VERTRAUEN. ABER DAS IST WOHL AUCH SUGGESTION.
GAMORA! DRAX! WARTET DOCH!
HEY, HATTEN WIR NICHT EBEN NOCH EIN TEAM?
WO IST ES HIN?
DAS IST GANZ **FALSCH**. SO **DARF** ES NICHT SEIN...
SO HAB ICH ES NICHT **GESEHEN**.
VERGISS ES EINFACH, MANTIS.

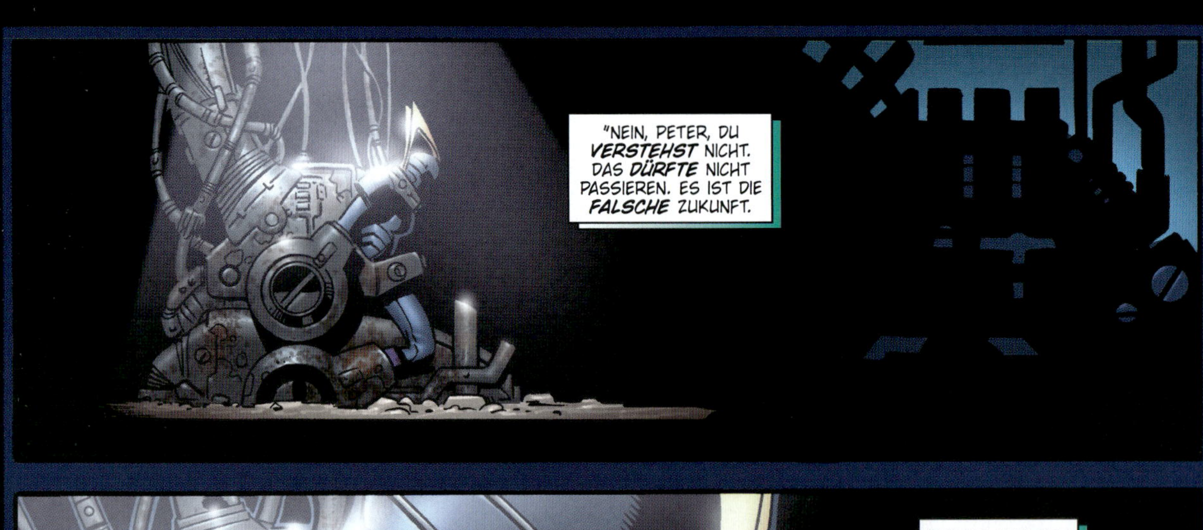

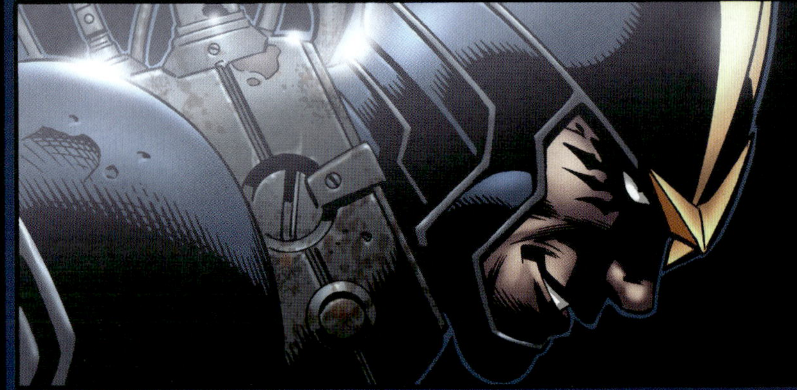

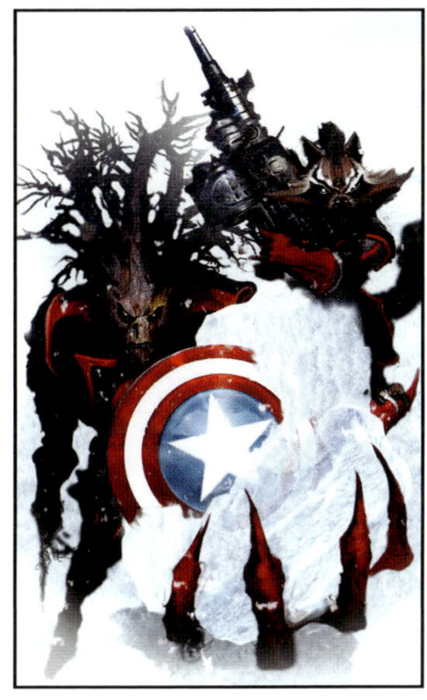

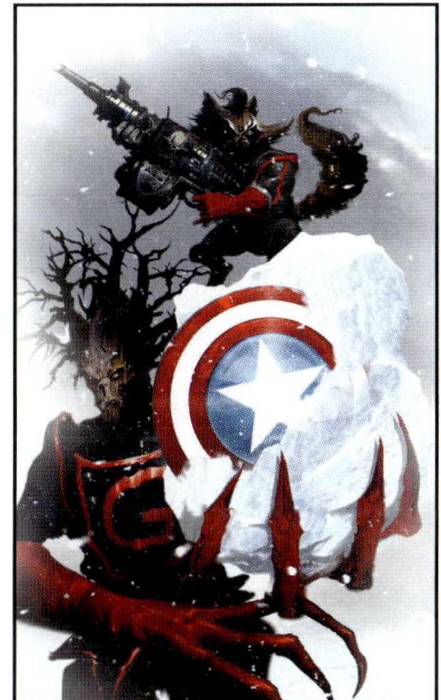

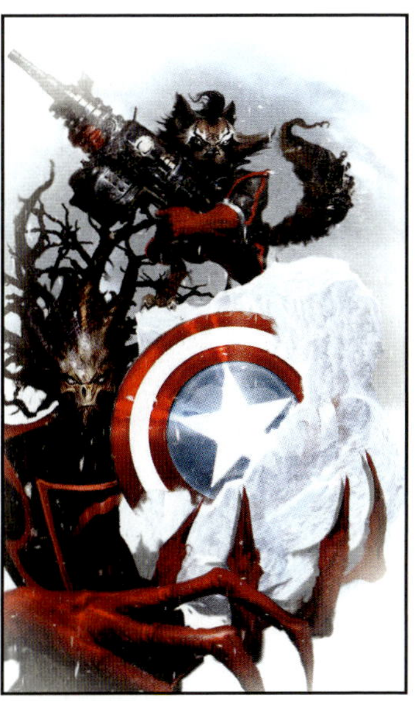

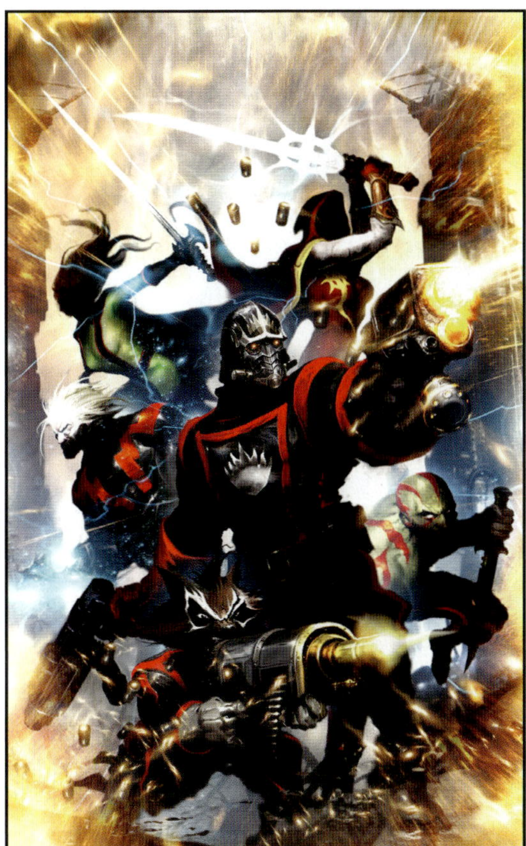

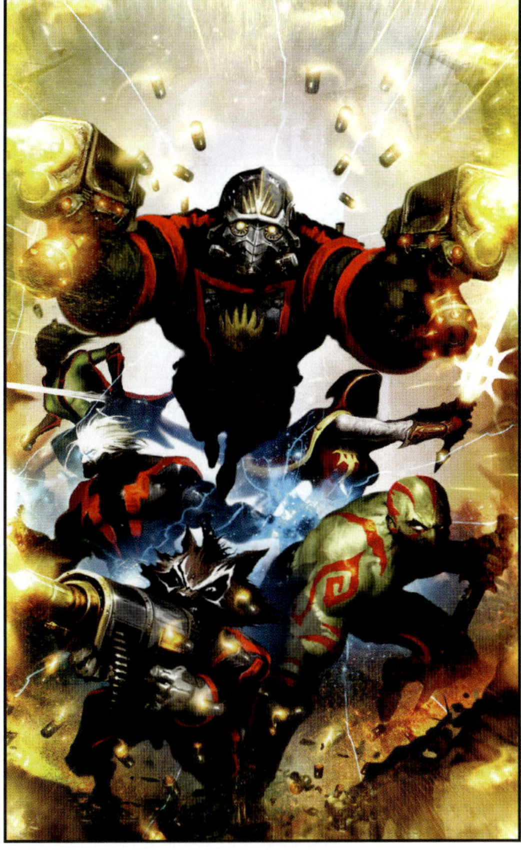

Nicht verwendete Cover von **CLINT LANGLEY**

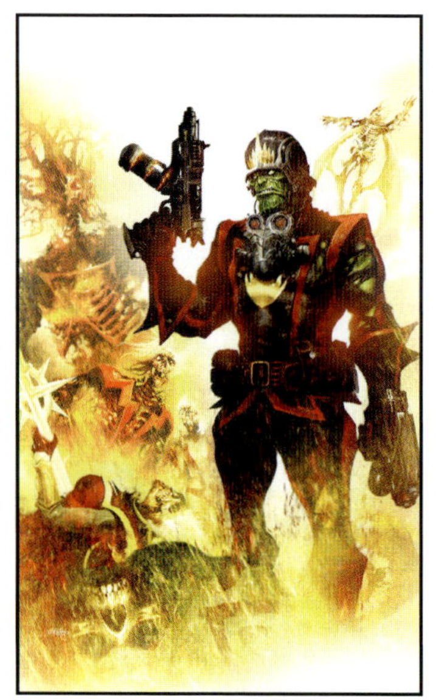

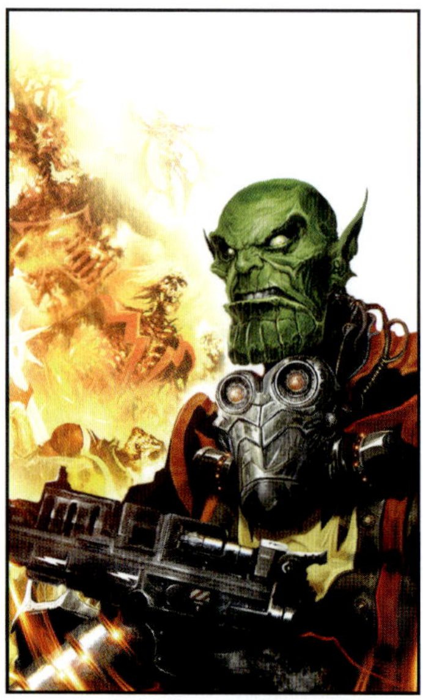

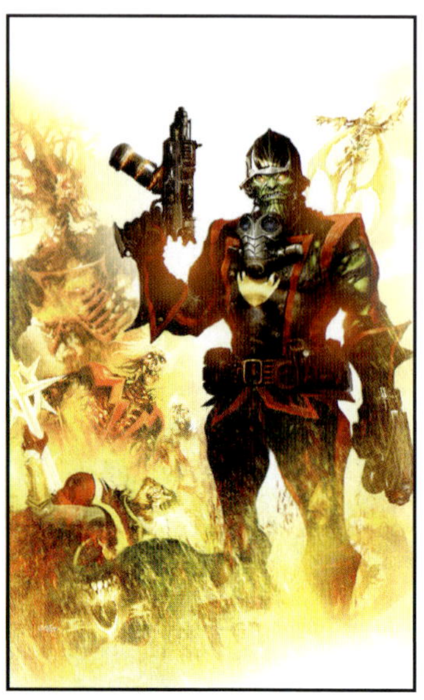

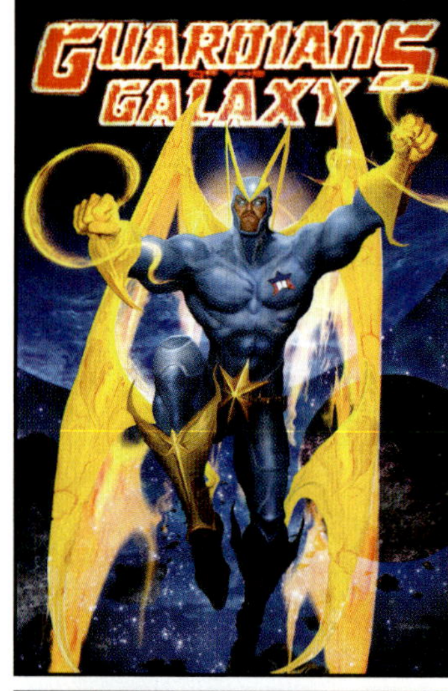

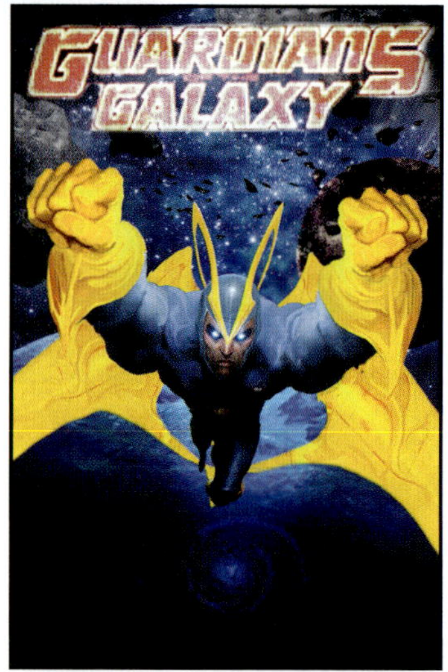

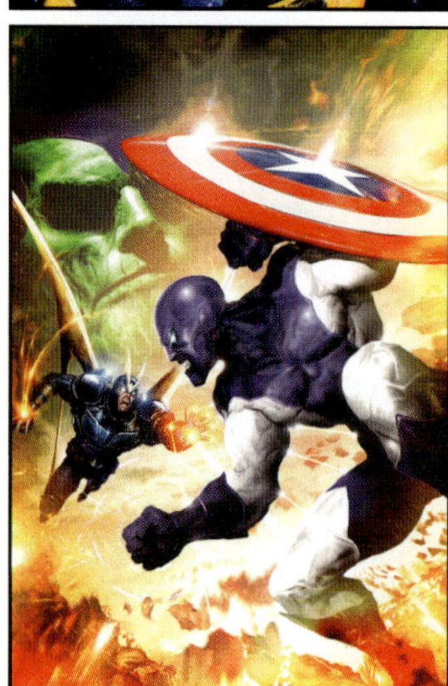

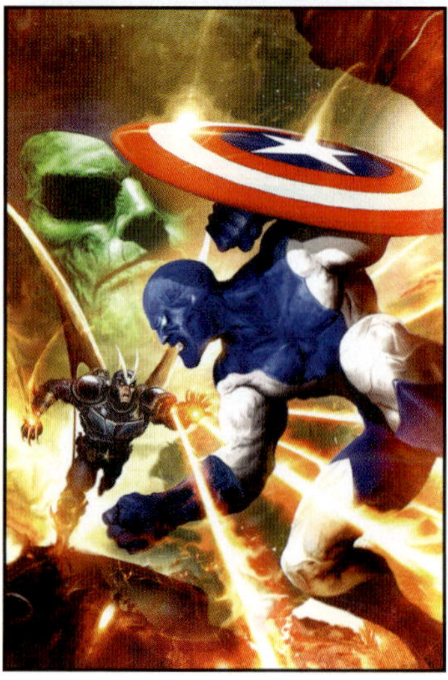

Nicht verwendete Cover von **CLINT LANGLEY**

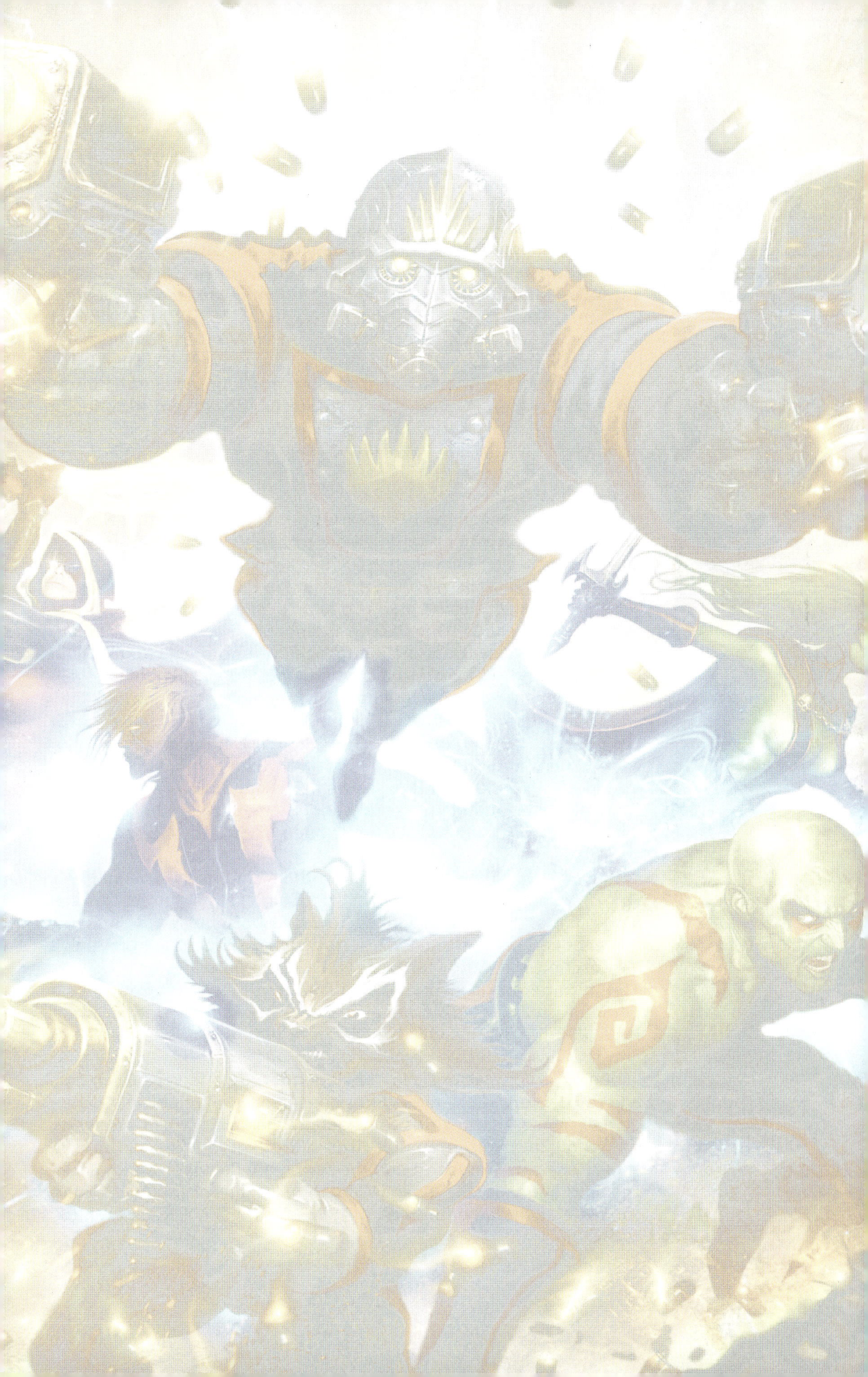

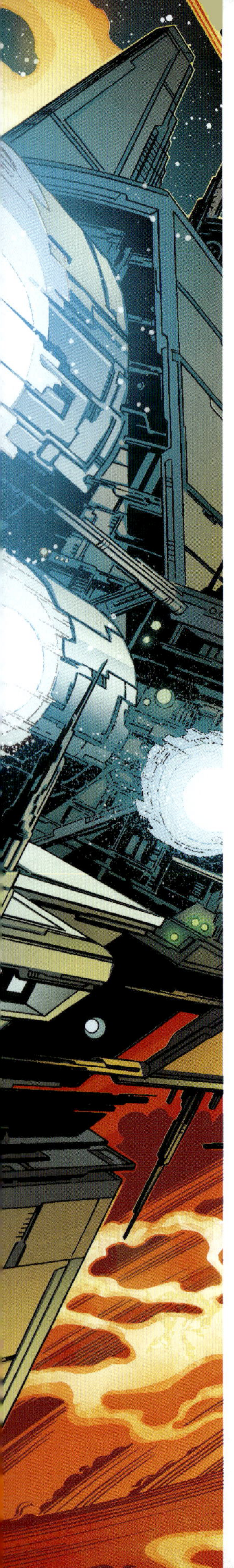

DIE MACHER

DAN ABNETT studierte von 1984 bis 1987 Englisch am St. Edmund Hall College der Universität Oxford. Der produktive Science-Fiction-Autor hat neben Romanen und Comic-Szenarios auch zahlreiche ergänzende Romane zu Spielen verfasst, was ihn zu einem der profiliertesten Autoren der sogenannten Black Library werden ließ. Auch bei Marvel UK betreute er zunächst eine Adaption: die Comic-Umsetzung der Serie *The Real Ghostbusters*. Es folgten Titel wie *Death's Head 2*, *Battletide*, *Knights of Pendragon*, PUNISHER: DAS ERSTE JAHR, *War Machine*, außerdem diverse *X-Men*-Serien. NOVA war sein und Andy Lannings Beitrag zum 2006 gestarteten Crossover ANNIHILATION, in dem Marvel seine zahlreichen Weltraumhelden zusammenführte. Abnett hat weiterhin einige der beliebtesten britischen TV-Serien in Bücher umgesetzt, etwa *Torchwood* und den Dauerbrenner *Dr. Who*. Abnett lebt und arbeitet in Rochester, Kent.

PAUL PELLETIER begann 1992 als Comic-Zeichner zu arbeiten, etwa für DC, wo ihm einige der beliebtesten Serienstars anvertraut wurden. Aber inzwischen gibt es kaum einen großen Comic-Verleger in den USA, der auf seine Fähigkeiten verzichten kann. Er fertigt auch Cover für die Serien seiner Kollegen. Der erste Marvel-Held des US-Amerikaners war 1995 der Hulk, der in *Cutting Edge* präsentiert wurde. Den Gamma-Goliath sollte er ab 2009 in dessen eigener Serie betreuen, außerdem gestaltete er Wolverine, die Fantastic Four und die Avengers. Die Brücke zwischen Marvel und DC schlug er übrigens 2014 mit seinem Einstieg bei *Aquaman* (auch an der Trickserie hat er mitgewirkt). Den Charakter Aquaman hat DC einst bei Bill Everett bestellt, der zuvor das Original geschaffen hatte: Sub-Mariner Namor, den Herrscher von Atlantis, einen der allerersten Marvel-Helden im Golden Age of Comics. Als Freunde der Regisseure Peter und Bobby Farrelly traten Paul und seine Frau Monique Pelletier gelegentlich in Filmkomödien auf: *Dumm und dümmer*, *Verrückt nach Mary* und *Unzertrennlich*.

ANDY LANNING stieg 1989 mit seiner zeichnerischen Gestaltung von *The Sleeze Brothers* ins britische Comic-Business ein. Danach hat er immer wieder gezeichnet – etwa *Astonishing X-Men* –, Cover gestaltet und coloriert, spezialisierte sich jedoch bald auf die Arbeit als Tuscher und Autor für Marvel, DC und viele andere. Mit Dan Abnett bildet er das Dream-Team DnA. Für Marvel realisierten sie gemeinsam die NOVA-Miniserie, die zur Schaffung der Storyline für ANNIHILATION: CONQUEST führte, einem Meilenstein in der Entwicklungsgeschichte der Wächter der Galaxie. Abnett und Lanning ließen die Truppe erstmals in der Gegenwart des Marvel-Universums agieren und erweiterten das Figurenensemble. Zu den zahlreichen gemeinsamen Arbeiten des Duos gehört auch die Comic-Umsetzung des lange Zeit indizierten Kult-Horrorfilms *Blutgericht in Texas* (*The Texas Chainsaw Massacre*) und die Arbeit am Relaunch einiger Titel des untergegangenen Verlags WildStorm Productions. Andy Lanning verfasste auch das dreiteilige MARVEL/TOP COW CROSSOVER 2: FUSION.

GUARDIANS OF THE GALAXY

KRIEGER DES ALLS

BONUSTEIL

HINTER DEN KULISSEN

TIMELINE

WEITERE LEKTÜRE

ANMERKUNGEN

WEITERE MUST-HAVE-TITEL

Marvel hat eine lange Tradition von „kosmischen" Helden: Figuren, die in einer interstellaren Umgebung agieren und regelmäßig mit Situationen zu tun haben, die das ganze Universum bedrohen. Man kann jedoch mit Fug und Recht behaupten, dass bis vor Kurzem keiner von ihnen jemals die Popularität von Marvels größten Helden der Erde erreicht hat.

Dan Abnett, **Andy Lanning** und **Paul Pelletier** änderten das 2008, als sie eine seltsame Sammlung von Außerirdischen, Tieren und Pflanzen zusammenstellten, um die Galaxis zu retten …

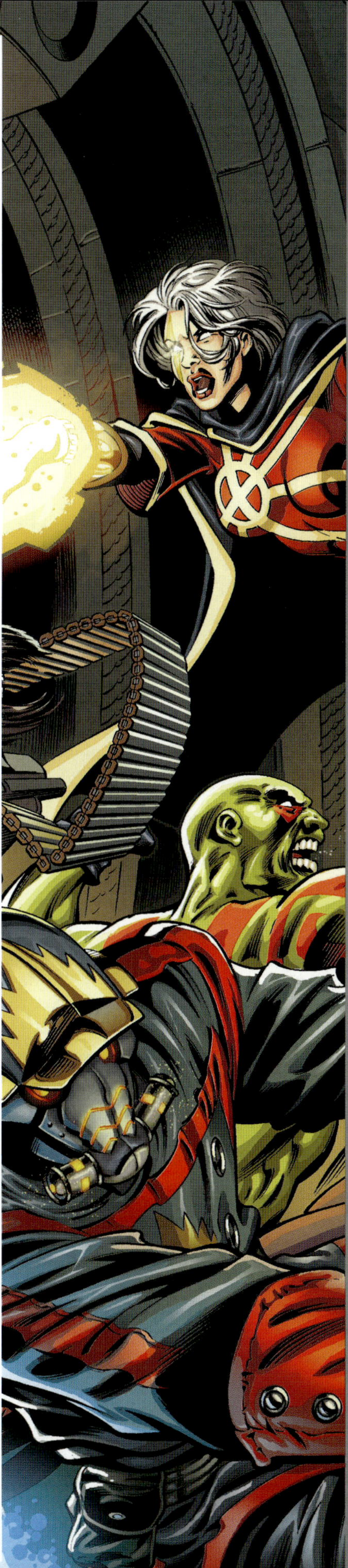

Kosmische Helden

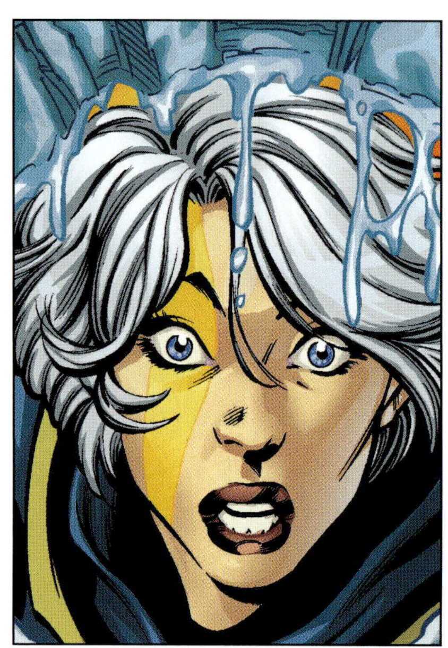

Die Pläne für eine **Quasar**-Soloserie wurden verworfen. Zeichnung von Paul Pelletier, **Rick Magyar** und **Nathan Fairbairn**.

Guardians of the Galaxy entsprang Marvels *Annihilation: Conquest*, einem Crossover, das 2007 alle kosmischen Helden zusammenführte. Ursprünglich war es jedoch nicht geplant, eine neue Teamserie zu schaffen: „Unsere Absicht war es, nach *Conquest* eine *Quasar*-Reihe zu starten, aber daraus wurde nichts", erklärt Redakteur **Bill Rosemann**. „Ich habe gesehen, wie die Leute auf **Star-Lords** Team reagierten, und das war mein Highlight des ganzen Events. Ich dachte: Davon will ich mehr. Also kamen die Dinge ins Rollen. Wollen wir es wirklich mit *Quasar* versuchen? Nein, lasst uns eine Teamserie machen."

Dan Abnett und **Andy Lanning** waren für die Geschichte von *Annihilation: Conquest* verantwortlich. „Ich glaube, *Guardians of the Galaxy* hat in mancherlei Hinsicht so gut funktioniert, weil es ein Zufallscocktail war", meint Abnett. „Wir brauchten eine Teamreihe, wir wollten eine Teamreihe machen, und als wir das Team zusammenstellten, hat es wirklich gut funktioniert. Es ist, als würde man das beste Essen der Welt zubereiten, weil man die entsprechenden Zutaten gerade im Kühlschrank hatte, als man in die Küche ging. Ich glaube, man könnte sehr viel Zeit damit verbringen, kalkuliertere, durchdachtere Serien zu lesen, die weniger befriedigend sind. Vieles, was in *Guardians* passiert ist und gut funktioniert hat im Hinblick auf die Kombinationen der Figuren und der Handlungselemente, ist auf den Zustand zurückzuführen, in dem sich die Figuren befanden, als wir sie vorfanden, und auf das, was sie gemeinsam durchgemacht hatten. Das gab uns einen enormen Spielraum und ein enormes Potenzial, und wie gesagt, den Leuten waren diese Figuren völlig egal. So konnten wir uns austoben und etwas Tolles aus ihnen machen."

Andy Lanning stimmt dem zu: „Das war einer der Momente, in denen man eben mit den Karten spielen muss, die man bekommen hat. Und zufälligerweise ist es das Blatt, das am Ende gewinnt. Es war fast so, als hätten wir wortwörtlich alte Marvel-Handbücher durchforstet und geschaut, wer verfügbar ist und wer seit Jahren nicht mehr verwendet wurde. Wir haben sie einfach herausgepickt und in den Mixer gewor-

▶ Paul Pelletier ist ein amerikanischer Künstler, der 1989 seine Karriere als Comic-Zeichner begann. Seine erste Geschichte wurde im ersten Heft der Independent-Reihe *Spam* veröffentlicht. Er hat viele DC-Comics illustriert, darunter *Aquaman, Batgirl* und *Titans*. Für Marvel hat er *She-Hulk, Fantastic Four, Incredible Hulk* und *Nova* gezeichnet. Nach *Guardians of the Galaxy* tat er sich 2009 erneut mit Dan Abnett und Andy Lanning für die Miniserie *War of Kings* zusammen, in der die **Inhumans** vorkamen.

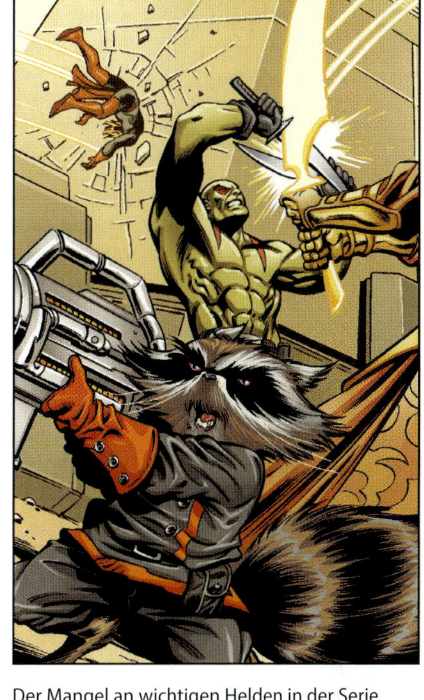

Der Mangel an wichtigen Helden in der Serie bedeutete, dass das Schicksal aller Guardians ungewiss war. Zeichnung von Paul Pelletier, Rick Magyar und Nathan Fairbairn.

fen, und Marvel hat uns dabei freie Hand gelassen. Was großartig war, vor allem, weil niemand etwas auf dem kosmischen Spielplatz gemacht hat. Alle waren mit *Civil War* und den Helden der Erde beschäftigt, also konnten wir mit diesem Material machen, was wir wollten."

Lanning erklärt, dass obskure Figuren eine Bereicherung für einen Autor sein können: „Das sind B-, C-, D- und Z-Figuren. Wenn wir es schaffen, dass man sich für diese Figuren interessiert, dann ist das so, als hätte man ein leeres weißes Papier, mit dem man arbeiten kann. Es gibt auch mehr Möglichkeiten, eine Geschichte zu erzählen, denn da sie auf der Z-Liste stehen, weiß man nicht, was mit ihnen passieren wird. Sie könnten tatsächlich sterben. Man weiß einfach nicht, wer von einem Heft zum nächsten überlebt. Das eröffnet einem als Autor große Möglichkeiten. Wenn man über **Superman**, **Batman** oder **Spider-Man** schreibt, weiß jeder, dass sie im nächsten Monat wieder da sein werden. Aber wenn du über **Groot** oder **Rocket Raccoon** schreibst? Wer weiß, wer es bis zur nächsten Ausgabe schafft."

Paul Pelletier hatte bereits *Nova* illustriert, als er für den neuen *Guardians*-Comic engagiert wurde: „Ich war wirklich froh, *Nova* zeichnen zu dürfen, aber es ist immer aufregend, wenn man einen eigenen Titel beginnt. Das Angebot war zu verlockend, um es auszuschlagen! Es gibt ein gewisses Maß an kreativer Freiheit, das man erhält, wenn man so eine Reihe zeichnet. Ich bin nicht an die ‚normale' Realität gebunden, und was gibt es Schöneres?"

Über seine Kollegen sagte Pelletier: „Zu den Qualitäten, die ich an einem Autor mag, gehören: Sinn für visuelles Erzählen und Pünktlichkeit. Glücklicherweise sind Abnett und Lanning in beiderlei Hinsicht wirklich gut. Sie sind einer der Hauptgründe, warum ich den Auftrag für die *Guardians* angenommen habe, denn es hat mir wirklich Spaß gemacht, mit ihnen an *Nova* zu arbeiten." Daher hatte er wenig Probleme, sich das neue Team vorzustellen. „Normalerweise kaufe ich mir ein paar Comics, in denen die etablierten Figuren auftauchen, um ein Gefühl für ihr Aussehen und ihre Persönlichkeit zu bekommen. Es hilft auch dabei, ihre Hintergrundgeschichte zu erfahren."

Was als eine Ansammlung unbedeutender Figuren begann, die fast zufällig zusammengeführt wurden, entwickelte sich zu einem der größten Hits von Marvel. Die *Guardians of the Galaxy* waren nicht mehr wegzudenken.

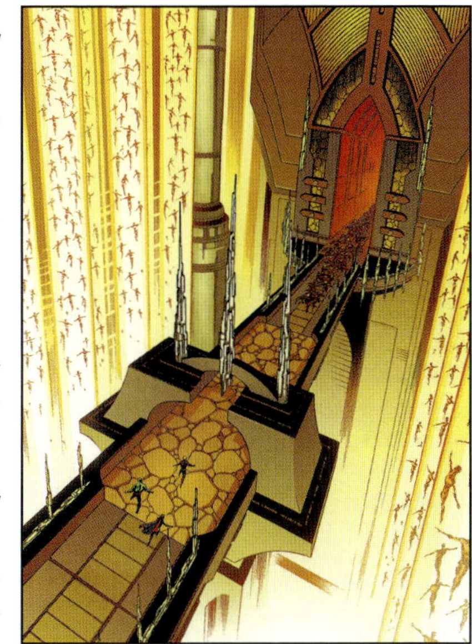

Paul Pelletiers Designkünste führten dazu, dass einige gigantische Schauplätze auftauchten.

TIMELINE

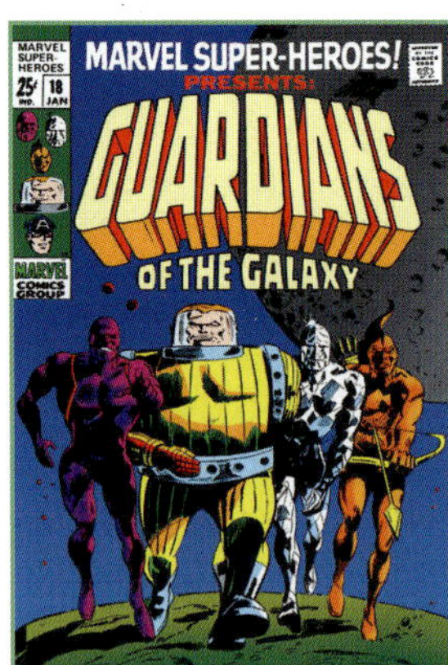

***Marvel Super-Heroes* 18 (1969)**
ARNOLD DRAKE
GENE COLAN
Vance Astrovik *entdeckt, dass die Erde in der Zukunft von den* ***Badoon*** *erobert wurde, und gründet die ersten* ***Guardians of the Galaxy****.*

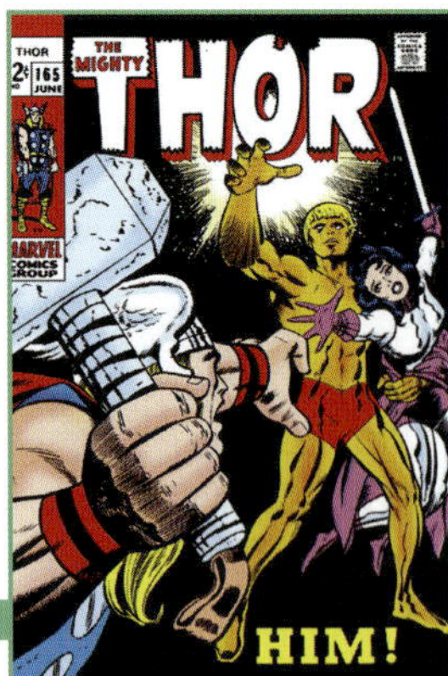

***Thor* 165 (1969)**
STAN LEE
JACK KIRBY
Warlock *wurde erst kürzlich von einer Gruppe von Wissenschaftlern erschaffen und hat nur kindliches Verständnis für soziale Interaktion. Er und* ***Thor*** *geraten aneinander, als er* ***Sif*** *entführt.*

GUARDIANS OF THE GALAXY
KRIEGER DES ALLS

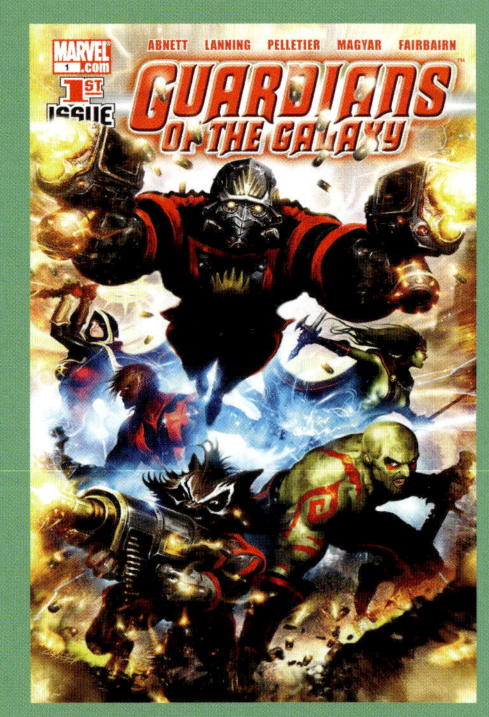

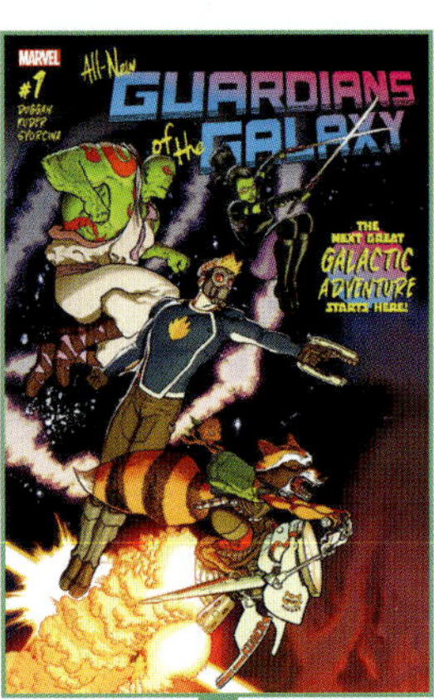

***All-New Guardians of the Galaxy* 1 (2017)**
GERRY DUGGAN
AARON KUDER
Die Guardians werden vom ***Grandmaster*** *angeheuert, um ein Artefakt von seinem Bruder, dem* ***Collector****, zu stehlen.*

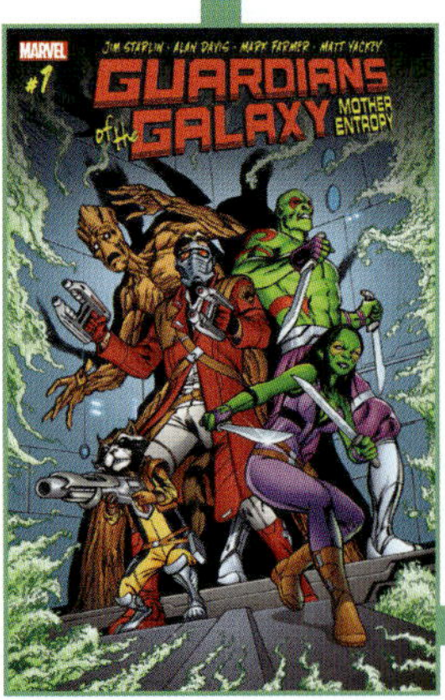

***Guardians of the Galaxy: Mother Entropy* 1 (2017)**
JIM STARLIN
ALAN DAVIS
Die Guardians treffen auf ein Wesen, das jede Lebensform in seinem eigenen Universum assimiliert hat. Es beginnt, sich in unserem auszubreiten …

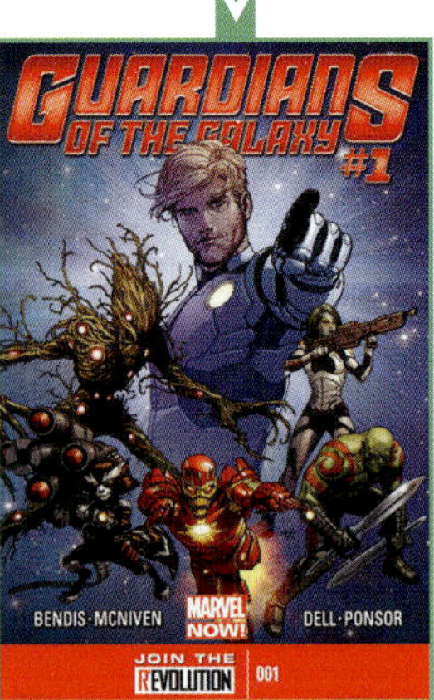

***Guardians of the Galaxy* 1 (2013)**
BRIAN MICHAEL BENDIS
STEVE McNIVEN
Die Guardians und Iron Man werden in eine politische Intrige galaktischen Ausmaßes verwickelt, als Star-Lords Vater die Erde zur Sperrzone für alle anderen Spezies erklärt.

TIMELINE

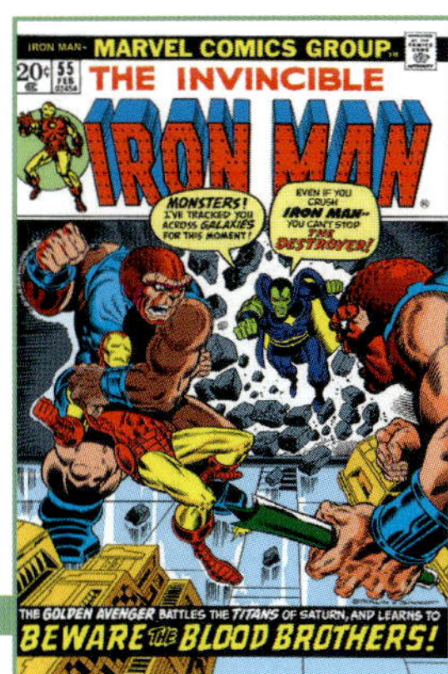

***Iron Man* 55**
(1973)
JIM STARLIN
MIKE FRIEDRICH
Drax der Zerstörer *taucht zum ersten Mal auf.* ***Iron Man*** *trifft zudem auf den außerirdischen Schurken* ***Thanos****.*

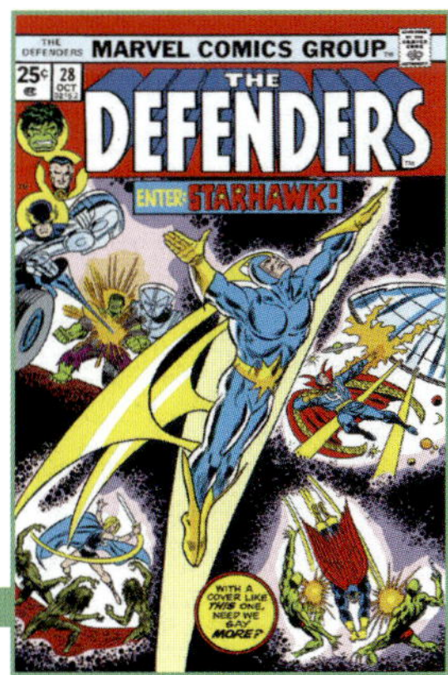

***The Defenders* 28**
(1975)
STEVE GERBER
SAL BUSCEMA
Die ***Defenders*** *kämpfen in ferner Zukunft auf der Erde gegen die Badoon. Das rätselhafte Wesen* ***Starhawk*** *mischt sich in den Kampf ein.*

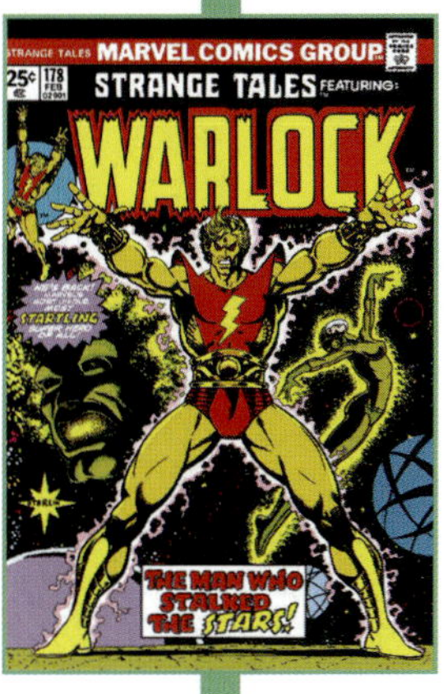

***Strange Tales* 178**
(1975)
JIM STARLIN
Adam Warlock entdeckt die Existenz der ***Kirche der Universellen Wahrheit****, eines Reichs, das sein finsteres zukünftiges Ich, den* ***Magus****, anbetet. Bald wird er von* ***Gamora****, der gefährlichsten Frau der Galaxis, unterstützt.*

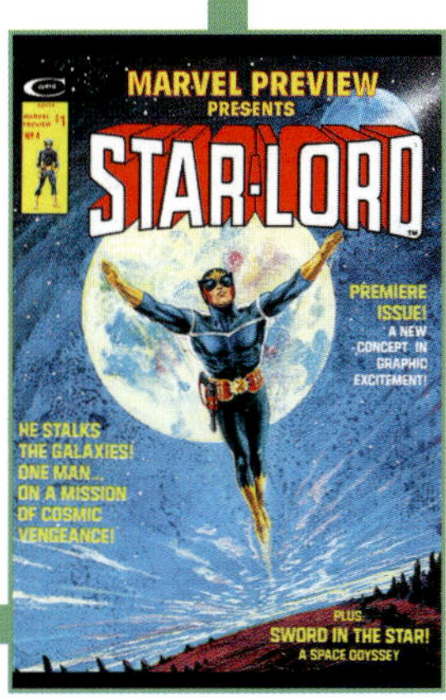

***Marvel Preview* 4**
(1976)
STEVE ENGLEHART
BOB McLEOD
STEVE GAN
Peter Quills *Mutter wird von Außerirdischen getötet, als er noch ein kleiner Junge ist. Um ihren Tod rächen zu können, wird er Astronaut und erlangt die Macht des* ***Star-Lord****.*

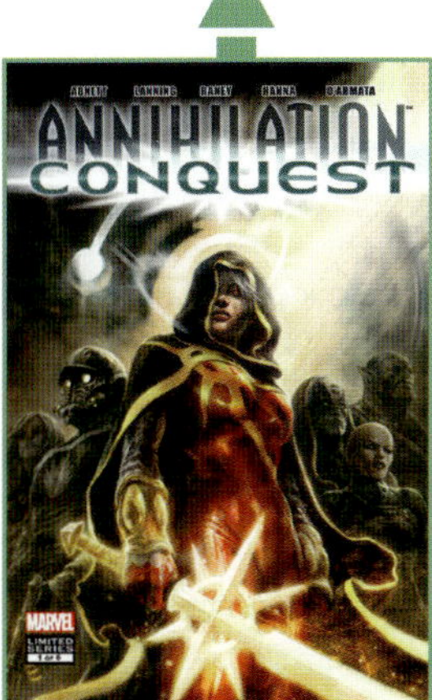

***Annihilation: Conquest* 1**
(2007)
DAN ABNETT
ANDY LANNING
TOM RANEY
Die ***Phalanx*** *startet einen heimlichen Angriff auf das* ***Kree****-Imperium, und eine Reihe von kosmischen Helden schließt sich zusammen, um sie zu bekämpfen.*

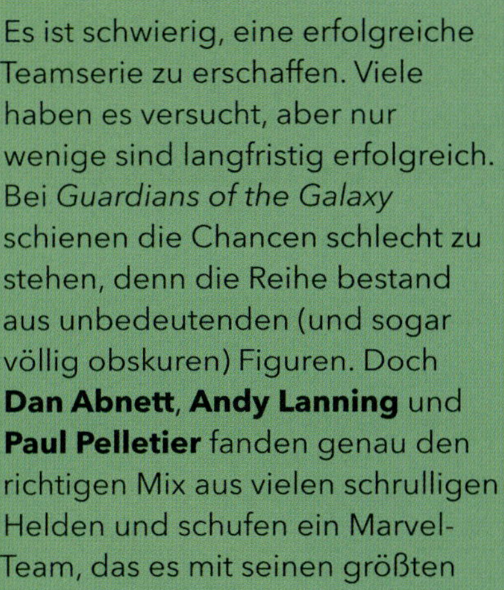

Es ist schwierig, eine erfolgreiche Teamserie zu erschaffen. Viele haben es versucht, aber nur wenige sind langfristig erfolgreich. Bei *Guardians of the Galaxy* schienen die Chancen schlecht zu stehen, denn die Reihe bestand aus unbedeutenden (und sogar völlig obskuren) Figuren. Doch **Dan Abnett**, **Andy Lanning** und **Paul Pelletier** fanden genau den richtigen Mix aus vielen schrulligen Helden und schufen ein Marvel-Team, das es mit seinen größten Vorbildern aufnehmen konnte.

Galaktische Abenteuer

2013 wurde eine neue *Guardians*-Serie von Autor **Brian Michael Bendis** und Zeichner **Steve McNiven** gestartet. **Star-Lords** Vater, Imperator **J'son** von Spartax, erklärt die Erde zum Sperrgebiet für alle außerirdischen Zivilisationen. Dies löst eine Invasion der **Badoon** aus, die von den **Guardians** und **Iron Man** aufgehalten wird. Die Guardians werden von einer Spartax-Security-Truppe gefangen genommen, können aber entkommen. Star-Lord sendet eine Botschaft an das gesamte Spartax-Imperium, in der er seinen Vater anprangert und deutlich macht, dass dieser die Erde in Gefahr gebracht hat. Die Guardians werden zu gesuchten Verbrechern, die von der Spartax-Armee und Kopfgeldjägern verfolgt werden. Sie treffen auch auf **Angela**, eine Kriegerin aus einem anderen Universum.

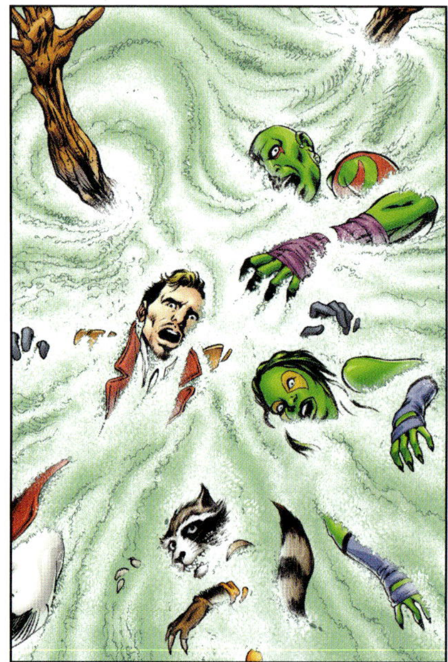

Die Guardians werden in *Mother Entropy* von einer seltsamen Kreatur aus einem anderen Universum verschlungen. Zeichnung von Alan Davis und **Mark Farmer**.

Mother Entropy, eine fünfteilige Miniserie von **Jim Starlin** und **Alan Davis**, erschien 2017. Die Guardians haben den Auftrag, einen ravolianischen Mönch zu seiner Heimatwelt zu eskortieren. Er ist der Hüter des „Muttersteins": ein seltsames Juwel mit transdimensionalen Eigenschaften. Als **Pip der Troll** versucht, ihn zu stehlen, werden er und die Guardians in eine andere Realität geschleudert. Eine Kreatur namens **Mutter-Entropie** unterzieht sie einer Reihe von psychologischen Tests, um zu bestimmen, wer von ihnen ihr Avatar wird. Pip wird ausgewählt, und der Mutterstein infiziert ihn mit einer Art grünem Pilz. Dieser breitet sich in seinem ganzen Körper aus. Pip infiziert bald jeden auf dem Heimatplaneten des Shi'ar-Imperiums. Auch **Rocket**, **Gamora** und **Drax** werden von dem Effekt erfasst, der sich über die gesamte Galaxis ausbreitet und die Kontrolle über Billionen humanoider Lebensformen übernimmt. Nur **Star-Lord** und **Groot** entkommen den Klauen von Mutter-Entropie. Sie stellen sich der Kreatur, und Groot entdeckt, dass sie keine Macht über ihn hat, da er keinen Sauerstoff verbraucht. Groot zertrümmert den Mutterstein und alle werden in ihren normalen Zustand zurückversetzt.

▶ Die ersten *Guardians of the Galaxy* wurden von **Arnold Drake** und **Gene Colan** erfunden und tauchten erstmals in *Marvel Super-Heroes* 18 auf. Major **Vance Astrovik** erwacht in der fernen Zukunft und muss feststellen, dass seine Welt von den außerirdischen Badoon kontrolliert wird. Er schließt sich mit drei anderen Wesen zusammen: **Yondu**, ein außerirdischer Jäger, der die Flugbahn seiner Yaka-Pfeile kontrollieren kann; **Charlie-27**, ein massiger Humanoid, der gezüchtet wurde, um die Schwerkraft des Jupiters zu überleben; und **Martinex**, ein kristalliner Mensch vom Pluto. Sie werden die Anführer einer Widerstandsbewegung und vertreiben schließlich die Badoon aus dem Sonnensystem.